OLIVER JAKOB

Ersatz fiktiver Kosten nach Allgemeinem Schadensrecht?

Schriften zum Bürgerlichen Recht

Band 216

Ersatz fiktiver Kosten nach Allgemeinem Schadensrecht?

Eine Untersuchung zu § 249 Satz 2 BGB

Von

Oliver Jakob

Duncker & Humblot · Berlin

Die Deutsche Bibliothek – CIP-Einheitsaufnahme

Jakob, Oliver:
Ersatz fiktiver Kosten nach Allgemeinem Schadensrecht? : eine Untersuchung zu § 249 Satz 2 BGB / von Oliver Jakob. – Berlin : Duncker und Humblot, 1998
(Schriften zum bürgerlichen Recht ; Bd. 216)
Zugl.: Tübingen, Univ., Diss., 1997
ISBN 3-428-09257-0

D 21

Fotoprint: Werner Hildebrand, Berlin
Printed in Germany

ISSN 0720-7387
ISBN 3-428-09257-0

Gedruckt auf alterungsbeständigem (säurefreiem) Papier
entsprechend ISO 9706 ♾

Vorwort

Die vorliegende Arbeit wurde im Sommersemester 1997 von der Juristischen Fakultät der Eberhard-Karls-Universität Tübingen als Dissertation angenommen. Das Manuskript habe ich während meiner Tätigkeit als wissenschaftlicher Mitarbeiter am Lehrstuhl für Bürgerliches Recht und Deutsche Rechtsgeschichte von Prof. Dr. *Gottfried Schiemann* erstellt.

Das Hauptanliegen der Arbeit ist, den Sach- und Personenschaden wieder auf eine einheitliche dogmatische Grundlage zu stellen, ohne jedoch den Gesichtspunkt der Praktikabilität zu vernachlässigen. Damit steht sie in dem für schadensrechtliche Untersuchungen typischen Spannungsfeld zwischen abstrahierender Massenlösung und individueller Interessenvarianz. Die Arbeit unternimmt den Versuch, einen Ausgleich zwischen den teils überaus kontroversen Erwartungen und Anforderungen sowohl der Wissenschaft als auch der Regulierungsinstanzen herbeizuführen.

Meinem verehrten Lehrer, Herrn Prof. Dr. *Gottfried Schiemann*, danke ich für die geleistete Unterstützung und seinen vielfältigen Rat. Er war für mich jederzeit ansprechbar und hat den Fortgang der Arbeit stets in vorbildlicher Weise gefördert.

Ferner gilt mein Dank dem Zweitgutachter, Herrn Prof. Dr. *Ulrich Bälz*, sowie meinem Kollegen und Freund, Herrn Rechtsanwalt Dr. *Klaus-Dieter Gawaz*, der mir in unzähligen Gesprächen als Diskussionspartner zur Verfügung stand.

Erwähnt sei auch, daß die Arbeit mit dem Preis der Reinhold-und-Maria-Teufel-Stiftung ausgezeichnet wurde. Dem Stiftungsvorstand danke ich für die großzügige finanzielle Förderung der Veröffentlichung dieser Arbeit.

Backnang, im Mai 1998 *Oliver Jakob*

Inhaltsverzeichnis

3. Kapitel

4. Kapitel

Abkürzungsverzeichnis

a.A.	anderer Ansicht
a.a.O.	am angegebenen Ort
Abs.	Absatz
AcP	Archiv für die civilistische Praxis
a.E.	am Ende
Alt.	Alternative
Anh.	Anhang
Anm	Anmerkung
AnwBl.	Anwaltsblatt
Art.	Artikel
Aufl.	Auflage
BB	Der Betriebs-Berater (Zeitschrift)
Bd.	Band
BFuP	Betriebswirtschaftliche Forschung und Praxis
BGB	Bürgerliches Gesetzbuch
BGBl.	Bundesgesetzblatt
BGH	Bundesgerichtshof
BGHZ	Entscheidungen des Bundesgerichtshofes in Zivilsachen
BMJ	Bundesminister der Justiz
BT-Drucks.	Bundestags-Ducksache
bzgl.	bezüglich
bzw.	beziehungsweise
d.h.	das heißt
DAR	Deutsches Autorecht
Diss.	Dissertation
DOK	Die Ortskrankenkasse
etc.	et cetera
EWiR	Entscheidungen zum Wirtschaftsrecht
f., ff.	folgende, fortfolgende
FAZ	Frankfurter Allgemeine Zeitung
Fn.	Fußnote

FS	Festschrift
gem.	gemäß
GG	Grundgesetz
ggf.	gegebenenfalls
GS	Gedächtnisschrift
h.L.	herrschende Lehre
h.M.	herrschende Meinung
Hrsg.	Herausgeber
insbes.	insbesondere
i.V.m.	in Verbindung mit
JA	Juristische Ausbildung
JherJB	Jehring Jahrbuch
JR	Juristische Rundschau
Jura	Juristische Ausbildung
JuS	Juristische Schulung (Zeitschrift)
JW	Juristische Wochenschrift
JZ	Juristen Zeitung
KritV	Kritische Vierteljahresschrift
KWG	Gesetz über das Kreditwesen
LG	Landgericht
LM	*Lindenmaier/Möhring*, Nachschlagewerk des Bundesgerichtshofs
LS	Leitsatz
LZ	Leipziger Zeitschrift
m.E.	meines Erachtens
MDR	Monatsschrift für Deutsches Recht
Mot.	Motive
MünchKomm	Münchener Kommentar zum Bürgerlichen Gesetzbuch
m.w.N.	mit weiteren Nachweisen
NJW	Neue Juristische Wochenschrift
Nr.	Nummer
NZV	Neue Zeitschrift für Verkehrsrecht
OLG	Oberlandesgericht
Prot.	Protokolle
Prot. I	Protokolle der Kommission für die zweite Lesung des Entwurfs des Bürgerlichen Gesetzbuchs. Band I, 1897
RG	Reichsgericht
RGZ	Entscheidungen des Reichsgerichts in Zivilsachen

Rn.	Randnummer
Rspr.	Rechtsprechung
S.	Satz bzw. Seite
s.o.	siehe oben
s.u.	siehe unten
SGB	Sozialgesetzbuch
sog.	sogenannte / -er / -es
st. Rspr.	ständige Rechtsprechung
str.	streitig
u.a.	unter anderem
Urt. v.	Urteil vom
VersR	Versicherungsrecht (Zeitschrift)
vgl.	vergleiche
VGT	Verkehrsgerichtstag
WiSt	Wirtschaftswissenschaftliches Studium (Zeitschrift)
z.B.	zum Beispiel
ZfS	Zeitschrift für Schadensrecht
ZIP	Zeitschrift für Wirtschaftsrecht; bis 1982: Zeitschrift für Wirtschaftsrecht und Insolvenzpraxis
ZPO	Zivilprozeßordnung
ZS	Zivilsenat
ZVersWiss	Zeitschrift für die gesamte Versicherungswissenschaft
ZVR	Zeitschrift für Verkehrsrecht

1. Kapitel

Einführung in Problem und Methode

I. Ersatz fiktiver Kosten – unterschiedlicher Diskussionsverlauf beim Sach- und Personenschaden

Der Ersatz fiktiver Kosten ist Gegenstand einer stark kontrovers geführten Diskussion, welche sich nunmehr schon über einen Zeitraum von mehreren Jahrzehnten erstreckt.[1] Die Intensität dieser Diskussion ist, so scheint es, an die allgemeine Wirtschaftslage angebunden, denn in konjunkturell schwierigen Zeiten wurde das Thema, wenn auch inhaltlich stark variiert, immer wieder aufgegriffen. Ihren Höhepunkt erfuhr die Diskussion Ende der 70er und Anfang der 80er Jahre durch die Publikationen von Keuk[2], Schilcher[3], Köhler[4] und Schiemann[5] sowie durch die Behandlung des Themas auf dem 20. Deutschen Verkehrsgerichtstag[6] (20. VGT 1982) in Goslar. Im Verlauf dieser Diskussion kamen berechtigte Zweifel an der Richtigkeit der bisherigen BGH-Rechtsprechung auf. So empfahl der Arbeitskreis V, welcher sich auf dem Verkehrsgerichtstag (20. VGT 1982) mit den „Entwicklungstendenzen im Schadensersatzrecht" zu beschäftigen hatte, dem BGH, insbesondere dem 6. Senat, „im Hinblick auf die Entscheidung des 5. Zivilsenats vom 2. Oktober 1981 (VersR 1982, 72) nochmals zu überprüfen, ob daran festgehalten werden kann, daß fiktive Reparaturkosten trotz des inzwischen erfolgten Verkaufs des beschädigten Fahrzeuges noch verlangt werden können".[7] Ungeachtet dieser Kritik sah der 6. Senat keine Veranlassung, von seiner bisherigen Rechtsprechung abzuweichen. In der Folgezeit verlief deshalb die Diskussion um den Ersatz fiktiver Reparaturkosten und den Ersatz fiktiver Heilungsko-

---

[1] Schon seit BGH NJW 1958, 627 – „Schadensersatz für Stärkungsmittel".

[2] *Knobbe-Keuk,* Möglichkeiten und Grenzen einer abstrakten Schadensberechnung, VersR 1976, 401; *dies.*, Vermögensschaden und Interesse.

[3] *Schilcher,* Theorie der sozialen Schadensverteilung.

[4] *Köhler,* Abstrakte oder konkrete Berechnung des Geldersatzes nach § 242 S. 2 BGB, in: FS für Larenz, S. 349.

[5] *Schiemann,* Argumente und Prinzipien bei der Fortbildung des Schadensrechts; *ders.*, Die Grenzen des § 249 S. 2 BGB, DAR 1982, 309.

[6] 20. VGT 1982, S. 10 f. = VersR 1882, 229.

[7] 20. VGT 1982, S. 10.

sten nicht mehr parallel. Während sich die Sachschadensdiskussion nach dem Urteil des Bundesgerichtshofs vom 23.3.1976 (BGHZ 66, 239)[8] von der grundsätzlichen Frage, ob fiktive Reparaturkosten zu ersetzen sind, zu den Folgeproblemen hin verlagert hat – man denke an die zuletzt auf dem *28. Deutschen Verkehrsgerichtstag* (28. VGT 1990)[9] geführte Restwertdiskussion, die erst durch die Urteile vom 15.10.1991 (BGHZ 115, 364/375)[10] ihren vorläufigen Abschluß fand –, ist in der Personenschadensdiskussion seit dem abschlägigen Urteil des Bundesgerichtshofs vom 14.1.1986 (BGHZ 97, 14)[11] bezüglich des Ersatzes von fiktiven Heilungskosten eine gewisse Beruhigung eingetreten. Dies gilt jedoch nur für den Bereich des Privatrechts. Überprüft man die obige These der antizyklischen Anbindung der schadensrechtlichen Diskussion an die allgemeine wirtschaftliche Entwicklung, so stellt man fest, daß sich die Diskussion um den Personenschaden in der gegenwärtigen Rezession lediglich vom Privatrecht ins öffentliche Recht, d.h. vom Allgemeinen Schadensrecht ins Sozialversicherungsrecht verlagert hat. Aus dieser vor allem politisch ausgerichteten Diskussion ging als Ergebnis das Gesundheits-Reformgesetz (GRG)[12] vom 20.12.1988 und das Gesundheitsstrukturgesetz (GSG)[13] vom 21.12.1992 hervor. Zwar wurde diese sozialpolitische Diskussion nicht unter dem Stichwort „Ersatz fiktiver Gesundheitskosten" geführt, jedoch ist gerade bei ihr das primäre Ziel aller „Rezessionsdiskussionen" ersichtlich: die Kostendämpfung[14] oder, um in die schadensrechtliche Terminologie zurückzukehren, die Eindämmung der vielfach beschworenen „Gefahr einer Ausuferung des Schadensrechts".[15]

Die folgende Arbeit möchte sich von solchen vordergründigen Zielvorgaben freimachen und die Beruhigung in der zivilistischen Schadensdiskussion dazu nutzen, die dogmatischen Ansätze der bisherigen Lösungen zur Problematik des Ersatzes fiktiver Kosten zu überprüfen. Denn schon bei einer ersten Betrachtung fällt auf, daß die diesbezügliche schadensrechtliche Dogma-

---

[8] Ausführliche Erörterung und Analyse des Urteils im 2. Kapitel, II.

[9] 28. VGT 1990, S. 12 (175 ff.) = VersR 1990, 362 = NJW 1990, 1164. – Beachtenswert ist, daß sich der 28. VGT – im Gegensatz zum 20. VGT – nunmehr mit großer Mehrheit für eine Berechnung des Ersatzanspruchs auf der Basis der fiktiven Reparaturkosten aussprach.

[10] BGHZ 115, 364 = VersR 1992, 61; BGHZ 115, 375 = VersR 1992, 64.

[11] Ausführliche Erörterung und Analyse des Urteils im 2. Kapitel, V.

[12] BGBl. I S. 2477.

[13] BGBl. I S. 2266.

[14] Zur Unverzichtbarkeit der Gesundheitsökonomie *Schmaus*, Gesundheitsökonomie aus Sicht der gesetzlichen Krankenversicherung, DOK 1991, 107.

[15] Für viele *Huber*, Fragen der Schadensberechnung, S. 5 m.w.N.; *Wussow/Küppersbusch*, Ersatzansprüche bei Personenschaden, Rn. 13; *Schiemann*, Entwicklungstendenzen im Schadensersatzrecht, 20. VGT 1982, S. 235; *Hofmann*, Entwicklungstendenzen im Schadensersatzrecht, 20. VGT 1982, S. 249.

tik zunächst einseitig am Sachschaden entwickelt[16], ihre Übertragbarkeit auf den Personenschaden dann aber im Anschluß oftmals mit bloßem Hinweis auf die prinzipiellen Unterschiede zwischen Sach- und Personenschaden abgelehnt wurde.[17] Diesen einseitigen Ansatz, der den Personenschaden dogmatisch lediglich als Annex zum Sachschaden bzw. zum Vermögensschaden begreift und die damit zusammenhängende „Diskriminierung des Personenschadens“[18] gilt es zu beseitigen. Es ist deshalb ein Hauptanliegen dieser Untersuchung, den Sach- und Personenschaden wieder auf eine einheitliche dogmatische Grundlage zu stellen.

II. Ersatz fiktiver Kosten – Terminologie und Problemstellung

1. Terminologie

Die langjährige Diskussion zum Problem des Ersatzes fiktiver Kosten hat zu einer fast unüberschaubaren Flut von Publikationen geführt. So unüberschaubar und vielfältig die Diskussionsbeiträge sind, so vielfältig und weitgefächert sind die Begriffe, unter denen die Diskussion geführt wird. Im Laufe der Zeit haben sich jedoch vier Hauptbegriffsgruppen herauskristallisiert: „Ersatz fiktiver Schäden“, „Fiktive Schadensberechnung“, „Abstrakte oder konkrete Schadensberechnung“ und „Ersatz fiktiver Kosten“. Nicht jeder dieser Begriffe vermag die Problematik zutreffend und umfassend zu beschreiben. Zudem trägt so mancher Begriff schon eine bestimmte Lösung in sich und provoziert damit einen Fehlschluß auf ein bestimmtes Ergebnis. So begünstigt z.B. die Verwendung des Begriffs „Ersatz fiktiver Schäden“ eine Ablehnung des Schadensersatzanspruchs, da mit ihm auf die von Fleischmann[19] herausgearbeiteten Assoziationskette: „Fiktiv – fingiert – erfunden und erdacht“[20] und damit auf die „vermeintliche Anrüchigkeit“[21] der „fiktiven Schäden“ angespielt wird.[22] Aber nicht nur wegen der moralisierenden Wirkung, sondern auch wegen dogmatischer Ungereimtheiten überzeugt dieser Begriff nicht,

---

[16] Diese „Sachschadensdogmatik“ ist stellenweise wiederum eine reine „Kfz-Schadensdogmatik“. Vgl. dazu *Magnus,* Schaden und Ersatz, S. 2 („Der technische Fortschritt hat insbesondere über das Kraftfahrzeug Einzug ins Schadensrecht gehalten und durch eine Unzahl von Kfz-Schadensfragen diesem Gebiet wesentliche Züge aufgeprägt“); *Schiemann,* DAR 1982, 310: „Kfz-Schadensrecht als Sonderrecht“.

[17] So z.B. die Argumentation des BGH in BGHZ 97, 14 („Fiktive Operationskosten“).

[18] *Schäfer,* Soziale Schäden, soziale Kosten und soziale Sicherung, S. 107 und 102.

[19] *Fleischmann,* Der Restwert in der Schadensregulierung, ZfS 1989, 1 (2).

[20] *Fleischmann,* ZfS 1989, 2.

[21] *Fleischmann,* ZfS 1989, 2.

[22] Vgl. dazu auch *Huber,* Fragen der Schadensberechnung, S. 8: „(Fehl-)Schlusses vom Begriff auf das Phänomen“.

baut er doch auf der Fiktion eines Schadens auf. Der Schaden ist nach dieser Konzeption bloß theoretischer Natur. So spricht Aul auch ausdrücklich vom „theoretischen Schaden“[23]. Bei beiden Begriffen, dem „fiktiven und theoretischen Schaden“, wird jedoch verkannt, daß in allen Fällen ein realer Schaden am Rechtsgut bereits eingetreten ist und bislang lediglich keine Aufwendungen zur Schadensbeseitigung getätigt wurden. Diese Begriffe verleiten somit ihren Verwender, den Schaden allein in den zu erbringenden Aufwendungen zu sehen, und übersehen dabei die reale Schädigung des Rechtsguts.[24]

Aber auch die Begriffe „fiktive / abstrakte oder konkrete Schadensberechnung“ weisen Schwächen auf. Der Begriff „fiktive Schadensberechnung“ geht insofern fehl, als die „Berechnung“ als solche gerade nicht fiktiv, sondern real erfolgt. Fiktiv ist vielmehr die Berechnungsgrundlage. Aber auch bei der Verwendung des Begriffs „abstrakte Schadensberechnung“ kann sich ein Mißverständnis einschleichen. Das Wort „Berechnung“ könnte als Hinweis aufgefaßt werden, daß die Problematik mit Hilfe einer einfachen Rechenoperation, im Sinne einer überholten Auffassung von der Differenzhypothese, ganz ohne Wertungen und Bewertungen, gelöst werden kann.[25]

Übrig bleibt somit der Begriff „Ersatz fiktiver Kosten“, welcher schon in den Titel dieser Arbeit Eingang gefunden hat und auch weiterhin in ihr verwendet werden soll. Zwar ist der „Kostenbegriff“, im Gegensatz zum „Schadensbegriff“, kein zentraler Bestandteil der allgemeinen Schadensrechtsdogmatik[26]; jedoch ist diese begriffliche Schwerpunktverschiebung, weg vom „dogmatisch vorbelasteten“ Schadensbegriff, hin zum „unbelasteten“ Kostenbegriff, m.E. unschädlich, ja sogar nützlich, um die oben beschriebenen dogmatischen Ungereimtheiten eines „fiktiven Schadens“ zu vermeiden. Darüber hinaus kann der Begriff „Ersatz fiktiver Kosten“ für sich die Vorteile weitgehender Wertneutralität und der sachlichen Unvoreingenommenheit verbu-

---

[23] *Aul*, Schadensersatz in Geld – § 249 ff. BGB und die Folgen, MDR 1985, 991.

[24] Ausführlich dazu im 5. Kapitel, II.3. – Wie weit die Verdrehung der dogmatischen Grundlagen und der Realität durch entsprechende Begriffswahl gehen kann, verdeutlicht der ebenfalls von *Aul* (MDR 1985, 992) verwendete Begriff *„Nullschaden“*. Schon die dem Begriff immanente Widersprüchlichkeit zeigt, daß mit ihm der Boden der juristischen Dogmatik längst verlassen wurde. Hier wird durch bloße Begriffswahl, statt durch dogmatisch-methodische Auslegungsarbeit, das Problem nicht nur umschrieben, sondern auch gleich ein bestimmtes Ergebnis mitgeliefert. Es kann nur vermutet werden, daß sich *Aul* bei seiner Wortschöpfung von dem „Unwort“ (Gesellschaft für deutsche Sprache – GFdS, Wiesbaden) „Nullwachstum“ hat inspirieren lassen, welches sich in der politischen Diskussion großer Beliebtheit erfreut.

[25] Ausführlich zur Differenzhypothese im 5. Kapitel, III.3.

[26] Jedoch ist auch der Kostenbegriff dem Gesetz nicht fremd, wie die Aufnahme des Begriffs „Heilungskosten“ in die Haftpflichtgesetze (§ 11 StVG, § 6 HaftpflG, § 36 LuftVG und § 29 I AtomG) zeigt.

chen. Und nicht zuletzt liefert er, wie der folgenden Abschnitt zeigen wird, eine zutreffende Umschreibung der dahinterstehenden Problematik.

2. Problemstellung

Das Problem des Ersatzes fiktive Kosten kann bei der Schadensabwicklung nur in zwei Konstellationen auftreten. Zum ersten bei einem Verzicht des Geschädigten auf die Herstellung des Status quo ante und zum zweiten bei der Durchführung einer kostengünstigeren Abwicklungsvariante.

Im ersten Falle verzichtet der Geschädigte ganz auf die Herstellung des ursprünglichen, schadensfreien Zustands, das bedeutet, daß er beim Sachschaden auf die Reparatur oder Ersatzbeschaffung und beim Personenschaden auf die Durchführung von Heilungsmaßnahmen verzichtet. Damit stellt sich die Frage, ob er trotz Verzichts die Kosten, die zur Herstellung des ursprünglichen Zustands erforderlich gewesen wären, als Schadensersatz geltend machen kann und ihm damit eine zweckfreie Verwendung des gezahlten Geldbetrags ermöglicht wird. Fiktiv sind diese jeweiligen Kosten – unabhängig davon, ob sie ersetzt werden oder nicht – zum einen deshalb, weil sie realiter nicht entstanden sind und zum anderen, weil ihr Verwendungszweck, d.h. die Reparatur bzw. die Heilungsmaßnahme, nur zum Zweck der Berechnung des Ausgleichsbetrags fingiert wird. Fiktive Reparaturkosten sind eben nun mal keine „Reparatur"kosten.

Neben der grundsätzlichen Frage, ob diese fiktiven Kosten zu ersetzen sind, stellt sich beim Personenschaden zusätzlich die eher praktisch orientierte Frage, ob die Annahme eines Verzichts auf die Herstellung des status quo ante überhaupt realistisch ist. Denn ein Verzicht des Geschädigten auf notwendige Heilungsmaßnahmen erscheint, von ein paar Extremfällen abgesehen[27], recht unwahrscheinlich. Diese Zweifel an der Praxisrelevanz dieser Fallkonstellation lassen sich jedoch verhältnismäßig einfach beseitigen, wenn man mit der h.M.[28] eine weite Definition der Heilungskosten vertritt. Unter Heilungskosten sind danach zutreffenderweise nicht nur die Kosten zu verstehen, die für die unmittelbare Herstellung der körperlichen und seelischen Integrität erforderlich sind, wie z.B. die Arzt-, Krankenhaus- und Arzneimittelkosten, sondern auch „das Entgelt für weitere zur Wiedergesundung oder

---

[27] Denkbar sind Extremfälle, wie z.B. der Verzicht des alkoholkranken Obdachlosen oder des Drogenabhängigen, denen die Finanzierung ihrer Sucht wichtiger als ihre körperliche Integrität ist. Aber auch der verunglückte Krebskranke, mit einer prognostizierten Lebenserwartung von wenigen Monaten, wird unter Umständen auf eine Heilungsmaßnahme verzichten.

[28] Für alle MünchKomm-*Grunsky*, § 249 Rn. 24 ff.; *Eckelmann / Nehls*, Schadensersatz bei Verletzung und Tötung, S. 13.

[zumindest] für die Verbesserung des Zustands erforderlichen Leistungen".[29] Dies bedeutet, daß „alle Kosten, die zur Behebung bzw. Linderung des Leidens erforderlich sind"[30], sowie „Kosten, die die Dauerhaftigkeit des Heilungserfolges sichern oder unbehebbare Dauerfolgen in ihren Auswirkungen mildern"[31], als Heilungskosten anzusehen sind. Darunter fallen z.B. die Kosten der plastischen Chirurgie (sog. „Schönheitsoperationen" oder „kosmetischen Operationen")[32], Kurkosten, Kosten von Massagen, „medizinischen Hilfsgeräten" und Anleitungen zu heilgymnastischen Übungen, da mit ihnen entweder die Rekonvaleszenz des Verletzten unterstützt und beschleunigt wird oder die Schadensfolgen abgeschwächt werden. Bei diesen Heilungsmaßnahmen erscheint ein Verzicht nicht mehr unwahrscheinlich, denn so mancher Geschädigte vertraut lieber auf das ihm körpereigene Heilungspotential, als daß er „Unannehmlichkeiten" wie z.B. den Zeitverlust, den ein Kuraufenthalt oder regelmäßige Besuche beim Heilgymnastiker mit sich bringt, hinnimmt. Außerdem ist es denkbar, daß ein Geschädigter eine „Narbenkorrektur" aus kosmetischen Gründen für überflüssig hält bzw. daß er die allgemeinen Operationsrisiken, die bei jeder Operation und somit auch bei einer „kosmetischen Operation" bestehen, im Vergleich zu dem angestrebten „Nutzen" für nicht tragbar erachtet und deshalb nicht übernehmen will. Schon an dieser Stelle wird deutlich, daß ein Verzicht auf Herstellung durchaus unterschiedlich motiviert sein kann und nicht lediglich dem Abschöpfen eines Geldbetrages dient.[33]

Bei der zweiten Fallkonstellation (= Durchführung einer kostengünstigeren Abwicklungsvariante) verzichtet der Geschädigte nicht auf die Wiederherstellung des ursprünglichen Zustands, sondern er hat einen „billigeren Abwicklungsweg" gefunden, mit dem er den ursprünglichen Zustand ganz oder teilweise wieder herstellen kann. Huber spricht in diesem Zusammenhang von der „Aktivierung des eigenen Nutzungs- bzw. Ressourcenpotentials durch den Geschädigten".[34] Das eigene Ressourcenpotential wird bei einem Sachschaden insbesondere dann aktiviert, wenn der Geschädigte statt einer teuren Fremdreparatur eine billigere Eigenreparatur durchführt bzw. durchführen läßt. Aber auch beim Personenschaden sind kostengünstigere Abwicklungs-

---

[29] *Lange,* Schadensersatz, § 6 IX 2.

[30] MünchKomm-*Grunsky*, § 249 Rn. 24.

[31] MünchKomm-*Grunsky*, § 249 Rn. 25.

[32] Diese Begriffe sind irreführend, da es in vielen Fällen der plastischen Chirurgie nicht nur um „Kosmetik" bzw. „Schönheit", sondern hauptsächlich um die soziale Wiedereingliederung der Unfallopfer geht.

[33] So aber *Krumbholz,* Zulässigkeit und Grenzen der Abrechnung auf Gutachtenbasis, NZV 1990, 218 (220); dagegen *Weber,* § 249 S. 2 BGB: Erstattung der Reparaturkosten oder Ersatz des Schadens an der Sache?, VersR 1992, 527 (532 Fn. 78).

[34] *Huber,* Fragen der Schadensberechnung, S. 8.

varianten denkbar. So z.B. bei einer Eigenbehandlung, die zumindest bei einem Arzt unbedenklich sein dürfte[35], oder bei der Behandlung eines Arztes durch einen Kollegen. Denn in einem solchen Falle ist es üblich, daß der behandelnde Arzt, falls es sich dabei um einen niedergelassenen Arzt handelt, seinem Kollegen gegenüber auf Grund ungeschriebener standesrechtlicher Regeln auf eine Liquidation des Honorars verzichtet.[36] Fiktive Heilungskosten treten aber auch dann auf, wenn sich zwei gleichwertige Heilungsverfahren gegenüberstehen, der Patient aber die billigere Heilmethode wählt. Dies ist beispielsweise dann der Fall, wenn kostenaufwendige Schulmedizin und alternative Heilmethoden[37] – soweit diese tatsächlich gleichwertig sind – zur Auswahl stehen oder wenn der Patient eine ambulante einer stationären Behandlung vorzieht.[38] Gerade an den letzten beiden Fällen zeigt sich, daß das „Beschreiten des billigeren Weges“ nicht bloß dem Abschöpfen eines Geldvorteils dient. Denn die Gründe, weshalb sich ein Patient gegen bestimmte Behandlungsmethoden oder gegen einen Krankenhausaufenthalt entscheidet, liegen oftmals im medizinischen oder im medizinisch-sozialen Bereich. So sehen viele Behandlungsmethoden, die ambulant durchgeführt werden, keine Vollnarkose, sondern lediglich eine örtliche Betäubung vor und sind deshalb für den Patienten weniger belastend. Außerdem kann der Patient bei einer ambulanten Behandlung seine Verletzung zu Hause, d.h. in gewohnter Umgebung im Kreise seiner Angehörigen ausheilen, was sich auf den Genesungsprozeß positiv auswirken kann. In allen diesen Fällen stellt sich die Frage, ob der Geschädigte, trotz der von ihm erzielten Einsparungen, die höheren – fiktiven – Kosten als Schadensersatz vom Schädiger verlangen und damit letztlich über den eingesparten Differenzbetrag zweckfrei verfügen kann.

III. Der Einfluß der kollektiven Ausgleichssysteme auf die Problematik des Ersatzes fiktiver Kosten

Bei der Untersuchung der Problematik des Ersatzes fiktiver Kosten darf nicht außer acht gelassen werden, daß die heutige Rechtspraxis Schäden weit-

---

[35] Zum Umfang der Eigenbehandlungskosten *Weimar*, Zum Umfang des Schadensersatzanspruches gemäß § 249 S. 2 BGB, MDR 1957, 401 (vgl. dazu auch im 5. Kapitel, VII.2 mit Fn. 287.

[36] Vgl. BGH JR 1977, 420 re. Sp.: „Verzicht aus kollegialen Gründen“.

[37] Zur Zulässigkeit von sog. Außenseitermethoden *Markgraf*, Alternative Heilmethoden, DOK 1990, 667 (vgl. dazu auch im 5. Kapitel, VII.2 mit Fn. 286, dort w.N.).

[38] Gegen den Ersatz fiktiver Krankenhauskosten LG Stuttgart NJW 1976, 1797 („Kein Ersatz fiktiver Krankenhauskosten“); *Hofmann*, VGT 1982, S. 262 („Fiktiver Krankenhauspatient“); *Köhler*, Abstrakte oder konkrete Berechnung des Geldersatzes nach § 249 Satz 2 BGB?, in: FS für Larenz, S. 355 ff.; a.A. *Fleischmann*, VGT 1982, S. 276 („fiktiver Krankenhauspatient“).

gehend über kollektive Ausgleichssysteme, d.h. über Haftpflichtversicherer und Sozialversicherungsträger (SVT), abwickelt.[39] Gerade im Bereich des Personenschadens hat man es, wie Steffen feststellt, „zunehmend nicht mehr so sehr mit der Abnahme individueller Lasten zu tun, sondern mit dem Ausgleich zwischen Töpfen“[40], so daß man heute zu Recht von einer Überlagerung des Schadensrechts durch kollektive Ausgleichssysteme sprechen kann.[41] Aus diesem Grunde ist zu prüfen, wie sich eine Schadensabwicklung über die kollektiven Ausgleichssysteme auf das Problem des Ersatzes fiktiver Kosten auswirkt. Denn der in kollektive Ausgleichssysteme eingebundene Geschädigte scheint, so vermittelt zumindest der erste Eindruck, aufgrund der jeweiligen Regreßmechanismen weder den tatsächlichen noch den rechtlichen Spielraum zu haben, fiktive Herstellungskosten geltend machen zu können. Deshalb soll am Beispiel des Personenschadens untersucht werden, welchen Einfluß die unterschiedlichen Regreßmechanismen (§ 67 I VVG und § 116 I SGB X) auf die Entstehung der Problematik des Ersatzes fiktiver Kosten haben.

1. Der Einfluß des § 67 VVG

Dem Geschädigten, der bei einer privaten Krankenversicherung versichert ist, stehen im Schadensfalle zwei Abwicklungsmöglichkeiten offen. Er kann wahlweise entweder den auf Gesetz beruhenden Schadensersatzanspruch gegen seinen Schädiger oder, nachdem er üblicherweise in Vorlage getreten ist, den vertraglichen Kostenerstattungsanspruch gegen seine private Krankenversicherung geltend machen. Schon an dieser Stelle wird deutlich, daß das kollektive Ausgleichssystem den Handlungsspielraum des Geschädigten entscheidend einschränkt. Dies zeigt sich vor allem daran, daß bei einer Schadensabwicklung über die Krankenversicherung eine faktische Bindung des Ersatzanspruchs an den Heilungszweck eintritt, da grundsätzlich nur entstandene und durch Rechnung nachgewiesene Heilungskosten von der Krankenversicherung erstattet werden. Mit der Erstattung, d.h. mit der Leistung durch den Krankenversicherer, geht der Schadensersatzanspruch gegen den Schädiger kraft Gesetzes auf den Versicherer über, § 67 I VVG[42]. Dem Versicherten, d.h. dem Geschädigten, fehlt ab diesem Zeitpunkt die Aktivlegitimation

---

[39] Dazu allgemein *Schiemann,* Das Verhältnis zwischen der deliktischen Haftung und den Systemen privater und öffentlicher Vorsorge, in: *Weick* (Hrsg.), Entwicklung des Deliktsrechts in rechtsvergleichender Sicht.

[40] *Steffen,* Abkehr von der konkreten Berechnung des Personenschadens und kein Ende?, VersR 1985, 605; ebenso *Huber,* Fragen der Schadensberechnung, S. 15.

[41] Vgl. dazu *Sieg,* Überlagerung der bürgerlich-rechtlichen Haftung durch kollektive Ausgleichssysteme, VersR 1980, 1085.

[42] Unstr.; vgl. *Theda,* Fragen zum Forderungsübergang nach § 67 VVG, DAR 1984, 201 (202).

hinsichtlich des Schadensersatzanspruchs. Er bleibt somit auf den vertraglichen Kostenerstattungsanspruch, auf die Erstattung der real angefallenen Heilungskosten, beschränkt. Freilich besteht für den Versicherten keine Pflicht – auch nicht aufgrund des Versicherungsvertrags –, die zweite Abwicklungsvariante, d.h. den Weg über das kollektive Ausgleichssystem, zu wählen und sich damit der Möglichkeit zu begeben, fiktive Heilungskosten verlangen zu können. Vielmehr schaffen die privaten Krankenversicherer für ihre Kunden den Anreiz, Versicherungsleistungen nicht in Anspruch zunehmen, indem sie ihnen für diesen Fall am Jahresende eine anteilige Beitragsrückerstattung in Aussicht stellen.[43] Dem Geschädigten ist somit, jedenfalls bei einer Schadensabwicklung außerhalb des kollektiven Ausgleichssystems, der Weg eröffnet, fiktive Heilungskosten vom Schädiger zu verlangen. Eine Abwicklung über die Krankenversicherung führt allerdings zwangsläufig zur Zweckbindung des Schadensersatzanspruchs. Der Ersatz fiktiver Kosten ist in diesem Falle von vornherein ausgeschlossen.

2. Der Einfluß des § 116 I SGB X

Das Ausmaß der Überlagerung des Allgemeinen Schadensrechts durch kollektive Ausgleichssysteme zeigt sich vor allem bei einer Schadensabwicklung über einen Sozialversicherungsträger (SVT), denn der Regreßmechanismus des § 116 I SGB X – und hier bestätigt sich der obige Eindruck im vollen Umfange – verhindert eine Entstehung der Problematik des Ersatzes fiktiver Kosten.

Grundsätzlich erhält der Versicherte aufgrund einer durch den Schadensfall eingetretenen Gesundheitsverletzung gem. § 27 SGB V einen öffentlich-rechtlichen Anspruch gegen seine Krankenkasse auf Krankenbehandlung, der unter anderem die ärztliche Behandlung (§ 28 SGB V), die Versorgung mit Arznei-, Verband-, Heil-, und Hilfsmittel (§§ 31–33 SGB V) und die Krankenhausbehandlung (§ 39 SGB V) umfaßt. Wie sich schon aus dieser Aufzählung ergibt, werden die Leistungen der gesetzlichen Krankenkasse üblicherweise als Sach- und Dienstleistungen und nicht als Kostenersatz, d.h. nicht als Geldleistung erbracht, §§ 2 II, 13 I SGB V (= Sachleistungsprinzip).[44] Die Konsequenz des Sachleistungsprinzips ist eine rechtliche und nicht bloß faktische, d.h. lediglich durch den Abwicklungsmodus erzeugte Zweckbindung des Ersatzanspruchs. Die Leistung an den Geschädigten ist nach ih-

---

[43] So z.B. die Deutsche Krankenversicherung Aktiengesellschaft (DKV) Köln / Berlin, in: DKV-Jahresmitteilungen 1995, Ausgabe Mai, S. 2 (Rückerstattungen bis zu 6 Monatsbeiträgen).

[44] Eine Ausnahme vom Sachleistungsprinzip macht des Gesetz in § 13 SGB V für freiwillige Mitglieder und deren Familienangehörigen. Diese können zwischen dem Sachleistungsprinzip und der Kostenerstattung wählen.

rer Beschaffenheit von vornherein auf den Heilungszweck ausgerichtet. Das Problem des Ersatzes fiktiver Heilungskosten kann deshalb bei Inanspruchnahme der gesetzliche Krankenkasse nicht auftreten.

Aber auch eine Abwicklung des Schadensfalls außerhalb des kollektiven Ausgleichssystems mit dem Ziel, fiktive Heilungskosten gegen den Schädiger geltend zu machen, wie dies bei der privaten Krankenversicherung problemlos möglich ist, ist bei der gesetzlichen Krankenkasse höchst problematisch. Zwar erwirbt der Kassenpatient, wie auch der Privatpatient, durch den Schadensfall einen privatrechtlichen Schadensersatzanspruch gegen seinen Schädiger. Dieser Anspruch steht ihm jedoch nur für die Zeitspanne einer „juristischen Sekunde" als Anspruchsinhaber zu, denn nach nunmehr allgemeiner Meinung[45] geht dieser Schadensersatzanspruch mit Eintritt des Schadensereignisses kraft Gesetzes (§ 116 I SGB X) auf die Krankenkasse über. Der Geschädigte verliert somit schon im Zeitpunkt der Entstehung des Anspruchs seine Aktivlegitimation. Folglich kann er ab diesem Zeitpunkt auch nicht mehr gegen seinen Schädiger vorgehen. Eine Abwicklung außerhalb des kollektiven Ausgleichssystems, d.h. ohne Mitwirkung des Sozialversicherungsträgers, scheint somit ausgeschlossen.

Diese Schlußfolgerung ist jedoch nur scheinbar richtig, denn nach ganz h.M. steht der Forderungsübergang nach § 116 SGB X unter der auflösenden Bedingung der künftigen Leistungsgewährung durch den Sozialversicherungsträger (SVT), d.h. der Forderungsübergang entfällt rückwirkend, wenn feststeht, daß der Versicherungsträger tatsächlich keine (übergangsfähigen) Leistungen erbracht hat bzw. erbringen wird.[46] Die h.M. begründet ihre Auffassung mit der Ratio des § 116 I SGB X. Mit dem gesetzlichen Forderungsübergang nach § 116 I SGB X sollen im wesentlichen drei gesetzgeberische Ziele erreicht werden:

---

[45] St. Rspr. des BGH, BGH NJW 1983, 1912. Auszug aus der vielfältigen Lit.: *Gitter*, in: *Bley/Gitter/Heinze*, SGB-Gesamtkommentar, Bd. II, § 116 Ziff. 2; *Schröder-Printzen/Schmalz*, SGB X, § 116 Anm. 2; *Nehls*, in: *Hauck/Heines*, SGB X/3 K, § 116 Rz. 22; *Krauskopf/Marburger*, Die Ersatzansprüche nach § 116 SGB X, Bd. I, S. 67; *Behrends*, Erstattungs- und Ersatzansprüche der Leistungsträger gegen Dritte, DOK 1983, 409 (410); *von Maydell*, in: *von Maydell/Schellhorn*, GK-SGB X 3, § 116 Rn. 194 ff.

[46] *Krauskopf/Marburger*, Die Ersatzansprüche nach § 116 SGB X, Bd. I, S. 69; *Schroeder-Printzen/Schmalz*, SGB X, § 116 Anm. 2.2.; *Behrends*, DOK 1983, 409 (410f.); *Nehls*, in: *Hauck/Haines*, SGB X/3 K, § 116 Rz. 22; *Pickel*, Der Übergang von Schadensersatzansprüchen nach der Ablösung von § 1542 RVO durch § 116 SGB X, MDR 1985, 622 (624); BGH VersR 1965, 161, 163; BGH VersR 1967, 974 = DOK 1967, 652 = NJW 1967, 2199 = MDR 1967, 296 = BGHZ 48, 181; a.A.: *Menard*, in: *Jahn*, SGB für die Praxis (Zehntes Buch), § 116 SGB Rn. 9: „Man wird den Forderungsübergang als dem Grunde nach unbedingt und der Höhe nach durch den Umfang des noch ungewissen Schadens und der noch unbestimmten Leistung aufschiebend bedingt anzusehen haben."

- Erstens soll der Forderungsübergang sicherstellen, daß die Belastung des Sozialversicherungsträgers nicht zur Entlastung des Schädigers führt. M.a.W. der Schädiger soll nicht dadurch haftungsfrei gestellt werden, daß ein nicht am Schadensereignis Beteiligter wegen dieses Schadensfalles auf Grund sozialrechtlicher Gesetzgebung leistungspflichtig geworden ist.
- Zweitens soll eine unberechtigte Doppelentschädigung des Geschädigten verhindert werden. Der Geschädigte soll nicht zusätzlich zu den von dem SVT erbrachten Sozialleistungen seinen Schadensersatzanspruch gegen den Schädiger geltend machen können, und damit letztlich durch die Schädigung besser gestellt werden als ohne diese.
- Drittens soll „durch den Forderungsübergang der Effekt erzielt [werden], daß der Schadensersatzanspruch des Geschädigten tatsächlich zur Wiederherstellung des ursprünglichen Zustands vor dem Schadensfall verwendet wird; der Gewährleistung dieses Umstandes dienen aber die [Natural-][47] Leistungen der Sozialversicherung".[48] Denn nur durch den frühen Übergang des Schadensersatzanspruchs des Verletzten ist „die Gewähr dafür gegeben, daß der Verletzte seinen Anspruch insoweit auch sachgerecht zum Zwecke der Heilbehandlung, Gesundung etc. verwendet und nicht die Schadensersatzleistungen durch andere Verwendung aufzehrt. Bei jedem später gewählten Zeitpunkt für den Forderungsübergang bestünde das Risiko, daß der [durch Leistungen der Krankenversicherung schon geheilte][49] Verletzte seinen noch bei ihm befindlichen Schadensersatzanspruchs gegen den Schädiger in vollem Umfang durchsetzt und den erzielten Betrag anderweit verwendet."[50] „Das versicherungsgemäße Interesse an einer wirklichen Verwendung des Schadensersatzanspruchs zur Heilung, Rehabilitation oder Unterstützung des Geschädigten (...) bleibt so gewahrt."[51]

Alle drei Argumente: die Verhinderung der Entlastung des Schädigers, die Verhinderung der Doppelentschädigung des Geschädigten und das *„versicherungsgemäße Interesse"* an einer Zweckbindung[52], verlieren aber ihre Über-

---

[47] Einfügung des Verf.

[48] *von Maydell*, in: *von Maydell/Schellhorn*, GK-SGB X 3, § 116 Rn. 30.

[49] Einfügung des Verf.

[50] *von Maydell* in: *von Maydell/Schellhorn*, GK-SGB X 3, § 116 Rn. 196.

[51] *von Maydell*, in: *von Maydell/Schellhorn*, GK-SGB X 3, § 116 Rn. 30.

[52] An dieser Stelle muß ausdrücklich davor gewarnt werden, den versicherungsrechtlichen Zweckbindungsgedanken auf das Allgemeine Schadensrecht zu übertragen, denn dieser bezweckt ausschließlich den Schutz des Sozialversicherungsträgers, besser: der Solidargemeinschaft der Versicherten vor einer sachlich und vor allem zeitlich ausgeweiteten Leistungspflicht infolge zweckfremder Verwendung der Heilungskosten durch den Geschädigten. Es wäre daher verfehlt, vorschnell von der Zweckbindung der Kosten im Sozialversicherungs- bzw. Krankenversicherungsrecht auf eine Zweckbindung im Allgemeinen Schadensrecht zu schließen. Denn dazu sind die jeweiligen Ausgangssituationen – hier das Ver-

zeugungskraft, wenn die Möglichkeit ausgeschlossen werden kann, daß der Versicherungsträger dem Verletzten Leistungen zu gewähren haben wird.[53] Denn dann entbehrt ein Übergang des Schadensersatzanspruchs auf den Sozialversicherungsträger (SVT) jeglichen Sinnes. Die Vorschrift des § 116 I SGB X muß daher im Wege einer teleologischen Reduktion dahin ausgelegt werden, daß in diesem Falle ein Forderungsübergang auf den SVT nicht stattfindet.[54] Fraglich ist aber, ob dies auch dann gilt, wenn der Geschädigte von vornherein auf die ihm zustehenden Leistungen des Sozialversicherungsträgers verzichtet. M.a.W.: Kann der Geschädigte durch einen bewußten Verzicht auf die Leistungen des Sozialversicherungsträgers „den Forderungsübergang vereiteln"[55], um sich so die Aktivlegitimation hinsichtlich seines Schadensersatzanspruchs gegen den Schädiger zu erhalten? Dies ist zu bejahen. Die rechtliche Befugnis des Geschädigten zum Verzicht auf Leistungsansprüche gegen den SVT ergibt sich heute aus § 46 I SGB X.[56] Die anderen, zum Teil veralteten Ansichten, die einen solchen Verzicht prinzipiell ablehnen, überzeugen nicht. Zum einen konstruieren sie die Pflicht zur Inspruchnahme des Sozialversicherungsträgers aus der Schadensminderungspflicht gem. § 254 BGB,[57] da eine Privatbehandlung immer teurer sei als eine kassenärztliche Behandlung, zum anderen berufen sie sich auf den Sinn des § 1542 RVO (§ 116 SGB X)[58], der angeblich „im Gedanken der öffentlich-rechtlichen Zwangsfürsorge wurzelt".[59] Gerade der letzte Begründungsversuch dürfte im Hinblick auf die obigen Ausführungen zum Sinn und Zweck des Forderungsübergangs nach § 116 I SGB X als überholt und widerlegt anzusehen sein. Aber auch die Bezugnahme auf die Schadensminderungspflicht gem. § 254 BGB geht in diesem Zusammenhang fehl, da dadurch zwei zu trennende Aspekte vermengt werden. Die Schadensminderungspflicht betrifft ausschließlich die Höhe des beim Geschädigten verbliebenen Schadensersatz-

sicherungsverhältnis und die Solidargemeinschaft, dort das Individualschuldverhältnis zwischen Schädiger und Geschädigter – zu unterschiedlich.

[53] Vgl. obige Rspr.: BGH VersR 1967, 974.

[54] So auch BGH VersR 1965, 161 (163).

[55] *Krauskopf/Marbuger,* Die Ersatzansprüche nach § 116 SGB X, Bd. I, S. 59.

[56] *von Maydell,* in: *von Maydell/Schellhorn,* GK-SGB X 3, § 116 Rn. 308; *Krauskopf/Marburger,* Ersatzansprüche, Bd. I, S. 59.

[57] *Loesdau/Ruhl,* Die Schadensminderungspflicht der Geschädigten und ihre Auswirkungen auf die Schadensersatzansprüche der SVT nach § 1542 RVO, VersR 1975, 293 (295); *Becker/Böhme,* Kraftverkehrs-Haftpflicht-Schäden, 17. Aufl., Rn. 390; *Geigel,* Der Haftpflichtprozeß, 7. Aufl., S. 97.

[58] § 1542 RVO ist mit Wirkung ab dem 1.7.1983 außer Kraft getreten und durch § 116 SGB X ersetzt worden. Die geringe Abweichung im Wortlaut bedeutet jedoch keine Rechtsänderung (so die Begründung der Bundesregierung zu § 122 des Regierungsentwurfs, BT-Drucks. 9/95, S. 27). Dies hat zur Folge, daß die zu § 1542 RVO ergangene Rechtsprechung auch bei der Auslegung des § 116 SGB X Verwendung finden kann.

[59] *Reinhardt,* Schadensersatz und Sozialversicherung, JuS 1961, 2 (3, 5).

anspruchs und nicht dessen rechtliche Zuordnung. Es ist deshalb eine von der Übergangsproblematik zu trennende und in der Prüfungsreihenfolge zeitlich nachgeordnete „Frage, ob der Verletzte im Einzelfall gegen seine Schadensminderungspflicht verstößt, wenn er sich als Privatpatient behandeln läßt, statt die Leistungen der Sozialversicherung in Anspruch zu nehmen".[60] Diese Frage soll hier aber nicht erörtert werden.

Als Zwischenergebnis ist deshalb festzuhalten, daß der Geschädigte durch einen Verzicht auf die Leistungen des Sozialversicherungsträgers den Forderungsübergang vereiteln und sich so seine Aktivlegitimation hinsichtlich seines Schadensersatzanspruchs gegen den Schädiger sichern kann. Fraglich sind damit nur noch die Modalitäten eines solchen Verzichts. Müssen die strengen Voraussetzungen des § 46 SGB I, wie z.B. die Schriftform etc., vorliegen, oder genügt es – wohlgemerkt allein für die Beurteilung der Problematik des Forderungsübergangs nach § 116 SGB X –, wenn sich aus dem Verhalten des Geschädigten ergibt, daß er die Krankenversicherung nicht in Anspruch nehmen will (= konkludenter Verzicht)? Der BGH hat diese Frage schon zur alten Rechtslage (§ 1542 RVO)[61] zugunsten der zweiten Alternative entschieden, denn im Urteil vom 17.11.1964 (VersR 1965, 161) stellt er fest:

> „Wenn die Kl. die Leistungen der gesetzlichen Krankenversicherung nicht in Anspruch genommen, sondern die Kosten selbst getragen hat, so steht damit fest, daß der Sozialversicherer für diesen Krankheitsfall keinerlei Aufwendungen hat. Die Ansprüche des Verletzten gegen den Schädiger gehen im Unfallzeitpunkt aber nur insoweit auf den Sozialversicherer über, als es zu Versicherungsleistungen kommt. Trägt der Verletzte die Heilbehandlungskosten selbst, so verbleibt ihm auch der Ersatzanspruch gegen den Schädiger; für einen Rechtsübergang ist dann kein Raum."[62]

Folgt man dieser Auffassung, dann kann der Kassenpatient, ebenso wie der Privatpatient, den Schadensfall außerhalb des kollektiven Ausgleichssystems, d.h. ohne Mitwirkung des SVT, abwickeln und somit fiktive Heilungskosten vom Schädiger verlangen. Ob er diese dann auch ersetzt bekommt, ist allerdings eine ganz andere Frage.

---

[60] BGH VersR 1965, 161 (163); so schon OLG Schleswig NJW 1955, 1234.

[61] § 1542 RVO ist mit Wirkung ab dem 1.7.1983 außer Kraft getreten und durch § 116 SGB X ersetzt worden. Die geringe Abweichung im Wortlaut bedeutet jedoch keine Rechtsänderung (so die Begründung der Bundesregierung zu § 122 des Regierungsentwurfs, BT-Drucks. 9/95, S. 27). Dies hat zur Folge, daß die zu § 1542 RVO ergangene Rechtsprechung auch bei der Auslegung des § 116 SGB X Verwendung finden kann.

[62] BGH VersR 1965, 161 (163).

IV. Ersatz fiktiver Kosten – Dispositionsfreiheit oder Zweckbindung?

Bei der Problematik des „Ersatzes fiktiver Kosten“ geht es in dogmatischer Hinsicht im Grunde genommen um nichts anderes als um die Bestimmung der Rechte und Pflichten des Geschädigten innerhalb des Schadensabwicklungsverhältnisses nach §§ 249 ff. BGB. Deshalb stößt man bei allen Lösungsbemühungen über kurz oder lang auf die Grundsatzfrage, ob der Geldbetrag, den der Geschädigte im Rahmen des § 249 S. 2 BGB erhalten hat bzw. beansprucht, diesem zur freien Verfügung steht (= Dispositionsfreiheit) oder ob der Geschädigte diesen Geldbetrag zweckgebunden, d.h. zur Herstellung des früheren, schadensfreien Zustands verwenden muß (= Zweckbindung). Die Antwort fällt, je nachdem wie man den Rechten- und Pflichtenkreis des Geschädigten definiert, unterschiedlich aus. Geht man von der Dispositionsfreiheit des Geschädigten aus, dann kann der Geschädigte den Ersatz fiktiver Kosten verlangen, da er eine Herstellung des früheren Zustands nicht durchführen muß. Folgt man der Zweckbindungstheorie, so ist dem Geschädigten der Ersatz fiktiver Kosten verwehrt, da ihm nur die zum Zwecke der Herstellung tatsächlich erbrachten Aufwendungen ersetzt werden. Aufgrund dieser Tatsache ist die Grundsatzfrage „Dispositionsfreiheit oder Zweckbindung?“, wie Weber zutreffend feststellt, zum „Angelpunkt der Rechtsprechung zu fiktiven Schäden (richtiger: der fiktiven Berechnung des Schadens) geworden“[63], oder wie Grunsky es ausgedrückt, „die Verwendungsfreiheit des Geschädigten und die Ersatzfähigkeit fiktiver Kosten sind nichts anderes als zwei Seiten derselben Medaille“.[64] Nur wenn der Nachweis gelingt, daß der Geschädigte hinsichtlich des Ersatzbetrags in seiner Disposition frei ist und dieser nicht zweckgebunden, d.h. zur Herstellung des früheren Zustands verwendet werden muß, können fiktive Kosten als ersatzfähig angesehen werden.

Hinter den Begriffen „Dispositionsfreiheit“ und „Zweckbindung“ verbirgt sich aber mehr als nur die freie bzw. zweckgebundene Verwendung des Ersatzbetrags nach § 249 S. 2 BGB. Diese Begriffe stehen vielmehr für eigene umfassende Schadensabwicklungskonzepte, mit denen eine Vielzahl weiterer dogmatischer Grundsatzfragen beantwortet wird. Dazu gehören insbesondere auch folgende grundlegende Problemkreise:

- Restitution oder Kompensation
- das Restitutionsprinzip als Leitprinzip des Schadensrechts

---

[63] *Weber*, „Dispositionsfreiheit“ des Geschädigten und fiktive Reparaturkosten, VersR 1990, 934 (939). Obwohl *Weber* seine Wortwahl korrigiert, bleibt ein Rest an Ungenauigkeit. Ganz korrekt wäre lediglich der Begriff „Ersatz fiktiver Kosten“; vgl. dazu im 1. Kapitel, II.1: „Terminologie“.

[64] *Grunsky*, Der Ersatz fiktiver Kosten bei der Unfallschadensregulierung, NJW 1983, 2465 (2467).

- faktischer oder wirtschaftlicher Herstellungsbegriff
- Herstellung des Zustands (= Reparatur und Ersatzbeschaffung) oder Herstellung der Sache / Person (= Reparatur / Heilung)
- „Unmöglichkeit der Herstellung“ – das Verhältnis von § 249 S. 2 BGB zu § 251 I 1. Var. BGB
- Schaden und Interesse: der Schadensbegriff und seine Abgrenzung zum Interessenbegriff
- der „erforderliche Geldbetrag“ i.S.d. § 249 S. 2 BGB
- Schadensersatz oder Aufwendungserstattung
- die Rolle des Aufwendungsbegriffs in der Dogmatik zu § 249 S. 2 BGB.

Alle aufgezählten Grundsatzprobleme stehen in einem mehr oder weniger engen Zusammenhang mit der hier zu untersuchenden Frage, ob fiktive Kosten zu ersetzen sind oder nicht. Deshalb wird sich diese Arbeit im Laufe ihres Fortgangs mit allen diesen Fragen beschäftigen müssen. Vorerst muß es aber genügen, wenn zum Zwecke der Orientierung die beiden Schadensabwicklungskonzepte „Dispositionsfreiheit“ und „Zweckbindungstheorie“ grob skizziert werden.

1. Die Dispositionsfreiheit des Geschädigten

Die Lehre von der Dispositionsfreiheit steht in ihrer „Reinform“, wie sie im Urteil des Bundesgerichtshofs vom 23.3.1976 (BGHZ 66, 239) zum Ausdruck kommt, für eine völlig freie Verwendung des Ersatzbetrags gem. § 249 S. 2 BGB. Denn was der Geschädigte mit der Schadensersatzleistung anfängt, so die Vertreter dieses Konzepts, gehe den Schädiger nichts an. Vielmehr stehe es ihm „grundsätzlich frei, ob er den zur Wiederherstellung erforderlichen Betrag nach dessen Zahlung wirklich diesem Zweck zuführen oder anderweitig verwenden will“.[65] Der Geschädigte muß demzufolge nicht einmal eine Herstellungsabsicht nachweisen, wenn er vom Schädiger Schadensersatz nach § 249 S. 2 BGB fordert. Er kann den Ersatzbetrag selbst dann fordern, „wenn er von vornherein nicht die Absicht hat, die der Berechnung seines Anspruchs zugrunde gelegte Wiederherstellung zu veranlassen, sondern sich anderweit behelfen oder die Entschädigungszahlung überhaupt einem sachfremden Zweck zuführen will“.[66]

Neben diesem Kriterium der Verwendungsfreiheit ist die „objektive Bemessung“ des „erforderlichen Geldbetrags“ gem. § 249 S. 2 BGB das zweite entscheidende Merkmal der „Lehre von der Dispositionsfreiheit“. Bei dieser „objektiven Bemessung“ der Schadensersatzleistung richtet sich der Ersatzbetrag nach den Aufwendungen, „die ein verständiger und wirtschaftlich den-

---

[65] BGHZ 66, 239 = VersR 1976, 874 re. Sp.

[66] BGHZ 66, 239 = VersR 1976, 875 li. Sp.

kender Eigentümer in der besonderen Lage des Geschädigten für eine zumutbare Instandsetzung machen würde"[67]. Mit dieser Definition wird aber der Zusammenhang zwischen dem „erforderlichen Geldbetrag" i.S.d. § 249 S. 2 BGB und den real erbrachten Aufwendungen vollständig gelöst. Die Höhe der Schadensersatzleistung kann somit über oder unter dem Betrag der tatsächlichen Aufwendungen liegen.

2. Die klassischen Zweckbindungstheorien

Im Gegensatz dazu steht dem Geschädigten nach der Zweckbindungstheorie der Ersatzbetrag gem. § 249 S. 2 BGB nicht zur freien Verfügung. Die Ersatzleistung muß vielmehr zweckgebunden, d.h. zur Herstellung des ursprünglichen, schadensfreien Zustandes verwendet werden. Der Anspruch aus § 249 S. 2 BGB ist an den Herstellungszweck gebunden. Bei den klassischen Zweckbindungstheorien wird diese Zweckbindung dadurch erreicht, daß Bestand und Umfang des Ersatzanspruchs nach § 249 S. 2 BGB von den tatsächlich aufgewendeten Herstellungskosten abhängig gemacht wird.[68] Maßstab für die Höhe der Schadensersatzleistung ist somit nicht „der verständige Dritte in der Position des Geschädigten", sondern es sind allein die tatsächlich – im Rahmen des Erforderlichen – angefallenen Kosten. Rechtstechnisch kann diese Art der Zweckbindung auf zweierlei Weise erzeugt werden:

- zum einen dadurch, daß man den Anspruch aus § 249 S. 2 BGB als reinen Aufwendungserstattungsanspruch begreift, mit dem der Geschädigte nur die tatsächlich getätigten Aufwendungen geltend machen kann (= Erstattungstheorie);[69]
- zum anderen dadurch, daß man die Schadensersatzzahlung des Schädigers an den Geschädigten als zweckgebundenen Vorschuß erklärt, über den nach Abschluß der Herstellung „abzurechnen" ist (= Vorschußthese).[70] Der Herstellungszweck wird so zur bereicherungsrechtlichen causa. Führt der Geschädigte im Anschluß an die Zahlung keine bzw. kostengünstigere Restitutionsmaßnahmen durch, so muß er den gezahlten Vorschuß nach Bereicherungsrecht gem. § 812 I, 2 2. Alt. BGB (= condictio ob rem) ganz bzw. teilweise erstatten.

---

[67] St. Rspr.; vgl. BGHZ 54, 82 = NJW 1970, 1454 (1455).

[68] Im Gegensatz zu den klassischen Zweckbindungstheorien wird bei dem hier vertretenen Schadensabwicklungsmodell die Zweckbindung im wesentlichen über die Gestaltungswirkung der Gläubigerbefugnis nach § 249 S. 2 BGB erzeugt (vgl. dazu im 6. Kapitel, III.3).

[69] Z.B. *Esser/Schmidt*, Schuldrecht AT 2, § 32 I 2, S. 190 ff. (vgl. dazu auch im 5. Kapitel, II.1).

[70] Z.B. *Köhler*, Abstrakte oder konkrete Berechnung des Geldersatzes nach § 249 S. 2 BGB?, in: FS für Larenz, S. 349.

In jedem Falle, d.h. ganz gleich welcher Zweckbindungsvariante man letztlich folgt, muß der Geschädigte, wenn er vom Schädiger den Ersatzbetrag nach § 249 S. 2 BGB verlangt, seine Absicht, Herstellungsmaßnahmen durchführen zu wollen, darlegen. Anderenfalls ist ihm der Anspruch aus § 249 S. 2 BGB verwehrt.

3. Der aktuelle Meinungsstand

Auf der bisher aufgezeigten dogmatischen Grundlage lassen sich drei Meinungen zum Problem des Ersatzes fiktiver Kosten vertreten, so daß sich der aktuelle Meinungsstand wie folgt darstellt:

– Nach Auffassung des BGH[71] und der herrschenden Literaturmeinung[72] ist das Problem des Ersatzes fiktiver Kosten bei Sach- und Personenschaden unterschiedlich zu behandeln. Bei Sachschäden gelte, so die h.M., der „Grundsatz der Dispositionsfreiheit"[73] mit der Folge, daß bei Sachschäden fiktive Herstellungskosten zu ersetzen sind. Bei Personenschäden komme dagegen die Zweckbindungstheorie[74] zur Anwendung, so daß dort der Ersatz fiktiver Kosten abzulehnen ist. Diese Ungleichbehandlung von Sach- und Personenschaden überrascht vor allem deshalb, weil diese Ansicht sowohl die Gewährung als auch die Versagung des Schadensersatzanspruchs auf dieselbe Gesetzesgrundlage – § 249 S. 2 BGB – stützt und, so könnte man meinen, bei dieser Ausgangslage eigentlich eine Gleichbehandlung beider Schadensgruppen angezeigt wäre.[75] Trotzdem hat sich diese unterschiedliche Behandlung von Sach- und Personenschaden mittlerweile als h.M. etabliert.

---

[71] BGHZ 66, 239 (Ersatz fiktiver Reparaturkosten), BGHZ 97, 14 (Kein Ersatz fiktiver Operationskosten).

[72] Aus der vielfältigen Literatur: *Zeuner,* JZ 1986, 640 Anm. zu BGHZ 97, 14; MünchKomm-*Grunsky*, 3. Aufl., § 249 Rn. 17–18; *Grunsky,* NJW 1983, 2465 (2468 f.); Staudinger-*Medicus*, BGB, 12. Aufl., § 249 Rn. 226, 227; *Medicus*, DAR 1982, 352 (356); *Bekker/Böhme,* Kraftverkehrshaftpflichtschäden, 19. Aufl., S. 168 ff.; *Hofmann,* Haftpflichtrecht für die Praxis, S. 417 f.; *Weber,* DAR 1987, 161 (174 f.). – Gegen eine generelle Differenzierung zwischen Personen- und Sachschaden *Bender,* Personenschaden und Schadensbegriff, S. 253 f.: „Entscheidend ist jeweils die Perspektive wertender Schadensbetrachtung."

[73] BGHZ 66, 239.

[74] BGHZ 97, 14.

[75] Zu den gemeinsamen Strukturen von Sach- und Personenschaden vgl. *Huber,* Fragen der Schadensberechnung S. 10 ff.

– Die zweite Ansicht[76], eine heute kaum mehr vertretene Mindermeinung, hält den „Grundsatz der Dispositionsfreiheit“ auf beide Schadensgruppen für anwendbar und gewährt somit in beiden Fällen den Ersatz fiktiver Kosten.

– Nach der dritten Auffassung[77] ist das Konzept der Zweckbindungstheorie einheitlich auf Sach- und Personenschaden anzuwenden. Demzufolge ist ein Ersatz fiktiver Kosten bei dieser Lösung generell ausgeschlossen.

Keine der drei Lösungen läßt sich eindeutig aus dem Wortlaut des § 249 S. 2 BGB herleiten. Denn der Anspruch aus § 249 S. 2 BGB wird eben nicht *„zur“* Herstellung[78] (= Zweckbindungstheorie), aber auch nicht *„anstatt“* einer Herstellung (= Dispositionsfreiheit), sondern, bei Berücksichtigung des systematischen Zusammenhangs von Satz 1 und Satz 2, *„statt“* der Herstellung *durch den Schädiger* gem. § 249 S. 1 BGB gewährt. Die Verwendung des Wortlautarguments wird bei einer solchen sprachlichen Ausgestaltung des Gesetzes zur reinen Geschmacksfrage. Deshalb läßt sich das Problem des Ersatzes fiktiver Kosten auch nicht durch einfache „Auslegung“ zufriedenstellend lösen. Die Lösung kann nur anhand allgemeiner Grundprinzipien des Schadensrechts mittels Rechtsfortbildung entwickelt werden.

V. Methode und Gang der Untersuchung

Seit Jahren wird der Zustand der Schadensrechts als kritisch eingestuft. „Hauptmißstand ist das Fehlen eines geschlossen Systems, eines durchgängigen Wertgerüsts“.[79] Gerade dieser Umstand macht dem Bearbeiter schadensrechtlicher Fragen zu schaffen. Erschwerend kommt hinzu, daß es sich bei der Rechtsmaterie „Schadensrecht“ „über weite Strecken um Richterrecht reinsten Wassers“[80] handelt und bisher eine „wertkonforme Koordinierung

[76] Palandt-*Heinrichs*, BGB (bis zur 44. Aufl.), § 249 Anm. 2a; *Deutsch,* Haftungsrecht I, § 26 V 3, S. 461; *Larenz,* Schuldrecht AT, 13. Aufl., § 28 I, S. 433; *Zeuner,* in: GS für Dietz, S. 99 (120); *Fleischmann*, in: 20. VGT 1982, S. 268 (275 f.).

[77] *Esser/Schmidt,* Schuldrecht AT 2, § 32 I 2; *Keuk,* Vermögensschaden und Interesse, S. 220 ff.; *Schiemann,* Argumente und Prinzipien bei der Fortbildung des Schadensrechts, S. 212 ff; *ders*., DAR 1982, 309 ff.; *Köhler*, in: FS für Larenz, S. 349 (363 ff.); *Honsell/Harrer*, JuS 1985, 161 ff.; *Leonhard,* VersR 1983, 415; *Huber,* Fragen der Schadensberechnung, insb. S. 74; *Hagen*: in: *Lange/Hagen,* Wandlungen des Schadensersatzrechts, S. 77; *Lange,* WM 1990, Sonderbeil. 7, S. 11; *Marburger,* Karlsruher Forum 1990, S. 4 (6 li. Sp.); *Larenz,* Schuldrecht AT, 14. Aufl., § 28 I, insbes. S. 471.

[78] So aber: *Köhler,* Abstrakte oder konkrete Berechnung des Geldersatzes nach § 249 S. 2 BGB?, in: FS für Larenz, S. 350, und *Larenz,* Schuldrecht AT, 13. Aufl., § 28 I, S. 434: „der zur Herstellung erforderliche Geldbetrag“; dazu kritisch: *Schiemann,* AcP 185 (1985), 78 (79).

[79] *Magnus,* Schaden und Ersatz, S. 1.

[80] *Kötz,* Deliktsrecht, S. 6 (Vorwort).

der einzelnen Rechtsfortbildungen“[81] weitgehend ausblieb. Meistens ist man „weit davon entfernt, die zu entscheidenden Fälle als Auslegungsprobleme, als Fragen der Gesetzesauslegung, zu verstehen. Vielmehr bewegt man sich – getragen von der Rechtsfortbildungsbefugnis – weitgehend so, als sei die sozial angemessene Lösung in freier Rechtsfindung zu entwickeln. Das Gesetz spielt allenfalls noch eine sekundäre Rolle.“[82] Um Schadensrecht heutzutage aber überzeugend, das heißt vor allem systematisch zu betreiben, sind die im Schadensrecht anzutreffenden Rechtsbegriffe und Argumente nicht nur nach dogmatischen, sondern auch nach methodologischen Gesichtspunkten zu ordnen und zu beurteilen.[83] Vor allem darf man sich bei der Rechtsfindung nicht mit „einer scholastischen Reihung der heterogenen Einzelargumente begnügen“.[84]

1. Ausdifferenzierung des Schadensbegriffs?

Der klassische Versuch, das Schadensrecht durch Verfeinerungen und Ausdifferenzierungen des Schadensbegriffs[85] systematisch zu durchdringen, hat nicht zur Klärung, sondern lediglich zur Vervielfältigung des Meinungsstands beigetragen. Der historische Schadensbegriff hat schon lange seine feste Struktur verloren. Seine Überzeugungskraft, die er aus dem allgemeinen Konsens geschöpft hat, ist mit diesem geschwunden. Aber auch die darauf aufbauenden modernen Begriffsvarianten können die Systematisierung des Schadensrechts nicht gewährleisten. Bei ihnen wird der Schadensbegriff oftmals zur bloßen äußeren Denkform, die einen festen, eindeutigen Inhalt nicht mehr hat.[86] Aus einem solchen Schadensbegriff kann die Lösung eines Einzelfallproblems nicht mehr per Deduktion gewonnen werden, ohne daß gleichzeitig Ausnahmeregelungen bzw. versteckte Wertungen in die jeweilige Schadensdefinition aufgenommen werden müssen.[87] Dies birgt jedoch die Gefahr eines Zirkelschlusses. Aus diesem Grunde ist zu überlegen, ob der

[81] *Hagen,* Zur Normativität des Schadensbegriffs in der Rechtsprechung des Bundesgerichtshofes, in: FS für Hauß, S. 83 (102).

[82] *Diederichsen,* Argumentationsstrukturen in der Rechtsprechung zum Schadensersatzrecht, in: FS für Klingmüller, S. 65 (67).

[83] Vgl. *Diederichsen,* a.a.O., S. 65 (67).

[84] *Schiemann,* Argumente und Prinzipien, S. 2.

[85] So z.B. *Mertens,* Der Begriff des Vermögensschadens im Bürgerlichen Recht; *Roussos,* Schaden und Folgeschaden: „funktioneller Schadensbegriff“; dazu kritisch: *Keuk,* Vermögensschaden und Interesse, S. 9.

[86] So z.B. der „Begriff des normativen Schadens“. *Esser* (AcP 172 [1972], 119) führt dazu aus: „Die überschüssige dogmatische Wirkung solcher ad hoc-Theorien muß dann irgendwann wieder beseitigt werden, soll sie nicht Verbesserungen oder Einschränkungen, die sich als notwendig erweisen, im Wege stehen.“

[87] Vgl. *Brinker,* Die Dogmatik zum Vermögensschadensersatz, S. 187 f.

Schadensbegriff nicht eher „entschärft oder gar zurückgebildet“[88], d.h. auf seine eigentliche Funktion als bloßer technischer Begriff zurückgeführt werden müßte, anstatt ihn als Wertungsträger weiterzuentwickeln. Fest steht jedenfalls, daß die Methode der Ausdifferenzierung des Schadensbegriffs nicht geeignet ist, den Systembau im Schadensrecht voranzutreiben.[89] Deshalb ist der Schadensbegriff auch als methodisch-dogmatischer Anknüpfungspunkt zur Lösung der Problematik des Ersatzes fiktiver Kosten untauglich.

2. Fallgruppenbildung und topische Kasuistik

Ein weiterer Versuch der Systematisierung ist die von der Literatur mittlerweile weitgehend übernommene „Methode der Rechtsprechung, das Schadensrecht nur noch als ein Geflecht einzelner und immer kleinerer Fallgruppen zu begreifen. (...) Der Einzelfall und seine konkrete Lösung verdrängt [dabei] die systematische Durchdringung.“[90] Zwar kann die Analogisierung von Falltypen und Wertungen bei der Rechtsfortbildung eine hilfreiche Rolle spielen, jedoch besteht bei dieser Methode die Gefahr, daß sie in einer „reinen Beschreibungsdogmatik“[91] endet, „die durch immer neue Zusatzannahmen (ad-hoc-Erklärungen) bzw. Regel-Ausnahme-Spiele jede wissenschaftliche Nachprüfung unmöglich macht“.[92] Dieser Umstand dürfte auch die Ursache für das Entstehen einer speziellen „Kfz-Dogmatik“ darstellen, die dazu geführt hat, daß die Frage des „Ersatzes fiktiver Kosten?“ von der Rechtsprechung für den Kfz-Schaden anders als für den Grundstücksschaden beantwortet wird.[93]

Dieselbe Kritik trifft die topischen Lösungsansätze. Denn auch die topische Argumentation orientiert sich „wesensgemäß am möglichst eng formulierten Einzelproblem, ja am Einzelfall (...)“.[94] Auch hier wird die wissen-

---

[88] *Esser,* Möglichkeiten und Grenzen des dogmatischen Denkens im modernen Zivilrecht, AcP 172 (1972), 97 (119); ähnlich: *Hofmann,* Entwicklungstendenzen im Schadensersatzrecht, 20. VGT 1982, 250 („Zurückschneiden des Wildwuchses am Begriff des Schadens“).

[89] Ebenso *Flessner* (JZ 1987, 273 re. Sp.): „Man fragt sich, welchen Nutzen für Rechtsprechung ein Zentralbegriff (‚Vermögensschaden‘) stiftet, der hohe Richter in Resignation und Radikalismus treibt und andere hohe Richter einerseits zu sehr allgemeinen Ausführungen nötigt, letztlich aber doch zu keiner weitergehenden Festlegung veranlassen kann, als sie gerade der anstehende Fall erforderte.“

[90] *Magnus,* Schaden und Ersatz, S. 4; vgl. auch: *Bender,* Personenschaden und Schadensbegriff, S. 16: „Atomisierung der Materie in Fallgruppen und Einzelprobleme“.

[91] *Schilcher,* Theorie der sozialen Schadensverteilung, Vorwort S. 1.

[92] *Schlicher,* a.a.O., S. 2.

[93] BGHZ 66, 239 (Kfz-Schaden); BGHZ 81, 385 (Grundstücksschaden); vgl. dazu 2. Kapitel, III.

[94] *Canaris,* Systemdenken und Systembegriff in der Jurisprudenz, 2. Aufl., S. 135 Fn. 1a.

schaftliche Nachprüfbarkeit aufgrund des fehlenden systematischen Zusammenhangs erschwert. „Denn eine Entscheidungsbegründung", so Koch / Rüßmann, „die ein Potpourri von Gesichtspunkten darstellt, ist der Kritik kaum zugänglich. Wird einer der Gesichtspunkte als unhaltbar kritisiert, so kann leicht erwidert werden, auf diesen Gesichtspunkt käme es nicht entscheidend an, er sei lediglich ergänzend, unterstützend, hilfsweise (und was es sonst noch für Redensarten geben mag) angeführt."[95]

Man mag in diesem Zusammenhang die Auffassung vertreten, daß für das Schadensrecht heute nur noch die fallgruppenweise gefundenen Ergebnisse zählen und sich ein Konzept deshalb erübrigt, auch wenn die Methode der topischen Kasuistik den Systemgedanken zugunsten von Praktikabilitätsüberlegungen zurücktreten läßt.[96] „In dieser Meinung mag die auffällige Teilung der schadensrechtlichen Literatur", auf die Magnus ausdrücklich aufmerksam macht, „noch bestärken: dogmatisch anspruchsvolle Arbeiten, die Fallösungen weitgehend aus vorher entwickelten Gesamtkonzeptionen ableiten, und – nicht weniger wertvolle, aber – mehr praxisorientierte Arbeiten, die nur die konkrete Fallösung und nicht ihre systematische Einbettung im Auge haben, bilden zwei kaum miteinander kommunizierende Ebenen".[97] Dennoch ist der Systemgedanke nicht gering zu veranschlagen, trägt er doch entscheidend zur Rechtssicherheit bei. Darüber hinaus birgt die „absolute Trennung" von theoretischer und praxisorientierter Jurisprudenz, wie von Savigny schon 1840 treffend formulierte, die „unvermeidliche Gefahr, daß die Theorie zu einem leeren Spiel, die Praxis zu einem bloßen Handwerk herabsinke".[98] Weder das Praktikabilitätsargument noch der Systemgedanke dürfen deshalb zum reinen Selbstzweck avancieren.[99] Erforderlich ist vielmehr ein methodisches Modell, das sich auch in der alltäglichen Rechtspraxis bewährt.

3. Das Rechtsprinzip als „erste Prämisse"[100], als „starting point"[101] der Rechtsfortbildung

Folgt man Diederichsen, dann ist „die höchste juristische Argumentationskunst erreicht, wenn man sich auf die einem Komplex von Normen zugrun-

---

[95] *Koch / Rüßmann*, Juristische Begründungslehre, S. 115; ähnlich auch *Larenz*, Methodenlehre der Rechtswissenschaft, S. 147; *Bydlinski*, Juristische Methodenlehre, S. 144: „Lösung des konkreten Problems wird zur ‚Glücksache'".

[96] Vgl. *Magnus*, Schaden und Ersatz, S. 283.

[97] *Magnus*, a.a.O., S. 283.

[98] *von Savigny*, System des heutigen Römischen Rechts, Bd. I, Vorrede XX.

[99] Vgl. dazu *Huber*, Fragen der Schadensberechnung, S. 99 ff.

[100] *Koch / Rüßmann*, Juristische Begründungslehre, 1982, S. 103: „Prinzipien als erste Prämisse".

[101] *Esser*, Grundsatz und Norm in der richterlichen Rechtsfortbildung, S. 150 f.

deliegenden Rechtsgrundsätze berufen kann. Das heutige Schadensrecht bietet einem solchen Denken in Prinzipien ein weites Anwendungsfeld."[102] Dies gilt vor allem für den Bereich der Rechtsfortbildung. Dort bietet es sich geradezu an, die Rechtsprinzipien als „starting point oder als Aufhänger für die konkrete richterliche Normbildung"[103] zu wählen.

a) Der „Grundsatz der Dispositionsfreiheit" und das „Postulat der Zweckbindung" als Rechtsprinzipien

Die Rechtsprinzipien werden heute „als allgemeine Wertungsmaßstäbe"[104], als „Spezifikationen der Rechtsidee"[105] angesehen, die sich „noch nicht zu unmittelbar anwendbaren Rechtsregeln verdichtet"[106] haben. Sie tragen zwar ein „Sollensmoment" in sich, sind jedoch keine „Rechtssätze" im technischen Sinne.[107] Allgemein wird dem Rechtsprinzip ein „Zwischenstatus" zwischen Wert und Rechtsbegriff eingeräumt. So schreibt beispielsweise Canaris:

> „Das Prinzip hält also gegenüber dem Wert einerseits und dem Begriff andererseits gerade die richtige Mitte: jenem hat es voraus, daß es schon verfestigt genug ist, um bereits eine Aussage über die Rechtsfolge zu enthalten und damit eine spezifisch rechtliche Einkleidung zu besitzen, diesem hat es voraus, daß es noch nicht verfestigt genug ist, um die Wertung zu verdecken."[108]

Der Unterschied zwischen Prinzipien und Werten reduziert sich somit auf den, dem Wertbegriff fremden, dem Prinzip aber immanenten „Sollenscharakter"[109]. „Was im Wertemodell prima facie das beste ist, ist im Prinzipienmodell prima facie gesollt. (...) Das Prinzipienmodell [hat] den Vorteil, daß der Sollenscharakter stets klar zum Ausdruck kommt."[110] Die Abgrenzung der Rechtsprinzipien zu den Rechtsbegriffen erfolgt dagegen über die unterschiedliche Erkennbarkeit der jeweils dahinterstehenden Wertung. Die Rechtsbegriffe „enthalten nämlich auch dann, wenn sie richtig gebildet sind, die Wertungen lediglich mittelbar, sozusagen verschlüsselt, während das Prinzip sie offenlegt; (...) Man kann also sagen: Im (richtig gebildeten) Begriff

---

[102] *Diederichsen,* Argumentationsstrukturen in der Rechtsprechung zum Schadensersatzrecht, in: FS für Klingmüller, S. 65 (78); *ders.*, Begrenzungen richterlicher Rechtsfortbildung im Schadensersatzrecht, in: Karlsruher Forum 1985, S. 4 (16).

[103] *Esser,* Grundsatz und Norm in der richterlichen Rechtsfortbildung, S. 150 f.

[104] *Larenz,* Methodenlehre der Rechtswissenschaft, S. 227.

[105] *Larenz,* a.a.O., S. 421.

[106] *Larenz,* a.a.O., S. 227.

[107] *Esser,* Grundsatz und Norm in der richterlichen Rechtsfortbildung, S. 94.

[108] *Canaris,* Systemdenken und Systembegriff in der Jurisprudenz, S. 52.

[109] *Alexy,* Theorie der Grundrechte, S. 133.

[110] *Alexy,* a.a.O., S. 133.

ist die Wertung impliziert, das Prinzip dagegen macht sie explizit, und darum ist dieses besser geeignet, die Wertungseinheit des Rechts wiederzugeben.“[111]

Auf dieser definitorischen Grundlage entwickelt Canaris folgende vier Merkmale der Rechtsprinzipien:

> „(1) Die Prinzipien gelten nicht ohne Ausnahme und können zueinander in Gegensatz oder Widerspruch treten; (2) sie erheben nicht den Anspruch der Ausschließlichkeit; (3) sie entfalten ihren eigentlichen Sinngehalt erst in einem Zusammenspiel wechselseitiger Ergänzung und Beschränkung; (4) und sie bedürfen zu ihrer Verwirklichung der Konkretisierung durch Unterprinzipien und Einzelwertungen mit selbständigem Sachverhalt.“[112]

Nahezu alle vier Eigenschaften lassen sich sowohl beim „Grundsatz der Dispositionsfreiheit“ als auch beim „Postulat der Zweckbindung“ nachweisen. So gelten, wie die weitere Untersuchung noch zeigen wird, beide Prinzipien, vor allem aber die Dispositionsfreiheit, nicht ohne Ausnahmen; zudem treten beide in Widerspruch zueinander. Folgt man der h.M., die den „Grundsatz der Dispositionsfreiheit“ auf den Sachschaden und das „Postulat der Zweckbindung“ auf den Personenschaden anwendet, so erheben beide Prinzipien auch nicht den Anspruch auf Exklusivität. Schließlich lassen sich beide Prinzipien auch als Unterprinzipien begreifen: Die Dispositionsfreiheit als schadensrechtliche Konkretisierung des „Grundsatzes der Privatautonomie“ und das „Postulat der Zweckbindung“ als Konkretisierung des „Herstellungsprinzips“. Aus diesem Grunde liefert die Fragestellung „Dispositionsfreiheit oder Zweckbindung?“ nicht nur die dogmatische Grundlage, sondern auch den methodischen Ausgangspunkt zur Lösung der Problematik des Ersatzes fiktiver Kosten.

b) Trennung von externer (= Richtigkeit der Prämisse) und interner Rechtfertigung (= logische Denkoperation)[113]

Macht man den „Grundsatz der Dispositionsfreiheit“ bzw. das „Postulat der Zweckbindung“ im Rahmen des § 249 S. 2 BGB zum Ausgangspunkt der Rechtsfortbildung und damit zur „ersten Prämisse“ der Argumentationskette,

---

[111] *Canaris,* Systemdenken und Systembegriff in der Jurisprudenz, S. 50.

[112] *Canaris,* Systemdenken und Systembegriff in der Jurisprudenz, S. 52 f.; ebenso: *Mayer-Maly,* Rechtswissenschaft, S. 68: „Moderne Methologie weiß aber, daß Rechtsprinzipien ihre volle Bedeutung erst im Zusammenspiel mit anderen Rechtsprinzipien entfalten“; ähnlich auch: *Koch/Rüßmann,* Juristische Begründungslehre, S. 99: „Zusammengefaßt ist eine Vorschrift genau dann ein Prinzip, wenn sie einen optimierbaren Zustand ausdrückt, durch mindestens eine Vorschrift mit der gleichen Eigenschaft eingeschränkt werden kann und keiner der Vorschriften ein absoluter Vorrang zukommen soll.“ Kritisch dagegen: *Schilcher,* Theorie der sozialen Schadensverteilung, S. 59.

[113] Vgl.: *Alexy,* Theorie der juristischen Argumentation, S. 273; s. dort auch Anm. 23: Austauschbarkeit der Begriffe „Begründung“ und „Rechtfertigung“.

so wird dadurch das jeweilige Rechtsprinzip Teil des Obersatzes; es wirkt tatbestandsergänzend.[114] Aus einem solchen, gleichermaßen „ergänzten" § 249 S. 2 BGB lassen sich dann die zwei folgenden, sich widersprechenden Aussagen ableiten:

(1) Da der Geschädigte im Rahmen des § 249 S. 2 BGB in seiner Disposition über den Herstellungsbetrag frei ist (= „Grundsatz der Dispositionsfreiheit"), sind „fiktive Kosten" zu ersetzen.

(2) Da der Anspruch aus § 249 S. 2 BGB an den Herstellungszweck gebunden ist (= Postulat der Zweckbindung), sind „fiktive Kosten" nicht ersatzfähig.

Verdeutlicht man sich die einzelnen Arbeitsschritte, die bei einer solchen Subsumtion durchlaufen werden müssen, so stellt man fest, daß jeweils nur der zweite Teil, der axiomatisch-deduktive Schluß, streng logisch verläuft, während der erste Teil, d.h. die den Subsumtionsschritt eigentlich erst ermögliche Wahl der Ausgangsprämisse („Dispositionsfreiheit" oder „Zweckbindung") auf einer Wertung beruht. Denn erst „wenn über die Erfüllung der Subsumtionsbedingungen entschieden ist, (...) ist der Schritt von den Prämissen zur Konsequenz eine rein logische Operation".[115] Deshalb garantiert auch ein logisch korrektes Schlußverfahren noch keine inhaltlich zutreffenden Ergebnisse, weil in die Schlußkette immer Prämissen aufgenommen werden müssen, die auf Wertungen beruhen.[116] Der strukturelle Zusammenhang zwischen Prämisse und Konklusion bewirkt vielmehr, daß durch die Setzung der Prämisse die Konklusion mitgesetzt wird. Kurz: Mit der Wahl der Prämisse und nicht mit der sich daran anschließenden logischen Denkoperation wird die Entscheidung gemacht. Dadurch entsteht die Notwendigkeit, die Prämissenwahl zu begründen, denn juristische Entscheidungen müssen, so das Bundesverfassungsgericht in seinem „Rechtsfortbildungsbeschluß" vom 14.2. 1973, auf „rationaler Argumentation beruhen".[117] Letztlich liegt damit aber kein Auslegungs-, sondern ein Rechtfertigungsproblem vor. Ein „Denken in Prinzipien", besser: das „Argumentieren mit Prinzipien" vollzieht sich somit auf zwei Ebenen: „In der internen Rechtfertigung geht es darum, ob das Urteil aus den zur Begründung angeführten Prämissen logisch folgt; Gegenstand der externen Rechtfertigung ist die Richtigkeit dieser Prämissen."[118] Gerade die Notwendigkeit einer externen Rechtfertigung mag für den Juristen ungewöhnlich sein, kann er doch üblicherweise, d.h. wenn eine Norm „erste Prä-

---

[114] *Koch/Rüßmann,* Juristische Begründungslehre, S. 244: „Tatbestandsergänzung in Form einer Festlegung der Vorrangbedingungen". Vgl. auch *Diederichsen,* Karlsruher Forum 1985, S. 30: „Selbstbindung durch Tatbestandsbildung".

[115] *Weinberger,* Norm und Institution, S. 190.

[116] Vgl. *Larenz,* Methodenlehre der Rechtswissenschaft, S. 5 (Einleitung).

[117] BVerGE 34, 269 (287) – „Rechtsfortbildungsbeschluß".

[118] *Alexy,* Theorie der juristischen Argumentation, S. 273.

misse" ist, von der „Nichtnegierbarkeit des Ausgangspunkts der Argumentationskette"[119] ausgehen. Dieses die juristische Dogmatik kennzeichnende „Negationsverbot"[120] gilt aber dann nicht, wenn Rechtsprinzipien zur „ersten Prämisse" einer Argumentationskette gemacht werden. Denn in diesem Falle ist der Obersatz in seiner spezifischen Ausgestaltung angreifbar und muß deshalb im Rahmen der externen Rechtfertigung begründet werden.

Damit stellt sich aber die Frage, ob und wie sich die „Richtigkeit des gewählten Rechtsprinzips" rational nachvollziehbar nachweisen läßt. Um diese Frage beantworten zu können, muß man sich zweierlei vor Augen führen:

Zum einen geht es bei der „externen Rechtfertigung", wie bei jeder sonstigen juristischen Argumentation, nicht nur „um logisches Analysieren und Folgern", sondern vornehmlich „um rationales Begründen, das nicht die strenge Beweiskraft einer logischen Begründung hat, sondern die Funktion des Plausibelmachens erfüllt".[121] Um dennoch das nötige Maß an Rationalität zu sichern, ist bei dem Nachweis der „Richtigkeit des gewählten Rechtsprinzips", ein Rückgriff auf juristische Basisdiziplinen, wie z.B. Rechtsgeschichte, Rechtssoziologie, Rechtspsychologie, Rechtsphilosophie, Rechtsvergleichung, Rechtsökonomie usw. hilfreich und oftmals auch unerläßlich.[122] Denn diese juristische Basisdisziplinen gewährleisten mit ihren jeweils spezifischen Arbeitstechniken das nötige Maß an Rationalität.

Zum anderen, und dies betrifft die Frage des „Wie", läßt sich die „externe Rechtfertigung" auf objektiv nachprüfbare Entscheidungskriterien stützen. Denn die „Richtigkeit eines Rechtsprinzips" ergibt sich einerseits durch eine Prüfung „nach oben", ob sich das Rechtsprinzip inhaltlich als Konkretisierung einer Rechtsidee für die historisch gegebene Gesellschaft darstellen läßt, und andererseits durch eine Prüfung „nach unten", ob es als Leitgedanke positiv rechtlicher Regelungen erkennbar ist.[123] Dabei spielt es eine entscheidende Rolle, ob sich das aus dem jeweiligen Rechtsprinzip gewonnenen Ergebnis inhaltlich und systematisch in die bisher anerkannte Dogmatik einfügen läßt. Führt dieser „Verträglichkeitsprüfung" mit ihrer Folgenbetrachtung zu einem positiven Ergebnis, so ist dies als Indiz für die „Richtigkeit des Rechtsprinzips" und dessen rechtsfortbildende Tatbestandsergänzung zu werten. Stehen dagegen die gewonnenen Ergebnisse in Widerspruch zu anderen anerkannten Rechtssätzen, so sind Zweifel an der Tauglichkeit des Rechtsprinzips als „erste Prämisse" angebracht.

---

[119] *Luhmann,* Rechtssystem und Rechtsdogmatik, S. 15.

[120] *Luhmann,* a.a.O., S. 15.

[121] *Weinberger,* Norm und Institution, S. 202.

[122] Dazu allgemein: *Maihofer,* Rechtstheorie als Basisdisziplin der Jurisprudenz, S. 51 (68).

[123] In Anlehnung an: *Bydlinski,* Juristische Methodenlehre und Rechtsbegriff, S. 133.

c) Das Problem der Prinzipienkollision

Das eigentliche Problem der Rechtsfortbildung mittels Prinzipien ist aber nicht die externe Rechtfertigung, d.h. der Nachweis der Richtigkeit der angewandten Rechtsprinzipien, sondern die im Schadensrecht auftretende Prinzipienpluralität und die daraus fast zwangsläufig folgende Prinzipienkollision.[124] Beide Erscheinungen führen mangels einer klaren Werthierarchie zu Divergenzen in der Anwendung der Schadensersatzprinzipien.[125] Wie der letzte Abschnitt gezeigt hat, treten diese Divergenzen auch bei der Problematik des Ersatzes fiktiver Kosten auf. Die Anwendung des „Grundsatzes der Dispositionsfreiheit" und des „Postulats der Zweckbindung" führen jeweils zu gegensätzlichen Ergebnissen. Deshalb stellt sich die Frage, wie einer solchen Prinzipienkollision begegnet werden kann.

Grundsätzlich erfordert „die Anwendung von kollidierenden Prinzipien auf einen zu entscheidenden Fall (...) eine Tatbestandsergänzung in Form einer *Festlegung der Vorrangbedingungen*".[126] Hierbei wird man allerdings sehr schnell feststellen, daß sich die Vorrangfrage nicht immer eindeutig und mit absoluter Wirkung beantworten läßt. Deshalb sind, so Koch / Rüßmann, „Prinzipienkollisionen nicht durch eine absolute Vorrangbildung, sondern durch [eine] sozusagen *konfliktbereichsspezifische Vorrangbildung* zu lösen", denn dadurch werde beiden kollidierenden Prinzipien Rechnung getragen.[127] Zwar werden dann beide Ziele nicht maximal verwirklicht, aber wenigstens zu einem gewissen Grade.[128] Ähnlich argumentiert auch Alexy. Nach seiner Definition sind Prinzipien „*Optimierungsgebote*, die dadurch charakterisiert sind, daß sie in unterschiedlichen Graden erfüllt werden können und daß das gebotene Maß ihrer Erfüllung nicht nur von den tatsächlichen, sondern auch von den rechtlichen Möglichkeiten abhängt. Der Bereich der rechtlichen Möglichkeiten wird durch gegenläufige Prinzipien und Regeln bestimmt."[129] Dies bedeutet aber nicht, daß das zurücktretende Prinzip ungültig oder daß in das zurücktretende Prinzip eine Ausnahmeklausel einzubauen wäre. Denn „Prinzipienkollisionen finden, da nur geltende Prinzipien kollidieren können, jenseits der Dimension der Geltung in der Dimension des Gewichts statt".[130] Die

---

[124] Vgl. *Diederichsen,* Argumentationsstrukturen in der Rechtsprechung zum Schadensersatzrecht, in: FS für Klingmüller, S. 65 (85).

[125] Vgl. *Diederichsen,* a.a.O.

[126] *Koch / Rüßmann,* Juristische Begründungslehre, S. 244 (Hervorhebungen vom Verf.).

[127] *Koch / Rüßmann,* a.a.O., S. 244 (Hervorhebungen vom Verf.).

[128] Vgl. *Koch / Rüßmann,* a.a.O., S. 244.

[129] *Alexy,* Theorie der Grundrechte, S. 75 (Hervorhebung vom Verf.); ähnlich *Canaris,* Systemdenken und Systembegriff in der Jurisprudenz, S. 52 f.: Die Rechtsprinzipien „entfalten ihren eigentlichen Sinngehalt erst in einem Zusammenspiel wechselseitiger Ergänzung und Beschränkung".

[130] *Alexy,* a.a.O., S. 79.

Rechtsprinzipien bilden somit gleichsam ein „magisches Vieleck des Rechts“[131], bei dem das Gewicht der einzelnen Prinzipien im konkreten Fall durch gegenseitige Optimierung im Sinne einer „praktischen Konkordanz“ ausgelotet werden muß. Dies bedeutet aber, „daß sich keines dieser Prinzipien klinisch rein verwirklichen läßt“.[132] Man wird, wie Steffen zutreffend bemerkt, sich um Kompromisse bemühen müssen.[133]

4. Gang der Untersuchung

Wie im vorherigen Abschnitt festgestellt wurde, liefert die Fragestellung „Dispositionsfreiheit oder Zweckbindung?“ nicht nur die dogmatische Grundlage, sondern auch den methodischen Ausgangspunkt zur Lösung der Problematik des Ersatzes fiktiver Kosten. Demzufolge orientiert sich auch die Gliederung dieser Untersuchung an dieser Ausgangsfrage. Da sich die Problematik des Ersatzes fiktiver Kosten nur mittels Rechtsfortbildung lösen läßt, erscheint es sinnvoll, zunächst die judizielle Lösungskonzeption darzustellen, die eine Anwendung des „Grundsatzes der Dispositionsfreiheit“ auf den Sachschaden und die Anwendung des „Postulats der Zweckbindung“ auf den Personenschaden vorsieht. Deshalb werden im *Zweiten Kapitel* dieser Untersuchung zunächst die einzelnen historischen Entwicklungsphasen des judiziellen Konzepts nachgezeichnet.

Im Anschluß daran wird im *Dritten Kapitel* der im Zweiten Kapitel aufgeworfenen Frage nachgegangen, ob die Protokolle der Zweiten Kommission (Prot. I 296/297) zur „externen Rechtfertigung“ des „Grundsatzes der Dispositionsfreiheit“ geeignet sind, wie dies von den Vertretern der Dispositionsfreiheit, insbesondere vom BGH, behauptet wird.

Wie sich schon bei der Skizzierung der beiden Schadensabwicklungskonzepte „Dispositionsfreiheit“ und „Zweckbindungstheorie“ im vierten Abschnitt dieses Kapitels gezeigt hat, bedarf es, um die Frage des „Ersatzes fik-

[131] In Anlehnung an das „Magische Viereck der Wirtschaft“: Stabilität des Preisniveaus, hoher Beschäftigungsstand, außenwirtschaftliches Gleichgewicht, stetiges und angemessenes Wirtschaftswachstum. In jüngerer Zeit wird auch ein „Magisches Vieleck der Wirtschaft“ diskutiert, bei dem darüberhinaus auch ökologische, ethische und weltwirtschaftliche Faktoren berücksichtigt werden.

[132] *Steffen,* Die Rechtsprechung des BGH zur fiktiven Berechnung des Fahrzeugschadens, NZV 1991, 1 f.

[133] *Steffen,* NZV 1991, 2; *ders.*, Der normative Verkehrsunfallschaden, NJW 1995, 2057 (2059 re. Sp.) *Steffen* sieht die Rechtsprechung des BGH zur Ersetzungsbefugnis in einem „Spannungsfeld von 3 Prinzipien: dem Ziel möglichst totaler Deckung des Bedarfs für eine Naturalrestitution; dem Grundsatz der Dispositionsfreiheit des Geschädigten; dem Wirtschaftlichkeitspostulat.“ Ein „Postulat der Zweckbindung“ erkennt er nicht an. Allerdings findet sich auch bei ihm neuerdings (NJW 1995, 2060 li. Sp.) ein „Gebot, den Bezug zum konkreten Schaden zu halten und den Abstand zum abstrakten Schadensersatz zu wahren“.

tiver Kosten" beantworten zu können, der genauen Kenntnis der historischen und dogmatischen Grundlagen des Schadensrechts. Deshalb ist es Aufgabe und Ziel des *Vierten Kapitels*, diese Grundlagen herauszuarbeiten und, soweit nötig, weiterzuentwickeln. Dabei soll das allgemein anerkannte Leitprinzip des Schadensrechts – das Herstellungsprinzip – in den Mittelpunkt der Überlegungen gestellt werden.

Im *Fünften Kapitel* wird dann auf der Grundlage der bisherigen Ergebnisse, der herkömmlichen Schadensdogmatik und verschiedener juristischer Basisdisziplinen der Versuch unternommen, den Tatbestand des § 249 S. 2 BGB durch „Festlegung von Vorrangbedingungen"[134] zu ergänzen. Im Rahmen dieser Tatbestandsergänzung soll entschieden werden, welches der beiden sich diametral gegenüberstehenden Rechtsprinzipien („Grundsatz der Dispositionsfreiheit" und „Postulat der Zweckbindung") als „erste Prämisse", d.h. als „starting point oder als Aufhänger für die konkrete richterliche Normbildung"[135] besser geeignet ist und welche Modifikationen an den jeweiligen Prinzipien vorgenommen werden müssen.

Das *Sechste Kapitel* dient der Zusammenfassung der Einzelergebnisse sowie deren Fortentwicklung zu einem Gesamtkonzept.

---

[134] *Koch/Rüßmann*, Juristische Begründungslehre, S. 244.

[135] *Esser*, Grundsatz und Norm in der richterlichen Rechtsfortbildung, S. 150 f.

2. Kapitel

Die judizielle Konzeption: Dispositionsfreiheit und Zweckbindung

In diesem Kapitel sollen die einzelnen historischen Entwicklungsphasen des judiziellen Konzepts nachgezeichnet werden. Dabei sollen auch die Gründe aufgezeigt werden, weshalb sich in der Rechtsprechung die unterschiedliche Behandlung von Sach- und Personenschaden durchsetzen konnte.

I. Phase (1): Vorbereitung und Grundlegung der Dispositionsfreiheit

Am Beginn der Entwicklung der Lehre von der Dispositionsfreiheit des Geschädigten stand die Frage, nach welchen Kriterien der „erforderliche Geldbetrag" i.S.d. § 249 S. 2 BGB zu bemessen ist. Bei der Beantwortung dieser Frage knüpfte der Bundesgerichtshof nahtlos an die ständige Rechtsprechung des Reichsgerichts an.[1] So auch im Urteil vom 26.5.1970 (BGHZ 54, 82). Wie sich schon aus dessen Leitsatz ergibt, verstand der BGH dieses Urteil ausdrücklich als „Ergänzung" zum Reichsgerichtsurteil vom 14.4.1917 (RGZ 90, 154), in dem das Reichsgericht entschied, „daß der § 249 BGB., wenn er von dem Ersatze des zur Herstellung ‚erforderlichen' Geldbetrags spricht, damit einen objektiven Maßstab anlegt".[2]

1. Die „objektive Bemessung" des „erforderlichen Geldbetrags" i.S.d. § 249 S. 2 BGB – BGHZ 54, 82[3]

Im Urteil vom 26.5.1970 (BGHZ 54, 82) hatte der BGH die Frage zu entscheiden, ob die Geschädigte, eine Straßenbahn-AG, die Kosten einer nicht durchgeführten „Fremdreparatur" vom Schädiger verlangen konnte, obwohl sie über eine eigene Reparaturwerkstätte verfügte, die für die Instandsetzung

---

[1] Z.B.: RGZ 71, 212 („Oderkahn"); 90, 154.

[2] RGZ 90, 155.

[3] Urteil vom 26.5.1970 – VI ZR 168/68 = DAR 1970, 241 = VersR 1970, 832/902 = MDR 1970, 751 = NJW 1970, 1454.

ihrer Fahrzeuge bestimmt war, und deshalb die Reparatur des beschädigten Fahrzeugs zu einem günstigeren Preis hätte durchführen können. Die Frage wurde vom BGH abschlägig entschieden; ein Anspruch der Geschädigten auf die höheren Kosten der Fremdreparatur wurde abgelehnt.

Zur Begründung der Entscheidung führt der BGH aus, daß § 249 Satz 2 BGB dem Gläubiger des Schadensersatzanspruchs freistellt, statt der Herstellung einer beschädigten Sache in Natur den zur Herstellung erforderlichen Geldbetrag zu fordern. „Damit", so der BGH, „wird der Ersatzanspruch an sich *objektiv bemessen*. Wenn also die Praxis in denjenigen Fällen, in welchen der Geschädigte eine Instandsetzung bereits veranlaßt hat, in den Grenzen des § 251 II BGB ganz allgemein von dem Betrag ausgeht, der dafür tatsächlich aufgewendet worden ist, so dient dieser tatsächliche Aufwand im Grunde nur als Anhalt für die Ermittlung des objektiv erforderlich gewesenen Betrages; der Einwand, daß dieser konkrete Aufwand objektiv nicht (voll) erforderlich gewesen sei, ist demgegenüber ebenso zulässig, wie der andere, daß objektiv an sich ein höherer Betrag erforderlich gewesen wäre."[4] Bei der Bemessung des „erforderlichen Geldbetrags" gem. § 249 S. 2 BGB ist somit der im Einzelfall „objektiv" erforderliche und nicht der „tatsächlich" entstandene oder später noch entstehende Herstellungsaufwand maßgebend. Die erforderlichen Herstellungskosten sind von den tatsächlichen Kosten völlig losgelöst. Die Bedeutung des „tatsächlichen Aufwands" erschöpft sich deshalb in der Rolle des „bloßen Beweisanzeichens"[5] für die Bemessung des „erforderlichen Herstellungsaufwands." Insoweit entspricht die vom BGH vertretene Interpretation des § 249 S. 2 BGB der ständigen Rechtsprechung des Reichsgerichts[6]. Allerdings fährt der BGH in seiner Begründung einschränkend fort:

> „Diese objektive Bemessung, die begrifflich von der tatsächlichen Durchführung der Instandsetzung unabhängig ist, bedeutet aber nicht, daß der Entschädigungsbetrag i.S. eines typischen Durchschnittsaufwandes ohne Rücksicht auf die näheren Umstände des Schadensfalles zu normieren wäre. Eine solche normative Bemessung widerspräche der *Subjektbezogenheit des geltenden Schadensbegriffs* und wird durch den *Zweck der Vorschrift* des *§ 249 S. 2 BGB* nicht gefordert, welche nur dem Geschädigten des Zwangs entheben will, die Instandsetzung dem Schädiger anzuvertrauen oder überhaupt eine Instandsetzung zu veranlassen."[7]

Mit diesen Ausführungen weicht der BGH von der Rechtsprechung des Reichsgericht ab, stellte dieses in RGZ 90, 155 doch ausdrücklich fest, daß „besondere Umstände, die gerade dem Geschädigten die Herstellung auf dem

[4] BGHZ 54, 82 = NJW 1970, 1454 re. Sp. (Hervorhebung vom Verf.).

[5] BGHZ 54, 82 = NJW 1970, 1456 li. Sp.

[6] Vgl.: RGZ 71, 212 („Oderkahn": ein objektiver Maßstab); 90, 154.

[7] BGHZ 54, 82 = NJW 1970, 1454/1455 (Hervorhebungen vom Verf.).

gewöhnlichen Wege erleichtern oder erschweren können" bei der Bemessung des Ersatzbetrags außer Betracht bleiben müßten. Der BGH begründet seine abweichende Meinung einerseits mit der „Subjektbezogenheit des geltenden Schadensbegriffs" und andererseits mit dem „Zweck der Vorschrift des § 249 S. 2 BGB". Vor allem aber das letztere Argument verdient besondere Beachtung, enthält es doch neben der eigentlichen Schlußfolgerung, quasi als obiter dictum, auch eine Definition der Ratio des § 249 S. 2 BGB, die, wie sich im weiteren Verlauf der Rechtsprechungsanalyse noch herausstellen wird, für die Entwicklung des „Grundsatzes der Dispositionsfreiheit" von größter Bedeutung ist. Ob das obiter dictum des BGH den Zweck der Vorschrift zutreffend wiedergibt, ist allerdings fraglich. Insbesondere ist zweifelhaft, ob die Vorschrift des § 249 S. 2 BGB, wie dies der BGH behauptet, den Geschädigten tatsächlich auch des Zwangs entheben will, überhaupt eine Instandsetzung zu veranlassen. Diese komplizierte Frage nach der Ratio des § 249 S. 2 BGB bedarf einer ausführlichen Klärung; ihr ist deshalb das gesamte Dritte Kapitel dieser Arbeit gewidmet. Aus diesem Grunde soll das Problem hier nicht weiter vertieft werden. Jedoch kann schon jetzt vorweggenommen werden, daß die Behauptung des BGH, der Geschädigte müsse bei einer Schadensabwicklung nach § 249 S. 2 BGB keine Herstellung veranlassen, bei einer genauen Analyse der historischen Quellen nicht aufrecht erhalten werden kann. Dieser Aspekt muß bei der Beantwortung der Frage „Dispositionsfreiheit oder Zweckbindung?" berücksichtigt werden. Denn würde sich das „obiter dictum" als richtig erweisen, dann wäre eine Bindung des Anspruchs aus § 249 S. 2 BGB an den Herstellungszweck tatsächlich ausgeschlossen. Eine Begründung für seine Behauptung liefert der BGH aber nicht.

Auf der Grundlage des „objektiven Bemessungsmaßstabs", der „Subjektbezogenheit des Schadensbegriffs" und des „Zwecks der Vorschrift des § 249 S. 2 BGB", kommt der BGH zu dem Schluß, daß sich der zur Herstellung „erforderliche Betrag im Einzelfall aus den Aufwendungen [ergibt], die ein verständiger und *wirtschaftlich* denkender Eigentümer in der besonderen Lage des Geschädigten für eine *zumutbare* Instandsetzung zu machen hätte."[8]

Mit dieser Definition werden zwei weitere Bemessungskriterien in die Diskussion eingeführt: das Kriterium der Wirtschaftlichkeit und der Zumutbarkeit. Der Ersatzbetrag richtet sich sonach nicht nach dem „typischen Durchschnittsaufwand", sondern nach den Kosten der wirtschaftlichsten Herstellungsart, soweit diese dem Geschädigten zugemutet werden kann. Denn nach Auffassung des BGH kann sich der Geschädigte auf die ihm „an sich unbenommene Dispositionsfreiheit im Rahmen der Frage nach dem erforderlichen Instandsetzungsverfahren auf die Entscheidung für ein aufwendigeres Instand-

---

[8] BGHZ 54, 82 = NJW 1970, 1455 li.Sp. (Hervorhebungen vom Verf.); vgl. auch RGZ 99, 172 (183).

setzungsverfahren nur berufen, wenn nicht ein wirtschaftlicherer Weg gleichermaßen zumutbar war".[9] (...) „Insoweit bestehen", so der BGH, „keine Bedenken, den in § 254 II 1 BGB zum Ausdruck gekommenen, dem allgemeinen Grundsatz des § 242 BGB verwandten Rechtsgedanken entsprechend auch anzuwenden, wo es nicht um eine konkrete Schadensminderung durch den Verletzten geht, sondern nur darum, die gedachten Kosten einer durch den Verletzten selbst vorgenommenen Schadensbeseitigung zu ermitteln".[10]

Die beiden Bemessungskriterien: „Wirtschaftlichkeit" und „Zumutbarkeit" werden vom BGH über ein drittes Kriterium, das der „(Verkehrs-)Üblichkeit", zu einer Billigkeitsüberlegung eigener Art verknüpft. Danach ist die wirtschaftlichere Herstellungsart dem Geschädigten immer dann zumutbar, wenn sie als (verkehrs-)üblich bezeichnet werden kann. Im einzelnen führt der BGH dazu aus:

> „Soweit insbesondere Umstände in Frage stehen, die dem Geschädigten die Wiederherstellung erleichtern, kann es für ihre Berücksichtigung nur darauf ankommen, ob es dem Geschädigten *zumutbar* ist, sich ihrer zu bedienen und vor allem sie im Interesse des Schädigers einzusetzen. (...) In *diesem* Zusammenhang kann es in der Tat von Bedeutung sein, ob eine weniger aufwendige Herstellungsmethode gerade in der Lage des Geschädigten unabhängig von der Frage einer Ersatzpflicht als *üblich* bezeichnet werden kann."[11]

Die Ausführungen des BGH zur „objektiven Bemessung" des „erforderlichen Geldbetrags" i.S.d. § 249 S. 2 BGB lassen sich somit auf folgende Formel bringen: „Ersatzfähig ist, was zumutbar ist; zumutbar ist, was verkehrsüblich ist." M.a.W.: Ist die Reparatur in einer Fremdwerkstätte der Regelfall, so ist die billigere Eigenreparatur unüblich und deshalb dem Geschädigten nicht zuzumuten. Dieses Argumentationsschema erörtet der BGH in seiner Urteilsbegründung zunächst exemplarisch am Fall der Eigenreparatur bei Kfz-Schäden:

> „Für die Reparatur beschädigter Kraftfahrzeuge werden im Regelfall Fremdwerkstätten in Anspruch genommen. Der *im Verkehr* geforderte und bewilligte Herstellungspreis richtet sich demnach insoweit nach den Preisen der Kraftfahrzeug-Reparaturwerkstätten. In Rechtsprechung und Schriftum wird deshalb überwiegend die Ansicht vertreten, daß der Geschädigte auch dann, wenn er die Reparatur seines beschädigten Fahrzeugs selbst ausführt, als zur Herstellung erforderlichen Geldbetrag i.S.d. § 249 Satz 2 BGB den angemessenen Reparaturlohn einer Kraftfahrzeugwerkstatt verlangen kann."[12]

---

[9] BGHZ 54, 82 = NJW 1970, 1454 (1456).

[10] BGHZ 54, 82 = NJW 1970, 1454 (1455); dazu kritisch die Anmerkung von *Klimke,* VersR 1970, 902 (903).

[11] BGHZ 54, 82, = NJW 1970, 1455 li. Sp.

[12] BGHZ 54, 82, = NJW 1970, 1455 li. Sp. (Hervorhebungen vom Verf.).

Nach Ansicht des BGH ist jedoch anders zu entscheiden, wenn der Geschädigte, wie im vorliegenden Fall, eine eigene Fachwerkstatt unterhält. Hier muß sich der Geschädigte aufgrund des Wirtschaftlichkeitspostulats auf die billigere Herstellungsart, die Reparatur im eigenen Betrieb, verweisen lassen. Hierzu bemerkt der BGH:

> „Handelt es sich um Reparaturarbeiten, die üblicherweise in der eigenen Betriebswerkstatt des Unternehmers vorgenommen werden, so kann (...) nicht von den Kosten ausgegangen werden, die bei der Herstellung in einer Fremdwerkstatt entstehen würden. Der *verkehrsübliche* Herstellungspreis richtet sich dann vielmehr nach den Selbstkosten einer solchen Betriebswerkstatt; nur diese Kosten sind i.S.d. § 249 Satz 2 BGB zur Herstellung erforderlich."[13]

Ein Anspruch auf die höheren Herstellungskosten der Fremdreparatur besteht sonach nicht.

Mit diesem Urteil schuf der BGH die Grundlage für die Lehre von der Dispositionsfreiheit des Geschädigten (= Verwendungsfreiheit) beim Sachschaden. Zwar enthält das Urteil vom 26.05.1970 (BGHZ 54, 82) primär keine Aussage zur Dispositionsfreiheit hinsichtlich des Herstellungs*betrags* (= Verwendungsfreiheit), sondern lediglich eine eingeschränkte Aussage zur Dispositionsfreiheit hinsichtlich der Herstellungs*art* (Eigen- oder Fremdreparatur). Trotzdem muß das Urteil als Ausgangspunkt für die weitere Entwicklung der Dispositionsfreiheit, d.h. der Verwendungsfreiheit hinsichtlich des Herstellungsbetrags angesehen werden. Und dies aus zweierlei Gründen: Zum einen greift der BGH bei der Festlegung des „erforderlichen Geldbetrags" i.S.d. § 249 S. 2 BGB auf den „objektiven Bemessungsmaßstab" des RG zurück, den er allerdings mittels einer Billigkeitsabwägung (Wirtschaftlichkeit – Zumutbarkeit – Verkehrsüblichkeit) modifiziert. Dies ändert aber nichts an der Tatsache, daß auch der BGH im Rahmen der „objektiven Bemessung", den Anspruch aus § 249 S. 2 BGB von den tatsächlichen Herstellungskosten abkoppelt und somit zumindest indirekt eine Zweckbindung des Anspruchs ablehnt. Zum anderen macht der BGH mit seiner Definition der Ratio des § 249 S. 2 BGB deutlich, daß er dem Geschädigten die Freiheit zugesteht, bei vollem Kostenersatz von einer Herstellung abzusehen. Dieses obiter dictum, für das der BGH eine Begründung schuldig bleibt, hält, wie die weitere Untersuchung zeigen wird, einer genauen Nachprüfung nicht stand.[14] Fest steht aber, daß mit dieser Interpretation des § 249 S. 2 BGB die Weichen in Richtung Dispositionsfreiheit hinsichtlich des Herstellungsbetrags gestellt wurden.

[13] BGH, a.a.O. S. 1455 re. Sp. (Hervorhebungen vom Verf.).

[14] Vgl. dazu 3. Kapitel.

2. Ersatz fiktiver Mehrwertsteuer bei der Eigenreparatur eines Kfz – BGHZ 61, 56[15]

Das zweite grundlegende Urteil des BGH zur Dispositionsfreiheit (BGHZ 61, 56) betraf den schon im Urteil vom 26.5.1970 (BGHZ 54, 82) angesprochenen Fall der Eigenreparatur bei einem Kfz-Schaden. Da der BGH die Lösung dieses Problems schon in BGHZ 54, 82 vorweggenommen hatte, stand in BGHZ 61, 56 nur noch die Frage zur Entscheidung an, ob der dem Geschädigten trotz Eigenreparatur zustehende Anspruch gem. § 249 S. 2 BGB auf Ersatz der Kosten einer Fremdreparatur auch die darin enthaltene fiktive Mehrwertsteuer umfaßt. Dies hat der BGH in seinem Urteil vom 19.6.1973 (BGHZ 61, 56) bejaht.

In den Entscheidungsgründen bestätigte der BGH zunächst sein in BGHZ 54, 82 entwickeltes Argumentationsschema (Wirtschaftlichkeit–Zumutbarkeit –Verkehrsüblichkeit). In den Gründen heißt es:

> „Der Ersatz von Mehrwertsteuer wäre allerdings nicht in Frage gekommen, wenn die unter den besonderen Verhältnissen des Klägers übliche und auch gegenüber den Beklagten zumutbare Art der Schadensbeseitigung ausnahmsweise darin bestanden hätte, das Fahrzeug selbst zu reparieren (vgl. BGHZ 54, 82 = NJW 70, 1454: Verkehrsbetrieb mit eigener Reparaturwerkstätte); dann nämlich hätte der erforderliche Herstellungsaufwand keine Mehrwertsteuer umfaßt."[16]

In der weiteren Begründung stellt der BGH in Bezug auf den Herstellungsanspruch apodiktisch fest:

> „Dieser Ersatzanspruch nach § 249 S. 2 BGB ist nach *allgemeiner Meinung* davon unabhängig, ob der Kläger seinen Schaden in der seiner Berechnung zugrunde gelegten Weise behoben hat oder beheben will; auch auf die Schadensbeseitigung ganz zu verzichten, steht ihm frei. Damit kommt diesem Anspruch schon insgesamt *ein fiktiver oder besser abstrakter Charakter* zu. Entgegen der Meinung des Berufungsgerichts kann für die Erstattung der ‚fiktiven' Mehrwertsteuer nichts anders gelten. Auch hier handelt es sich nicht, wie es auf den ersten Blick scheinen mag, um den Einzug einer ‚Steuer' (...) . Es liegt vielmehr auch hier ein echter Schadensposten vor."[17]

Diese Argumentation überzeugt nicht. In ihr wird lediglich das obiter dictum des Urteils vom 26.5.1970 (BGHZ 54, 82) zur „allgemeinen Meinung" erhoben. Die Behauptung, daß der Ersatzanspruch nach § 249 S. 2 BGB davon unabhängig sei, ob der Geschädigte seinen Schaden in der seiner Berechnung zugrunde gelegten Weise behoben hat oder beheben will und daß es

---

[15] Urteil vom 19.6.1973 – VI ZR 46/72 = NJW 1973, 1647 mit kritischer Anmerkung *Seltmann,* NJW 1973, 1971 = DAR 1973, 267 = MDR 1974, 216 = VersR 1973, 964 = JR 1974, 104 mit zustimmender Anmerkung *Gitter.*

[16] BGHZ 61, 56 = NJW 1973, 1647/1648.

[17] BGHZ 61, 56 = NJW 1973, 1647 (1658) (Hervorhebungen vom Verf.).

dem Geschädigten frei stünde, auch ganz auf die Schadensbeseitigung zu verzichten, wird auch an dieser Stelle, wie schon im Urteil vom 26.5.1970 (BGHZ 54, 82) lediglich vorgetragen, aber nicht begründet.[18] Der Hinweis auf eine „allgemeine Meinung“ ersetzt keine rational nachvollziehbare Begründung. Zudem wird mit ihm der Eindruck erweckt, diese Auffassung sei in Rechtsprechung und Literatur unbestritten, was auch zum damaligen Zeitpunkt keinesfalls zutraf.[19] Der vom BGH behauptete „fiktive oder besser abstrakte Charakter“ des Herstellungsanspruchs bleibt damit nach wie vor unbegründet. Trotzdem hält der BGH, wie Urteile neueren Datums beweisen, an dieser Auffassung fest.[20] In diesen Urteilen begründet er, anstatt den Nachweis hinsichtlich des „fiktiven Charakters“ des Anspruchs aus § 249 S. 2 BGB zu führen, den Ersatz von fiktiver Mehrwertsteuer mit dem „Grundsatz der Dispositionsfreiheit“.[21] Diesen Grundsatz aber leitet der BGH, wie noch zu zeigen ist, von der „objektiven Bemessung“ des Herstellungsbetrags und somit vom „fiktiven Charakter des Anspruchs“ aus § 249 S. 2 BGB ab. Damit liegt ein „Argumentationskreisel“ vor, bei dem Prämisse und Schlußfolgerung beliebig ausgetauscht werden.

Das Urteil vom 19.6.1973 (BGHZ 61, 56) stellt die zweite wichtige Station des BGH auf dem Weg zur Lehre von der Dispositionsfreiheit des Geschädigten dar. Mit ihm entschied sich der BGH erneut gegen eine konkrete und für eine abstrakte Schadensberechnung des Anspruchs aus § 249 S. 2 BGB; eine Begründung für diese Entscheidung blieb er jedoch auch in diesem Urteil schuldig.

---

[18] Vgl.: *Honsell/Harrer,* Entwicklungstendenzen im Schadensrecht, JuS 1985, 161 (163): „Die These von der Dispositionsfreiheit begründet die Rechtsprechung mit der bloßen Behauptung (!), der Ersatz nach § 249 S. sei ‚an sich objektiv‘ zu bemessen.“

[19] Kritisch z.B.: *Keuk,* Vermögensschaden und Interesse, S. 220 ff.

[20] BGH NJW 1982, 1864: Dem nicht vorsteuerabzugsberechtigten Eigentümer eines wirtschaftlich totalbeschädigten Kraftfahrzeugs steht ein„ Anspruch auf Ersatz der Wiederbeschaffungskosten einschließlich der Mehrwertsteuer, auch dann zu, wenn das Ersatzfahrzeug nicht von einem Händler, sondern von einem Privatmann erworben wird, so daß Mehrwertsteuer tatsächlich nicht anfällt.“ BGH NJW 1985, 1222 = VersR 1985, 354: „Auch wenn der Versicherungsnehmer das unfallgeschädigte Fahrzeug selbst repariert oder von privater Hand oder gar nicht reparieren läßt, hat der Kaskoversicherer wie der Schädiger im Schadensrecht den Mehrwertsteuerbetrag zu zahlen, der als allgemeiner Kostenfaktor zu den sachverständig errechneten Wiederherstellungskosten gehört.“

[21] Z.B.: BGH NJW 1982, 1864 (1865 li. Sp.): „Die Mehrwertsteuer ist als Schadensposten dem Geschädigten auch dann zu erstatten, wenn er sich für einen Weg der Ersatzbeschaffung entscheidet, auf dem diese Steuer nicht anfällt. Dies folgt aus dem Grundsatz der Dispositionsfreiheit des Geschädigten.“

3. Ersatz von Finanzierungskosten – BGHZ 61, 346[22]

Im Urteil vom 6.11.1973 (BGHZ 61, 346) mußte die Frage entschieden werden, ob auch Finanzierungskosten, d.h. Fremdmittel, die der Geschädigte für die Instandsetzung eines beschädigten Kraftfahrzeugs in Anspruch genommen hatte, zum Herstellungsaufwand i.S. von § 249 S. 2 BGB gehören oder ob sie evt. als Verzugsschaden gem. § 286 I BGB zu ersetzen sind. Diese Frage wurde vom BGH im Sinne der ersten Variante entschieden.[23]

An den Anfang der Urteilsbegründung stellt der BGH seine zur Standardformel verfestigten Definition des „erforderlichen Geldbetrags". Danach hat der Schädiger dem Geschädigten „die Mittel für diejenigen Maßnahmen zur Schadensbeseitigung zur Verfügung zu stellen, die ein verständiger Fahrzeugeigentümer in der besonderen Lage des [Geschädigten] machen würde".[24] Darauf aufbauend führt der BGH ergänzend aus:

> „Den so nach dem erforderlichen Aufwand *objektiv bemessenen Betrag* schuldet der ersatzpflichtige Schädiger, *und zwar ohne Rücksicht darauf, wie der Geschädigte ihn verwendet* und ob er im konkreten Fall für die Schadensbeseitigung tatsächlich mehr oder weniger aufwendet. (...) Das gilt auch für solche Fälle, in denen wie im vorliegenden der Geschädigte eine Instandsetzung bereits veranlaßt hat und der vom Schädiger nach § 249 Satz 2 BGB geschuldeten Betrag zur Deckung bereits gemachter Aufwendungen des Geschädigten herangezogen wird. (...) Allerdings bildet der tatsächliche Aufwand (ex post gesehen) oft einen Anhalt zur Bestimmung des zur Herstellung ‚erforderlichen' (ex ante zu bemessenden) Betrages i.S. von § 294 Satz 2 BGB. Die Bestimmung hat auf die besonderen Umstände des Geschädigten, mitunter auch auf seine beschränkte Erkenntnismöglichkeiten Bedacht zu nehmen, die sich häufig im tatsächlich aufgewendeten Betrag niederschlagen. Indes ist dieser Betrag nicht, was oft übersehen wird, der zu ersetzende Schaden."[25] (...) Der Schädiger hat, so der BGH, „die von dem Geschädigten zu veranlassende Schadensbeseitigung zu finanzieren; der nach § 249 Satz 2 BGB geschuldete Betrag ist *an diesen Zweck* zwar *nicht gebunden*, aber für ihn bestimmt".[26]

Mit dieser Urteilsbegründung erhebt der BGH nun zum dritten Mal die Behauptung, daß der Anspruch aus § 249 S. 2 BGB an den Herstellungszweck nicht gebunden sei und daß deshalb der Geschädigte den Ersatzbetrag frei verwenden könne. Erneut verzichtet er auf eine Begründung. Allein die

---

[22] Urteil vom 6.11.1973 – VI ZR 27/73 = NJW 1974, 34 = MDR 1974, 129 = DAR 1974, 17 = VersR 1974, 90 = BB 1974, 1554.

[23] Zustimmend: *Himmelreich,* Finanzierung von Unfallschäden im Blickwinkel der neuen BGH-Rechtsprechung, NJW 1974, 1897.

[24] BGHZ 61, 346 = VersR 1974, 90 re. Sp.

[25] BGHZ 61, 346 = VersR 1974, 90 re. Sp. (Hervorhebungen vom Verf.).

[26] BGHZ 61, 346 = VersR 1974, 91 li.Sp. (Hervorhebungen vom Verf.); ebenso: *Weber,* VersR 1990, 938 li. Sp.

Bezugnahme auf die „objektive Bemessung“ des Ersatzbetrags reicht dazu nicht aus.[27] Dennoch ist das Urteil vom 6.11.1973 (BGHZ 61, 346) für die weitere Diskussion fruchtbar, spitzt es doch die Problematik des Ersatzes fiktiver Kosten auf die Frage „Verwendungsfreiheit (= Dispositionsfreiheit) oder Zweckbindung?“ zu.

Im Anschluß und auf der Grundlage der obigen Ausführungen beantwortet der BGH die eigentliche, bislang noch nicht entschiedene Fallfrage, ob auch tatsächlich angefallene Finanzierungskosten zum Herstellungsaufwand i.S.d. § 249 S. 2 BGB gehören. Dazu stellt er fest:

> „Dem Grundsatze nach wird der Geschädigte darauf verwiesen, in den durch die Regeln über den Schuldnerverzug gesetzten Grenzen mit der Schadensbeseitigung zu warten, bis er die Mittel hierzu von dem Schädiger erhält, sofern er nicht eigene Mittel einsetzen will oder kann. Dieser Grundsatz bedarf jedoch nach dem Sinn des § 249 Satz 2 BGB einer Einschränkung; denn in vielen Fällen würde eine Verweisung des Geschädigten auf die Vorschriften über den Ersatz von Verzugsschäden sein Recht, die Schadensbeseitigung selbst statt vom Schädiger vornehmen zu lassen, dem Sinn des Gesetzes zuwider verkürzen. (...) In aller Regel ist dem Geschädigten in solchen Fällen ein Zuwarten mit der Schadensbeseitigung bis zur Bereitstellung von Mittel durch den Schädiger *nicht zuzumuten.*“ (...) Die Kosten einer solchen Finanzierung sind deshalb durchweg dem Schädiger anzulasten, „ohne daß der Geschädigte das Vorliegen der besonderen Voraussetzungen für einen Schuldnerverzug dartun müßte“.[28]

Damit unterstellt der BGH das Schadensverhältnis zwischen Schädiger und Geschädigtem in zeitlicher Hinsicht nicht den Verzugsregeln gem. §§ 284 ff. BGB, sondern eigenen schadensrechtlichen Billigkeitsüberlegungen.[29] Auch hier spielt das Kriterium der Zumutbarkeit die entscheidende Rolle. Aus diesem Grunde waren im vorliegenden Fall auch die Kosten zur Finanzierung des Reparaturaufwands als Herstellungsaufwand des Geschädigten i.S.d. § 249 S. 2 BGB zu ersetzen. Bemerkenswert ist allerdings, daß die Finanzierungskosten in BGHZ 61, 346 nur deshalb gewährt wurden, weil der Geschädigte die Finanzierungsmittel auch tatsächlich in Anspruch genommen hatte. Denn wie der BGH im Urteil ausdrücklich betonte, scheidet „ein Ersatzanspruch wegen solcher Kosten in aller Regel aus, wenn der Geschädigte für die Wiederherstellung der beschädigten Sache Fremdmittel tatsächlich nicht beansprucht hat“.[30] Daraus kann jedoch nur der Schluß gezogen werden, daß „fiktive Kreditkosten“, im Gegensatz zur „fiktiven Mehrwertsteuer“, nicht

---

[27] Vgl.: *Honsell/Harrer,* Entwicklungstendenzen im Schadensrecht, JuS 1985, 161 (163).

[28] BGHZ 61, 346 = VersR 1974, 91 li. Sp. (Hervorhebung vom Verf.).

[29] Vgl. auch: *Hartung,* Anmerkung zu BGHZ 61, 346, VersR 1974, 147: „Das Zeitmoment steckt schon im ‚erforderlich‘ des § 249 S. 2 BGB und in dem ‚mindern‘ des § 254 II BGB, ohne daß es auf einen Schuldnerverzug des Schädigers ankommt.“

[30] BGHZ 61, 346 = VersR 1974, 91 re. Sp. unten.

ersatzfähig sind. Demzufolge hat der Anspruch aus § 249 S. 2 BGB, zumindest in diesem Falle, auch keinen „abstrakten bzw. fiktiven Charakter". Offen bleibt jedoch die Frage, weshalb eine „objektive Bemessung" des Herstellungsaufwands einerseits zum Ersatz fiktiver Mehrwertsteuer führt, andererseits den Ersatz fiktiver Finanzierungskosten aber ausschließt.

4. Die Risikoverteilung in § 249 S. 1 und S. 2 BGB – BGHZ 63, 182[31]

Das Urteil vom 29.10.1974 (BGHZ 63, 182) stellt das letzte in der Reihe der dem „Grundsatzurteil zur Dispositionsfreiheit" (BGHZ 66, 239)[32] zeitlich vorgehenden Urteile dar. Mit ihm werden die bisherigen Rechtsprechungsergebnisse, die die Basis für die „Lehre von der Dispositionsfreiheit" bilden, bestätigt, aber auch fortgeführt. Der Entscheidung vom 29.10.1974 (BGHZ 63, 182) lag folgender Sachverhalt zugrunde:

Der Geschädigte verlangte vom Schädiger als Herstellungsaufwand gem. § 249 S. 2 BGB zusätzlich zu den üblichen Reparaturkosten auch die Mehrkosten, welche von der von ihm mit der Instandsetzung seines beschädigten Kraftfahrzeugs beauftragten Werkstatt infolge unwirtschaftlicher bzw. unsachgemäßer Maßnahmen verursacht wurden. Die Verursachung des Mehraufwands bei der Herstellung hatte der Geschädigte nicht zu vertreten. Das Urteil mußte sich deshalb mit der Frage auseinandersetzten, wem das *Restitutions- bzw. Werkstattrisiko* innerhalb des Schadensverhältnisses zwischen Schädiger und Geschädigten im Rahmen des § 249 S. 2 BGB aufzuerlegen ist. Der BGH löste diese Fallfrage zu Lasten des Schädigers.[33]

In der Urteilsbegründung knüpfte der BGH an die bisherigen Rechtsprechungsergebnisse, insbesondere an seine Definition der „objektiven Bemessung" des Herstellungsaufwands an. Dem Geschädigten sind, so der BGH, „die Mittel für diejenigen Maßnahmen zur Verfügung zu stellen, die ein verständiger Fahrzeugeigentümer in der besonderen Lage des Geschädigten zur Schadensbeseitigung treffen würde".[34] Zur Begründung dieser Ansicht ver-

---

[31] Urteil vom 29.10.1974 – VI ZR 42/73 = NJW 1975, 160 = VersR 1975, 184; zustimmend: *Gitter,* Anmerkung zu BGHZ 63, 182, JR 1975, 284; *Gotthardt,* Zum Herstellungsaufwand des „verständigen Mannes", VersR 1975, 977; kritisch: *Seliger,* Anmerkung zu BGHZ 63, 182, VersR 1976, 146.

[32] Dazu ausführlich: 2. Kapitel, II.

[33] Diese Risikoverteilung gilt auch bei sog. „Ärztefehlern". So die Leitentscheidung des RG: RGZ 72, 219 = JW 1910, 63; BGH NJW 51, 797; vgl. auch: *Medicus,* JuS 69, 451 (li. Sp. Fn. 21); *Gotthardt,* Zum Herstellungsaufwand des „verständigen Mannes", VersR 1975, 977 (978 li. Sp.).

[34] BGHZ 63, 182 = NJW 1975, 160.

weist der BGH erneut auf die Ratio des § 249 S. 2 BGB, wobei er, im Gegensatz zu den vorangegangenen Urteilen, dieses Mal den Sinn und Zweck der Vorschrift ausführlicher erläutert und erstmals auch aus den historischen Quellen ableitet. Im einzelnen führt er dazu aus:

„Wie der erkennende Senat wiederholt hervorgehoben hat, verlangt § 249 S. 2 BGB unbeschadet seiner begrifflichen Trennung zwischen den erforderlichen und den vom Geschädigten tatsächlich aufgewendeten Herstellungskosten nicht eine Normierung des geschuldeten Betrages etwa nach dem typischen Durchschnittsaufwand. (...) Die Ersetzungsbefugnis, die das Gesetz in § 249 S. 2 BGB dem Geschädigten (bei bestimmten Schäden: Verletzung einer Person oder einer Sache) gewährt, soll ihn davon befreien, *die Schadensbeseitigung dem Schädiger anvertrauen* oder überhaupt *eine Instandsetzung veranlassen zu müssen*; sie soll ferner *das Abwicklungsverhältnis von dem Streit darüber entlasten*, ob die Herstellung durch den Schädiger gelungen ist und vom Geschädigten als Ersatzleistung angenommen werden muß (Prot. I 296, 297)."[35]

An diesen Ausführungen wird deutlich, daß der BGH die „Lehre von der Dispositionsfreiheit" im wesentlichen auf drei Argumente stützt. Die Ersetzungsbefugnis nach § 249 S. 2 BGB soll den Geschädigten davon befreien, die Schadensbeseitigung dem Schädiger anvertrauen *(= Anvertrauensargument)* und überhaupt eine Instandsetzung veranlassen zu müssen *(= Abkoppelungsargument)*. Sie soll ferner das Schadensabwicklungsverhältnis zwischen Schädiger und Geschädigtem von dem Streit über das Gelingen der Herstellungsbemühungen entlasten *(= Streitentlastungsargument)*. Wie das Dritte Kapitel dieser Untersuchung noch ausführlich zeigen wird, gehen aber alle drei Argumente fehl. Das Anvertrauensargument und das Streitentlastungsargument lassen keinen Schluß auf die Dispositionsfreiheit des Geschädigten hinsichtlich des Herstellungsbetrages zu. Das Abkoppelungsargument läßt sich wiederum nicht der vom BGH zitierten Protokollstelle der Zweiten Kommission (Prot. I 296, 297)[36] entnehmen. Jedoch sollen an dieser Stelle diese Überlegungen nicht weiter vertieft werden, da, wie schon mehrfach angedeutet, dieser Problematik das gesamte Dritte Kapitel gewidmet ist.

Auf der Grundlage seiner bisherigen Ergebnisse fährt der BGH in der Begründung des Urteils vom 29.10.1974 (BGHZ 63, 182) wie folgt fort:

„Im übrigen läßt diese Regelung die Verpflichtung des Schädigers, den Geschädigten wirtschaftlich so weit wie möglich so zu stellen, als ob der Unfall nicht eingetreten wäre, unberührt. (...) Deshalb müssen die nach § 249 S. 2 BGB zur Verfügung zu stellenden Mittel so bemessen sein, daß der Geschädigte durch die Ausübung der Ersetzungsbefugnis, sofern er nur wirtschaftlich vernünftig verfährt, nicht reicher, aber auch nicht ärmer wird, als wenn der Schädiger den Schaden nach § 249 S. 2 BGB beseitigt. Der danach ‚erforderliche' Herstellungsaufwand

[35] BGHZ 63, 182 = NJW 1975, 161 li. Sp.

[36] Protokolle für die zweite Lesung des Entwurfs des BGB, Bd. I, S. 296, 297.

wird nicht nur durch Art und Ausmaß des Schadens, die örtlichen und zeitlichen Gegebenheiten für seine Beseitigung, sondern auch von den *Erkenntnis- und Einflußmöglichkeiten des Geschädigten* mitbestimmt, so auch durch seine Abhängigkeit von Fachleuten, die er zur Instandsetzung des Unfallfahrzeugs heranziehen muß. In diesem Sinne ist der Schaden nicht ‚normativ' zu bestimmen, sondern ‚subjektbezogen'."[37]

Mit dieser Überlegung führt der BGH erneut eine subjektive Komponente in die „objektive Bemessung" des Herstellungsaufwands ein. Dieses neue Kriterium der „Erkenntnis- und Einflußmöglichkeit des Geschädigten" liefert dem BGH das begriffliche Instrumentarium für die Beantwortung der Frage nach der Risikoverteilung bei § 249 BGB. So heißt es in der weiteren Begründung:

„Es darf aber nicht außer acht gelassen werden, daß (...) [den] Erkenntnis- und Einwirkungsmöglichkeiten [des Geschädigten] bei der Schadensregulierung regelmäßig Grenzen gesetzt sind, dies vor allem, so bald er den Reparaturauftrag erteilt und das Unfallfahrzeug in die Hände von Fachleuten übergehen hat; auch diese Grenzen bestimmen das mit, was ‚erforderlich' ist. Es würde dem Sinn und Zweck des § 249 S. 2 BGB widersprechen, wenn der Geschädigte bei Ausübung der ihm durch das Gesetz eingeräumten Ersetzungsbefugnis – sei es aus materiellrechtlichen Gründen, etwa gar in Anwendung des § 278 BGB, oder aufgrund Beweislastverteilung – im Verhältnis zu dem ersatzpflichtigen Schädiger mit Mehraufwendungen der Schadensbeseitigung belastet bliebe, deren Entstehung seinem Einfluß entzogen ist und die ihren Grund darin haben, daß die Schadensbeseitigung in einer fremden, vom Geschädigten, wohl auch nicht vom Schädiger kontrollierbaren Einflußsphäre stattfinden muß. Insoweit besteht kein Sachgrund, dem Schädiger das *‚Werkstattrisiko'* abzunehmen, das er auch zu tragen hätte, wenn der Geschädigte ihm die Beseitigung des Schadens nach § 249 S. 1 BGB überlassen würde. Die dem Geschädigten durch § 249 S. 2 BGB gewährte Ersetzungsbefugnis ist kein Korrelat für eine Überbürdung dieses Risikos auf ihn. (...) Eine andere Betrachtung würde das Recht des Geschädigten, die Schadensbeseitigung selbst statt vom Schädiger vornehmen zu lassen, was nicht zuletzt diesem, damit auch seinem Haftpflichtversicherer zugute kommt, dem Sinn des Gesetzes zuwider verkürzen."[38]

5. Zusammenfassung der Ergebnisse

Mit den obigen vier Urteilen wurde die Basis für die „Lehre von der Dispositionsfreiheit" geschaffen und das nachfolgende „Grundsatzurteil zur Dispositionsfreiheit" (BGHZ 66, 239) vorbereitet. In dieser Phase der „Vorbereitung und Grundlegung" bestätigte der BGH zunächst die Rechtsprechung des Reichsgerichts, das einen „objektiven Maßstab" bei der Bemessung des Herstellungsaufwands und damit auch die Abkoppelung der „erforderlichen" von den „tatsächlichen" Herstellungskosten vorsah. Allerdings modifizierte der

[37] BGHZ 63, 182 = NJW 1975, 161 li. Sp. unten.

[38] BGHZ 63, 182 = NJW 1975, 161 re. Sp. (Hervorhebungen vom Verf.).

BGH den vom RG vertretenen „objektiven Maßstab“ mittels diverser Billigkeitsabwägungen, mit denen er subjektive Komponenten in die „objektive Bemessung“ des Herstellungsaufwands einführt. Hierbei spielen vier vom BGH entwickelte Bemessungskriterien eine entscheidende Rolle: (1) die Wirtschaftlichkeit, (2) die Verkehrsüblichkeit und (3) die Zumutbarkeit der Herstellungsart sowie (4) die Erkenntnis- und Einflußmöglichkeit des Geschädigten auf den Herstellungsvorgang.

Bei der Erläuterung der Modifikation und zur Begründung dieser Kriterien bezieht sich der BGH zum einen auf die „Subjektbezogenheit des Schadensbegriffs“ und zum anderen auf den Sinn und Zweck der Vorschrift des § 249 S. 2 BGB. Die in diesem Zusammenhang zunächst eher beiläufig vorgenommene Bestimmung der Ratio des § 249 S. 2 BGB kann jedoch nicht überzeugen. In allen vier Urteilen wird der Sinn und Zweck des § 249 S. 2 BGB darin gesehen, dem Geschädigten die freie Verwendung des Ersatzbetrags zu ermöglichen. Eine Zweckbindung des Anspruchs aus § 249 S. 2 BGB wird von vornherein abgelehnt. Diese Einschätzung des BGH bleibt aber im wesentlichen unbegründet. Eine genaue inhaltliche Auseinandersetzung mit der Grundsatzfrage „Dispositionsfreiheit oder Zweckbindung?“ findet in den „Grundlagenurteilen“ jedenfalls nicht statt.

II. Phase (2): Grundsatzurteil zur Dispositionsfreiheit – BGHZ 66, 239[39]

Das Urteil vom 23.3.1976 (BGHZ 66, 239) wird allgemein als Grundsatzentscheidung des BGH zur Frage der Schadensabrechnung auf der Basis fiktiver Reparaturkosten angesehen, wenngleich das Ergebnis unterschiedlich bewertet wird.[40] Zweifellos hat das Urteil die weitere Entwicklung des Scha-

---

[39] Urteil vom 23.3.1976 – VI ZR 41/74 = BGHZ 66, 239 = NJW 1976, 1396 = DAR 1976, 265 = MDR 1976, 830 = VersR 1976, 874 = BB 1977, 116 = JR 1977, 415.

[40] Vgl.: *Klimke,* Schadenberechnung auf der Basis fiktiver Reparaturkosten nach Veräußerung des beschädigten Fahrzeugs, VersR 1977, 502. Zustimmend: *Medicus,* Unmittelbarer und mittelbarer Schaden, S. 15 f. und 37 ff.; *ders.* DAR 1982, 352 (355); MünchKomm-*Grunsky,* § 249 Rn. 15; *Grunsky,* NJW 1983, 2465 (2468); *ders.* JZ 1983, 376; *Werres*, NJW 1982, 2483; Soergel-*Mertens*, 12. Aufl., § 249 Rn. 26 f.; Palandt-*Heinrichs*, § 249 Anm. 2a bb; *Geigel/Schlegelmilch,* Haftpflichtprozeß, 20. Aufl., Kap. 4 Rn. 21. – Zustimmung der Instanzgerichte: KG VersR 1979, 35; OLG München VersR 1980, 878; OLG Karlsruhe VersR 1980, 390 (391); OLG Stuttgart VersR 1982, 885; OLG Koblenz VersR 1982, 1150; OLG Hamm VersR 1985, 843. – Kritisch: *Keuk,* Vermögensschaden und Interesse, S. 102; *dies.*, VersR 1976, 406; *Schiemann,* Argumente und Prinzipien bei der Fortbildung des Schadensrechts, S. 212 (216); *Esser/Schmidt*, Schuldrecht AT 2, § 32 I 2; *Heinze,* Anmerkung zu BGHZ 66, 239, JR 1977, 418; *Jordan*, 16. VGT 1978, 163 (177) = VersR 1978, 693; *Köhler,* Abstrakte oder konkrete Berechnung des Geldersatzes nach § 249 S. 2 BGB?, in: FS für Larenz, S. 349 (368 f.); *Honsell/Harrer,* Jus 1985, 161;

densrechts stark beeinflußt. Mit ihm ging der 6. Senat des BGH weit über das hinaus, was er bisher in den „vorbereitenden" Urteilen zu dem Problem der „erforderlichen" Herstellungskosten entschieden hatte. Begründet werden diese inhaltlichen Neuerungen weitgehend mit dem „Grundsatz der Dispositionsfreiheit", der mit diesem Urteil als Rechtsprinzip im Schadensrechts etabliert werden sollte. Ob dem 6. Senat die Etablierung des Rechtsprinzips „Dispositionsfreiheit" in überzeugender Weise gelungen ist, muß allerdings, so viel kann schon vorweggenommen werden, bezweifelt werden.

1. Sachverhalt

Der Entscheidung vom 23.3.1976 (BGHZ 66, 239) lag folgender, für die Zwecke der Untersuchung stark vereinfachter Sachverhalt zugrunde:

Der Beklagte verschuldete einen Verkehrsunfall, bei dem das Kraftfahrzeug des Klägers beschädigt wurde. Der Kläger verlangte Schadensersatz, wobei er den Schaden anhand der von einem Sachverständigen berechneten Reparaturkosten, restlicher Wertminderung und des Nutzungsausfalls während der geschätzten Reparaturzeit berechnete. Der Kläger ließ jedoch das Unfallfahrzeug nicht reparieren, sondern er hatte es unrepariert beim Erwerb eines Neufahrzeugs in Zahlung gegeben. Der Beklagte war deshalb der Auffassung, daß nur dieser tatsächliche Verlauf der Schadensabwicklung und nicht die fiktive Instandsetzung des Fahrzeugs dem Schadensersatzanspruch zugrunde gelegt werden dürfe. Damit hatte der BGH im wesentlichen zwei Fallfragen zu entscheiden:

– Zum ersten war die Frage zu beantworten, ob der Geschädigte trotz Veräußerung des beschädigten Fahrzeugs im unrepariertem Zustande die Kosten einer fiktiven Reparatur gem. § 249 S. 2 BGB verlangen kann oder ob er sich mit dem niedrigeren Kompensationsbetrag nach § 251 I BGB zufrieden geben muß. Denn einer Gewährung des Anspruchs auf Ersatz der fiktiven Reparaturkosten könnte entgegenstehen, daß mit der Veräußerung und Inzahlunggabe des Fahrzeugs der Anspruch aus § 249 S. 2 BGB wegen des Unvermögens zur Herstellung des Fahrzeugs nach § 251 I 1. Alt. BGB untergegangen ist. Der BGH entschied sich aber in dieser Frage für die Gewährung der fiktiven Reparaturkosten aus § 249 S. 2 BGB, denn der Geschädigte verliere diesen Anspruch nicht schon dadurch, „daß er sich die Instandsetzung durch Veräußerung des Unfallfahrzeugs unmöglich macht".[41]

Jauernig-*Teichmann*, BGB, 7. Aufl., § 249 Anm. 2a; *Rüßmann*, in: AK-BGB, § 249 Rn. 4; *Larenz,* Schuldrecht AT, 14. Aufl., § 28 I (S. 471); *Lange*, Schadensersatz, § 5 IV 6.

[41] BGHZ 66, 239 = VersR 1976, 875 re. Sp.

– Zum zweiten mußte der BGH in BGHZ 66, 239 die Frage entscheiden, ob der Nutzungsausfall nach der im Sachverständigengutachten geschätzten, d.h. fiktiven Reparaturdauer oder nach dem Zeitraum der tatsächlichen Entbehrung des Fahrzeugs zu berechnen war. Hier entschied sich der BGH gegen die fiktive und für eine reale Berechnung des Nutzungsausfalls. Somit konnte nur der Nutzungsausfall für den Zeitraum der tatsächlichen Entbehrung des Fahrzeugs geltend gemacht werden.

2. Etablierung des „Grundsatzes der Dispositionsfreiheit"? Das Begründungskonzept in BGHZ 66, 239

Analysiert man das Begründungskonzept des BGH in BGHZ 66, 239, so stellt man fest, daß es dem 6. Senat zunächst einmal darum geht, den „Grundsatz der Dispositionsfreiheit" im Rahmen einer „externen Rechtfertigung" (= Richtigkeit der Prämisse) zu etablieren, um dann anschließend auf dieser Grundlage, im Rahmen einer „internen Rechtfertigung" (= logische Denkoperation), die anstehenden Fallfragen zu beantworten.[42] So beginnt die Urteilsbegründung auch erneut mit der apodiktischen Erklärung, daß der Geschädigte in der Verwendung des Ersatzbetrags frei sei. Im einzelnen heißt es dazu in den Gründen:

> „Soweit der Geschädigte – wie hier – zulässigerweise den Weg des § 249 S. 2 BGB wählt, was im Kfz-Haftpflichtrecht die Regel darstellt, *steht es ihm grundsätzlich frei*, ob er den zur Wiederherstellung erforderlichen Betrag nach dessen Zahlung *wirklich diesem Zweck zuzuführen oder anderweitig verwerten (wohl: verwenden)*[43] *will.*"[44]

Auch hier schiebt der 6. Senat, wie schon in BGHZ 63, 182, seiner Behauptung einen begründenden Satz nach:

> „Dies entspricht nicht nur der *ständigen Rechtsprechung des erk. Senats*, sondern auch den *Erwägungen des Gesetzgebers* (zuletzt Senatsurteil BGHZ 63, 182 [184] = VersR 75, 184 [185 li. Sp.] mit Anm. von Gotthard VersR 75, 977 und Seliger VersR 76, 146 unter Hinweis auf Prot. I 296, 297)."[45]

Diese Begründung muß all diejenigen enttäuschen, die an dieser Stelle eine ausgiebige inhaltliche Auseinandersetzung des BGH mit der Grundsatzfrage „Dispositionsfreiheit oder Zweckbindung?" erwartet haben. Erneut bleibt der BGH eine substantielle Begründung schuldig. Weder der Hinweis

---

[42] Vgl. dazu: 1. Kapitel, V.3.b).

[43] So *Weber*, „Dispositionsfreiheit" des Geschädigten und fiktive Reparaturkosten, VersR 1990, 934 (939) und Fn. 78: „Ein schon in der Urschrift des Urteils stehender Schreibfehler."

[44] BGHZ 66, 239 = VersR 1976, 874 re. Sp. (Hervorhebungen vom Verf.).

[45] BGHZ 66, 239 = VersR 1976, 874/875 (Hervorhebungen vom Verf.).

auf die „ständige Rechtsprechung des erkennenden Senats“ noch der Hinweis auf die „Erwägungen des Gesetzgebers“ ist geeignet, den „Grundsatz des Dispositionsfreiheit“ als Rechtsprinzip zu etablieren. Denn ein Hinweis auf andere Entscheidungen macht allenfalls dann Sinn, wenn in diesen die behauptete Prämisse auch tatsächlich begründet wird. Dies trifft aber, wie die Analyse der „vorbereitenden Urteile“ in der ersten Entwicklungsphase zeigt, nicht zu. Vielmehr scheint sich gerade im vorliegenden Falle die grundsätzliche Kritik von Diederichsen an der vom BGH verwendeten Argumentationstechnik zu bestätigen. „Mit den (…) Hinweisen“, so Diederichsen, „auf angebliche Parallelentscheidungen (…) wird dem Leser der Eindruck aufgedrängt, als stünde das Urteil, das er gerade liest, in einer festen Tradition gleichlautender Entscheidungen. Durch solche Anhäufungen früher ergangener Urteile wird ein gewisser Entscheidungsautomatismus als quasi zwingend dargestellt, obwohl in den herangezogenen Fällen oft ganz andere Probleme zur Debatte standen.“[46]

Aber auch der Hinweis des BGH auf die „Erwägungen des Gesetzgebers“ in den Protokollen (Prot. I 296, 297) überzeugt, entgegen einer weit verbreiteten Auffassung[47], nicht. Fest steht, daß der „Grundsatz der Dispositionsfreiheit“ nicht unmittelbar aus der zitierten Protokollstelle (Prot. I 296, 297) hervorgeht, so daß ein bloßer Hinweis hierauf als Begründung genügt hätte. Um den „Grundsatz der Dispositionsfreiheit“ aber mittelbar aus den Materialien zur Entstehungsgeschichte des BGB abzuleiten, hätte es der genauen Auswertung und Interpretation des gesamten historischen Materials bedurft. Diese Auseinandersetzung, die im dritten Kapitel dieser Untersuchung ansteht, hätte jedoch gezeigt, daß die Dispositionsfreiheit nicht auf die Erwägungen des Gesetzgebers gestützt werden kann.[48] Doch selbst wenn man in dieser Frage anderer Auffassung ist und in den Protokollen die Grundlegung der Dispositionsfreiheit sieht, wird der BGH mit dieser kurzen Begründung der Bedeutung und Tragweite der Grundsatzfrage „Dispositionsfreiheit oder Zweckbindung?“ nicht gerecht. Man hätte sich in dieser Frage eine intensivere Auseinandersetzung des BGH mit der Problematik „Dispositionsfreiheit oder Zweckbindung?“ gewünscht.

---

[46] *Diederichsen,* Argumentationsstrukturen in der Rechtsprechung zum Schadensersatzrecht, in: FS für Klingmüller, S. 70.

[47] *Weber,* „Dispositionsfreiheit“ des Geschädigten und fiktive Reparaturkosten, VersR 1990, 934 (943); *ders.*, § 249 S. 2 BGB: Erstattung der Reparaturkosten oder Ersatz des Schadens an der Sache?, VersR 1992, 527 (534); *Medicus,* Gründe und Grenzen des Ersatzes „fiktiver“ Schäden, DAR 1982, 352 (355); *Karakatsanes,* Zur Zweckgebundenheit des Anspruchs aus § 249 S. 2 BGB bei noch nicht durchgeführter Herstellung, AcP 189 (1989), 19 (22).

[48] Zu den einzelnen Argumenten vgl. 3. Kapitel.

Mit den obigen Ausführungen scheint für den BGH der „Nachweis der Richtigkeit“ der „ersten Prämisse“ erbracht zu sein, denn im weiteren Verlauf der Begründung wandelt sich die eben noch postulierte Behauptung zum „Grundsatz“, aus dem der BGH nun, mittels logischer Schlußfolgerung, die verschiedenen Problemlösungen ableitet. Auf diese Art und Weise wird die ursprüngliche Behauptung, deren Richtigkeit eigentlich noch nachzuweisen wäre, selbst zum Argument. Methodisch betrachtet, geht der BGH dabei nahtlos von der externen zur internen Rechtfertigung über. Dies bestätigt auch die weitere Begründung. Dort heißt es:

> „Damit muß (...) [der Geschädigte] den nach den Umständen zur Wiederherstellung erforderlichen Betrag grundsätzlich auch dann in Anspruch nehmen können, wenn er von vornherein nicht die Absicht hat, die der Berechnung seines Anspruchs zugrunde gelegte Wiederherstellung zu veranlassen, sondern sich anderweit behelfen oder die Entschädigungszahlung überhaupt einem sachfremden Zweck zuführen will; jede andere Beurteilung müßte den *Grundsatz, daß der Betrag der Geldentschädigung zur freien Verfügung des Geschädigten steht*, *entwerten*, wäre daher nicht mit ihm vereinbar. Deshalb kann der Wille des Geschädigten zur Reparatur (ein praktisch kaum nachprüfbarer innerer Tatbestand) nicht zur Voraussetzung für den Anspruch auf Zahlung des zur Instandsetzung erforderlichen Geldbetrags erhoben werden.“[49]

Analysiert man diesen Abschnitt im Hinblick auf das Verhältnis von Prämisse zu Conclusio, so bestätigt sich die obige Einschätzung. Der BGH folgert aus dem nicht hinreichend begründeten „Grundsatz, daß der Betrag der Geldentschädigung zur freien Verfügung des Geschädigten steht“, daß die Herstellungsabsicht des Geschädigten keine Anspruchsvoraussetzung nach § 249 S. 2 BGB sei, denn „jede andere Beurteilung würde den obigen Grundsatz entwerten, wäre daher nicht mit ihm vereinbar“. Der Geschädigte habe selbst dann Anspruch auf den Herstellungsbetrag, wenn er die Entschädigungszahlung von vornherein einem „sachfremden Zweck zuführen will“.

Weiter stellt der BGH fest, daß der Wille des Geschädigten zur Reparatur „ein praktisch kaum nachprüfbarer innerer Tatbestand“ sei. Mit dieser Feststellung stellt er die Praktikabilität der Zweckbindungstheorie in Frage, bei der der Herstellungswillen des Geschädigten Anspruchsvoraussetzung ist. Hier dreht sich die Argumentationsrichtung wieder um: Das eben aus der Verwendungsfreiheit abgeleitete Ergebnis, daß die Herstellungsabsicht des Geschädigten zur Anspruchsgewährung nicht erforderlich ist, wird nun zum Argument für die Richtigkeit der Ausgangsprämisse des BGH, d.h. für die Richtigkeit der Dispositionsfreiheit. Denn die Zweckbindung des Anspruchs aus § 249 S. 2 BGB erscheint, so wird zumindest der Eindruck erweckt, in der Praxis nicht durchführbar. Daß dies nicht zutrifft, zeigt das spätere Grundsatzurteil des BGH zur Zweckbindung des Anspruchs beim Personen-

---

[49] BGHZ 66, 239 = VersR 1976, 875 li. Sp.

schaden (BGHZ 97, 14). Denn dort macht der BGH die Gewährung des Anspruchs aus § 249 S. 2 BGB ausdrücklich vom Willen des Verletzten zur Durchführung von Heilungsmaßnahmen abhängig, d.h. der Verletzte kann den Anspruch nach § 249 S. 2 BGB nur dann geltend machen, wenn er den Willen zur Durchführung von Heilungsmaßnahmen nachweist. Die Herstellungsabsicht bleibt aber, hier wie dort, beim Sach- wie beim Personenschaden, immer ein „innerer Tatbestand", mit allen daraus resultierenden Beweisproblemen.

An diesem Argumentationsverlauf wird deutlich, daß die Etablierung der Dispositionsfreiheit vor allem auch aus methodischen Gründen nicht überzeugen kann. So unterscheidet der BGH nicht zwischen externer und interner Rechtfertigung. Der Nachweis der „Richtigkeit der Prämisse" wird teilweise mit den logischen Schlußfolgerungen aus dieser Prämisse geführt. Dabei kommt es zu einem fast beliebigen Austausch von Prämisse und Conclusio.[50]

3. Ersatz fiktiver Reparaturkosten trotz Veräußerung der beschädigten Sache

Nachdem der BGH den „Grundsatz der Dispositionsfreiheit", zumindest aus seiner Sicht, mit der bisherigen Urteilsbegründung etabliert hatte, konnte er sich der eigentlichen Fallfrage zu wenden. Wie oben schon ausgeführt, war in BGHZ 66, 239 zu entscheiden, ob der Anspruch auf Ersatz fiktiver Reparaturkosten auch noch nach der Veräußerung des beschädigten Fahrzeugs fortbesteht. Bei der Beantwortung dieser Frage setzt der BGH ausdrücklich die uneingeschränkte Geltung des „Grundsatzes der Dispositionsfreiheit" voraus: „Ist das aber so", so der BGH, „dann hält es der Senat für damit unvereinbar, daß der Geschädigte seinen Anspruch auf Zahlung des für die Instandsetzung erforderlichen Geldbetrags aus § 249 S. 2 BGB immer schon in dem Augenblick verlieren soll, in dem er sich in Nutzung der ihm vom Gesetzgeber eingeräumten Dispositionsfreiheit die Instandsetzung des Fahrzeugs für eigene Rechnung durch anderweitige Verwertung desselben tatsächlich unmöglich gemacht hat, so daß sich sein Schadensersatzanspruch seit diesem Zeitpunkt nur noch nach § 251 BGB bestimmen könnte".[51]

Dieses Auffassung steht aber in Widerspruch zur bisherigen h.M. in Literatur und Rechtsprechung, nach der ein Wiederherstellunganspruch nur so lange besteht, als die Wiederherstellung der Sache noch möglich ist. Dies erkannte auch der BGH. Deshalb fährt er in seiner Urteilsbegründung wie folgt fort:

---

[50] Vgl. dazu auch 2. Kapitel, I.2: „Argumentationskreisel".

[51] BGHZ 66, 239 = VersR 1976, 875 li. Sp.

„Dem scheint freilich der in der Rechtsprechung ebenfalls seit langem gefestigte Grundsatz zu widersprechen, daß die Schadensentwicklung an sich bis zum Zeitpunkt des Schlusses der letzten mündlichen Verhandlung zu berücksichtigen ist (BGH v. 5.11.1952 – II ZR 47/52 –, VersR 1953, 134/135 = NJW 1953, 337 und ständig). Denn man könnte aus ihm schließen, daß der Geschädigte, sobald er sich durch eine die Instandsetzung durch ihn selbst oder auf seine wirtschaftliche Veranlassung ausschließende Verfügung über die beschädigte Sache dieser Möglichkeit begeben hat, nur noch den Schaden geltend machen kann, den er aufgrund der dadurch geschaffenen Lage erleidet oder doch zu gewärtigen hat. Diese Auffassung hat u.a. das frühere RG (JW 1937, 3223; HRR 33 Nr. 1405) vertreten. Ihm folgend ist auch die wohl überwiegende Meinung im Schrifttum der Auffassung, daß der Anspruch auf Wiederherstellung nur so lange bestehe, als die Wiederherstellung der beschädigten Sache noch möglich sei."[52]

Trotz dieses Widerspruchs hält der BGH an seiner obigen Auffassung fest. Zur Begründung führt er aus:

„Der bisher unverkennbar herrschenden Meinung, der Geschädigte könne die Instandsetzungskosten nur so lange fordern, als er zur Instandsetzung der beschädigten Sache auch noch in der Lage sei, kann angesichts der eingangs dargelegten *Dispositionsfreiheit des Geschädigten* in bezug auf den ihm zustehenden Instandsetzungsaufwand jedenfalls für eine wichtige und im Bereich der Kraftfahrzeugschäden weit überwiegende Fallgruppe nicht gefolgt werden."[53]

Diese Begründung zeigt, daß der BGH dem Einwand der herrschenden Meinung einzig und allein den unzureichend begründeten „Grundsatz der Dispositionsfreiheit" als Argument entgegenhalten kann. Ob dies aber ausreicht, eine „bisher unverkennbar herrschenden Meinung" zu widerlegen, ist fraglich. Statt dessen stellt sich die grundsätzliche Frage, ob die „Unverträglichkeit" des aus dem „Grundsatz der Dispositionsfreiheit" gewonnenen Ergebnisses – der Ersatz fiktiver Reparaturkosten trotz Veräußerung der beschädigten Sache – mit der bisherigen Dogmatik nicht eher als ein Indiz gegen die Richtigkeit diese „Grundsatzes" hätte gewertet werden müssen. Für den BGH jedenfalls scheint der „Grundsatz der Dispositionsfreiheit" unumstößlich.

Im Ergebnis schränkt der 6. Senat mit seiner Auffassung, fiktive Reparaturkosten trotz zwischenzeitlicher Veräußerung der geschädigten Sache zu gewähren, den Anwendungsbereich des § 251 I 1. Alt. BGB ein. Deshalb sah er sich auch gezwungen, den Anwendungsbereich des § 251 I 1. Alt. BGB neu zu definieren. Dies versucht er mit folgender Differenzierung:

„Für den Anspruch auf Instandsetzungskosten wird zwar da kein Raum mehr sein, wo die Instandsetzung beim Geschädigten durch Naturereignisse (zufälliger Untergang der beschädigten Sache) unmöglich geworden oder durch eine bestimmte Marktentwicklung wirtschaftlich sinnlos geworden ist. Es erscheint aber unange-

[52] BGHZ 66, 239 = VersR 1976, 875 li. Sp.

[53] BGHZ 66, 239 = VersR 1976, 875 re. Sp. (Hervorhebungen vom Verf.).

messen, diesen Anspruch dem Geschädigten auch dann zu versagen, wenn er sich der beschädigten und immer noch reparaturbedürftigen wie auch reparaturwürdigen Sache entäußert hat.“[54]

Diese Ausführungen erinnern an die in der Literatur weit verbreitete Auffassung, wonach bei der Anwendung des § 251 I 1. Alt. BGB zwischen objektiver Unmöglichkeit und subjektivem Unvermögen zu unterscheiden ist.[55] Nur der Fall der objektiven Unmöglichkeit rechtfertige, so diese Literaturmeinung, die Anwendung des § 251 I 1. Alt. BGB. Das durch die Veräußerung der beschädigten Sache ausgelöste subjektive Unvermögen des Geschädigten werde von § 251 I 1. Alt. BGB nicht erfaßt. Ähnlich scheint auch der BGH zu argumentieren. Ungeklärt bleibt jedoch in diesem Zusammenhang, weshalb das subjektive Unvermögen im Rahmen des § 251 I 1. Alt. BGB anders als die objektive Unmöglichkeit behandelt werden soll. „Beide Male ist der Gläubiger außerstande, die Herstellung noch selbst durchzuführen. Es wäre auch ein merkwürdiges Ergebnis“, so der Einwand Köhlers, „wenn der Gläubiger bei ‚Inzahlunggabe‘ des beschädigten Fahrzeugs den fiktiven Reparaturkostenersatz behielte, ihn aber verlöre, wenn er auf dem Weg zum Händler in einen Unfall mit Totalschaden verwickelt würde“.[56] Die obige Auffassung kann diese unterschiedlichen Zufallsergebnisse nicht erklären.

4. Dispositionsfreiheit und das „Vermögensumschichtungsargument“

Darüber hinaus bemüht der BGH zur Begründung seiner Auffassung, daß fiktive Reparaturkosten trotz zwischenzeitlicher Veräußerung der beschädigten Sache zu ersetzen sind, eine rein wirtschaftliche Betrachtungsweise der Schadensabwicklung. Hierzu führt er im einzelnen aus:

> „Es erscheint aber unangemessen, diesen Anspruch dem Geschädigten auch dann zu versagen, wenn er sich der beschädigten und immer noch reparaturbedürftigen wie auch reparaturwürdigen Sache entäußert hat. In diesen Fällen hat sich nämlich

[54] BGHZ 66, 239 = VersR 1976, 875 re. Sp.

[55] Für eine Ungleichbehandlung von objektiver Unmöglichkeit und subjektivem Unvermögen: *Weitnauer,* Zur Entwicklung im Schadensrecht, FS der Juristischen Fakultät Heidelberg, S. 286 f. („... d.h. wenn sie objektiv unmöglich ist, subjektives Unvermögen genügt nicht“); *Schlechtriem,* Schließt Veräußerung des Unfallfahrzeugs Schadensersatzansprüche auf Reparaturkostenbasis aus?, DAR 1975, 122 (123 li. Sp.: „Die Möglichkeit der Naturalrestitution ist bei einer Sachbeschädigung nicht subjektsbezogen, sondern objektsbezogen“); Staudinger-*Medicus*, § 251 Rn. 10; Palandt-*Heinrichs*, 53. Aufl., § 251 2 a) („Unvermögen steht der Unmöglichkeit grundsätzlich gleich; es schließt aber nur den Anspruch aus § 249 S. 1, nicht den aus § 249 S. 2 aus“). – Aus der älteren Literatur: *Kress,* Lehrbuch des Allgemeinen Schuldrechts, S. 348; Planck-*Siber*, § 251 Anm. 2.

[56] *Köhler,* Abstrakte oder konkrete Berechnung des Geldersatzes nach § 249 Satz 2 BGB, in: FS für Larenz, S. 361.

die durch die Zahlung auszugleichende Reparaturbedürftigkeit entweder unmittelbar im Vermögen des Geschädigten niedergeschlagen, weil etwa das Verkaufsentgelt entsprechend geringer ausgefallen ist, oder sie hat doch den wirtschaftlichen Erfolg der Transaktion, etwa den Wert des Unfallfahrzeugs als Geschenk, beeinträchtigt."[57]

Diese wirtschaftliche Betrachtungsweise, die allein auf den Vergleich der verschiedenen Vermögenslagen vor und nach dem Eintritt des schädigenden Ereignisses abstellt, anstatt reale Zustände miteinander zu vergleichen, wie dies in § 249 BGB gefordert wird, ist mit dem von Grunsky[58] in die Diskussion eingeführten *(Vermögens)-„Umschichtungsargument"* identisch, auf das der BGH in seinem späteren Grundsatzurteil zur Zweckbindung (BGHZ 97, 14) ausdrücklich Bezug nimmt. Danach soll die Schadensersatzleistung dazu dienen, das Vermögen des Geschädigten nominell auf den früheren Stand wiederaufzufüllen. Was der Geschädigte aber mit seinem Vermögen macht, gehe den Schädiger nichts an. Insbesondere stehe es dem Geschädigten frei, sein Vermögen gegenüber dem früheren Zustand „umzuschichten".[59]

Wie dies mit dem Herstellungsprinzip vereinbar sein soll, bleibt allerdings offen.[60] „Der Hinweis auf eine (bloße) Umschichtung des Schadens setzt", wie Hagen zutreffend bemerkt, „dogmatisch die Austauschbarkeit von Naturalrestitution und Vermögenswertausgleich (...) voraus".[61] Diese Austauschbarkeit sieht aber die Konzeption des BGB nicht vor. Die Unvereinbarkeit des „Vermögensumschichtungsarguments" mit dem Herstellungsprinzip ergibt sich vielmehr schon aus den Protokollen der Zweiten Kommission. Der Zweiten Kommission lagen bei ihren Beratungen zu § 219, dem heutigen § 249 BGB, insgesamt acht Änderungsantrage vor, von denen sie sieben mit der Begründung ablehnte, diese würden nicht die Naturalrestitution, sondern das „gegentheilige Prinzip der Geldentschädigung in erste Linie" stellen.[62] Einer dieser abgelehnten Änderungsanträge war der Antrag Dittmars. Dieser umfaßte neben einem Hauptantrag auch einen Eventualantrag, mit dem Dittmar folgende Fassung des § 219 vorschlug:

---

[57] BGHZ 66, 239 = VersR 1976, 875 re. Sp.

[58] *Grunsky,* Der Ersatz fiktiver Kosten bei der Unfallregulierung, NJW 1983, 2465 (2468).

[59] *Grunsky,* a.a.O.

[60] Ebenfalls kritisch: *Weber*, „Dispositionsfreiheit" des Geschädigten und fiktive Reparaturkosten, VersR 1990, 934 (940 li. Sp.): „Die Begründung des BGH für die von ihm für zulässig gehaltene Ausformung des Anspruchs aus S. 2 des § 249 BGB löst sich von dem Grundgedanken des § 249 BGB, daß der Schaden primär durch Herstellung zu beheben sei."

[61] *Hagen*, in: *Lange/Hagen,* Wandlungen des Schadensersatzrechts, S. 75.

[62] Prot. I, S. 295.

„Wer zum Schadensersatze verpflichtet ist, hat den Gläubiger durch entsprechende Geldleistung *in die Vermögenslage zurückzuversetzen*, in welcher er sich befinden würde, wenn der zum Schadensersatze verpflichtende Umstand nicht eingetreten wäre.“[63]

An dem gescheiterten Dittmarschen Änderungsantrag wird deutlich, daß das „Vermögensumschichtungsargument“ keinesfalls eine moderne Erfindung ist und heute wie damals dem Restitutionsprinzip widerspricht. Die Schadensersatzleistung nach § 249 S. 2 BGB dient nicht allein dazu, das Vermögen des Geschädigten nominell auf den früheren Stand wiederaufzufüllen. Eine solche rein vermögensorientierte Schadensbetrachtung gründet in dem vom historischen Gesetzgeber als Leitprinzip abgelehnten Kompensationsprinzip.[64] Deshalb überzeugen auch die weiteren Ausführungen des BGH nicht, wenn er schreibt:

„Durch diese Betrachtungsweise wird der dem § 249 S. 2 BGB innewohnende Entschädigungsgrundsatz nicht verlassen, sondern nur in den wirtschaftlichen Bereich verlagert. Der in der Reparaturbedürftigkeit zum Ausdruck gekommenen Einbuße, die sich unmittelbar oder mittelbar im Vermögen des Geschädigten niedergeschlagen hat, steht die Zahlung der für die Reparatur erforderlichen Geldmittel gegenüber.“[65]

Die Unvereinbarkeit des „Umschichtungsarguments“ mit dem in § 249 BGB verankerten Herstellungsprinzip tritt an anderer Stelle in der Urteilsbegründung des BGH offen zu tage. Dort heißt es:

„Dadurch daß *der Vermögensstand des Geschädigten* durch die Zahlung des Schädiger *wiederhergestellt wird*, ist die Beseitigung des Sachschadens abgeschlossen, ohne daß sich sagen ließe, daß insoweit eine unserem Haftungsrecht fremde Abstrahierung des Schadens eintrete.“[66]

Hier stellt sich die Frage, ob man bei einer „Wiederherstellung des Vermögensstandes des Geschädigten“ überhaupt noch von Restitution gem. § 249 S. 2 BGB sprechen kann. Dies wird man für den Fall der Sachbeschädigung, anders als bei reinen Vermögensschäden, verneinen müssen. Die vermögensorientierte Schadensbetrachtung des BGH sowie das „Vermögensumschichtungsargument“ der Literatur basieren ausschließlich auf dem Kompensationsprinzip. Ein Herstellungsanspruch nach § 249 S. 2 BGB läßt sich damit nicht begründen, auch wenn es sich dabei um einen fiktiven handeln sollte.

---

[63] *Jakobs/Schubert,* Die Beratung des BGB, Bd. 2.1, S. 100 (Hervorhebungen vom Verf.).

[64] Vgl. dazu: 4. Kapitel, I.1.

[65] BGHZ 66, 239 = VersR 1976, 875 re. Sp.

[66] BGHZ 66, 239 = VersR 1976, 875 re. Sp. unten (Hervorhebungen vom Verf.).

5. Dispositionsfreiheit und das „Gleichbehandlungsargument"

Des weiteren versucht der BGH, die Gewährung fiktiver Reparaturkosten trotz Veräußerung der beschädigten Sache durch eine Art „Fallanalogie" zu begründen. Diese Argumentationstechnik findet sich auch in der schadensrechtlichen Literatur. Dort firmiert sie unter dem Begriff des *„Gleichbehandlungsarguments"*. Das „Gleichbehandlungsargument" schöpft seine Überzeugungskraft aus der Gerechtigkeitserwägung, daß gleichgelagerte Fälle auch gleich zu „behandeln", d.h. zu entscheiden sind. Im einzelnen bedeutet dies, daß sich die Lösung des zur Entscheidung anstehenden Falles an dem Ergebnis des zum Vergleich herangezogenen Falles zu orientieren hat, wenn sich keine „rechtlich erheblichen Unterschiede" zwischen beiden Fällen feststellen lassen.

Im Urteil vom 23.3.1976 (BGHZ 66, 239) vergleicht der BGH den zu entscheidenden Fall, bei dem der Geschädigte das beschädigte Fahrzeug veräußert und in Zahlung gegeben hat, mit der Fallkonstellation, bei der der Geschädigte das Fahrzeug nach Erhalt des Herstellungsbetrags unrepariert weiternutzt. Im Rahmen dieses Vergleiches argumentiert der BGH folgendermaßen:

> „Der Geschädigte, der solchermaßen (d.h. durch Veräußerung und Inzahlunggabe)[67] über die beschädigte Sache verfügt hat, kann billigerweise nicht anders gestellt werden als der, der nach Erhalt des für die Instandsetzung erforderlichen Betrags die beschädigte Sache doch weiter ge- und verbraucht (vgl. BGHZ 35, 395 [398] = VersR 61, 1043 / 1044 – merkantiler Minderwert), mag er dazu möglicherweise auch von Anfang an entschlossen gewesen sein."[68]

In beiden Fällen wären demnach fiktive Reparaturkosten zu ersetzen. Daß der BGH die Gleichbehandlung beider Fälle für notwendig erachtet, begründet er an anderer Stelle. Dort heißt es:

> „Daß diese [Zahlungen des Schädigers] wegen der inzwischen erfolgten Veräußerung tatsächlich nicht mehr für eine Instandsetzung eingesetzt werden können, macht *keinen rechtlich erheblichen Unterschied* gegenüber dem Fall, daß der Geschädigte befugtermaßen von sich aus darauf verzichtet, die erhaltene Mittel auch tatsächlich hierfür zu verwenden."[69]

Bei diesen Ausführungen bleibt jedoch ungeklärt, weshalb sich ein „rechtlich erheblicher Unterschied" zwischen den beiden Fällen nicht aus § 251 I 1. Alt. BGB („Unmöglichkeit der Herstellung") ergibt. Immerhin ist in dem zum Vergleich herangezogenen Falle die Herstellung durch den Geschädigten noch möglich, was beim Veräußerungsfalle jedenfalls ausgeschlossen ist. Von

---

[67] Anmerkung des Verf.

[68] BGHZ 66, 239 = VersR 1976, 875 re. Sp.

[69] BGHZ 66, 239 = VersR 1976, 875 re. Sp. (Hervorhebungen vom Verf.).

diesem Einwand einmal abgesehen, ist das „Gleichbehandlungsargument" schon aus grundsätzlichen Erwägungen abzulehnen. Bei der obigen „Fallanalogie" wird insgesamt verkannt, daß auch der vom BGH herangezogene Vergleichsfall auf der Grundlage des „Grundsatzes der Dispositionsfreiheit" gelöst wurde und somit die Gleichbehandlung beider Fälle kein überzeugendes Argument darstellen kann.[70] Die Vertreter der Zweckbindungstheorie bestreiten auch für diesen Vergleichsfall ausdrücklich, daß der Geschädigte den Herstellungsbetrag behalten darf. Beide Fälle, Ausgangsfall wie Vergleichsfall, hängen von der jeweiligen Beantwortung der Grundsatzfrage „Dispositionsfreiheit oder Zweckbindung?" ab. Somit sagt das Ergebnis des herangezogenen Vergleichsfalles weder etwas über die Richtigkeit der im Veräußerungsfall getroffenen Entscheidung, noch etwas über die Richtigkeit der dazu vorgelagerten Prämisse – dem „Grundsatz der Dispositionsfreiheit" – aus. Alle anderen Schlußfolgerungen würden auf einem Zirkelschluß beruhen. Im Ergebnis bedeutet dies, daß auch das „Gleichbehandlungsargument", zumindest in der hier vorgetragenen Form, letztlich auf dem unzureichend begründeten „Grundsatz der Dispositionsfreiheit" basiert. Der Ersatz fiktiver Kosten läßt sich deshalb mit ihm nicht begründen.

6. Dispositionsfreiheit und das „Praktikabilitätsargument"

Zur Begründung des „Grundsatzes der Dispositionsfreiheit" greift der BGH auch auf Praktikabilitätserwägungen zurück. Das *Praktikabilitätsargument* dürfte sogar die entscheidende Rolle bei der Einführung des „Grundsatzes der Dispositionsfreiheit" gespielt haben, wenngleich auch dieses Argument in den Urteilsgründen nur versteckt auftaucht. Hintergrund des Praktikabilitätsarguments ist die bei Kfz-Schäden in der Regulierungspraxis durchaus übliche Abwicklungsvariante, wonach der Schaden durch Kauf eines Neuwagens bei gleichzeitiger Inzahlunggabe des alten, unreparierten Fahrzeugs beseitigt wird. Diese Art der Schadensabwicklung wollte der BGH aber nicht als Herstellung gem. § 249 S. 2 BGB ansehen, denn er schreibt:

> „Kauft aber, wie dies in der Praxis überwiegend der Fall ist und wie dies auch im hier zu entscheidenden Fall gewesen war, der Geschädigte einen Neuwagen, auf dessen Gestellung er dem Schädiger gegenüber keinen Anspruch hat (§ 249 S. 2 BGB), dann liegt dieser *wirtschaftliche Entschluß* trotz entsprechender Verrechnung mit dem Schädiger *wenigstens zu einem erheblichen Teil außerhalb des Bereichs der Schadensabwicklung.*"[71]

---

[70] So auch *Weber*, „Dispositionsfreiheit" des Geschädigten und fiktive Reparaturkosten, VersR 1990, 934 (940 li. Sp.): „... das ist aber nicht mehr als die Proklamierung eben des Rechtssatzes, der zu begründen wäre, aber nicht dessen Ableitung aus dem Gesetz".

[71] BGHZ 66, 239 = VersR 1976, 876 re. Sp. (Hervorhebungen vom Verf.).

Gerade weil ein solches Geschäft, nach Auffassung des BGH, „außerhalb des Bereichs der Schadensabwicklung liegt“ und „über die eigentliche Schadensbeseitigung hinausgreifen“ würde, kann diese Abwicklungsvariante, so der BGH, keine Herstellung nach § 249 S. 2 BGB darstellen. Da aber, wie auch der BGH erkannt hat, ein praktisches Bedürfnis besteht, diese Art der Schadensbeseitigung nicht dadurch zu diskriminieren, daß man den Geschädigten bei dieser Abwicklungsvariante auf die niedrigere Kompensationssumme des § 251 BGB verweist, mußte eine Möglichkeit geschaffen werden, dem Geschädigten mehr als das reine Wertinteresse zukommen zu lassen. Dies meinte der BGH nur mittels Einführung eines neuen Rechtsprinzips, des „Grundsatzes des Dispositionsfreiheit“, erreichen zu können.

Doch schon jetzt kann die Frage gestellt werden, ob dieser Weg tatsächlich nötig war, um zu der angestrebten praxisnahen Lösung zu gelangen, oder ob nicht dafür die Anerkennung des Neuwagenkaufs bei gleichzeitigem Überkompensationsausgleich an den Schädiger als Herstellung i.S.d. § 249 S. 2 BGB der bessere Weg gewesen wäre. Zumal die Abwicklungsmethode der „Neubeschaffung mit anschließender Ausgleichszahlung“ bei Kfz-Schäden, speziell beim Einbau von neuen Ersatzteilen, schon längst praktiziert wird. Denn der Geschädigte muß sich in diesem Fall nicht mit dem Einbau von Gebrauchtteilen zufrieden geben. Die dabei auftretende Überkompensation wird über den „Abzug neu für alt“ ausgeglichen.[72] Was für einzelne Teile einer beschädigten Sache gilt, müßte an sich auch für die Gesamtsache selbst gelten. Diese Überlegungen können jedoch an dieser Stelle abgebrochen werden, denn schon jetzt zeichnet sich als Zwischenergebnis ab, daß es durchaus eine Alternative zu dem vom BGH eingeschlagenen Weg gibt.[73]

Auf jeden Fall war die Intention des BGH, eine praxisorientierte Lösung schaffen zu wollen, bei der Entscheidung, fiktive Kosten auch dann zu ersetzen, wenn der Geschädigte sein Fahrzeug unrepariert in Zahlung gibt, das ausschlaggebende Moment.[74] Eine Bestätigung dieser These findet sich auch im Urteil vom 22.11.1977 (VersR 1978, 182), das im direkten Anschluß an BGHZ 66, 239 ergangen ist. Dort verweist der BGH zur Begründung ausdrücklich auf die „praktische Rechtfertigung des Ergebnisses“.[75]

---

[72] Grundlegend für den Abzug „neu für alt“ schon: BGHZ 30, 29; vgl. auch *Becker/ Böhme,* Kraftverkehrshaftpflichtschäden, S. 171 ff.; Soergel-*Mertens*, BGB, 12. Aufl., § 249 Rn. 78.

[73] Näheres dazu im 4. Kapitel, II.2.

[74] So ähnlich auch: *Weber,* „Dispositionsfreiheit“ des Geschädigten und fiktive Reparaturkosten, VersR 1990, 934 (940 li. Sp.): „Wollte der Senat geleitet von gewiß verständlichen Praktikabilitätserwägungen, doch eine besondere Form der Entschädigung zulassen – das aber nur für Sachschäden und hier speziell für Kfz?“

[75] BGH VersR 1978, 182 (183).

7. Einschränkungen des „Grundsatzes der Dispositionsfreiheit“

Der im Urteil vom 23.3.1976 (BGHZ 66, 239) aufgestellte „Grundsatz der Dispositionsfreiheit“ gilt nicht uneingeschränkt. Er wird in demselben Urteil etlichen Einschränkungen unterworfen. Im wesentlichen stellt der BGH drei Einschränkungen auf. Zum ersten beschränkt er die Anwendung des „Grundsatzes der Dispositionsfreiheit“ auf den Bereich der Kraftfahrzeugsschäden:

> „Nach allem wird in der Regel im *Bereich der Kraftfahrzeugschäden* der Geschädigte den Anspruch auf Ersatz der Instandsetzungskosten nicht schon dadurch verlieren, daß er sich die Instandsetzung durch Veräußerung des Unfallfahrzeugs unmöglich macht.“[76]

Diese Beschränkung des Anwendungsbereichs der Dispositionsfreiheit war nötig, um nicht mit der Rechtsprechung des Reichsgerichts[77] zu kollidieren, die im Bereich von Grundstücksschäden zum gegenteiligen Ergebnis gekommen war. Als Grund für die unterschiedliche Behandlung von Kfz-Schäden und Grundstücksschäden führt der BGH die unterschiedliche Art der Nutzung von Grundstücken und Kraftfahrzeugen an:

> „Denn anders als bei Grundstücken (vgl. den vom RG a.a.O. entschiedenen Fall) kommt für Kraftfahrzeuge gängigen Typs nur eine wirtschaftlich sinnvolle Nutzungsart in Frage, nämlich ihr weiterer Einsatz als Verkehrsmittel nach Wiederherstellung ihrer Gebrauchsfähigkeit. Eine andere Verwertung ist bei an sich reparaturwürdigen Fahrzeugen nur in Sonderfällen (Sammlerstücke etc.) denkbar.“[78]

Diese kaum nachvollziehbare Unterscheidung ist in der Literatur vielfach, und das zu Recht, auf Kritik gestoßen.[79] Sie war auch Anlaß für eine Auseinandersetzung zwischen dem 6. und dem 5. Senat des Bundesgerichtshofs, die im folgenden Abschnitt – Phase (3): Sondermeinung des 5. Senats? – ausführlich dargestellt werden wird. Deshalb soll auch dort diese Einschränkung im einzelnen bewertet werden.[80]

---

[76] BGHZ 66, 239 = VersR 1976, 875 re. Sp. (Hervorhebung vom Verf.).

[77] RG JW 1937, 3223; HRR 1933 Nr. 1405, wörtlich zitiert bei *Bötticher*, VersR 1966, 301 (307).

[78] BGHZ 66, 239 = VersR 1976, 875 re. Sp.

[79] *Köhler*, Abstrakte oder konkrete Berechnung des Geldersatzes nach § 249 Satz 2 BGB?, in: FS für Larenz, S. 349 (361 f.); *Weber*, „Dispositionsfreiheit“ des Geschädigten und fiktive Reparaturkosten, VersR 1990, 934 (944): „... die Beschränkung auf den Bereich der Schäden an Kfz dürfte aus Rechtsgründen nicht geboten sein“; *Schiemann*, Die Grenzen des § 249 S. 2 BGB, DAR 1982, 309 (310), *ders.*, Anmerkung zu BGH NJW 1993, 1793, EWiR 1993, 441; *Honsell/Harrer*, Entwicklungstendenzen im Schadensersatzrecht, JuS 1985, 161 (166 li. Sp.); *Brinker*, Die Dogmatik zum Vermögensschadensersatz, S. 313: „Sonderrecht für Kraftfahrzeuge“.

[80] Siehe dazu im 2. Kapitel, III. Phase (3): Sondermeinung des 5. Senats.

Die zweite Einschränkung des „Grundsatzes des Dispositionsfreiheit" ergibt sich aus dem schon im Urteil vom 26.5.1970 (BGHZ 54, 82) aufgestellten *allgemeinen Wirtschaftlichkeitsgebot*, auf das der BGH auch in BGHZ 66, 239 Bezug nimmt:

> „Die grundsätzliche Freiheit des Geschädigten, sich auch dann noch für die Forderung von Reparaturkosten zu entscheiden, wenn eine Reparatur nicht mehr in Frage kommt, enthebt ihn freilich nicht der Pflicht, unter mehreren vom Erfolg her gleichwertigen Mitteln der Schadensbeseitigung sich für dasjenige zu entscheiden, das einen deutlich geringeren Aufwand mit sich bringt."[81]

Diese Pflicht ergibt sich allerdings nicht, wie der BGH ausdrücklich betont, und „wie dies mitunter vereinfachend gesagt wird, aus der Vorschrift des § 254 II BGB; denn es geht nicht um die Eindämmung des Schadens selbst, sondern um die Frage, welcher Aufwand nach den Umständen billigerweise (§ 242 BGB) als für seine Behebung erforderlich anerkannt werden darf (vgl. Senatsurteil BGHZ 61, 346 [348, 351] = VersR 74, 90 [90/91] m. Nachw.)".[82] Deshalb „werden fiktive Reparaturkosten immer nur dann anzuerkennen sein, wenn sie in strengem Sinn wirtschaftlich erscheinen. Eine auch nur geringfügige Überschreitung des Zeitwerts [richtig müßte es „Wiederbeschaffungswert" heißen][83] des Fahrzeugs, wie sie sonst unter Umstände hingenommen werden kann, erscheint hier ausgeschlossen, da die sie rechtfertigenden Billigkeitsgesichtspunkte auf seiten des Gläubigers nicht vorstellbar sind."[84] Im Ergebnis bewirkt diese Begrenzung des Herstellungsbetrags gem. § 249 S. 2 BGB auf den Wiederbeschaffungswert eine Beschränkung des „Grundsatzes der Dispositionsfreiheit". Dieser gilt zwar de iure nach wie vor; de facto wird er jedoch durch die reduzierte Anspruchshöhe eingeschränkt.[85]

Diese Einschränkung der Dispositionsfreiheit des Geschädigten durch Wirtschaftlichkeitspostulat und Kostenvergleich ist noch mehrfach zum Gegenstand nachfolgender Urteile geworden, die der BGH jeweils zum Anlaß nahm, diese einschränkenden Kriterien zu erläutern und weiterzuentwickeln. Es bietet sich deshalb an, diese Entwicklung in einem eigenen Abschnitt zusammenzufassen und eingehend darzustellen.[86] Als Zwischenergebnis kann

---

[81] BGHZ 66, 239 = VersR 1976, 876 re. Sp.

[82] BGHZ 66, 239 = VersR 1976, 876 re. Sp.

[83] So korrigiert sich der BGH selbst in seinem Urteil vom 5.3.1985 – VI ZR 204/83, VersR 1985, 593 (594) re. Sp. = NJW 1985, 2469.

[84] BGHZ 66, 239 = VersR 1976, 876 re. Sp.

[85] Vgl. *Weber*, „Dispositionsfreiheit" des Geschädigten und fiktive Reparaturkosten, VersR 1990, 934 (946).

[86] Vgl. im 2. Kapitel, IV. Phase (4): Einschränkung der Dispositionsfreiheit durch Kostenvergleich und Wirtschaftlichkeitsgebot.

aber schon jetzt festgehalten werden, daß diese Kriterien zu einer Aushöhlung des „Grundsatzes der Dispositionsfreiheit“ führen.

Die dritte Einschränkung des „Grundsatzes der Dispositionsfreiheit“ macht der BGH bei der Beantwortung der in BGHZ 66, 239 zur Entscheidung anstehenden zweiten Fallfrage. Hierbei war zu klären, ob der Nutzungsausfall nach der im Sachverständigengutachten geschätzten, d.h. fiktiven Reparaturdauer oder nach dem Zeitraum der tatsächlichen Entbehrung des Fahrzeugs zu berechnen war. Der BGH entschied sich, wie schon eingangs erwähnt, gegen die fiktive und für eine reale Berechnung des Nutzungsausfalls. Als Begründung führt er an, „daß es gerechtfertigt erscheint, den Geschädigten insoweit im Rahmen der ihm hier vom Gesetz bewußt eingeräumten Dispositionsfreiheit auch den ‚bösen Tropfen‘ hinnehmen zu lassen“.[87] Abgesehen davon, daß die Dispositionsfreiheit dem Geschädigten nicht „bewußt durch das Gesetz“ eingeräumt wurde, sondern allenfalls durch Rechtsfortbildung des BGH,[88] macht diese Argumentation deutlich, daß der „Grundsatz der Dispositionsfreiheit“ und damit der Ersatz fiktiver Kosten nicht konsequent durchgehalten werden kann.[89] Wäre dies der Fall, so hätte man auch beim Nutzungsausfall auf die fiktive Reparaturdauer abstellen müssen. Verallgemeinert man die obige Fallösung des BGH, so kommt man zu dem Ergebnis, daß die Dispositionsfreiheit des Geschädigten nur bei reinen Substanzschäden und nicht bei bloßen Begleitschäden gilt.[90]

8. Zusammenfassung der Ergebnisse

Das Urteil vom 23.3.1976 (BGHZ 66, 239) ist in seiner Begründungskonzeption voll und ganz auf den „Grundsatz der Dispositionsfreiheit“ zugeschnitten. So besehen steht und fällt es mit der Anerkennung oder Ablehnung dieses Grundsatzes. Vertritt man die Auffassung, daß mit dem Urteil

---

[87] BGHZ 66, 239 = VersR 1976, 877.

[88] Interessant ist in diesem Zusammenhang die fast schon suggestiv wirkende Argumentation des 6. Senats. Im ersten Teil der Begründung wird die Dispositionsfreiheit dem Geschädigten noch „vom (historischen) Gesetzgeber eingeräumt“ (vgl. VersR 1976, 875 li. Sp.); am Ende der Urteilsbegründung geschied dies schon „bewußt durch das Gesetz selbst“ (vgl. VersR 1976, 877). Beides trifft aber nicht zu. Letztlich wird mit diesen Formulierungen vom wahren Schöpfer der Dispositionsfreiheit, dem 6. Senat, abgelenkt.

[89] Dazu kritisch *Bader,* „Neuwagen statt Reparatur – Keine Nutzungsentschädigung?“, DAR 1979, 15: „Wenn der nach § 249 S. 2 zu bemessender Entschädigungsbetrag auf fiktive Reparatur abstellt oder überhaupt unbeachtet läßt, was mit dem Fahrzeug geschied, so muß dies für die Behandlung des Schadensersatzes im ganzen durchgehalten werden, es ist derselbe Unfall mit den identischen tatsächlichen Verhältnissen der Beteiligten“; *Jung,* Tendenz im Schadensersatzrecht: Fiktive Nutzungsentschädigung, DAR 1982, 3: „rechtsdogmatischer Bruch“.

[90] Vgl. *Schiemann,* Die Grenzen des § 249 S. 2 BGB, DAR 1982, 309/310.

der „Grundsatz der Dispositionsfreiheit“ als Rechtsprinzip im Schadensrecht überzeugend etabliert werden konnte, dann ist das Urteil in der Tat als rechtsfortbildende Grundsatzentscheidung einzustufen. Verneint man dagegen das Gelingen dieser Bemühung, dann liegt mit ihm allenfalls ein „Machtwort“ vor, mit dem die endlose Diskussion um den Ersatz fiktiver Kosten beendet und Rechtssicherheit geschaffen werden sollte. Aber gerade diesem letzteren Anspruch wird es aufgrund der Vielzahl von Einschränkungen nicht gerecht. Darüber hinaus hat die bisherige Untersuchung gezeigt, daß die externe Rechtfertigung des „Grundsatzes der Dispositionsfreiheit“ entscheidende Defizite aufweist. Nur wenn es gelingen sollte, diese Begründungsdefizite auszugleichen, kann die Dispositionsfreiheit in der vom BGH vertretenen Ausformung als ein im Schadensrecht etabliertes Rechtsprinzip anerkannt werden.

Gegen eine solche Anerkennung spricht allerdings auch die schon oben erwähnte Vielzahl der Einschränkungen, die dieser Grundsatz erfahren mußte. Die Beschränkung der Dispositionsfreiheit auf Kfz-Schäden und dort wiederum auf die reinen Substanzschäden läßt auf ein nicht gerechtfertigtes Kfz-Sonderrecht schließen.[91] Auch die Begrenzung des Herstellungsbetrags nach § 249 S. 2 BGB auf die Wiederbeschaffungskosten durch Wirtschaftlichkeitspostulat und Kostenvergleich schränkt den „Grundsatz der Dispositionsfreiheit“ in einem solchen Maße ein, daß man sich fragen muß, „was von ihm im praktischen Fall eigentlich noch übrig bleibt“.[92]

Übrig bleibt allenfalls die These, daß das Bedürfnis nach einer praxisorientierten Lösung bei der Schaffung der Dispositionsfreiheit die ausschlaggebende Rolle gespielt haben dürfte. Dieses Bedürfnis hätte jedoch, wie schon oben angedeutet, auch auf andere Weise befriedigt werden können.

III. Phase (3): Sondermeinung des 5. Senats? – BGHZ 81, 385[93]

1. Unterschiedliche Behandlung von Kraftfahrzeug- und Grundstückschaden? – BGHZ 81, 385 contra BGHZ 66, 239

Im Urteil vom 2.10.1981 (BGHZ 81, 385) hatte der 5. Senat des BGH, so wie vor ihm der 6. Senat in BGHZ 66, 239, zu entscheiden, ob der Anspruch nach § 249 S. 2 BGB wegen der Veräußerung der beschädigten Sache vor

[91] Dazu allg. *Lange,* Schadensersatz, Einleitung IV.

[92] *Schiemann,* Die Grenzen des § 249 S. 2 BGB, DAR 1982, (309) 310.

[93] Urteil vom 2.10.1981 – V ZR 147/80 –, BGHZ 81, 385 = NJW 1982, 98 = JZ 1982, 21 = VersR 1982, 72 = LM § 249 [Fa] BGB Nr. 16.

deren Herstellung durch den Geschädigten untergeht. Der Unterschied zwischen beiden Fällen bestand lediglich darin, daß es sich bei BGHZ 81, 395 um ein beschädigtes Hausgrundstück und in BGHZ 66, 239 um ein beschädigtes Kraftfahrzeug handelte. In Abweichung zur Auffassung des 6. Senats argumentierte der 5. Senat ganz im Sinne der früheren h.M.[94] und kam so zu einer Ablehnung des Anspruchs nach § 249 S. 2 BGB, da dieser durch die Veräußerung des Grundstücks untergegangen sei. Ausgangspunkt der Argumentation des 5. Senats ist das Herstellungsprinzip des § 249 BGB. Denn zunächst stellt der 5. Senat in seiner Begründung fest:

> „Der Zahlungsanspruch nach § 249 S. 2 BGB ist nur eine besondere Form des Herstellungsanspruchs gem. § 249 S. 1 BGB und daher nach der Konzeption des Gesetzes von der Möglichkeit einer Wiederherstellung der beschädigten Sache abhängig. (...) Mindestens ursprünglich muß die Wiederherstellung möglich gewesen sein, denn sonst kann der Geldbetrag nicht zur Herstellung ‚erforderlich' sein."[95]

Auf dieser Grundlage fährt der 5. Senat mit seiner Begründung fort:

> „Umstritten ist allerdings, wie lange die Möglichkeit der Wiederherstellung andauern muß. Nach Ansicht des RG war dies der prozessual spätest mögliche, nämlich der Zeitpunkt der letzten mündlichen Verhandlung in den Tatsacheninstanzen. (RG HRR 1933 Nr. 1405; RG JW 1937, 3223, 3223 re. Sp.) Das RG verneinte daher den Fortbestand des Anspruchs auf Ersatz der Kosten für den Wiederaufbau eines Hauses, das infolge Stützverlusts durch unerlaubte Vertiefung des Nachbargrundstücks eingestürzt und einige Monate später verkauft worden war."[96]

Diese Reichsgerichtsrechtsprechung veranlaßte schon den 6. Senat, sich in seinem Urteil vom 23.3.1976 (BGHZ 66, 239) eine Hintertür offenzuhalten, indem er die Anwendung des „Grundsatzes der Dispositionsfreiheit" auf den Bereich der Kfz-Schäden beschränkte und somit eine Differenzierung nach Fallgruppen als dogmatische Erklärung für die unterschiedliche Behandlung von Kraftfahrzeug- und Grundstücksschäden anbot. Der 5. Senat nimmt in seinem Urteil vom 2.10.1981 (BGHZ 81, 385) darauf ausdrücklich Bezug:

> „Ob der Anspruch nach § 249 S. 2 BGB auch in anderen Fallgruppen, insbesondere bei Grundstücken, von der Veräußerung der beschädigten Sache unberührt bleibt, hat der VI. Senat unter Hinweis auf RG JW 1937, 3223 ausdrücklich offengelassen. Dabei hat er darauf hingewiesen, daß im Unterschied zu den Verwendungsmöglichkeiten von Grundstücken für Kfz gängigen Typs nur eine wirtschaftlich sinnvolle Nutzungsart in Frage komme, nämlich ihr Einsatz als Verkehrsmittel nach Wiederherstellung ihrer Gebrauchsfähigkeit."[97]

---

[94] *Larenz,* Schuldrecht AT, 11. Aufl., § 28 I, S. 376; *Esser,* Schuldrecht, 4. Aufl., § 41 II 3 b, S. 274 f.; Erman-*Sirp*, 5. Aufl., § 249 Rn. 105; RGRK, 12. Aufl., § 249 Rn. 14; *Frößler,* NJW 1971, 457; *Klimke,* VersR 1974, 1063 f.; a.A.: *Altmann,* NJW 1976, 744.

[95] BGHZ 81, 385 = VersR 1982, 73 li. Sp.

[96] BGHZ 81, 385 = VersR 1982, 73 li. Sp.

[97] BGHZ 81, 385 = VersR 1982, 73.

Diese Unterscheidung ist, wie schon im vorigen Abschnitt angedeutet wurde, wenig überzeugend. Ob die beschädigte Sache mit oder ohne Reparatur sinnvoll weiter benutzt werden kann, hängt nicht davon ab, ob es sich um ein Kraftfahrzeug oder um eine Hausgrundstück handelt. Ausschlaggebend ist vielmehr allein das Ausmaß der Beschädigung. „Ein bloßer ‚Blechschaden' hebt die Funktionstüchtigkeit des Wagens nicht auf und umgekehrt können Beschädigungen eines Hausgrundstücks so schwerwiegend sein, daß ohne Reparatur eine sinnvolle Nutzung nicht in Frage kommt."[98] Für eine Differenzierung nach Kraftfahrzeug- und Grundstückschaden fehlt der sachliche Grund. Vielmehr geht mit ihr die Einheit des Schadensrechts verloren.[99] Methodisch betrachtet stellt diese Differenzierung ein Beispiel für die Beliebigkeit einer topischen „Regel-Ausnahme-Rechtsprechung" dar, die all diejenigen Fallgruppen, die nicht in das ursprünglich entwickelte Lösungsschema passen, als Ausnahme von der Regel qualifiziert und so den Eindruck einer in sich schlüssigen Dogmatik erweckt. Diese „Regel-Ausnahme-Spiele"[100] gehen allerdings zu Lasten der Rechtssicherheit, da für den Rechtsverkehr nicht vorhersehbar ist, ob der gerade anstehende Fall dem Grundsatz oder der Ausnahme zugeordnet werden wird. Die deshalb notwendige und längst überfällige Angleichung der Rechtsprechung hätte in BGHZ 81, 385 auf zweierlei Weise geschehen können: Zum einen hätte der 5. Senat, im Einklang mit Grunsky[101], den „Grundsatz der Dispositionsfreiheit" auf den Grundstückschaden ausdehnen und damit den Ersatz fiktiver Reparaturkosten, trotz Veräußerung der Sache, auch bei Grundstücken anerkennen können. Zum anderen hätte der 5. Senat die kaum nachvollziehbare Differenzierung zwischen Kraftfahrzeug- und Grundstückschaden zum Anlaß nehmen können, um die vom 6. Senat in BGHZ 66, 239 gewählte Prämisse des „Grundsatzes der Dispositionsfreiheit" neu zu überdenken. Dies hätte zwangsläufig zu der Feststellung Schiemanns geführt, daß „die Annahme einer Dispositionsfreiheit des Geschädigten auch nach der Veräußerung der Funktion des § 249 S. 2 BGB widerspricht, der dem Geschädigten bei der Reparatur helfen, ihm aber keinen selbständigen Ersatz verschaffen will".[102] Die Dispositionsfreiheit des Geschädigten ist, zumindest in der vom 6. Senat in BGHZ 66, 239 vertretenen Ausformung, eben kein maßgebliches Prinzip des § 249 S. 2 BGB.[103]

---

98 *Köhler,* Abstrakte oder konkrete Berechnung des Geldersatzes nach § 249 Satz 2 BGB?, in: FS für Larenz, S. 349 (361).

99 *Schiemann,* Anmerkung zu BGH NJW 1993, 1793 in EWiR 1993, 441 (442); vgl. dazu auch: *Lange,* Schadensersatz, § 5 IV 6, S. 231.

100 *Schilcher,* Theorie der sozialen Schadensverteilung S. 2.

101 MünchKomm-*Grunsky*, § 249 Rn. 15a.

102 *Schiemann,* Anmerkung zu BGH NJW 1993, 1793, EWiR 1993, 441 (442).

103 *Schiemann,* a.a.O.

Der 5. Senat hält aber in seinem Urteil vom 2.10.1981 (BGHZ 81, 385) weiter an der Ungleichbehandlung von Kraftfahrzeug- und Grundstückschäden fest. In der Entscheidungsbegründung nützt er einerseits den vom 6. Senat offengehaltenen Ausweg, indem er sich ausdrücklich auf den Fall der Veräußerung eines beschädigten Hausgrundstücks beschränkt und sich damit ebenso wie der 6. Senat auf die fragwürdige Differenzierung zwischen Kraftfahrzeug- und Grundstückschäden einläßt. Andererseits kommt es in der Begründung aber auch zur offenen Kritik an der vom 6. Senat in BGHZ 66, 239 vorgenommenen Erweiterung der Dispositionsfreiheit. Dazu heißt es in den Gründen:

> „Für den – hier allein zu beurteilenden – Fall der Veräußerung eines beschädigten Hausgrundstücks hält der Senat an dem Grundsatz fest, daß der Anspruch aus § 249 S. 2 untergeht, wenn im Zeitpunkt der letzten mündlichen Verhandlung in der Tatsacheninstanz die Herstellung in Natur unmöglich geworden ist. Insoweit ist kein zwingender Grund ersichtlich, von der *Konzeption des Gesetzes* abzuweichen. Zwar trifft es zu, daß es dem Geschädigten, der den besonderen Herstellungsanspruch nach § 249 S. 2 BGB geltend macht, freisteht, ob er die Sache überhaupt reparieren läßt oder den hierzu erforderlichen Betrag anderweitig verwendet (eingehend zu *dieser*[104] Dispositionsfreiheit des Geschädigten BGHZ 63, 182, 184 unter Hinweis auf Prot. I 296, 297). Dies bedeutet aber nicht, daß deswegen der Anspruch nach § 249 S. 2 BGB auch die Unmöglichkeit der Herstellung überdauern müßte."[105]

Gerade dieser letzte Satz macht deutlich, daß der 5. Senat, nicht gewillt ist, den „Grundsatz der Dispositionsfreiheit" über die „Konzeption des Gesetzes" zu stellen, wie dies der 6. Senat in seinem Urteil vom 23.3.1976 (BGHZ 66, 239) tut. Der Schluß des 6. Senats von der Freiheit des Geschädigten zur Verfügung über das Geld, das er bereits erhalten hat, auf seine Freiheit in der Verwendung des Geldes, um das er noch kämpft, ist eben ein „Kurzschluß".[106] Beide Fälle sind, nach der Auffassung des 5. Senats, nicht vergleichbar, weil die Zahlung des Herstellungsbetrags eine Zäsur im zeitlichen Ablauf der Schadensregulierung markiert, mit der das Schadensrechtsverhältnis zwischen Schädiger und Geschädigter beendet wird, denn „setzt der Geschädigte erst den Zahlungsanspruch nach § 249 S. 2 BGB durch, bevor er die Sache (hier: das Grundstück) unrepariert veräußert, so ist mit der Erfüllung des Anspruchs die Naturalherstellung im Rechtssinne durchgeführt,

---

[104] Diese Bemerkung verdeutlicht, daß der 5. Senat lediglich die Erweiterung der Dispositionsfreiheit durch den 6. Senat in BGHZ 66, 239 ablehnt, ansonsten aber den „Grundsatz der Dispositionsfreiheit", so wie er in den „Grundlagenurteilen" zum Ausdruck kommt, befürwortet.

[105] BGHZ 81, 385 = VersR 1982, 73 re.Sp. (Hervorhebung durch den Verfasser)

[106] *Weber,* „Dispositionsfreiheit" des Geschädigten und fiktive Reparaturkosten, VersR 1990, 934 (941); vgl. auch: *Hamann,* Schadensersatz in Natur oder Geld bei Sachschäden, S. 158; *Köhler,* Abstrakte oder konkrete Berechnung des Geldersatzes nach § 249 Satz 2 BGB?, in: FS für Karl Larenz, S. 361/362: „petitio principii".

und die Frage der Unmöglichkeit kann sich nicht mehr stellen. Veräußert er dagegen die Sache, bevor er den Anspruch nach § 249 S. 2 BGB durchsetzt, so bleibt die Frage gestellt, ob der Fortbestand des Anspruchs vom Sinn und Zweck der Naturalherstellung noch gefordert wird. Dies ist zu verneinen.“[107]

Mit diesem aus dem Herstellungsprinzip gewonnenen Ergebnis wird die vom 5. Senat beschworene „Konzeption des Gesetzes“ gewahrt. Der Geschädigte muß sich mit dem Kompensationsbetrag nach § 251 I BGB zufrieden geben. Denn „beendet der Eigentümer seine Rechtszuständigkeit, indem er die beschädigte Sache veräußert, so kann der durch § 249 S. 1 und S. 2 BGB bezweckte Rechtsgüterschutz nicht mehr erreicht werden. (...) Ein dringendes Bedürfnis für einen weiteren schadensrechtlichen Schutz durch Naturalrestitution (§ 249 S. 1 und 2 BGB) ist nicht ersichtlich.“[108] Ein solches „dringendes“ oder besser: „praktisches Bedürfnis“ sah aber der 6. Senat in seiner Kfz-Entscheidung. Dieses „praktische Bedürfnis“ nach rechtlicher Absicherung einer in der Regulierungspraxis üblichen Schadensabwicklungsvariante – Neuanschaffung bei gleichzeitiger Verwertung des beschädigten Gegenstands – scheint für den 5. Senat beim Grundstücksschaden nicht zu existieren. Freilich ist diese Art der Schadensregulierung beim Grundstücksschaden auch nicht üblich, aber durchaus denkbar. Letztlich bestätigt sich damit erneut die These, daß allein Praktikabilitätserwägungen für die Rechtsprechung des 6. Senats zur Dispositionsfreiheit ausschlaggebend waren. Wobei noch einmal ausdrücklich festgestellt werden muß, daß dieses „praktische Bedürfnis“ auch anderweitig hätte befriedigt werden können. Die Dispositionsfreiheit des Geschädigten ist, zumindest in der vom 6. Senat in BGHZ 66, 239 vertretenen Ausformung, eben kein maßgebliches Prinzip des § 249 S. 2 BGB. „Sie dient bei Sachschäden nur der praktischen Abwicklung der Schadensregulierung, nicht der Verwirklichung irgendeines rechtsethischen Gedankens.“[109]

2. Bestätigung der Sondermeinung durch das Urteil vom 5.3.1993 – BGH NJW 1993, 1793

Mit dem jüngst veröffentlichten Urteil vom 5.3.1993 – V ZR 87/91 – (NJW 1993, 1793) bestätigte der 5. Senat des Bundesgerichtshofs erneut die Ungleichbehandlung von Kraftfahrzeug- und Grundstücksschaden. Zugleich hielt er aber auch an seiner von der Meinung des 6. Senats abweichenden Auffassung hinsichtlich der Dispositionsfreiheit fest. Damit hat der 5. Senat klargestellt, daß auch in Zukunft nicht mit einer Vorlage gem. § 137 GVG an

---

[107] BGHZ 81, 385 = VersR 1982, 73.

[108] BGHZ 81, 385 = VersR 1982, 73/74.

[109] *Schiemann,* Anmerkung zu BGH NJW 1993, 1793, EWiR 1993, 441 (442).

den Großen Senat für Zivilsachen zu rechnen ist. Eine Angleichung der unterschiedlichen Rechtsprechung von 5. und 6. Senats des Bundesgerichtshofs, wie dies in der ähnlichen Frage der abstrakten Nutzungsentschädigung geschehen ist[110], ist also nicht zu erwarten.

Auch die neue Entscheidung beruht auf der schwer nachvollziehbaren Differenzierung zwischen Kraftfahrzeug- und Grundstücksschaden. Außerdem spricht sich der 5. Senat erneut gegen eine Erweiterung der Dispositionsfreiheit aus. Dabei wiederholt er im wesentlichen die Begründung aus seinem früheren Urteil vom 2.10.1981 (BGHZ 81, 385). Auch im neuen Urteil heißt es:

> „Veräußert der Eigentümer die beschädigte Sache, bevor er den Anspruch nach § 249 S. 2 BGB durchsetzt, so kann der mit § 249 S. 1, 2 BGB verfolgte Zweck, das Interesse des Geschädigten an der Integrität seines Rechtsguts zu schützen, nicht mehr erreicht werden. Für die Aufrechthaltung des Herstellungsanspruchs in einer seiner beiden Erscheinungsformen ist dann auch aus dem Gesichtspunkt der Dispositionsfreiheit des Geschädigten (...) kein Raum mehr. (...) Soweit der BGH (d.h. der 6. Senat)[111] hiervon *Ausnahmen* zugelassen hat, betreffen sie andere – nicht vergleichbare – Sachverhalte, nämlich die Beschädigung beweglicher Sachen, vor allem von Kraftfahrzeugen (...)."[112]

An diesen Ausführungen wird deutlich, daß der 5. Senat den Widerspruch zur Auffassung des 6. Senats mittels eines Regel-Ausnahme-Verhältnisses zu erklären versucht. Dabei degradiert er allerdings die vom 6. Senat als „Grundsatz"[113] eingestufte Dispositionsfreiheit des Geschädigten zur Ausnahme. Die Frage, ob die Dispositionsfreiheit die Ausnahme von der Regel darstellt oder umgekehrt, kann aber dahinstehen, da dieser Erklärungsversuch lediglich erneut ein Beispiel für die Beliebigkeit einer topischen „Regel-Ausnahme-Jurisprudenz" liefert und somit schon vom Ansatz her nicht zu überzeugen vermag. Ob Grundsatz oder Ausnahme, die vom 6. Senat in BGHZ 66, 239 vertretene Dispositionsfreiheit scheint jedenfalls nicht geeignet, ein allgemeines Rechtsprinzip für das Schadensrecht abzugeben.

---

[110] Beschluß vom 9.7.1986 – GSZ 1/86 –, BGHZ (GS) 98, 212 = JuS 1987, 574 Nr. 7 = NJW 1987, 50 = JZ 1987, 306. Vor diesem Beschluß des GS war umstritten, ob bei der Gewährung von abstrakten Nutzungsentschädigung ebenfalls zwischen Kraftfahrzeug- und Grundstückschaden zu differenzieren sei. Der 5. Senat (NJW 1986, 2037), der die Nutzungsentschädigung beim Grundstücksschaden ablehnen wollte, legte diese Frage dem Großen Senat vor. Dieser entschied im obigen Beschluß, daß auch bei einem Grundstückschaden abstrakte Nutzungsentschädigung zu gewähren sei, da es sich bei dem beschädigten Wohnhaus um ein „Wirtschaftsgut von allgemeiner, zentraler Bedeutung für die Lebenshaltung" handele.

[111] Anmerkung des Verf.

[112] BGH NJW 1993, 1793 (1794 li. Sp.) (Hervorhebung vom Verf.).

[113] BGHZ 66, 239 = VersR 1976, 874 („grundsätzlich"), 875 li. Sp. („Grundsatz"), 876 re. Sp. („grundsätzliche Freiheit").

3. Zusammenfassung der Ergebnisse

In den Urteilen vom 2.10.1981 (BGHZ 81, 385) und vom 5.3.1993 (NJW 1993, 1793) kritisierte der 5. Senat des Bundesgerichtshofs die vom 6. Senat in BGHZ 66, 239 eingeführte „erweiterte" Dispositionsfreiheit. Mit dieser Erweiterung, so der Vorwurf des 5. Senats, weiche der 6. Senat von der „Konzeption des Gesetzes" ab. Das System des Gesetzes, insbesondere das Verhältnis der Ansprüche aus § 249 S. 2 BGB und § 251 I BGB, dürfe nicht mittels des „Grundsatzes der Dispositionsfreiheit" verändert werden.

Darüber hinaus bestätigte sich auch in diesem Abschnitt die vorher vertretene These, daß die fragwürdige Differenzierung zwischen Kraftfahrzeug- und Grundstückschäden, die sich auch der 5. Senat zu eigen macht, nur mit praktischen Erwägungen erklärt werden kann. Ob diese Erwägungen geeignet sind, das dadurch entstehende „Kfz-Sonderrecht" zu rechtfertigen, muß erneut bezweifelt werden.[114]

IV. Phase (4): Einschränkung der Dispositionsfreiheit durch Kostenvergleich und Wirtschaftlichkeitsgebot

1. Berechnungsgrundsätze für den Kostenvergleich – VersR 1985, 593 und VersR 1985, 865/963

a) „Zweites Gleichbehandlungsargument" als Replik des 6. Senats – VersR 1985, 593[115]

Unter dem Eindruck der Kritik des Schrifttums[116] und vor allem des 1. „Grundstückurteils" des 5. Senat (BGHZ 81, 385),[117] sah sich der 6. Senat

---

[114] Ebenfalls gegen ein „Sonderrecht für Kfz": *Honsell/Harrer,* Entwicklungstendenzen im Schadensersatzrecht, JuS 1985, 161 (165 f.); *Lange,* Schadensersatz, Einl. IV; *Schiemann,* Die Grenzen des § 249 S. 2 BGB, DAR 1982, 309 (310 li. Sp.); *Ott/Schäfer,* Begründung und Bemessung des Schadensersatzes wegen entgangener Sachnutzung, ZIP 1986, 613 (615).

[115] Urteil des BGH vom 5.3.1985 – VI ZR 204/83 –, VersR 1985, 593 = NJW 1985, 2469 = DAR 1985, 218; dazu kritisch: *Grunsky,* Berechnung des Fahrzeugschadens im Haftpflichtfall, 28. VGT 1990, 187; *Gebhardt,* Praktikable fiktive Abrechnung von Kraftfahrzeugschäden am Ende?, AnwBl. 1985, 559; *Schlegelmilch,* Ersatz fiktiver Reparaturkosten bei Unwirtschaftlichkeit? VersR 1987, 1171; *Lipp,* „Fiktive" Herstellungskosten und Dispositionsfreiheit des Geschädigten, NJW 1990, 104.

[116] *Köhler,* Abstrakte oder konkrete Berechnung des Geldersatzes nach § 249 Satz 2 BGB?, in: FS für Larenz, S. 349 (361 f.); *Schiemann,* Argumente und Prinzipien bei der Fortbildung des Schadensrechts S. 216 f.; *ders.,* Die Grenzen des § 249 S. 2 BGB, DAR 1982, 309 ff.; *Schwarz/Esser,* Nochmals: Tendenzwende in der Schadensrechtsprechung, NJW 1983, 1409; Empfehlungen des 20. Deutschen Verkehrsgerichtstages 1982, Arbeitskreis V, in: 20. VGT 1982, 10.

[117] Urteil vom 2.10.1981 – V ZR 147/80 –, BGHZ 81, 385 = NJW 1982, 98 = JZ 1982, 21 = VersR 1982, 72 = LM § 249 [Fa] BGB Nr. 16 (vgl. Phase 3).

in seinem Urteil vom 5.3.1985 (VersR 1985, 593) zunächst gezwungen, seine Auffassung zur Dispositionsfreiheit erneut darzustellen und zu bekräftigen. Die Replik des 6. Senats besteht im wesentlichen in der Wiederholung der schon bekannten Argumentation, ohne auf die konkreten Gegenargumente der Literatur und den Vorwurf des 5. Senats, mit dem „Grundsatz der Dispositionsfreiheit" gegen die „Konzeption des Gesetzes" verstoßen zu haben, einzugehen. Der einzig neue Gesichtspunkt, den der 6. Senat vorbringt, ist eine zweite „Fallanalogie", ein weiteres „Gleichbehandlungsargument". Dieses hat die Überlegung zum Inhalt, daß der Geschädigte, der vor Erhalt des Herstellungsbetrags seinen beschädigten Wagen veräußert, dem Geschädigten gleichzustellen sei, der dies erst nach Erhalt des Herstellungsbetrags tut. Im einzelnen führt der 6. Senat dazu aus:

> „Der Geschädigte kann schon vor Ausführung der Reparatur gem. § 249 S. 2 BGB den zur Herstellung erforderlichen Geldbetrag verlangen. Es steht ihm frei, ob er den erhaltenen Betrag tatsächlich zur Reparatur verwendet, oder ob er das Fahrzeug in beschädigtem Zustand veräußert und das Geld zur Anschaffung eines Ersatzfahrzeugs verwendet oder dieses anderen Zwecken zuführt. Dann kann aber nichts anderes gelten, wenn der Geschädigte sein beschädigtes Fahrzeug veräußert, ehe er die Reparaturkosten erhalten oder zumindest einen entsprechenden Titel erstritten hat. Der Gesichtspunkt, daß durch diese Veräußerung eine Reparatur des Kfz unmöglich geworden sei, ist kein ausreichender Sachgrund für eine unterschiedliche schadenrechtliche Beurteilung."[118]

Doch gerade die durch die Veräußerung der Sache herbeigeführte Unmöglichkeit der Herstellung und der damit einhergehende Untergang des Anspruchs aus § 249 S. 2 BGB wurde vom 5. Senat als „Konzeption des Gesetzes" erkannt, die eine unterschiedliche Behandlung der Fälle nicht nur rechtfertigt, sondern geradezu erfordert. Damit enthält auch das neue Urteil des 6. Senat den schon oben erwähnten „Kurzschluß"[119] von der Freiheit des Geschädigten zur Verfügung über das Geld, das er bereits erhalten hat, auf dessen Freiheit in der Verwendung des Geldes, um das er noch kämpft.

Außerdem weist auch das „zweite Gleichbehandlungsargument" dieselbe elementare Schwäche wie das „erste Gleichbehandlungsargument" auf: Es setzt die Geltung des unzureichend begründeten „Grundsatzes der Dispositionsfreiheit" als unbestritten voraus. Die Zweckbindungstheorie sieht aber, auch für den zweiten, zum Vergleich herangezogenen Fall eine abweichende Lösung vor. Damit hängen die jeweiligen Fallösungen – sowohl die Lösung des Ausgangsfalls wie auch die des Vergleichsfalls – von der unterschiedlichen Beantwortung der Grundsatzfrage „Dispositionsfreiheit oder Zweckbindung?" ab. Alle daraus gezogenen Schlußfolgerungen beruhen somit auf einem Zirkelschluß.[120]

---

[118] BGH VersR 1985, 593 (594 li. Sp.).

[119] *Weber,* „Dispositionsfreiheit" des Geschädigten und fiktive Reparaturkosten, VersR 1990, 934 (941).

b) Faustformel: Reparaturkosten plus Minderwert = Wiederherstellungskosten abzüglich Restwert

Nachdem der 6. Senat des BGH im Urteil vom 5.3.1985 (VersR 1985, 593) sein Festhalten an der bisherigen Rechtsprechung bekräftigt hatte, konnte er sich der „Ergänzung“[121] bzw. der „Verdeutlichung“[122] der in BGHZ 66, 239 aufgestellten Grundsätze widmen, so auch der in BGHZ 66, 239 aufgezeigten Begrenzung des Anspruchs auf den „Zeitwert des Fahrzeugs“[123].

Die „Verdeutlichung“ besteht zum einen darin, daß der 6. Senat seine in BGHZ 66, 239 getroffene Wortwahl korrigiert und klarstellt, daß es in diesem Urteil statt „Zeitwert“ richtigerweise „Wiederbeschaffungswert“ hätte heißen müssen[124]. Die obere Grenze für den Herstellungsanspruch ist sonach nicht der „Zeitwert“, sondern der im Vergleich dazu höhere „Wiederbeschaffungswert“.

Zum anderen legt der BGH mit Hilfe einer Faustformel die Fälle fest, bei denen der Anspruch aus § 249 S. 2 BGB auf den Wiederbeschaffungswert beschränkt werden soll. Dabei geht der 6. Senat davon aus, daß „bei Beschädigung eines gebrauchten Kfz der Geschädigte grundsätzlich zwischen Reparatur und Ersatzbeschaffung wählen kann“.[125] Da der Geschädigte jedoch nach dem Wirtschaftlichkeitspostulat gehalten ist, den wirtschaftlicheren Weg der Schadensbeseitigung zu wählen, müssen die Kosten einer Instandsetzung (Reparaturkosten zuzüglich technischen bzw. merkantilen Minderwert) und die Kosten der Ersatzbeschaffung (Wiederbeschaffungswert abzüglich Restwert) miteinander verglichen werden, um so die wirtschaftlichere Schadensregulierung zu ermitteln. Im Normalfall und bei richtiger Berechnung, so betont der 6. Senat ausdrücklich, dürften die mit der Faustformel ermittelten Beträge nicht voneinander abweichen.[126] „Nur im Bereich des wirtschaftlichen Totalschadens können die Kosten der Instandsetzung tatsächlich höher sein als die Kosten der Ersatzbeschaffung.“[127] Hierbei ist jedoch zu beachten, daß selbst bei höheren Kosten der Instandsetzung eine Reparatur erst dann als unwirtschaftlich gilt, wenn ihre Kosten die Kosten der Ersatzbeschaffung

---

[120] Vgl. dazu auch: 2. Kapitel, II.5: Dispositionsfreiheit und „Gleichbehandlungsargument“.

[121] So der zweite Leitsatz des Urteils vom 5.3.1985 – VI ZR 204/83 –, VersR 1985, 593.

[122] BGH VersR 1985, 593 (594 re. Sp.).

[123] BGHZ 66, 239 = VersR 1976, 874 (876 li. Sp.).

[124] BGH VersR 1985, 593 (594 re. Sp.).

[125] BGH VersR 1985, 593 (594 re. Sp.).

[126] BGH VersR 1985, 593 (595); VersR 1985, 936 (937 li. Sp.).

[127] BGH VersR 1985, 593 (595).

um mehr als 30% überschreiten. Dieser allgemein anerkannte „Integritätszuschlag“ von bis zu 30%[128] wird dem Geschädigten deshalb eingeräumt, weil sein Interesse an dem Erhalt der ihm vertrauten Sache als besonders schützenswert angesehen wird. Im Ergebnis bedeutet dies, daß bei einer tatsächlich durchgeführten Reparatur Reparaturkosten bis zu 130% der Wiederbeschaffungskosten ersatzfähig sind. Anderes gelte jedoch, so der 6. Senat im Urteil vom 5.3.1985 (VersR 1985, 593), bei einer fiktiven Reparatur. Bei der Abrechnung nach fiktiven Reparaturkosten muß sich der Geschädigte, weil er „kein Interesse an der Reparatur des Unfallfahrzeugs dargelegt“ hat, „in der durch die Abrechnung nach dem Wiederbeschaffungswert gezogene Grenze halten“[129], d.h. der „Integritätszuschlag“ wird ihm versagt. Noch deutlicher wird der 6. Senat im Urteil vom 18.6.1985 (VersR 1985, 865)[130]. Dort heißt es:

> „Nur wenn der Geschädigte sein Fahrzeug behält und die Reparatur ausführen läßt, kann ihm wegen seines *schützenswerten Integritätsinteresses* an der Erhaltung des ihm vertrauten Wagens für die Reparatur ein Schadensbetrag zuerkannt werden, der bis zu einer gewissen Grenze höher ist als der Aufwand einer Ersatzbeschaffung. Wenn der Geschädigte dagegen *kein Interesse* an der Reparatur des Unfallfahrzeugs *darlegt*, kann er auf Reparaturkostenbasis nur abrechnen, soweit dieser Weg der Schadensbeseitigung im Ergebnis nicht teurer ist als die Abrechnung nach dem Wiederbeschaffungswert. Ein Ersatz fiktiver Reparaturkosten ist mithin grundsätzlich nur bis zu der durch die Abrechnung nach dem Wiederbeschaffungswert gezogenen Grenze möglich.“[131]

Mit dieser Begrenzung des Anspruchs aus § 249 S. 2 BGB schränkt der BGH auch die Dispositionsfreiheit des Geschädigten ein. Zwar kann dieser de iure nach wie vor frei disponieren, de facto wird er jedoch in seiner Entscheidung beschränkt, da er die vollen Reparaturkosten, einschließlich des „Integritätszuschlags“, nur dann erhält, wenn er diese auch tatsächlich zur Beseitigung des Schadens einsetzt.[132] Damit besteht zumindest hinsichtlich des 30%igen „Integritätszuschlags“ eine „faktische Zweckbindung“. Bei dieser Sachlage fragt man sich, ob es überhaupt noch einen Anspruch auf „Ersatz fiktiver Reparaturkosten“ gibt oder ob nicht in diesem Zusammenhang nur noch von einem Anspruch auf „Ersatz fiktiver Wiederbeschaffungskosten“ gesprochen werden kann. Denn betragsmäßig werden nach der Auffassung des BGH bei einer fiktiven Abrechnung nur noch „fiktive Wiederbeschaffungskosten“ ersetzt.

---

[128] Für viele: Staudinger-*Medicus*, 12. Aufl., § 251 Rn. 21 m.w.N.

[129] BGH VersR 1985, 595 li. Sp.

[130] Urteil vom 18.6.1985 – VI ZR 168/84 –, VersR 1985, 865.

[131] BGH VersR 1985, 866 li. Sp. (Hervorhebungen vom Verf.).

[132] *Grunsky,* Berechnung des Fahrzeugschadens im Haftpflichtfall, 28. VGT 1990, 187 (189/190).

Die vom BGH entwickelten Berechnungsgrundsätze zum Kostenvergleich beschränken aber nicht nur den Anspruch aus § 249 S. 2 BGB auf die „fiktiven Wiederbeschaffungskosten", sondern sie bewirken auch, daß die Höhe des Schadensersatzanspruchs unmittelbar durch die Interessenäußerung des Geschädigten bestimmt wird. Nur wenn dieser sein Integritätsinteresse „darlegt"[133], indem er das beschädigte Fahrzeug reparieren läßt, wird ihm der dazu erforderliche erhöhte Betrag auch tatsächlich ersetzt. Dies bedeutet wiederum, daß der Geschädigte mit seiner „Interessendarlegung", zumindest in dem speziellen Fall des besonderen Integritätsinteresses, das Rechtsverhältnis zwischen ihm und dem Schädiger unmittelbar und einseitig gestalten kann. Ob man der „Betätigung des Integritätsinteresses durch den Geschädigten"[134] auch in anderen Fällen eine „rechtsgestaltende Wirkung" beimessen kann, wird die weitere Untersuchung noch zeigen.[135]

c) Zusammenfassung der Ergebnisse

Der 6. Senat des BGH hält trotz Kritik des 5. Senats und der Literatur[136] in den Urteilen vom 5.3.1985 (VersR 1985, 593) und vom 18.6.1985 (VersR 1985, 865 / 963) an seiner Rechtsprechung zur Dispositionsfreiheit fest. Die Replik des 6. Senats besteht im wesentlichen in der Wiederholung der schon bekannten, aber nicht überzeugenden Argumentation. Der einzig neue Gesichtspunkt, das „zweite Gleichbehandlungsargument", vermag ebenfalls nicht zu überzeugen. Im Ergebnis hält der BGH in den obigen Urteilen zwar weiterhin an dem „Grundsatz der Dispositionsfreiheit" fest, faktisch aber schränkt er ihn durch Kostenvergleich und Wirtschaftlichkeitspostulat immer weiter ein.[137]

Im Urteil vom 5.3.1985 (VersR 1985, 593) stellt der 6. Senat für den von ihm geforderten Kostenvergleich erstmals Berechnungsgrundsätze auf, die er in einer Rechenformel zusammenfaßt. Diese Berechnungsgrundsätze haben im wesentlichen drei Auswirkungen auf das geltende Schadensrecht:

Zum ersten beschränken sie den Anspruch aus § 249 S. 2 BGB bei einer fiktiven Abrechnung, d.h. wenn der Geschädigte keine Reparatur durchführen läßt, auf den „fiktiven Wiederbeschaffungswert". Dies führt aber zumindest

---

[133] BGH VersR 1985, 595 li. Sp.

[134] *Huber*, Fragen der Schadensberechnung, S. 169.

[135] Dazu ausführlich: 5. Kapitel, IV.2.

[136] Exemplarisch: Empfehlungen des 20.VGT 1982, S. 11 / 12.

[137] So auch *Steffen* (Vorsitzender Richter am BGH), Die Rechtsprechung des BGH zur fiktiven Berechnung des Fahrzeugschadens, NZV 1991, 1 (4 li. Sp.): „Wir meinen allerdings, daß wir durch den verlangten Vergleich die Dispositionsfreiheit nicht allzu beschnitten haben."

hinsichtlich des „Integritätszuschlags" zu einer „faktischen Zweckbindung" des Herstellungsanspruchs.

Zum zweiten führen die Berechnungsgrundsätze zu einer Anbindung des Schadensersatzanspruchs an die konkrete Reaktion des Geschädigten auf den Schadensfall.[138] Der Integritätszuschlag von bis zu 30% wird ihm nur gewährt, wenn er mittels einer Reparatur sein Integritätsinteresse „betätigt".

Zum dritten wird die rechtliche Bedeutung des Restwerts der beschädigten Sache durch den Kostenvergleich und der dazu entwickelten Rechenformel stark aufgewertet.[139] Denn über den Restwert, der als variable Größe in der Rechenformel erscheint, kann die Schadensersatzhöhe entscheidend beeinflußt werden. Vor allem kann mit ihm die 130%ige Opfergrenze zugunsten des Schädigers und zu Lasten des Geschädigten verschoben werden. Damit zeichnet sich schon das nächste Problem ab, mit dem sich der BGH in den folgenden Urteilen beschäftigen mußte: die Restwertbestimmung.

2. Modifizierungen des Kostenvergleichs – BGHZ 115, 364[140] und BGHZ 115, 375[141]

Mit den Urteilen des 6. Senats vom 15.10.1991 (BGHZ 115, 364/375) werden die bisherigen Berechnungsgrundsätze des Kostenvergleichs in zweierlei Hinsicht modifiziert. Zum einen schmälert der BGH die Bedeutung des Restwerts im Kostenvergleich, indem er dessen Berücksichtigung nur noch im Rahmen einer fiktiven Abrechnung fordert (s. unter a)). Zum anderen entwickelt er die ursprüngliche Kostenrechnung zu einem Gesamtkostenvergleich weiter, bei dem alle Kosten, die bei der jeweiligen Herstellungsart anfallen, in den Vergleich mit aufgenommen werden (s. unter b)).

Diesen Modifikationen stellt der BGH in seiner Urteilsbegründung vom 15.10.1991 (BGHZ 115, 364) zunächst grundsätzliche Überlegungen zur dogmatischen Grundlegung der Vergleichsrechnung voran, auf die, des besseren Verständnisses wegen, an dieser Stelle kurz eingegangen werden soll. Am Anfang dieser grundlegenden Ausführungen steht die Vorstellung des BGH,

[138] Vgl. *Huber,* Fragen der Schadensberechnung S. 141/142: „(...) wenn man das Prinzip der Dispositionsfreiheit für maßgeblich erachten würde. Dann wäre der Schadensersatzanspruch stets unabhängig von der jeweiligen Reaktion des Geschädigten in Höhe der bestmöglichen bzw. durchschnittlichen Restitution bei Inanspruchnahme einer Marktleistung zu bemessen."

[139] *Grunsky,* Berechnung des Fahrzeugschadens im Haftpflichtfall, 28. VGT 1990, 187.

[140] Urteil vom 15.10.1991 – VI ZR 315/90 –, BGHZ 115, 364 = VersR 1992, 61 = NJW 1992, 302; Anm.: *Lange,* JZ 1992, 480; *Kemper,* JA 1992, 247; *Reinking,* EWiR 1992, 561.

[141] Urteil vom 15.10.1991 – VI ZR 67/91 –, BGHZ 115, 375 = VersR 1992, 64 = NJW 1992, 305 = DB 1992, 211 = BB 1992, 22; Anm. *Schiemann,* EWiR 1992, 139.

daß dem Geschädigten bei der Behebung eines Kfz-Schadens zwei Wege der Naturalrestitution zur Verfügung stehen:

> „Er kann sein Fahrzeug reparieren lassen, oder er kann sich ein (gleichwertiges) Ersatzfahrzeug anschaffen. Auch die letztere Art der Schadensbeseitigung ist, wie der Senat wiederholt ausgesprochen hat und woran er weiter festhält, eine Form der Naturalrestitution (BGHZ 66, 239 [247] = VersR 1976, 874 [876]; Urteil vom 20.6.1972, a.a.O., st. Rspr.; s. auch BGHZ 92, 85 [87 f.]). Denn das Ziel der Restitution beschränkt sich nicht auf eine (Wieder-)Herstellung der beschädigten *Sache*; es besteht in umfassenderer Weise gem. § 249 S. 1 BGB darin, den *Zustand* herzustellen, der, wirtschaftlich gesehen, der ohne das Schadensereignis bestehenden Lage entspricht (...).“[142]

Auf dieser Grundlage zieht der BGH den Schluß, daß „nicht erst die Unverhältnismäßigkeit in dem von § 251 II 1 BGB verlangten Vergleich die Schranke für den Reparaturaufwand bildet; dessen Grenze wird bereits durch das Ziel der Herstellung in § 249 S. 1 BGB und die Erforderlichkeit in § 249 S. 2 BGB gezogen“.[143] Insoweit kommt der Vergleichsrechnung eine neue Bedeutung zu, denn sie ist nicht, wie oft angenommen[144], „die Schnittlinie zwischen Restitution und Kompensation“[145], sondern sie dient nunmehr der Abgrenzung verschiedener Restitutionsansprüche.

a) Die Rolle des Restwerts im Kostenvergleich

Wie schon erwähnt, wurde im Urteil vom 5.3.1985 (VersR 1985, 593) die rechtliche Rolle des Restwerts durch die dort entwickelte Faustformel „Reparaturkosten plus Minderwert = Wiederherstellungskosten abzüglich Restwert“ stark aufgewertet. Dies führte in der Schadensregulierungspraxis zu einem „Restwertpoker“[146], bei dem die Beteiligten auf beiden Seiten versuchten, die jeweils für sie günstigste Lösung herauszuschlagen. Vor allem die Versicherungen auf der Schädigerseite waren an einem hohen Restwert der beschädigten Fahrzeuge interessiert. Denn nach der obigen Faustformel senkt ein hoher Restwert die 130%ige Opfergrenze, bis zu der der Schädiger eine Reparatur akzeptieren muß, ab und schränkt damit den Handlungsspielraum des Geschädigten ein. Ermöglicht wurde dieser „Restwertpoker“ unter anderem auch durch die Prognoseunsicherheiten, mit der die Restwertermittlung behaftet ist. Denn der Restwert der Unfallfahrzeuge wird in der Regel mittels Sachver-

---

[142] BGHZ 115, 364 = VersR 1992, 61 (62 re. Sp.); s.a. BGHZ 115, 375 = VersR 1992, 64 (65).

[143] BGHZ 115, 364 = VersR 1992, 61 (62 re. Sp.).

[144] Vgl. *Lange,* Anmerkung zu BGHZ 115, 364, JZ 1992, 480 (Fn. 2 m.w.N.).

[145] BGHZ 115, 364 = VersR 1992, 61 (62 re. Sp.).

[146] *Berger,* Berechnung des Fahrzeugschadens im Haftpflichtfall, 28. VGT 1990, S. 175 (177).

ständigengutachten ermittelt. Die dabei für ein und dasselbe Fahrzeug geschätzten Werte weichen in der Praxis nicht selten um mehr als 50% voneinander ab.[147] So verwundert es nicht, daß sich die Beteiligten diese Prognoseunsicherheit beim Feilschen um die Höhe des Restwerts zunutze machten und dies den Ablauf der Schadensregulierung weitgehend hemmte. Aus diesen Gründen war die Berücksichtigung des Restwerts im Kostenvergleich in der Rechtsprechung der Instanzgerichte und der Literatur stark umstritten. Diesen Streit mußte der BGH nunmehr in seinem Urteil vom 15.10.1991 (BGHZ 115, 364) entscheiden. Die differenzierende Haltung, die er in dieser Frage einnahm, verknüpfte die bis dahin in Rechtsprechung und Literatur vertretenen Meinungen. Deshalb skizzierte er in den Gründen des Urteils auch zunächst den bisherigen Streitstand:

> „Nach der einen Meinung[148] sind bei der Vergleichsbetrachtung die (voraussichtlichen) Kosten der Reparatur und ein etwa verbleibender Minderwert des Fahrzeugs dessen Wiederbeschaffungswert, d.h. den vollen Kosten einer Ersatzbeschaffung, gegenüberzustellen; nach der anderen Ansicht[149] ist der Vergleich lediglich mit dem Wiederbeschaffungsaufwand, d.h. dem Wiederbeschaffungswert abzüglich Restwert des beschädigten Fahrzeugs, vorzunehmen."[150]

Beide Auffassungen kommen bei der fallgruppenorientierten Betrachtungsweise des BGH zum Tragen. So kann, nach Ansicht des 6. Senats, in den Fällen, in denen der Geschädigte das Fahrzeug wirklich reparieren läßt, „bei der Vergleichsbetrachtung auf der Seite der Ersatzbeschaffung eine Kürzung des Wiederbeschaffungswerts um den Restwert im allgemeinen unterbleiben".[151] Dies gilt jedoch nicht für die Fälle, in denen der Geschädigte auf eine Reparatur verzichtet. Der BGH begründet seine Auffassung mit der Feststellung, daß es vertretbar erscheine, „bei dem Massenphänomen der Kfz-Unfälle im Interesse einer einfachen und praktikablen Handhabung der Schadensregulierung auf eine Einstellung des häufig nur schwer zu ermittelnden und mit vielen Unsicherheiten behafteten Restwerts in die Vergleichsrechnung als besonders ausgewiesenen Rechnungsposten zu verzichten und für den prozentualen Zuschlag zur Ermittlung der Wirtschaftlichkeitsgrenze einer Reparatur allein auf den Wiederbeschaffungswert des Fahrzeugs abzustellen."[152]

---

[147] *Freundorfer,* Fiktive Schadensabrechnung – ein Faß ohne Boden?, VersR 1992, 1332. Ausführlich und mit Rechenbeispielen aus der Praxis: *Berger,* Berechnung des Fahrzeugschadens im Haftpflichtfall, 28. VGT 1990, 176–185.

[148] So z.B. OLG Hamm NZV 1991, 351 = DAR 1991, 333 m.w.N.

[149] OLG Hamm NZV 1991, 229; OLG Stuttgart NZV 1991, 309 (310) m.w.N. – Zum Meinungsstand s.a. *Weber,* Die 30%-Grenze bei Kraftfahrzeug-Reparaturkosten (§ 251 Abs. 2 BGB), DAR 1991, 11 (13); *Gebhardt,* Die Verhältnismäßigkeit von Reparaturkosten – statt Reparatur nur noch Ersatzbeschaffung?, DAR 1991, 373 (374).

[150] BGHZ 115, 364 = VersR 1992, 63 (re. Sp.).

[151] BGHZ 115, 364 = VersR 1992, 63 (re. Sp.).

Einschränkend fügt er jedoch hinzu, daß dies „freilich nur bei tatsächlich durchgeführter Reparatur gilt; denn nur in diesem Fall wird der prozentuale Zuschlag zugunsten der Reparatur, der den Kostenfaktor Restwert mitabdeckt, durch das besondere Integritätsinteresse des Geschädigten gerechtfertigt. Bei bloß fiktiver Reparatur muß es bei der postengenaueren Vergleichsrechnung verbleiben, die der Senat in seinem Urteil vom 5.3.1985 (a.a.O.) aufgestellt hat; hiernach ist auf der Seite der Ersatzbeschaffung der Restwert vom Wiederbeschaffungswert abzuziehen."[153]

Über die weitreichenden Folgen dieser Rechtsprechung war sich der BGH im klaren, denn er führt weiter aus:

> „Der Senat ist sich bewußt, daß die Ausklammerung des Restwerts aus dem Kostenvergleich bei unveränderter Beibehaltung eines (...) ‚Integritätszuschlags' zu einer Anhebung der Opfergrenze führt, bis zu welcher der Geschädigte sein beschädigtes Fahrzeug auf Kosten des Schädigers reparieren lassen darf. Dieses Ergebnis erscheint aber, abgesehen von der Vereinfachung der Schadensabwicklung, zum besseren Schutz des Integritätsinteresses gerechtfertigt."[154]

Diese Anhebung der Opfergrenze und die damit einhergehende Vergrößerung der Differenz zwischen den verschiedenen Herstellungskosten, den Kosten einer Reparatur und den Kosten einer Ersatzbeschaffung, führt zu einer erneuten Schlechterstellung des fiktiv abrechnenden Geschädigten und stellt damit qualitativ eine weitere Einschränkung des „Grundsatzes der Dispositionsfreiheit" dar. Auch hier gilt, daß der Geschädigte nur noch theoretisch frei disponieren kann. Denn will er den vom BGH angestrebten „besseren Schutz des Integritätsinteresses", d.h. den höheren Reparaturbetrag, in Anspruch nehmen, so muß er sein Integritätsinteresse durch eine Reparatur „betätigen". Dieser Druck, der seit der Einführung der Vergleichsrechnung durch den 6. Senat in BGHZ 66, 239 auf dem Geschädigten bei dessen Entscheidung, ob er abstrakt oder konkret abrechnen soll, lastet, wird durch die in den Urteilen vom 15.10.1991 (BGHZ 115, 364/375) vorgenommene Erhöhung der Opfergrenze verstärkt. Die Möglichkeit des Geschädigten, völlig frei, d.h. auch sanktionslos zu disponieren, besteht nicht mehr. Vielmehr wird der Geschädigte gezwungen, die Konsequenzen seiner Entscheidung in den Entscheidungsprozeß mitaufzunehmen. Der „Grundsatz der Dispositionsfreiheit" des Geschädigten verkümmert somit zusehens zur theoretischen Leerformel.

---

[152] BGH, a.a.O.

[153] BGH, a.a.O.

[154] BGHZ 115, 364 = VersR 1992, 63/64.

b) Von der einfachen Kostenrechnung zum Gesamtkostenvergleich

Die zweite Modifikation der Kostenrechnung, die der BGH im Urteil vom 15.10.1991 (BGHZ 115, 364) vornimmt, ist nicht minder einschneidend. Sie besteht in der Umgestaltung der einfachen Kostenrechnung (Reparaturkosten plus Minderwert = Wiederherstellungskosten abzüglich Restwert) zu einem Gesamtkostenvergleich, bei dem neben den reinen Herstellungskosten, d.h. Reparaturkosten und Kosten der Ersatzbeschaffung auch sämtliche unfallbedingte Nebenkosten, insbesondere Mietwagenkosten und Sachverständigengebühren zu berücksichtigen sind.[155] Zu dieser Weiterentwicklung führt der BGH im einzelnen aus:

> „Des weiteren ist immer zu bedenken, daß der Vergleich der Reparaturkosten mit dem Wiederbeschaffungswert seine Aussagekraft für die Berechtigung der Reparatur verlieren kann, wenn die Ausfallzeiten bei Reparatur und bei Wiederbeschaffung in einem krassen Mißverhältnis zueinander stehen mit der Folge, daß die Kosten für einen vom Geschädigten in Anspruch genommenen Mietwagen bei Durchführung der Reparatur bedeutend höher liegen als bei einer Ersatzbeschaffung und im Vergleich der Gesamtkosten beider Wege der Restitution die 130%-Grenze aus diesem Grunde nennenswert überschritten wird. Bei einer solchen Fallgestaltung kann es aus Gründen der Wirtschaftlichkeit geboten sein, den Geschädigten (...) wegen der Diskrepanz bei den Mietwagenkosten auf den billigeren Weg der Ersatzbeschaffung zu verweisen.“[156]

Mit der Einführung dieses Gesamtkostenvergleichs wird die Dispositionsfreiheit des Geschädigten endgültig dem Wirtschaftlichkeitspostulat geopfert: Nur die kostensenkenden Dispositionen des Geschädigten finden vor dem Gesetz bzw. vor der Rechtsprechung des BGH uneingeschränkte Anerkennung.

3. Abstrakte oder konkrete Restwertberechnung? – BGH VersR 1992, 457[157]

Auch die Urteile vom 15.10.1991 (BGHZ 115, 364/375), in denen der BGH entschieden hatte, daß der Restwert nur noch bei einer fiktiven Abrechnung in die Vergleichsbetrachtung einzubeziehen ist, konnten die Restwertdiskussion nicht beenden. Diese setzte sich mit der Streitfrage fort, in welcher Höhe der Restwert letztlich in die Vergleichsrechnung eingestellt wer-

---

[155] Vgl. dazu auch: *Reinking,* Anmerkung zu BGHZ 115, 364. EWiR 1992, 561 („umfassender Kostenvergleich“).

[156] BGHZ 115, 364 = VersR 1992, 64 (li. Sp.).

[157] BGH Urteil vom 21.1.1992 – VI ZR 142/91 –, VersR 1992, 457 = DAR 1992, 172 = NJW 1992, 903; zustimmend: Anm. *Ackmann,* EWiR 1992, 543; (Bestätigung des Urteils vom 21.01.1992 durch das Urteil vom 6.4.1993 – VI ZR 181/92 –, EWiR 1993, 551 mit Anm. *Reinking*).

den muß. So war im Urteil vom 21.1.1992 (VersR 1992, 457) zu entscheiden, ob der vom Sachverständigen geschätzte und im Sachverständigengutachten ausgewiesene Betrag oder der vom Geschädigten durch Verkauf des Kfz tatsächliche erzielte Restwert maßgebend ist; m.a.W. ob der Restwert abstrakt oder konkret zu bestimmen ist.

Schon an der Art der Fragestellung werden die Parallelen zur Bestimmung der „erforderlichen Herstellungskosten" i.S.d. § 249 S. 2 BGB deutlich. Der BGH löst denn auch beide Problembereiche nach demselben Lösungsmuster. Wie bei der Bestimmung der „erforderlichen Herstellungskosten" geht er auch bei der Festlegung des Restwertbetrags zunächst von einem objektiven Bemessungsmaßstab aus. Dieser wird dann bei Bedarf durch eine „subjektbezogene Schadensbetrachtung"[158] ergänzt, die letztlich doch wieder durch diverse Billigkeitsabwägungen überlagert wird.[159] Ausgangspunkt ist aber, auch bei der Restwertbestimmung, der abstrakt ermittelte Betrag. In den Entscheidungsgründen heißt es zunächst:

> „Hat der Geschädigte, (...), das Gutachten eines Sachverständigen über den Restwert des Unfallfahrzeugs eingeholt, so bildet aus denselben Erwägungen, die auch für eine Abrechnung der Reparaturkosten auf der Basis eines Sachverständigengutachtens gelten (s. dazu Senat vom 20.6.1989 – VI ZR 334/88 –, VersR 1989, 1056 [1057]), der in dem Gutachten ausgewiesene Wert in aller Regel eine geeignete Grundlage für die Bemessung auch des Betrags, in dessen Höhe dem Geschädigten durch den Unfall kein Vermögensnachteil entstanden ist. Der Geschädigte kann deshalb seiner Schadensberechnung grundsätzlich den in solcher Weise ermittelten Restwertbetrag zugrunde legen."[160]

Erzielt der Geschädigte jedoch aus Gründen, die mit dem Zustand des Unfallfahrzeugs nichts zu tun haben, einen überdurchschnittlichen Erlös („Übererlös"), so muß aufgrund der „subjektbezogenen Schadensbetrachtung", d.h. wegen Berücksichtigung der „individuellen Erkenntnis- und Einflußmöglichkeit des Geschädigten" auf die Schadensabwicklung, bei der Lösung des Problems differenziert werden. Wurde der Übererlös durch den Geschädigten mittels überobligatorischen Anstrengungen erzielt, so ist er dem Schädiger nicht gutzubringen. Das bedeutet, daß nur der um den Übererlös bereinigte Restwert in die Vergleichsrechnung eingestellt werden kann. „Anderes gilt aber dann", so der BGH in seiner Urteilsbegründung, „wenn der Geschädigte, (...), für das Unfallfahrzeug *ohne überobligationsmäßige Anstrengung* einen Erlös erzielt hat, der den vom Sachverständigen geschätzten Betrag übersteigt. (...) Da nach *allgemeinen schadensrechtlichen Grundsätzen der Geschädigte* zwar vollen Ersatz verlangen kann, *an dem Schadensfall aber nicht*

---

[158] „Standpunkt eines verständigen, wirtschaftlich denkenden Menschen in der Lage des Geschädigten" bzw. „Erkenntnis- und Einflußmöglichkeiten des Geschädigten".

[159] Vgl. dazu: 2. Kapitel, I.1, I.4; und 2. Kapitel, IV.4.a).

[160] BGH VersR 1992, 458.

'verdienen' soll, kann ihn der Schädiger an dem tatsächlich erzielten Erlös festhalten."[161] In diesem Fall ist der höhere, d.h. der tatsächlich erzielte Restwert in Abzug zu bringen.

Auch wenn dieses Ergebnis auf den ersten Blick überzeugend wirkt, so überrascht doch das vom BGH vorgebrachte Argument, daß der Geschädigte am Schadensfall nicht „verdienen" soll. Denn dieses von den Vertretern der Zweckbindungstheorie immer wieder gegen die Dispositionsfreiheit vorgebrachte *„Bereicherungsargument"* wurde vom BGH in der Diskussion um die „erforderlichen Herstellungskosten" bislang nicht akzeptiert. Um so überraschender ist es, daß dieses Argument nun vom BGH in die Restwertdiskussion eingeführt wurde. Denn eigentlich müßte man davon ausgehen, daß ein Argument, das in Bezug auf die gesamten Herstellungskosten keine Überzeugungskraft entfaltet, dann auch in einem Teilbereich der Herstellungskosten, d.h. bei der Restwertermittlung, nicht überzeugen kann.

Diese Unstimmigkeit gibt Anlaß, das „Bereicherungsargument" näher zu untersuchen. Schon die Tatsache, daß der „Grundsatz des schadensrechtlichen Bereicherungsverbots" von beiden, sich gegenseitig ausschließenden Auffassungen – Dispositionsfreiheit und Zweckbindungstheorie – als Argument für die jeweils eigene Meinung verwendet wird, spricht gegen die Schlagkraft dieses Arguments.[162] Sucht man den Grund für dieses Phänomen der doppelten Verwendungsfähigkeit, so findet man diesen in der Struktur des Arguments. Dieses appeliert einerseits mit seiner evidenten Aussage, daß sich der Geschädigte am Schadensfall nicht bereichern darf, an das Gerechtigkeitsgefühl. So argumentieren denn auch die Vertreter der Zweckbindungstheorie, daß der Geschädigte, der eine Eigenreparatur durchführt oder sein Fahrzeug unrepariert weiterbenutzt und trotzdem die vollen Kosten einer Fremdreparatur kassiert, sich am Schadensfall bereichert oder, um es mit den Worten des BGH auszudrücken, am Schadensfall „verdient". Andererseits legt das „Bereicherungsargument" aber selbst nicht fest, was als Bereicherung und was als ersatzfähiger Schaden anzusehen ist. Diese Frage, ob eine Bereicherung oder ein ersatzfähiger Schaden vorliegt, wird durch eine individuelle, von Fall zu Fall verschiedene Billigkeitsabwägung entschieden. Bei der Ermittlung der „erforderlichen Herstellungskosten" bestimmen die vom BGH eingeführten Billigkeitskriterien der „Zumutbarkeit der Eigen- oder Fremdreparatur" und der „Wirtschaftlichkeit der Herstellungsart" die Antwort; bei der Restwertbestimmung das aus dem Bereich der Vorteilsanrechnung bekannte Kriterium der „überobligatorischen Anstrengung". Will man diesen Kriterien einen einheitlichen Billigkeitsgedanken entnehmen, so kann dieser nur darin

---

[161] BGH VersR 1992, 458 (Hervorhebungen vom Verf.).

[162] Zur Ambivalenz des Bereicherungsarguments vgl.: *Huber,* Fragen der Schadensberechnung, S. 48 f.

liegen, daß in beiden Fällen die Anstrengung und Mühwaltung des Geschädigten grundsätzlich durch einen höheren Schadensersatzbetrag „be- bzw. entlohnt“ werden soll. Erkennt man aber diesen „Entlohnungsgedanken“ als gemeinsames Prinzip beider Billigkeitsabwägungen an, so fragt man sich, für welche Anstrengung der Geschädigte im Falle der Weiterbenutzung des Fahrzeugs im unreparierten Zustand „be- bzw. entlohnt“ werden soll. Auch bei der Eigenreparatur scheint die Anstrengung bzw. der „Arbeitslohn“ des Laien, gemessen an dem Facharbeiterlohn, der der Kalkulation einer Fremdreparatur zugrundeliegt, bei voller Zahlung der Fremdreparaturkosten überbewertet.

Schon diese kurze Untersuchung[163] zeigt, daß generelle Zweifel an der Tauglichkeit des „Bereicherungsarguments“ durchaus berechtigt sind. Auf jeden Fall stellt das Bereicherungsargument für sich allein betrachtet kein tragfähiges Argument dar. Seine Überzeugungskraft muß vielmehr immer im Zusammenhang mit der jeweils implizierten Billigkeitsabwägung beurteilt werden. So besehen steht und fällt es mit dem jeweiligen Billigkeitsgedanken. Werden aber die Kriterien dieser Billigkeitsabwägungen von Fall zu Fall abgewandelt und läßt sich hierfür keine rationale Begründung vorbringen, so ist die Grenze zwischen rational nachvollziehbarer und willkürlicher Entscheidung überschritten. In diesem Falle genügt auch ein Appell an das Gerechtigkeitsgefühl nicht.

Neben diesen grundsätzlichen Bedenken gegen die Urteilsbegründung, die hauptsächlich auf die Schwäche des „Bereicherungsarguments“ zurückzuführen sind, fällt auf, daß das Urteil vom 21.1.1992 (VersR 1992, 457) die allgemeine Tendenz in der Rechtsprechung des BGH fortsetzt, sich hinsichtlich der Schadensersatzhöhe am konkreten Verhalten des Geschädigten zu orientieren. Diese Vorgehensweise führt aber letztlich zu der Berücksichtigung der konkret aufgebrachten bzw. erzielten Beträge. Damit stellt sich jedoch die Frage, ob dies nicht Ausdruck einer prinzipiellen Annäherung des BGH an die Zweckbindungstheorie ist, welche die konkret angefallenen Beträge von vornherein zum Ausgangspunkt der Schadensabwicklung macht.

Auf jeden Fall steht fest, daß eine rein „abstrakte Schadensberechnung“, die sich aus dem „Grundsatz der Dispositionsfreiheit“ ableitet, weder bei der Bestimmung der „erforderlichen Herstellungskosten“ noch bei der Restwertbestimmung durchgehalten werden konnte.[164] Die Kombination von abstrakter und konkreter Abrechnungsweise zeigt vielmehr, daß mit dem „Grundsatz der Dispositionsfreiheit“ allein keine befriedigenden Ergebnisse erzielt werden können. Die Einschränkungen des „Grundsatzes der Dispositionsfreiheit“ durch den BGH waren somit nötig, um sinnvolle Ergebnisse zu erzielen. Nur

---

[163] Näheres dazu: 5. Kapitel, III.1: Das schadensrechtliche Bereicherungsverbot.

[164] Ausführlich dazu: 2. Kapitel, IV.4.a).

fragt man sich erneut, ob man bei dieser Sachlage und der Vielzahl von Ausnahmen noch von einem „Grundsatz der Dispositionsfreiheit" sprechen kann.

4. Abstrakt-objektives oder konkret-subjektives Integritätsinteresse? – BGH VersR 1992, 710[165]

Im Urteil vom 17.3.1992 (VersR 1992, 710) war die Frage zu entscheiden, ob eine Eigenreparatur durch den Geschädigten als Nachweis des Integritätsinteresses ausreicht, oder ob immer eine Fremdreparatur in einer Fachwerkstatt notwendig ist, um in den Genuß des 30%igen „Integritätszuschlags" zu kommen. Doch bevor sich der 6. Senat des BGH dieser Frage widmete, nützte er die Gelegenheit, die Problemthemen der vorangegangen Urteile[166] nochmals aufzugreifen und zusammenfassend darzustellen, um so erneut die Eckpfeiler seiner Schadensrechtsdogmatik kenntlich zu machen. Dies war u.a. auch deshalb erforderlich, weil es aufgrund der Urteile zur Restwertbestimmung, die nicht so recht in das Gesamtkonzept des BGH paßten, zu Irritationen in der Rechtspraxis gekommen war, die nun, durch das neue Urteil vom 17.3.1992 (VersR 1992, 710) beseitigt werden sollten.

a) Kriterientrias: Objektiver Maßstab – subjektsbezogene Schadensbetrachtung – diverse Billigkeitserwägungen

Nachdem sich der BGH durch die vorangegangenen Restwertentscheidungen an die Zweckbindungstheorie angenähert hatte, bzw. diese Entscheidungen zumindest als Annäherung interpretiert werden konnten, bestand für ihn das Bedürfnis, sich von der Zweckbindungstheorie erneut abzugrenzen. So heißt es denn auch im Urteil vom 17.3.1992 (VersR 1992, 710) ausdrücklich:

> „Richtschnur für den vom Schädiger nach § 249 S. 2 BGB zu leistenden Ersatz sind nicht die vom Geschädigten tatsächlich aufgewendeten Reparaturkosten, sondern der zur Herstellung erforderliche Geldbetrag. Dieser ist unbeschadet der auf die individuellen Möglichkeiten und Belange des Geschädigten Rücksicht nehmenden subjektbezogenen Schadensbetrachtung (s. dazu die Senatsurteile vom 15.10.1991 a.a.O.)[167] nach objektiven Kriterien, d.h. losgelöst von den für die Schadensbeseitigung tatsächlich aufgewendeten Beträgen, zu bestimmen."[168]

---

[165] Urteil vom 17.3.1992 – VI ZR 226/91 –, VersR 1992, 710; Anmerkungen: *Freundorfer,* Fiktive Schadensberechnung – ein Faß ohne Boden?, VersR 1992, 1332; *Grunsky,* JZ 1992, 806; *Reinking,* EWiR 1992, 665.

[166] So z.B.: Zwei Wege der Naturalrestitution (Reparatur und Ersatzbeschaffung), Wirtschaftlichkeitspostulat, 30%iger Integritätszuschlag, Restwertberechnung und Bemessung der erforderlichen Herstellungskosten.

[167] Restwertentscheidungen: BGHZ 115, 364 = VersR 1992, 61 und BGHZ 115, 375 = VersR 1992, 64.

[168] BGH VersR 1992, 711 li. Sp.

Mit diesen Ausführungen hat sich der BGH zwar vordergründig von der Zweckbindungstheorie und ihrer Orientierung an den tatsächlich entstandenen Kosten wieder distanziert, zugleich aber, vielleicht unbewußt, die Widersprüchlichkeit seines Konzepts, das er bei der Bestimmung der „erforderlichen Herstellungskosten" verfolgt, offengelegt. Denn dem Leser des obigen Abschnitts drängt sich die Frage auf, in welchem Verhältnis die „objektiven Kriterien", nach denen sich der Herstellungsbetrag richten soll, zu der ebenfalls vom BGH vertretenen „subjektbezogenen Schadensbetrachtung", die auf „die individuellen Möglichkeiten und Belange des Geschädigten Rücksicht" nimmt und somit eine subjektive Komponente enthält, stehen. Oder anders ausgedrückt: Wie vertragen sich die „objektiven Kriterien", nach denen sich die „abstrakte Schadensberechnung" ausrichtet, mit der „subjektbezogenen Schadensbetrachtung", die eher der „konkreten Schadenberechnung" zugeordnet werden kann? Liegt mit diesem Konzept, das neben den Kriterien „objektiver Maßstab" und „subjektbezogene Schadensbetrachtung" auch mit diversen Billigkeitsabwägungen arbeitet, nicht eher eine „abstrakt-konkrete Schadensberechnung" vor?

Diese Frage ist zu bejahen, denn die vom BGH vertretene grundsätzliche Ausrichtung des Konzepts auf einen „objektiven Maßstab" kann von ihm in der praktischen Anwendung nicht durchgehalten werden. So wird z.B. schon die Fremd- bzw. Eigenreparaturproblematik in BGHZ 54, 82 und BGHZ 61, 56 mit Hilfe der „Subjektbezogenheit des geltenden Schadensbegriffs"[169] und den Billigkeitsargumenten der „Zumutbarkeit und Wirtschaftlichkeit der jeweiligen Schadensbeseitigungsart" gelöst. Bei der Bestimmung der Restwerthöhe im Kostenvergleich spielt sogar die individuelle „überobligatorische Anstrengung" des Geschädigten und damit der ganz konkrete Schadensverlauf die entscheidende Rolle. In keinem Falle konnte die Lösung allein aus „objektiven Kriterien" gewonnen werden.

Bei dieser „konkret-abstrakten Schadensberechnung" kommt der „subjektbezogenen Schadensbetrachtung" eine Schlüsselfunktion zu, denn dort treffen abstrakte wie konkrete Berechnungselemente aufeinander. Zum einen wird im Rahmen der „subjektbezogenen Schadensbetrachtung" auf den „Standpunkt eines verständigen, wirtschaftlich denkenden Menschen in der Lage des Geschädigten"[170] abgestellt; der individuelle Schadensfall wird mit dieser Formel verobjektiviert. Die Schadensberechnung wird abstrakt vorgenommen. Zum anderen sieht die „subjektbezogene Schadensbetrachtung" die Bezugnahme auf die ganz konkrete „Erkenntnis- und Einflußmöglichkeit des Geschädigten"[171] vor. Dadurch wird der Schadensfall nicht mehr abstrakt, d.h. vom in-

---

[169] BGHZ 54, 82 (Straßenbahn-AG mit eigener Reparaturwerkstätte); BGHZ 61, 56 (Eigenreparatur durch einen Kfz-Meister).

[170] BGH VersR 1992, 61 (63).

[171] BGHZ 63, 182.

dividuellen Geschehen losgelöst, sondern überwiegend konkret beurteilt. Der Schaden wird nach dem subjektiven Interesse berechnet.[172] Dies gilt in einem weit größeren Maße für die Billigkeitsabwägungen, die oftmals in den Entscheidungen des BGH mit der „subjektbezogenen Schadensbetrachtung" gekoppelt werden. Denn die Billigkeitsprinzipien, wie z.B. die „überobligatorische Anstrengung" oder die „Zumutbarkeit einer bestimmten Herstellungsart", rücken bei der Bestimmung der Höhe des Herstellungsbetrags die konkrete Situation bzw. das konkrete Verhalten des Geschädigten in den Vordergrund. Als Maßstab dient dann nicht mehr ein vernünftiger Dritter in der Lage des Geschädigten, sondern dieser selbst. Damit kommt nicht ein objektiver, sondern ein individueller, aus dem Einzelfall gewonnener konkreter Maßstab zur Anwendung.

Wie die obigen Beispiele zeigen, geben im praktischen Fall gerade die konkret-individuellen Komponenten bei der Fallösung den Ausschlag. Mit dem „objektiven Maßstab" allein konnte kein Problemfall gelöst werden. Die Aufgabe der „objektiven Kriterien" erschöpft sich damit weitgehend in der Lieferung des sprachlichen Instrumentariums, welches zur Abgrenzung der Dispositionsfreiheit zur Zweckbindungstheorie nötig ist. Vor diesem Hintergrund muß auch die erneute Bezugnahme des BGH auf den „objektiven Maßstab" im Urteil vom 17.3.1992 (VersR 1992, 710) gesehen und bewertet werden.

Das Schadensbestimmungskonzept des BGH weist darüber hinaus eine zweite Schwachstelle auf. Mit ihm wird keine Aussage darüber getroffen, wann welches der drei Kriterien („objektiver Maßstab", „subjektbezogene Schadensbetrachtung" und Billigkeitsabwägungen) zur Anwendung kommen soll. Damit entsteht der Eindruck der Beliebigkeit hinsichtlich der Verwendung dieser Kriterien. Es scheint, als würde der BGH, je nach Fallgestaltung und Bedarf, mal mehr, mal weniger auf das eine oder das andere Kriterium abheben. Eine Erklärung, weshalb im jeweils konkreten Fall das eine Kriterium einem anderen vorgezogen wurde, bleibt aus.

Zusammenfassend kann festgehalten werden, daß der argumentative Spagat des BGH zwischen „objektiven Kriterien" und „subjektbezogener Schadensbetrachtung" statt zu einem geordneten Kriterienfundus zu einem „Kriterienwirrwarr"[173] führt. Symptomatisch hierfür ist die Argumentationsweise des BGH im Urteil vom 17.3.1992 (VersR 1992, 710). Nachdem der BGH

[172] Vgl. *Honsell/Harrer,* Schaden und Schadensberechnung, JuS 1991, 441 (443 li. Sp.): „Der Schaden ist primär nach dem subjektiven Interesse zu berechnen."

[173] Vgl. Terminologie bei *Hagen,* FS für Larenz, S. 868 (877): „Begriffsverzerrungen und Kriterienwirrwarr erschweren mindestens die Überschaubarkeit der jeweils angewendeten Wertungen und damit auch die Vergleichbarkeit der dogmatischen Lösungen verwandter Sachfragen."

für diesen Fall den „objektiven Maßstab" zu seiner Ausgangsprämisse erhoben hatte, konnte er mit Leichtigkeit feststellen, daß

> „deshalb auch der Geschädigte, der nach einem Unfall sein Kfz nicht in die Kundendienstwerkstatt gibt, sondern es im Wege der Eigenreparatur selbst wieder instand setzt, vom Schädiger nicht nur die verauslagten Ersatzteilkosten und eine Entschädigung für etwa aufgewendete Freizeit, sondern denjenigen Geldbetrag verlangen kann, der ihm bei der Reparatur in einer Fachwerkstatt in Rechnung gestellt worden wäre (...)".[174]

An dieser Stelle der Urteilsbegründung schwenkt nun der BGH vom „objektiven Maßstab" auf das Billigkeitskriterium der „Zumutbarkeit" um,

> „(...) denn es ist dem Geschädigten, der (...) vermöge seiner persönlichen Kenntnisse und besonderen Fähigkeiten das Unfallfahrzeug unter Aufopferung von Freizeit selbst wieder instand setzt, *nicht zuzumuten*, seine besonderen Anstrengungen zur Schadensbeseitigung dem Schädiger zugute kommen zu lassen".[175]

Genau dieselben Kriterien haben jedoch in BGHZ 54, 82 dazu geführt, daß die dortige Geschädigte, eine Straßenbahn-AG, auf die Kosten einer Eigenreparatur verwiesen worden war, weil ihr die Eigenreparatur eben zuzumuten war.[176]

b) Das schadensrechtliche Bereicherungsverbot – ein Argument nur für die Restwertbestimmung?

In der Begründung zum Urteil vom 17.3.1992 (VersR 1992, 710) sah sich der 6. Senat des BGH gezwungen zu erklären, weshalb dem obigen Ergebnis nicht, so wie es auch das Berufungsgericht angenommen hatte, das „schadensrechtliche Bereicherungsverbot" entgegensteht. Dieses Erklärungsbedürfnis bestand vor allem deshalb, weil der 6. Senat zwei Monate zuvor im Urteil vom 21.1.1992 (VersR 1992, 457) die Frage der Restwertbestimmung mit Hilfe des „Bereicherungsarguments" gelöst hatte. Jetzt mußte der BGH erklären, weshalb er in einem Falle das Bereicherungsargument angewendet und im anderen Falle verworfen hat. Dazu führte er im einzelnen aus:

> „Dieser vom Senat in ständiger Rechtsprechung (vgl. Urteil vom 20.6.1989 a.a.O.) ausgesprochene und im Urteil vom 21.1.1992 (– VI ZR 142/91 –, VersR 1992, 457) erneut betonte schadensrechtlicher Grundsatz besagt lediglich, daß der Geschädigte infolge des Schadensausgleichs nicht nach dem Unfall wirtschaftlich besser dastehen soll als vorher. Er hat jedoch keine Bedeutung für die hier zu beantwortende Frage, in welchem Umfang der Schädiger an überpflichtigen Leistungen des Geschädigten zur Schadensbeseitigung teilhaben soll."[177]

---

[174] BGH VersR 1992, 711 li. Sp.

[175] BGH, a.a.O. (Hervorhebung vom Verf.).

[176] Vgl. 2. Kapitel, I.1.

[177] BGH VersR 1992, 711 li. Sp.

Diese Begründung des 6. Senats überzeugt nicht. Denn auch bei der Restwertbestimmung ging es um die Frage, wann der erhöhte Restwert („Übererlös“) dem Schädiger zugute kommen soll, d.h. „in welchem Umfang der Schädiger an der überpflichtigen Leistung des Geschädigten teilhaben soll.“ Derselbe Billigkeitsgesichtspunkt wird somit bei der einen Frage verwendet und bei der anderen Frage als unbedeutend abgetan.

c) Nachweis des Integritätsinteresses durch Eigenreparatur oder Fremdreparatur?

Nachdem der BGH im Urteil vom 17.3.1992 (VersR 1992, 710) erneut sein Schadenskonzept dargestellt hatte, konnte er sich dem eigentlichen Fallproblem zuwenden. Es war die Frage zu entscheiden, ob eine Eigenreparatur durch den Geschädigten als Nachweis des Integritätsinteresses ausreicht, oder ob immer eine Fremdreparatur in einer Fachwerkstatt notwendig ist, um in den Genuß des 30%igen „Integritätszuschlags“ zu kommen.

Noch im Urteil vom 18.6.1985 (VersR 1985, 865) hatte der BGH festgestellt, daß der Geschädigte „sein Fahrzeug behalten und die Reparatur *ausführen lassen muß*“, um den Integritätszuschlag fordern zu können.[178] Nunmehr, im neuen Urteil, reduziert er die Anforderungen an den Nachweis des Integritätsinteresses. Nach Ansicht des BGH genügt der Nachweis einer im Vergleich zu einer Fremdreparatur billigeren Eigenreparatur, um in den Genuß des vollen „Integritätszuschlags“ zu gelangen. Auf das vom Geschädigten jeweils konkret „betätigte“ (= „konkret-subjektive“) Interesse an der Wiederherstellung des Zustands kommt es sonach nicht an. Diese an sich für das Schadenskonzept des BGH folgerichtige Entscheidung wirft aber neue, ungeklärte Fragen auf. Wie ist z.B. der Fall zu behandeln, bei dem der Geschädigte das Fahrzeug zwar behält, es aber unrepariert weiterbenutzt? Reicht dies für den Nachweis des Integritätsinteresses aus? Diese Frage dürfte zu verneinen sein, denn zum Interesse an der bloßen Weiterbenutzung der vertrauten Sache muß das Interesse an ihrer Wiederherstellung hinzutreten, um den prozentualen „Integritätszuschlag“ zu rechtfertigen[179], da mit der bloßen Weiterbenutzung der Sache kein Integritäts-, sondern nur ein Wertinteresse bekundet wird.

Eine andere und weitaus schwieriger zu beantwortenden Frage ist, ob nicht eventuell auch eine Teilreparatur oder eine unfachmännisch ausgeführte Eigenreparatur für den Nachweis des Integritätsinteresses genügt.[180] Auch diese

---

[178] Vgl. BGH VersR 1985, 866.

[179] Vgl.: *Pielemeier,* Der Ersatz fiktiver Reparaturkosten bei Eigenreparatur im Totalschadensfall, NZV 1989, 222 (223); *Krumbholz,* Zulässigkeit und Grenzen der Abrechnung auf Gutachtenbasis, NZV 1990, 218 (219).

[180] Vgl. dazu: *Grunsky,* Anmerkung zum Urteil vom 17.3.1992, JZ 1992, 806 f.; *Reinking,* Anm. zum Urteil vom 17.3.1992, EWiR 1992, 665 (666).

Frage ist zu verneinen. Denn bei diesen Fallvarianten bringt der Geschädigte definitiv zum Ausdruck, daß es ihm nicht auf die vollständige Wiederherstellung der Sache und damit nicht auf den Ersatz des vollen Integritätsinteresses ankommt. Diesen Schluß kann jedoch nur derjenige ziehen, der, anders als der BGH, bei der Schadensabwicklung auf das konkrete „betätigte" Integritätsinteresse abstellt. Der BGH dagegen müßte auch in diesen Fällen den Integritätszuschlag gewähren, da es seiner Ansicht nach auf das konkret „betätigte" Integritätsinteresse nicht ankommt.

Weiter fragt man sich, ob nicht die dem Geschädigten vom BGH auferlegte Pflicht, das Integritätsinteresse durch eine Reparatur nachzuweisen, den Charakter des Ersatzanspruchs nach § 249 S. 2 BGB verändert und so aus einem Schadensersatzanspruch einen Aufwendungsersatzanspruch macht. Denn durch dieses Erfordernis kann der Geschädigte vor der Durchführung der Reparatur den „Integritätszuschlag" nicht verlangen. Damit erhält der Teil des Ersatzbetrags, der auf den Integritätszuschlag entfällt, den Charakter eines Aufwendungsersatzes. Dies wollte jedoch der historische Gesetzgeber, wie sich aus der Entstehungsgeschichte ergibt, auf die an anderer Stelle genauer eingegangen werden soll, verhindern.[181] Auch unter den Vertretern der Dispositionsfreiheit „besteht Einigkeit darüber, daß das Gesetz dem Geschädigten das Recht gibt, die für die Reparatur erforderlichen Kosten schon vor Inangriffnahme der Instandsetzung, also im voraus, zu verlangen. Der Schädiger hat dem Geschädigten dessen Aufwendungen nicht erst (ex post, gar gegen Rechnung) zu erstatten, sondern hat sie ihm (ex ante) im voraus zu bezahlen."[182] Dies ist aber bei der Rechtsprechung des BGH zum Integritätszuschlag nicht gewährleistet. So stellt sich die Frage, ob nicht, um der Forderung des historischen Gesetzgebers gerecht zu werden, eigentlich die bloße Ankündigung einer Reparatur in Form einer Absichtserklärung des Geschädigten, wie sie der BGH beim Personenschaden fordert und für ausreichend hält[183], für die Gewährung des Integritätszuschlags, genügen müßte.

---

[181] Ausführlich dazu: 5. Kapitel, II.1.

[182] *Weber,* § 249 S. 2 BGB: Erstattung der Reparaturkosten oder Ersatz des Schadens an der Sache? VersR 1992, 527 (529 li. Sp.).

[183] BGHZ 97, 14: Absicht zur Durchführung von Heilungsmaßnahmen.

V. Phase (5): Grundsatzurteil zur Zweckbindung – BGHZ 97, 14[184]

Im Urteil vom 14.1.1985 (BGHZ 97, 14) war die Frage zu entscheiden, ob die Klägerin die voraussichtlichen Operationskosten für eine Narbenkorrektur verlangen konnte, obwohl sie sich bislang wegen des ungewissen Erfolges noch nicht zu dieser Operation hatte entschließen können. Die Beklagte weigerte sich, den verlangten Geldbetrag an die Klägerin zu zahlen, weil diese ihrer Ansicht nach keinen Anspruch auf Zahlung lediglich fiktiver Heilungskosten habe.

Dieser Sachverhalt bot dem 6. Senat des BGH nochmals die Gelegenheit grundsätzlich zu der Frage „Dispositionsfreiheit oder Zweckbindung?“ Stellung zu nehmen. Dabei bestätigte er zunächst seine Rechtsprechung zum Sachschaden, die die Dispositionsfreiheit des Geschädigten vorsieht. Für den konkret zur Entscheidung anstehenden Personenschaden entschied der BGH, daß der Anspruch aus § 249 S. 2 BGB an den Herstellungszweck gebunden sei. Der Zahlungsanspruch der Klägerin sei als „derzeit unbegründet“[185] anzusehen. Denn „solange die Klägerin nicht die feste Absicht zur Durchführung der Operation hat und dies erforderlichenfalls nachweist, steht ihr ein Anspruch auf Zahlung der erforderlichen Operationskosten nicht zu. (...) Die Herstellungskosten sind vielmehr im Bereich der Personenschäden zweckgebunden.“[186]

Dieses Ergebnis überrascht nicht nur, weil es eine unterschiedliche Behandlung von Sach- und Personenschaden mit sich bringt, sondern auch deshalb, weil man bislang in Wissenschaft und Praxis[187] überwiegend annahm,

---

[184] Urteil vom 14.1.1986 – VI ZR 48/85 –, BGHZ 97, 14 = DAR 1986, 141 = VersR 1986, 550 = JuS 1986, 125 = NJW 1986, 1538 = MDR 1986, 486 = JZ 1986, 638 (640) mit Anm. *Zeuner* = NJW-RR 1986, 702 = ZfSch 1986, 203 = JuS 1986, 648 mit Anm. *Emmerich* = MedR 1986, 325 = JR 1986, 365 (367) mit Anm. *Hohloch* = VRS 73, 161 (1987) = LM § 249 BGB Nr. 29. – Entscheidungsrezensionen: *Rinke,* Kein Ersatz fiktiver Operationskosten? DAR 1987, 14; *Grunsky,* Zur Erstattungsfähigkeit fiktiver Heilungskosten, JuS 1987, 441.

[185] BGHZ 97, 14 = JZ 1986, 638 (640).

[186] BGHZ 97, 14 = JZ 1986, 638 (640).

[187] *Steffen,* Abkehr von der konkreten Berechnung des Personenschadens und kein Ende?, VersR 1985, 605 (611 li. Sp.): „Deshalb stehen wegen einer unfallbedingten Entstellung die Kosten einer kosmetischen Operation prinzipiell auch dem zu, der sich nicht operieren läßt; auch die bekannte Stärkungsmittel-Entscheidung des BGH beruht auf diesem Grundsatz.“ – *Schiemann,* Die Grenzen des § 249 S. 2 BGB, DAR 1982, 309 (310 re. Sp.): „Eine Ausgangsentscheidung für die neuere Entwicklung des allgemeinen Schadensrechts war das Urteil im ‚Stärkungsmittel-Fall‘. Hier hat der BGH eine Arznei, die der Geschädigte aus Geldmangel nicht hatte erwerben können, abstrakt entschädigt. Auch dies scheint der Dispositionsfreiheit des Geschädigten zu entsprechen.“ – OLG Stuttgart VersR 1978, 188; OLG Celle VersR 1972, 468 (469): „Ein Verletzter kann gemäß § 249 S. 2 BGB Ersatz

daß die Frage „Dispositionsfreiheit oder Zweckbindung?" vom BGH für den Bereich der Personenschäden schon in der bekannten „Stärkungsmittelentscheidung" (VersR 1958, 176) und dem sog. „Narbenfall" (BGHZ 63, 295) zugunsten der Dispositionsfreiheit entschieden worden sei. Dieser Ansicht tritt der 6. Senat nun in seinem Grundsatzurteil zur Zweckbindung (BGHZ 97, 14) entschieden entgegen, denn er schreibt:

> „Entgegen der Auffassung der Revision hat er [der 6. Senat][188] jedoch bei Personenschäden einen Anspruch des Geschädigten auf Ersatz fiktiver Kosten bisher noch nicht dem Grunde nach anerkannt. Die Entscheidung vom 3.12.1974 (BGHZ 63, 295) besagt dazu nichts. Auch die Senatsentscheidung vom 29.10.1957 (– VI ZR 233/56 –, NJW 1958, 627 = VersR 1958, 176) läßt sich in diesem Zusammenhang nur bedingt anführen."[189]

Richtig an dieser Ausführung des BGH ist, daß erst das Urteil vom 14.1. 1985 (BGHZ 97, 14) eindeutig und grundlegend zum Problem des fiktiven Kostenersatzes beim Personenschaden Stellung genommen hat. Deshalb kann auch nur dieses Urteil als Grundsatzentscheidung bezeichnet werden. Ebenfalls richtig ist aber, daß die genannten Urteile, wenngleich sie auch die Grundsatzfrage „Dispositionsfreiheit oder Zweckbindung?" nicht eindeutig beantwortet haben, mit ihren jeweiligen Argumenten doch entscheidenden Einfluß auf die Diskussion über den Ersatz fiktiver Gesundheitskosten genommen haben. So hat vor allem die „Stärkungsmittelentscheidung" (VersR 1958, 176) mit ihrem „Verzögerungsargument" die Diskussion über den Ersatz fiktiver Kosten überhaupt erst in Gang gebracht. Deshalb kann bei der Würdigung der Rechtsprechung des Bundesgerichtshofs zum Ersatz fiktiver Gesundheitskosten nicht auf die Darstellung dieser beiden Entscheidungen verzichtet werden.

1. Die Ausgangsentscheidung: „Stärkungsmittelfall" – VersR 1958, 176[190]

a) Das „Verzögerungsargument"

In der „Stärkungsmittelentscheidung" vom 29.10.1957 (VersR 1958, 176) hatte der BGH die Kosten für ein ärztlich verordnetes Stärkungsmittel als erstattungsfähig angesehen, obwohl der Verletzte es wegen Geldmangels nicht hatte besorgen und einnehmen können. „Der tragende Grund dieser Ent-

des zur Wiederherstellung seiner Gesundheit erforderlichen Schadensbetrages auch insoweit verlangen, als er – zum Beispiel aus Mangel an eigenen Mittel – auf eine vollständige Korrektur hat verzichten müssen (vgl. BGH VersR 1958, 176)."

[188] Anmerkung des Verf.

[189] BGHZ 97, 14 = JZ 1986, 638/639.

[190] BGH Urteil vom 29.10.1957 – VI ZR 233/56 –, VersR 1958, 176 = NJW 1958, 627 („Stärkungsmittelentscheidung").

scheidung war", so der BGH, „der Gesichtspunkt, daß der Schädiger nicht dadurch von der Verpflichtung zum Ersatz notwendiger Heilungskosten befreit werden soll, daß er durch Hinausschieben der Erfüllung eines begründeten Ersatzanspruchs den Verletzten außerstande gesetzt hat, sich notwendige Heil- oder Stärkungsmittel zu kaufen".[191]

Diese Argumentationsfigur[192], nach der der Schädiger durch bewußte Verzögerung der Ersatzleistung keinen Vorteil erlangen soll, wird in der Literatur unter dem Stichwort „Verzögerungsargument" erörtert und findet auch in der Sachschadensdiskussion Verwendung.[193] Beim Sachschaden besteht zwar nicht die Gefahr, daß sich der Schädiger durch die Leistungsverzögerung (bzw. Nichtleistung) ganz von seiner Verpflichtung befreien kann, jedoch eröffnet eine Leistungsverzögerung ihm die Möglichkeit von dem betragsmäßig höheren Restitutionsanspruch nach § 249 S. 2 BGB auf den niedrigeren Kompensationsanspruch nach § 251 I BGB „umzuschalten"[194], falls zwischenzeitlich die beschädigte Sache untergeht.

In beiden Fällen, d.h. beim Sach- und beim Personenschaden, wurde der „Verzögerungsgedanke" in der bisherigen Diskussion zur Begründung der Dispositionsfreiheit des Geschädigten herangezogen, denn bei Geltung dieses „Grundsatzes" läuft jede Verzögerungstaktik des Schädigers ins Leere. Dies ist auch der Grund dafür, weshalb Wissenschaft und Rechtspraxis weitgehend annahmen, daß die „Stärkungsmittelentscheidung" die Frage „Dispositionsfreiheit oder Zweckbindung" schon zugunsten der Dispositionsfreiheit beantwortet habe. Nach Auffassung des BGH wurde aber dieser Schluß vom „Verzögerungsargument" auf den „Grundsatz der Dispositionsfreiheit" zu unrecht gezogen. Denn der 6. Senat betonte sowohl in der „Stärkungsmittelentscheidung" (VersR 1958, 176) als auch in der „Grundsatzentscheidung zur Zweckbindungstheorie" (BGHZ 97, 14), daß der tragende Grund der Stärkungsmittelentscheidung im „Verzögerungsargument" und nicht, so der zwar nicht explizit angeführte, aber sich aufdrängende Umkehrschluß, im „Grundsatz der Dispositionsfreiheit" zu suchen ist. Diese Einschätzung des 6. Senats kann nur dahingehend gedeutet werden, daß dieser das „Verzögerungsargument" als ein auf den Einzelfall beschränktes Billigkeitsargument einstuft, aus dem ein „Grundsatz der Dispositionsfreiheit" nicht abgeleitet werden kann. Insofern steht das „Grundsatzurteil zur Zweckbindung" (BGHZ 97, 14) auch nicht in Widerspruch zur „Stärkungsmittelentscheidung" (VersR 1958, 176).

---

[191] BGHZ 97, 14 = JZ 1986, 639 li. Sp. Das Zitat ist nahezu wortgleich mit den Ausführungen in BGH VersR 1958, 176 (177).

[192] *Diederichsen,* Argumentationsstrukturen in der Rechtsprechung zum Schadensersatzrecht, FS für Klingmüller, S. 65 (76) (Argumentationsfigur „reductio ad absurdum").

[193] Zum Verzögerungsargument vgl. auch: 5. Kapitel, V.2.b).

[194] *Rauscher,* Abschied vom Schadensersatz für Nutzungsausfall?, NJW 1986, 2011 (2013 re. Sp.).

b) Das „Arm-Reich-Argument“

Bei der „Stärkungsmittelentscheidung“ vom 29.10.1957 (VersR 1958, 176) spielte eine weitere, eng mit dem „Verzögerungsargument“ zusammenhängende Billigkeitserwägung eine Rolle: Der finanziell schwache Geschädigte sollte für seinen erzwungenen Verzicht auf das Stärkungsmittel nicht „bestraft“ werden[195], d.h. die unterschiedliche finanzielle Leistungsfähigkeit der Geschädigten soll keinen Einfluß auf die Höhe der vom Schädiger zu zahlenden Schadensersatzleistung haben. Dieses „Arm-Reich-Argument“[196], das letztlich seine Überzeugungskraft aus dem Gleichbehandlungsgedanken schöpft, kann bei der heutigen Dichte der sozialen Absicherung keine tragende Rolle mehr in der Diskussion um den Ersatz fiktiver Kosten spielen.[197] Es bleibt, wie das „Verzögerungsargument“, ein auf den Einzelfall beschränktes Billigkeitsargument.

c) Das „Mißbrauchsargument“

Schließlich könnte man sogar die Auffassung vertreten, daß sich in der „Stärkungsmittelentscheidung“ (VersR 1958, 176) ein verstecktes Argument für die Zweckbindungstheorie finden läßt. Denn am Ende des Urteils erweckt der BGH den Eindruck, daß die Geltendmachung von fiktiven Kosten einen Mißbrauch darstellt bzw. zumindest darstellen kann. So heißt es in der Schlußpassage des Urteils:

> „Auch die Besorgnis, daß die hier vertretene Auffassung zur mißbräuchlichen Geltendmachung von Ansprüchen auf Kostenersatz z.B. eines Kuraufenthalts, dem sich der Verletzte in Wirklichkeit nicht unterzogen hat, führen könne, rechtfertigt in Fällen wie dem vorl., in dem es sich um ärztlich verordnete Stärkungsmittel aus Anlaß schwerer Verletzungsfolgen handelt, keine andere Entscheidung. Einem Mißbrauch kann der Tatrichter im übrigen jederzeit dadurch vorbeugen, daß er an den Nachweis der Notwendigkeit von Heil- und Stärkungsmitteln strenge Anforderungen stellt. Es bleibt ihm auch unbenommen, im Einzelfall aus der Tatsache, daß der Verletzte privatärztlich verordnete Heil- oder Stärkungsmittel nicht beschafft hat, den Schluß zu ziehen, daß sie zur Gesundung des Verletzten nicht erforderlich waren.“[198]

---

[195] *Schiemann,* Argumente und Prinzipien bei der Fortbildung des Schadensrechts, S. 34.

[196] *Medicus,* Schadensersatz und Billigkeit, VersR 1981, 503 (600).

[197] Vgl.: *Medicus,* Schadensersatz und Billigkeit, VersR 1981, 503 (600 f.): „Aber als Alltagsargument mit hunderttausendfacher Anwendung (...) eignen sich diese Gründe einer scheinbaren Billigkeit nicht“; *Zeuner,* Gedanken zum Schadensproblem, in: GS für Dietz, S. 99 (113); kritisch gegenüber Billigkeitsargumente dieser Art: *Diederichsen,* Argumentationsstrukturen in der Rechtsprechung zum Schadensersatzrecht, in: FS für Klingmüller, S. 65 (74 ff.) („reductio ad absurdum“).

[198] BGH VersR 1958, 177.

Eine besondere Variante dieses Mißbrauchsarguments findet sich auch in der Sachschadensdiskussion. Insbesondere in der Versicherungswirtschaft herrscht die Ansicht vor, daß die „fiktive Schadensberechnung" als eine Hauptursache für das Ansteigen der Versicherungsbetrugsfälle anzusehen ist.[199] Deshalb gilt auch in der Versicherungspraxis die „fiktive Schadensberechnung" als ein Indiz – neben einer Vielzahl anderer Indizien – für einen fingierten und manipulierten „Unfall", was zur Aufnahme in den „Kriterienkatalog für manipulierte Verkehrsunfälle" geführt hat.[200] Trotz des bedenklichen Anstiegs der Versicherungsbetrugsfälle ist allerdings fraglich, ob der „Mißbrauchsgedanke" für die Beantwortung der Grundsatzfrage „Dispositionsfreiheit oder Zweckbindung?" ausschlaggebend sein kann. Auch wenn man das Schadensrecht als Teil des sozialen Steuerungssystems unserer gesamten Rechtsordnung ansieht, wäre es m.E. verfehlt, wollte man den „Kampf gegen den Versicherungsbetrug" vornehmlich mit den Mitteln des Schadensrechts führen.[201]

Zusammenfassend läßt sich festhalten, daß der BGH mit der „Stärkungsmittelentscheidung" die Grundsatzfrage „Dispositionsfreiheit oder Zweckbindung?" beim Personenschaden nicht beantwortet hat. Die von ihm in diesem Zusammenhang vorgebrachten Billigkeitsargumente sind jeweils auf den Einzelfall zugeschnitten und deshalb als Anhaltspunkte für die Fortentwicklung des Schadensrechts nicht geeignet. Mit dem „Stärkungsmittelurteil" (VersR 1958, 176) liegt somit keine „Grundsatz-", sondern lediglich eine „Ausgangsentscheidung" vor, mit der die Diskussion um den Ersatz fiktiver Kosten ihren Anfang genommen hat.

2. Die flankierende Entscheidung: der „Narbenfall" – BGHZ 63, 295[202]

Auch das Urteil vom 3.12.1974 (BGHZ 63, 295) berührt die Grundsatzfrage „Dispositionsfreiheit oder Zweckbindung?" nur am Rande. In erster Linie setzt es sich mit der Problematik auseinander, ob der Geschädigte die

---

[199] Vgl dazu: *Honsell/Harrer,* Schaden und Schadensberechnung, JuS 1991, 441 (446 li. Sp.); *Aul,* Schadensersatz in Geld § 249 ff. BGB und die Folgen, MDR 1985, 992; *Dannert,* Die Berechnung des Kraftfahrzeugschadens: Reparaturkosten- oder Totalschadensbasis?, VersR 1988, 980 (981 Fn. 12).

[200] KH-Kriterienkatalog für manipulierte Verkehrsunfälle (Stand: 31.12.93), ZfS 1994, 313 (315, Nr. 35).

[201] Ebenso: *Dannert,* a.a.O.

[202] Urteil vom 3.12.1974 – VI ZR 1/74 –, BGHZ 63, 295 („Narbenfall") = VersR 1975, 342, 642 mit zustimmender Anm. *Seliger* = NJW 1975, 640 = MDR 1975, 390 = JZ 1975, 225 = JR 1975, 327 mit krit. Anm. *Jochem* = LM § 249 (Fa) BGB Nr. 14 Bl. 1 Anm. *Steffen.*

Kosten der operativen Beseitigung einer minimalen Narbe, die kaum zu erkennen war, vom Schädiger verlangen kann oder ob ihm dies nach Treu und Glauben wegen der dazu erforderlichen unverhältnismäßigen Aufwendungen verwehrt ist. Die Tatsache aber, daß der Geschädigte die Operation erst nach Zahlung der Kosten durchführen lassen wollte, rückt den sog. „Narbenfall" (BGHZ 63, 295) in die Nähe der hier interessierenden Grundsatzproblematik des Ersatzes fiktiver Kosten.

Im Ergebnis verneinte der BGH unter Hinweis auf den Rechtsgedanken des § 251 II BGB einen Anspruch des Geschädigten auf Ersatz der (fiktiven) Operationskosten, denn, so führt er begründend aus, „auch wenn der Schädiger für einen Körperschaden (hier: Unfallnarbe) einzustehen hat, kann ausnahmsweise dem Geschädigten nach Treu und Glauben wegen unverhältnismäßiger Aufwendungen verwehrt sein, [den Schädiger] auf Naturalrestitution in Anspruch zu nehmen".[203] Anderenfalls würden „die Mittel für eine kosmetische Operation nicht wegen eines wirklichen Bedürfnisses des Verletzten, sondern weitgehend nur deshalb zugebilligt, weil die Beseitigung einer Narbe medizinisch möglich ist; im Regelfall ist eine Verwendung der geforderten Mittel zu solchen ‚Herstellungs'-Zwecken auch nicht zu erwarten".[204]

Wie Jochem[205] zutreffend ausführt, läßt sich diese Begründung letztlich nur unter „dem Gesichtspunkt eines rechtsmißbräuchlichen Herstellungsverlangens" des Geschädigten begreifen. „Dunkel bleibt gleichwohl", so Jochem, „der tragende Aspekt." Das vor allem im Nachsatz deutlich werdende „Unbehagen des Gerichts", dem Geschädigten einen Schadensersatzbetrag zuzusprechen, „obwohl seine Verwendung zu solchen ‚Herstellungs'-Zwecken im Regelfall nicht zu erwarten ist, deutet darauf hin, daß der rechtsmißbräuchlich handelt, der kassiert, aber nicht repariert".[206] Ob dieser „verdeckte Griff auf das Mißbrauchsargument"[207] das Ergebnis wirklich trägt, ist fraglich, zumal sich der BGH damit in Widerspruch zu seiner Rechtsprechung zum Ersatz fiktiver Reparaturkosten setzt. Fest steht jedenfalls, daß sich mit der „Narbenentscheidung" (BGHZ 63, 295) eine Grundtendenz zur Anwendung der Zweckbindungstheorie beim Personenschaden abzeichnete. Das Ergebnis der nachfolgenden „Grundsatzentscheidung zur Zweckbindungstheorie" (BGHZ 97, 14) war sonach gewissermaßen programmiert.

---

[203] BGHZ 63, 295 = JR 1975, 327 (1. Leitsatz).

[204] BGHZ 63, 295 = JR 1975, 329 li. Sp.

[205] Anm. *Jochem,* JR 1975, 330 re. Sp.

[206] *Jochem,* a.a.O.

[207] Anm. *Jochem,* JR 1975, 331.

3. Begründungskonzept in BGHZ 97, 14: Abgrenzung des Personen- zum Sachschaden

Bei der Analyse der Begründung des zweiten „Grundlagenurteils" (BGHZ 97, 14) fällt auf, daß der 6. Senat seine Begründung nicht auf der Basis der vorangegangenen Urteile zum Personenschaden, sondern allein aus seiner Rechtsprechung zum Sachschaden entwickelt. So gliedert sich denn auch die Urteilsbegründung in zwei Teile. Im ersten Teil bekräftigt der BGH nochmals unter Berufung auf die Entstehungsgeschichte (Prot. I 296 / 297) und mit dem Hinweis auf das „Gleichbehandlungs-"[208] und das „Vermögensumschichtungsargument"[209] die Dispositionsfreiheit des Geschädigten für den Bereich des Sachschadens, um dann, im zweiten Teil, nur noch zu erläutern, weshalb diese Argumente nicht auf den Personenschaden übertragbar sind. Dieser zweite Argumentationsschritt, der ausschließlich auf die Unterschiede zwischen Personen- und Sachschaden abstellt und so zu dem Ergebnis gelangt, daß im Bereich des Personenschadens der Ersatzanspruch an den Herstellungszweck gebunden ist, ist für sich allein betrachtet überzeugend. Dies dürfte auch der Grund dafür sein, weshalb die Entscheidung in der Literatur überwiegend auf Zustimmung gestoßen ist[210] und manchen Autor sogar zu einem Ansichtswechsel bewegen konnte.[211]

Auf der anderen Seite überrascht die Nichtübertragbarkeit der oben genannten Argumente, die zur Dispositionsfreiheit führten, nicht; wurden diese doch allesamt am Sach- bzw. genauer: am Kfz-Schaden entwickelt. Die Schwäche der Begründung liegt sonach nicht im zweiten, sondern vor allem im ersten Teil, der m.E. mit nicht überzeugenden Argumenten die Prämissen für den zweiten Begründungsschritt festlegt. Nicht die Schlußfolgerung, sondern die Wahl der Ausgangsprämissen ist der eigentliche Schwachpunkt dieser Urteilsbegründung. Wer schon die Rechtsprechung zur Dispositionsfreiheit beim Sachschaden nicht mittragen konnte, den überzeugt auch die vorliegende Urteilsbegründung nicht. Anders ausgedrückt: Wer in den Fallanalogien der „Gleichbehandlungsargumente" einen „Kurzschluß"[212] und im „Vermögensumschichtungsargument" eine Kollision mit dem Herstellungsprinzip

---

[208] BGHZ 97, 14 = JZ 1986, 639 re. Sp.: „Ob der Geschädigte den Entschluß zur anderweitigen Verwendung des Ersatzbetrags erst nach Erhalt des Geldes faßt oder ob er bereits vor der Zahlung entsprechend disponiert hat, macht keinen Unterschied." Gegen diese Argumentation: 2. Kapitel, II.5.

[209] BGH, a.a.O.

[210] *Grunsky,* Zur Erstattungsfähigkeit fiktiver Heilungskosten, JuS 1987, 441; *Hohloch,* Anmerkung zu BGHZ 97, 14, JR 1986, 367; *Emmerich,* Anmerkung zu BGHZ 97, 14, JuS 1986, 648; kritisch aber: *Rinke,* Kein Ersatz fiktiver Operationskosten?, DAR 1987, 14.

[211] So z.B. Palandt-*Heinrichs*, 51. Aufl., § 249 Rn. 4, der ab der 51. Aufl. die Auffassung des BGH übernommen hat.

[212] Vgl. dazu im 2. Kapitel, II.5 und IV.1.a).

des § 249 BGB erblickt[213], der wird diese Argumente auch nicht als Ausgangspunkt dieser neuen Urteilsbegründung akzeptieren können.

a) Der Umkehrschluß aus dem „Vermögensumschichtungsargument"

Besonders deutlich wird das in BGHZ 97, 14 verwendete Begründungskonzept am Beispiel des „Vermögensumschichtungsarguments". In der Urteilsbegründung stellt der BGH zunächst fest, daß dieses am Sachschaden entwickelte Argument für die Dispositionsfreiheit auf den Personenschaden nicht übertragbar ist. Im Anschluß daran folgert er, daß deshalb der „Grundsatz der Dispositionsfreiheit" beim Personenschaden keine Anwendung finden kann. Im einzelnen führt der BGH dazu aus:

> „Diese Dispositionsfreiheit des Geschädigten bezüglich des vom Schädiger zur Herstellung geschuldeten Geldbetrages läßt sich auf Personenschäden nicht übertragen. Insoweit wirkt sich aus, daß die Naturalrestitution, für die der Verletzte den Geldbetrag nach § 249 Satz 2 BGB verlangen kann, hier auf Herstellung der körperlichen Integrität, mithin auf die Beseitigung eines Nichtvermögensschadens gerichtet ist, für den sich ein Verständnis, das im Verzicht des Verletzten auf Restitution lediglich eine mit dem Geldbetrag des § 249 Satz 2 BGB zutreffend bewertete Vermögensdisposition sehen wollte, wesensmäßig verbietet. Der Entschließung des Verletzten, sich einer ärztlichen Behandlung – etwa wegen der damit verbundenen Risiken oder des zweifelhaften Erfolgs – nicht zu unterziehen, sondern mit der unbehandelten Verletzung weiterzuleben, betrifft eine andere Ebene als die Vermögensdisposition mit dem Geldbetrag des § 249 Satz 2 BGB und ist prinzipiell ebensowenig kommensurabel wie die Verletzung selbst, mit der der Geschädigte belastet bleibt; hierfür gewährt ihm das Gesetz eine Geldentschädigung in Form des Schmerzensgelds. Ebensowenig, wie der Verletzte vom Schädiger nach § 249 Satz 2 BGB die Kosten einer (teureren) Operation verlangen kann, wenn er sich für die (billigere) konservative Behandlung entschiedet, kann er deshalb bei einem Verzicht auf jede Behandlung vom Schädiger Behandlungskosten für eine Restitution beanspruchen, die er gerade nicht will."[214]

Die vom BGH geknüpfte Argumentationskette: „Kein Vermögensschaden – keine Vermögensdisposition – keine Vermögensumschichtung – keine Dispositionsfreiheit – kein Ersatz fiktiver Operationskosten" erweist sich als überflüssig, denn nach der hier vertretenen Ansicht verhindert nicht erst die Qualifizierung des Personenschadens als Nichtvermögensschaden die Anwendung des „Umschichtungsgedankens", sondern schon dessen Kollision mit dem Herstellungsprinzip.[215]

---

[213] Vgl. dazu im 2. Kapitel, II.4.

[214] BGHZ 97, 14 = JZ 1986, 639 re. Sp.

[215] Vgl. dazu im 2. Kapitel, II.4.

b) Das „Umgehungsargument“

Das zweite Hauptargument, auf das der BGH die Zweckbindung des Herstellungsanspruchs beim Personenschaden stützt, ist das in BGHZ 97, 14 erstmals eingeführte *„Umgehungsargument“*. Dieses basiert auf der Vorstellung, daß bei einer Anwendung des „Grundsatzes der Dispositionsfreiheit“ auf Personenschäden der § 253 BGB unzulässigerweise umgangen würde. Hierzu führt der BGH aus:

> „Wenn der Verletzte die Behandlungskosten verlangt, obwohl er die Behandlung nicht durchführen lassen will, so verlangt er in Wahrheit eine Entschädigung (Kompensation) für die fortdauernde Beeinträchtigung seiner Gesundheit. Eine derartige Kompensation billigt die Rechtsordnung dem Verletzten gem. § 253 BGB nur unter den Voraussetzungen des § 847 BGB zu. Wenn man dem Verletzten die fiktiven Kosten einer nicht durchgeführten Heilbehandlung zuerkennen wollte, so würde dies zu einer *Umgehung des § 253 BGB* führen. In den Fällen, in denen die Voraussetzungen des § 847 BGB für die Gewährung eines Schmerzensgeld nicht vorliegen, würde der Verletzte ein ihm nach dem Gesetz nicht zustehendes Schmerzensgeld erhalten, in anderen Fällen würde er ein ihm nach § 847 BGB zustehendes Schmerzensgeld in einer im Gesetz nicht vorgesehenen Weise aufbessern können.“[216]

Auf den ersten Blick leuchten diese Überlegungen des BGH so sehr ein, daß jede Kommentierung überflüssig erscheint. Bei genauerer Betrachtung stellt sich jedoch eine Vielzahl von ungeklärten Fragen. So bleibt unklar, weshalb „ausgerechnet der in anderem Zusammenhang vom BGH[217] als rechtspolitisch verfehlt erkannte § 253 BGB der Ersatzfähigkeit fiktiver Operationskosten entgegenstehen“[218] soll, verneint doch die ganz h.M.[219] die unmittelbare Anwendung des § 253 BGB auf den nach den Herstellungskosten berechneten Geldanspruch nach § 249 S. 2 BGB. Überhaupt ist eine Zäsur zwischen Vermögensschaden und Nichtvermögensschaden innerhalb der Restitutionsanprüche nach § 249 BGB m.E. fehl am Platze.[220] Dort geht es, im einen wie im anderen Fall, um die Herstellung des ursprünglichen Zustands und nicht um einen bilanzmäßigen Vermögensausgleich. Deshalb verbietet

---

[216] BGHZ 97, 14 = JZ 1986, 639/640 (Hervorhebungen vom Verf.).

[217] BGHZ 35, 363 (367) – Gingsengwurzel; BGHZ 26, 349 (354) – Herrenreiter; BGHZ 39, 124 – Fernsehansagerin.

[218] *Rinke,* Kein Ersatz fiktiver Operationskosten?, DAR 1987, 14 (15 li. Sp.).

[219] Für viele MünchKomm-*Grunsky*, § 253 Rn. 2; Staudinger-*Medicus*, 12. Aufl., § 253 Rn. 10; *Lange,* Schadensersatz, S. 423; *Rauscher,* Abschied vom Schadensersatz für Nutzungsausfall?, NJW 1986, 2011 (2014 li. Sp); Palandt-*Heinrichs*, § 253 Anm. 2. – Schon in den Motiven, Bd. II, S. 23: „Zu bemerken ist überdies, daß der Entwurf nur den Anspruch auf Entschädigung abspricht, nicht den Anspruch auf Wiederherstellung des früheren Zustandes (§ 219) …“.

[220] Wie hier, zumindest für den Herstellungsanspruch nach § 249 S. 1 BGB, RGZ 94, 1 (3); *Lange/Hagen,* Wandlungen des Schadensersatzrechts, S. 61.

sich nicht nur eine unmittelbare Anwendung des § 253 BGB auf den Herstellungsanspruch nach § 249 S. 2 BGB, sondern auch eine „auf § 253 BGB gestützte Rechtsgrundsatzanalogie“.[221]

Hält man aber das *„Umgehungsargument“* für überzeugend, so muß man sich die Frage gefallen lassen, weshalb nur § 253 BGB und nicht auch § 251 BGB ein Hindernis für die Ersatzfähigkeit der Herstellungskosten darstellen soll. M.a.W.: Warum soll das *„Umgehungsargument“* nur im Bereich des Personenschadens und nicht auch für den Sachschaden Anwendung finden? Wie die bisherige Untersuchung zeigte, wurde die sachschadensrechtliche Variante des *„Umgehungsarguments“*, wie sie der 5. Senat im Urteil vom 2.10.1981 (BGHZ 81, 385) vertreten hat („Abweichung von der Konzeption des Gesetzes“)[222], vom 6. Senat mit dem Hinweis auf den „Grundsatz der Dispositionsfreiheit“ abgetan. Doch verlangt der Geschädigte, der sein Kfz unrepariert veräußert (ohne sich gleichzeitig ein neues Kfz anzuschaffen) oder unrepariert weiterbenutzt, in Wahrheit nicht auch bloß eine Kompensation, d.h. nur das Wertinteresse, das beim Sachschaden eben über § 251 BGB und nicht über § 249 BGB zu ersetzen wäre? Wird durch die Proklamation der Dispositionsfreiheit des Geschädigten nicht § 251 I BGB umgangen?[223]

Ungeachtet dieser offenen Fragen kommt der 6. Senat in seinem zweiten Grundsatzurteil (BGHZ 97, 14) zu folgendem Ergebnis:

> „Aus den dargestellten Gründen kann es bei Personenschäden grundsätzlich keine Dispositionsfreiheit des Geschädigten bezüglich der Verwendung der Herstellungskosten geben. Die Herstellungskosten sind vielmehr im Bereich der Personenschäden zweckgebunden. Deshalb kann der Verletzte Behandlungskosten gem. § 249 Satz 2 BGB nur verlangen, wenn er die Absicht hat, die Behandlung auch tatsächlich durchführen zu lassen.“[224]

Das Verblüffende an diesem an sich richtigen Ergebnis ist der offene Widerspruch zum ersten Grundsatzurteil (BGHZ 66, 239). Während der 6. Senat in seiner Grundsatzentscheidung zur Dispositionsfreiheit (BGHZ 66, 239) den Willen des Geschädigten zur Reparatur noch als „praktisch kaum nachprüfbaren inneren Tatbestand“ bezeichnet hat, der „nicht zur Voraussetzung für den Anspruch auf Zahlung des zur Instandsetzung erforderlichen Geldbetrags erhoben werden kann“, hat derselbe Senat im zweiten Grundsatzurteil (BGHZ 97, 14) beim Personenschaden keinerlei Probleme, die Gewährung des Herstellungsanspruchs von der „festen Absicht zur Durchführung der Operation“ abhängig zu machen. Weshalb sich aber beim Sachschaden die Herstellungsabsicht als

---

[221] *Rinke*, DAR 1987, 15 li. Sp.

[222] Vgl. im 2. Kapitel, III.1, III.3.

[223] Vgl. *Lange/Hagen*, Wandlungen des Schadensersatzrechts, S. 77: „... dies kann auf eine Umgehung des § 251 hinauslaufen“.

[224] BGHZ 97, 14 = JZ 1986, 640.

„ein praktisch kaum nachprüfbarer innerer Tatbestand darstellt"[225], beim Personenschaden jedoch „ohne weiteres" von der „Behandlungsbedürftigkeit der Verletzung und den zu ihrer Behandlung getroffenen Maßnahmen"[226] auf die Herstellungs- bzw. Heilungsabsicht geschlossen werden kann, bleibt das Geheimnis des 6. Senats.

c) Zwischenergebnis

So sehr man auch das Ergebnis der zweiten Grundsatzentscheidung (BGHZ 97, 14) begrüßt, das darin angewandte Begründungskonzept überzeugt wegen seiner einseitigen Ausrichtung an der Sachschadensdogmatik nicht. Schon mit der Wahl der Ausgangsprämissen und der dadurch festgelegten Argumentationsrichtung, vom Sach- zum Personenschaden hin, war die Ungleichbehandlung von Sach- und Personenschaden vorprogrammiert. Angesichts der dabei auftretenden Wertungswidersprüche fragt man sich, ob nicht die umgekehrte Argumentationsrichtung, d.h. der Schluß von der Zweckbindung des Herstellungsbetrags beim Personenschaden auf die Zweckbindung beim Sachschaden, die dogmatisch richtigere Lösung wäre.

4. Bestätigung des zweiten „Grundsatzurteils" durch den 9. Senat – NJW 1992, 3096[227]

Im Urteil vom 4.6.1992 (NJW 1992, 3096) hatte der 9. Senat des BGH zu entscheiden, ob ein US-amerikanisches Schadensersatzurteil[228], in welchem dem Kläger unter anderem fiktive Heilungskosten (future medical) zuerkannt wurden, gem. §§ 328 I Nr.4, 722 ZPO anerkannt und für vollstreckbar erklärt werden konnte. Bei dieser Entscheidung mußte geprüft werden, ob die Anerkennung des amerikanisches Urteils bzw. die Gewährung eines Anspruchs auf Ersatz von fiktiven Heilungskosten durch das amerikanische Recht einen Verstoß gegen den materiellen ordre public darstellen würde.

Ein solcher Verstoß liegt nach ständiger Rechtsprechung des BGH nur dann vor, wenn „das Ergebnis der Anwendung des ausländischen Rechts zu den Grundgedanken der deutschen Regelungen und der in ihnen enthaltenen

---

[225] BGHZ 66, 239 = VersR 1976, 875 li. Sp.

[226] BGHZ 97, 14 = JZ 1986, 640 li. Sp.

[227] Urteil vom 4.6.1992 – IX ZR 149/91 –, NJW 1992, 3096 = JuS 1993, 423 mit Anm. *Hohloch* = ZIP 1992, 1256; vgl. auch die Anm. von *Bungert,* Vollstreckbarkeit US-amerikanischer Schadensersatzurteile in exorbitanter Höhe in der Bundesrepublik, ZIP 1992, 1707. – Leitsatz Nr. 6 der BGH-Entscheidung lautet: „Gewährt das ausländische Recht einen Anspruch auf Ersatz von Heilungskosten ohne Rücksicht darauf, ob der Verletzte gegenwärtig die bestimmte Absicht hat, sich der Heilbehandlung zu unterziehen, so begründet das kein Anerkennungshindernis i.S. von § 328 I Nr. 4 ZPO."

[228] Superior Court of the State of California in and for the County of San Joaquin.

Gerechtigkeitsvorstellungen in so starkem Widerspruch steht, daß es nach inländischen Vorstellungen untragbar erscheint (sog. ordre public international: BGHZ 50, 370 [375f.] = NJW 1969, 369 = LM Art.22 EGBGB Nr.2 L; BGHZ 75, 32 [43] = NJW 1979, 1776; BGH NJW 1991, 1418 [1429]).“ (...) „Im Rahmen von § 328 I Nr. 4 ZPO“, so fährt der 9. Senat fort, „nimmt die deutsche Rechtsordnung es [aber] hin, wenn der Verletzte Heilungskosten ersetzt verlangen kann, ohne daß er gegenwärtig die bestimmte Absicht hat, sich der Heilbehandlung zu unterziehen. Die abweichende Regelung des deutschen Rechts, das für Personenschäden keine Dispositionsfreiheit kennt, beruht vor allem darauf, daß ein Ersatz für nicht zu behandelnde und damit letztlich hingenommene körperliche oder geistig-seelische Schäden in Wahrheit eine Entschädigung für die fortdauernde Gesundheitsbeeinträchtigung *unter Umgehung von § 253 BGB* darstellen würde (BGHZ 97, 14 [19] = NJW 1986, 1538 = LM § 249 BGB Nr. 29). Für einen Verstoß gegen die öffentliche Ordnung ist es jedoch unerheblich, ob das ausländische und das inländische Gesetz auf *widerstreitenden Prinzipien* beruhen; allein entscheidend ist, ob das konkrete Ergebnis der Anwendung des ausländischen Rechts zu mißbilligen ist (BGHZ 39, 172 [177] = NJW 1963, 1200 = LM Art. 7 ff. EGBGB Nr. 20 L). (...) Wenn das kalifornische Recht hierzu dem Geschädigten die Dispositionsfreiheit nicht nur bezüglich der Integrität seiner Sachen, sondern auch seines Körpers sowie seiner geistig-seelischen Gesundheit einräumt, wird dadurch keine schutzwürdige Position des Schädigers beeinträchtigt: Für ihn hängt es auch nach deutschem Recht *allein vom freien Willen seines Opfers* ab, ob die Heilungskosten zu erstatten sind oder nicht. Die deutsche Rechtsordnung (...) wird aber insgesamt durch die andersartige ausländische Form der Schadensabwicklung nicht unerträglich gestört (...).“[229]

Dem Urteil vom 4.6.1992 (NJW 1992, 3096) lassen sich im wesentlichen zwei für die Grundsatzfrage „Dispositionsfreiheit oder Zweckbindung?“ interessante Gesichtspunkte entnehmen: Zum einen bestätigt der 9. Senat unter Hinweis auf das „Umgehungsargument“ des 6. Senats die Zweckbindung des Herstellungsanspruchs nach § 249 S. 2 BGB als ein fundamentales Rechtsprinzip des deutschen Schadensrechts. Zum anderen macht er deutlich, daß auch nach deutschem Recht die Erstattung von Heilungskosten vom „freien Willen des Opfers“ abhängt, d.h. daß der Geschädigte auch bei einer Zweckbindung des Herstellungsanspruchs über das Ob und Wie der Schadensabwicklung disponieren kann, wenngleich er sich auch an seiner jeweiligen Entscheidung festhalten lassen muß.

Mit dieser Bestätigung des zweiten Grundsatzurteils des 6. Senats (BGHZ 97, 14) markiert das Urteil des 9. Senats vom 4.6.1992 (NJW 1992, 3096) den vorläufigen Abschluß der Rechtsprechungsentwicklung zu der Grundsatzfrage „Dispositionsfreiheit oder Zweckbindung?“.

---

[229] BGH NJW 1992, 3101 li. Sp. (Hervorhebungen vom Verf.).

VI. Erste Zwischenbilanz: Bewertungen und Tendenzen

1. Der „Grundsatz der Dispositionsfreiheit" – ein dogmatischer Torso

Der in BGHZ 66, 239 postulierte „Grundsatz der Dispositionsfreiheit" entpuppt sich bei näherer Betrachtung als ein dogmatischer Torso. Schon in der Grundsatzentscheidung selbst, aber auch in den Folgeentscheidungen mußte dieser „eherne Grundsatz des Schadensrechts"[230] eine Reihe von Ausnahmen und Einschränkungen hinnehmen, die berechtigte Zweifel an seiner Eignung als Leitprinzip für die Rechtsfortbildung aufkommen ließen. So findet die am Kfz-Schaden entwickelte Dispositionsfreiheit nach der Auffassung des BGH bei Grundstücksschäden keine Anwendung. Auch bei bloßen Begleitschäden, wie z.B. dem Ersatz des Nutzungsausfalls, kann sich der Geschädigte nicht auf seine Dispositionsfreiheit berufen. Diese steht ihm nur bei reinen Substanzschäden zu. Weiter beschränkt der BGH den „Grundsatz der Dispositionsfreiheit" durch Kostenvergleich und Wirtschaftlichkeitspostulat. Auch die vom BGH innerhalb des Kostenvergleichs eingeführte unterschiedliche Restwertbehandlung – Kürzung des Wiederbeschaffungswerts um den Restwert nur bei tatsächlich durchgeführter Reparatur – schränkt durch die damit verbundene Benachteiligung des fiktiv abrechnenden Geschädigten dessen Möglichkeit frei zu disponieren ein. Beim 30%igen „Integritätszuschlag" führt die Rechtsprechung des BGH sogar zu einer „faktischen Zweckbindung" des Herstellungsanspruchs. Diese Entwicklung setzte sich in der Rechtsprechung zum Personenschaden (BGHZ 97, 14) fort. Dort wird der „Grundsatz der Dispositionsfreiheit" sogar gänzlich aufgegeben und die Zweckbindung des Herstellungsanspruchs uneingeschränkt bejaht.

Eine einheitliche Linie, an der sich diese Einschränkungen innerhalb der Rechtsprechung festmachen lassen, ist nicht zu erkennen, „sondern eher ein Experimentierfeld für das Verfahren von Versuch und Irrtum".[231] Jede neue schadensrechtliche Leitentscheidung schuf eine Anzahl von Folgeproblemen, die bei der Ausgangsentscheidung wohl oft nicht bedacht worden sind.[232] Jedes Folgeproblem wiederum konnte oftmals nur mit einer Ausnahme zum „Grundsatz" bewältigt werden, so daß sich der Verdacht geradezu aufdrängt, daß die Dispositionsfreiheit gerade kein Grundsatz des Schadensrechts darstellt und daß mit ihr ein ungeeigneter Ausgangspunkt für die Rechtsfortbil-

[230] *Schlegelmilch,* Ersatz fiktiver Reparaturkosten bei Unwirtschaftlichkeit?, VersR 1987, 1171 li. Sp.

[231] *Schiemann,* Entwicklungstendenzen im Schadensersatzrecht, 20. VGT 1982, S. 233.

[232] Vgl. *Schiemann,* a.a.O.

dung gewählt wurde. Von einem „ehernen Grundsatz des Schadensrechts“[233] kann jedenfalls bei dieser Sachlage nicht mehr gesprochen werden.

2. Tendenz zum konkret-subjektiven Maßstab

Quer durch die in diesem Kapitel analysierte Rechtsprechung zieht sich die Frage nach dem richtigen Schadensbestimmungsmaßstab. Hierbei tritt der BGH nach wie vor mit dem Anspruch auf, die Schadenshöhe ausschließlich nach einem „objektiven Maßstab“ zu bestimmen. Tatsächlich löst er aber alle entscheidenden Fallprobleme, wie z.B. Zulässigkeit von Fremd- und Eigenreparatur, Restwertbestimmung, Integritätszuschlag usw., über eine „subjektbezogene Schadensbetrachtung“ und diversen Billigkeitsabwägungen.[234] Das Festhalten am „objektiven Maßstab“ hat nur noch eine Aufgabe: die Abgrenzung zur Zweckbindungstheorie. Insgesamt läßt dies auf eine versteckte Tendenz in der Rechtsprechung schließen, die Höhe des Ersatzanspruchs nach dem konkreten Verhalten des Geschädigten, d.h. an seiner konkreten Reaktion auf den Schadensfall zu bemessen.[235] M.a.W.: Das vom Geschädigten konkret geäußerte bzw. „betätigte“ Interesse und nicht ein „objektiver Maßstab“ bestimmt letztlich die Höhe des Ersatzanspruchs.

3. Gelungene Etablierung des „Grundsatzes der Dispositionsfreiheit“?

Nachdem in dieser Zwischenbilanz schon die generelle Eignung der Dispositionsfreiheit zur „ersten Prämisse“ bzw. zum „starting point für die Rechtsfortbildung“ in Frage gestellt wurde, soll an dieser Stelle noch ein kritischer Blick auf das Verfahren, mit dem dieses Rechtsprinzip etabliert werden sollte, geworfen werden. Den Weg, den die Rechtsprechung hierbei geht, hat Esser schon im Jahre 1956 in seiner Schrift *„Grundsatz und Norm in der richterlichen Fortbildung des Privatrechts“*[236] wie folgt beschrieben:

> „Eine bestimmte reale Sachproblematik erzwingt die Entwicklung einer Lösung, die zunächst noch kasuistisch, ohne Prinzipiensuche und -nachweise, erfolgt [= erste Entwicklungsstufe][237], dann sich pragmatisch an diese oder jene passende

[233] *Schlegelmilch,* Ersatz fiktiver Reparaturkosten bei Unwirtschaftlichkeit?, VersR 1987, 1171 li. Sp.

[234] Vgl. *Steffen,* Die Rechtsprechung des BGH zur fiktiven Berechnung des Fahrzeugschadens, NZV 1991, 1 (2).

[235] Vgl. dazu auch das jüngst von *Steffen* (NJW 1995, 2060 li. Sp.) als normative Grenze zur Dispositionsfreiheit des § 249 S. 2 BGB eingeführte „Gebot, den Bezug zum konkreten Schaden zu halten und den Abstand zum abstrakten Schadensersatz zu wahren“.

[236] *Esser,* Grundsatz und Norm in der richterlichen Fortbildung des Privatrechts, S. 164.

[237] Anmerkung des Verf.

Quelle anlehnt [= zweite Entwicklungsstufe][237], von denen man erst, wenn die Systemwidersprüche nicht länger zu verdecken sind, zugibt, daß man sie nur benutzt, um ein über sie hinausführendes Rechtsprinzip systematisch abzustützen [= dritte Entwicklungsstufe][237]."

Das hier von Esser beschriebene Verfahren der Prinzipienbildung stimmt überraschend genau mit der Art und Weise überein, wie der BGH den „Grundsatz der Dispositionsfreiheit" im Rahmen des § 249 S. 2 BGB entwikkelt hat. Auf der ersten Entwicklungsstufe mußte die reale Sachproblematik „Ersatz der Fremd- oder Eigenreparaturkosten?" (BGHZ 54, 82) entschieden werden. Hier entwickelte der BGH seine Lösung tatsächlich noch ohne Hinweis auf irgendwelche Rechtsprinzipien. Erst in der späteren Grundsatzentscheidung (BGHZ 66, 239) argumentierte er mit dem „Grundsatz der Dispositionsfreiheit" und stützte diesen auf seine bisherige Rechtsprechung und auf die Protokolle der Zweiten Kommission (Prot. I 296 / 297) zur Entstehungsgeschichte des BGB.

Momentan befindet sich die Entwicklung im Umbruch von der zweiten zur dritten Entwicklungsphase. Denn es offenbaren sich immer mehr Systemwidersprüche, die durch Regel-Ausnahme-Verhältnisse allein nicht mehr erklärt werden können. So überrascht auch die „Klarstellung der BGH-Rechtsprechung"[238] durch den langjährigen Vorsitzenden des 6. Senats, Steffen, nicht, mit der er rein vorsorglich zum Ausdruck bringt, daß die Dispositionsfreiheit und die bisherigen Rechtsprechungsergebnisse „bei einiger Anstrengung (...) auch schon aus den allgemeinen Grundsätzen des Schadensersatzrechts"[239] hergeleitet werden könnten. Allerdings fährt er bei seinen Ausführungen fort:

> „Indes sind wir dankbar, wenn wir unsere teleologischen Reduktionen und Schutzzwecküberlegungen auf das Gesetz stützen können, sei es auch auf eine so obsolete Basis wie die der Gesetzesmaterialien."[240]

Demzufolge ist die Schwelle zur dritten Entwicklungsstufe noch nicht vollständig überschritten. Ob die Protokolle der Zweiten Kommission (Prot. I 296 / 297) tatsächlich eine Basis für den „Grundsatz der Dispositionsfreiheit" und der daraus entwickelten Lösungen abgeben, wird die weitere Untersuchung, vor allem das nächste Kapitel, zeigen.

---

238 Vgl. *Steffen,* Die Rechtsprechung des BGH zur fiktiven Berechnung des Fahrzeugschadens, NZV 1991, 1 li. Sp.

239 *Steffen,* NZV 1991, 1 (2 re. Sp.).

240 *Steffen,* a.a.O.

3. Kapitel

Die Protokolle der Zweiten Kommission (Prot. I 296/297)[1] als Basis der „Dispositionsfreiheit“?

Um den „Grundsatz der Dispositionsfreiheit“ argumentativ zu untermauern, bezog sich der BGH in seinem Grundsatzurteil vom 23.3.1976 (BGHZ 66, 239) sowie in zahlreichen anderen Entscheidungen[2] auf die Protokolle der Zweiten Kommission. Dabei fällt auf, daß der BGH in diesen Urteilen die historische Grundlegung des „Grundsatzes der Dispositionsfreiheit“ kaum erläutert, sondern sich meist mit dem Hinweis auf eine bestimmte Protokollstelle (Prot. I 296/297) begnügt. Da sich aber aus der zitierten Stelle die Dispositionsfreiheit des Geschädigten nicht unmittelbar ableiten läßt, vermag dieser bloße Hinweis in den Urteilen nicht zu überzeugen. Nur wenn der durch Auslegung der Protokolle ermittelte historische Normzweck des § 249 S. 2 BGB tatsächlich Anhaltspunkte für eine Dispositionsfreiheit des Geschädigten liefert, können die Protokolle als Basis der Dispositionsfreiheit akzeptiert werden. Sonach gilt es in einem ersten Schritt den historischen Normzweck des § 249 S. 2 BGB herauszuarbeiten, um dann in einem zweiten Schritt zu untersuchen, ob aus ihm Schlüsse auf den „Grundsatz der Dispositionsfreiheit“ gezogen werden können.

Nach dem § 219 des ersten Entwurfs (E I), der den Beratungen der Zweiten Kommission zugrunde lag, konnte der Geschädigte nur die Wiederherstellung des ursprünglichen Zustands durch den Schädiger fordern, diese jedoch nicht in Eigenregie durchführen. Gegen diese als unpraktikabel empfundene Lösung wurden schon frühzeitig Bedenken geäußert, denn „der Geschädigte könne in den zahlreichen Fällen, in welchen die Möglichkeit der Wiederherstellung des früheren Zustandes zweifelhaft sei oder wenn sich der Schuldner sich als renitent erweise, in eine schlimme Lage gerathen“.[3]

---

[1] Es wurde die Zitierweise des BGH in BGHZ 66, 239 beibehalten. Die Rechtschreibung folgt, soweit nichts anderes bemerkt, dem Original.

[2] BGHZ 97, 14; 81, 385 (391); 66, 239 (241); 63, 182 (184); 61, 56 (58); 54, 82 (84 ff.).

[3] So schon in den Motiven zu dem Entwurfe eines BGB für das Deutsche Reich, Bd. II: Recht der Schuldverhältnisse, S. 20 = *Mugdan*, Materialien zum Bürgerlichen Gesetzbuch, Bd. II, S. 11.

Die Zweite Kommission sah sich deshalb mit acht Änderungsanträgen zu § 219 des Ersten Entwurfs (E I) konfrontiert. Von den acht Anträgen wurde der erste, der aus dem Entwurf der Vorkommission des Reichsjustizamtes (E I-rev. RJA)[4] hervorgegangen und mit diesem, von einem Unterantrag abgesehen, inhaltlich identisch war, von der Zweiten Kommission angenommen und zur Würdigung an die Redaktionskommission überwiesen.[5] Dieser Antrag sah, um die vorgebrachten Bedenken auszuräumen, für den Geschädigten die Möglichkeit vor, die Schadensabwicklung (Restitution) in die eigenen Hände zu nehmen, und räumte ihm dazu das Recht der Ersetzungsbefugnis ein. Für diese Entscheidung der Zweiten Kommission waren unter anderem folgende Erwägungen maßgebend (Prot. I 296 / 297):

> „Es gehe nicht an", so die Kommission, „dem Gläubiger nur das Recht auf Naturalrestitution [durch den Schuldner][6] einzuräumen. Denn in vielen Fällen entspreche es seinem Interesse, die beschädigte Sache, statt ihre Herstellung zu verlangen, durch eine neue zu ersetzen, und sehr oft würde die Herstellung eine Einwirkung des Schuldners oder der von ihm gewählten Werkleute auf die Sache erfordern, deren Gestattung dem Gläubiger billigerweise nicht zugemuthet werden könne. Dazu komme, daß über die Frage, ob die Herstellung gelungen sei und vom Gläubiger als Ersatzleistung angenommen werden müsse, nur zu leicht Streit entstehe. Deswegen müsse der Gläubiger das Recht haben, den Betrag, welchen die Herstellung erfordere, in Geld zu verlangen."

Aus dieser Protokollstelle lassen sich, glaubt man den Anhängern der Dispositionsfreiheit[7], drei gesetzgeberische Ziele herauslesen, aus denen auf einen „Grundsatz der Dispositionsfreiheit" im Schadensrecht geschlossen werden kann:

- zum ersten die Entlastung des Geschädigten von dem Streit darüber, ob die Naturalrestitution durch den Schädiger gelungen ist und deshalb als

---

[4] Dieser Entwurf (E I rev.-RJA), der maßgeblich von Struckmann und Jacubezky beeinflußt wurde, lautet im vollen Wortlaut (vgl. *Jakobs / Schubert,* Die Beratung des BGB, Band II.1, S. 97 f. mit Fn. 24, 24a):

„Wer zum Schadensersatz verpflichtet ist, hat denjenigen Zustand herzustellen, welcher vorhanden sein würde, wenn der zum Ersatz verpflichtende Umstand nicht eingetreten wäre. Soweit die Herstellung nicht möglich oder zur Entschädigung des Gläubigers nicht genügend ist, hat der Ersatzpflichtige den Gläubiger in Geld zu entschädigen.

Der Gläubiger ist berechtigt, statt der Herstellung den Betrag der Aufwendungen zu fordern, welche der Ersatzpflichtige aufwenden (machen) müßte, um die Herstellung zu bewirken.

Würde die Herstellung einen unverhältnismäßigen Aufwand erfordern, so ist der Schuldner berechtigt, wie wenn sie unmöglich wäre, die Entschädigung in Geld zu leisten."

[5] *Jakobs / Schubert,* Die Beratung des BGB, Band II.1, S. 97 ff. (100).

[6] Anmerkung des Verf. Der Absatz 1 des § 219 E I sah bis dahin nur die Herstellung des Zustand durch den Schuldner vor (vgl. § 219 Abs. 1 E I rev.-RJA).

[7] Vgl. für alle *Steffen,* Die Rechtsprechung des BGH zur fiktiven Berechnung des Fahrzeugschadens, NZV 1991, 1 (2 re. Sp.).

solche vom Geschädigten angenommen werden muß (= *Streitentlastungsargument*);

- zum zweiten die Emanzipation des Geschädigten aus der Abhängigkeit des Schädigers, weil dem Geschädigten nicht zugemutet werden kann, das verletzte Rechtsgut zum Zwecke der Herstellung dem Schädiger anzuvertrauen (= *An-Vertrauensargument*);
- zum dritten die Abkoppelung des Schadensersatzes von der realen Durchführung der Reparation (= *Abkoppelungsargument*).

Ob diese Interpretation der Protokolle (Entlastung – Emanzipation – Abkoppelung) die gesetzgeberischen Ziele und damit den historischen Normzweck des § 249 S. 2 BGB richtig wiedergibt und ob sich daraus der „Grundsatz der Dispositionsfreiheit" ableiten läßt, wird die weitere Untersuchung zeigen.

I. Das Streitentlastungsargument

Der historische Gesetzgeber wollte mit der Schaffung einer Ersetzungsbefugnis das Rechtsverhältnis zwischen Schädiger und Geschädigtem von einer ganz bestimmten Streitigkeit entlasten, nämlich dem Streit darüber, ob dem Schädiger die Herstellung gelungen ist und ob der Geschädigte sie deshalb als Ersatzleistung akzeptieren muß. Allein diese Aussage kann der obigen Protokollstelle unmittelbar entnommen werden. Das auf diesen speziellen Streitfall begrenzte besondere Streitentlastungsargument, muß, will man es zur Beantwortung der Grundsatzfrage „Dispositionsfreiheit oder Zweckbindung?" heranziehen, in einen *allgemeinen Streitentlastungsgedanken* umgedeutet werden. Damit wandelt sich aber die ursprünglich rein historische Argumentation in eine „historisch-dogmatische", die die historischen Materialien lediglich als Ausgangspunkt ihrer Überlegungen begreift. Diese in der Diskussion allgemein unterstellte Umdeutung führt zu einem *allgemeinen Streitentlastungs*argument, nach dem diejenige Lösung vorzuziehen ist, die das geringere Streitpotential in sich birgt.

So sehen denn auch die Vertreter der Dispositionsfreiheit[8] in der Rechnungslegung- und Auskunftspflicht, die die Zweckbindungstheorie dem Geschädigten auferlegt, ein beträchtliches Streitpotential. Weiter argumentieren sie, daß sich auch der Nachweis der ordnungsgemäßen, d.h. zweckentsprechenden Verwendung des Vorschusses streitfördernd auswirkt. Außerdem würde die sich aus der späteren postengenauen Abrechnung eventuell erge-

---

[8] *Weber,* „Dispositionsfreiheit" des Geschädigten und fiktive Reparaturkosten, VersR 1990, 934 (938 li. Sp.); *Karakatsanes,* Zur Zweckgebundenheit des Anspruchs aus § 249 S. 2 BGB bei noch nicht durchgeführter Herstellung. AcP 189 (1989), 19 (31/32); *Birkmann,* Abrechnung auf Gutachtenbasis trotz durchgeführter Reparatur des Kraftfahrzeugs, DAR 1990, 3 (5 li. Sp.).

bende Rückzahlungsverpflichtung des Geschädigten zu „unübersehbaren Weiterungen“[9] und zu neuen Prozessen führen.[10]

Demgegenüber sind die Vertreter der Zweckbindungstheorie[11], allen voran Köhler, der Meinung, daß sich der Streit um die genaue Höhe des Ersatzbetrags durch die Dispositionsfreiheit nicht vermeiden läßt, sondern durch diese nur „vorverlagert“ wird. „Der Streit zwischen den Parteien geht dann“, so führt Köhler aus, „über die Höhe der (ex ante) erforderlichen Aufwendungen und er wird dort um so lebhafter sein, weil es sich um hypothetische Kosten handelt: Es ist notwendig ungewiß, in welcher Höhe tatsächlich Kosten anfallen würden. Verlangt man hingegen eine nachträgliche Abrechnung der tatsächlichen Kosten, so kann man bei der Vorschußgewährung großzügiger verfahren.“[12]

Welche der beiden Lösungen tatsächlich zu geringeren Konflikten führt, läßt sich kaum entscheiden. Ob letztlich die Auskunftspflicht des Geschädigten und eine evt. Rückerstattungsverpflichtung des Geschädigten bei der Zweckbindungstheorie oder vielleicht doch die prognostische Unsicherheit bei der abstrakten Schadensbestimmung innerhalb der Lehre von der Dispositionsfreiheit das größere Streitpotential birgt, kann m.E. nicht eindeutig geklärt werden. Denn zum einen „fehlt für das reine Vorschußsystem im Schadensrecht mit seiner Massenregulierung (anders als im Gewährleistungsrecht) die Anschauung“[13], zum anderen fehlt es an einem geeigneten Maßstab für die Bemessung des jeweiligen Streitpotentials, so daß ein objektiver Vergleich der unterschiedlichen Konfliktsituationen nicht möglich ist. Die Gewichtung der zu vergleichenden Streitpotentiale beruht somit immer auf der subjektiven Einschätzung des Argumentierenden.

Doch selbst wenn man den Vergleich der unterschiedlichen Konfliktsituationen für möglich hält und damit das Streitentlastungsargument, im Gegensatz zu der hier vertretenen Meinung, generell als geeignet ansieht, ergeben sich erhebliche Zweifel an der streitentlastenden Funktion des „Grundsatzes der Dispositionsfreiheit“. Denn anders als bei der Zweckbindungstheorie kann beim „Grundsatz der Dispositionsfreiheit“ auf die „praktische Anschauung“, d.h. auf die praktischen Erfahrungen mit diesem Grundsatz zurückgegriffen werden. In der praktischen Anwendung aber präsentiert sich die Dispositions-

[9] So schon 1914 *Siber*, in: *Planck-Siber*, Schuldrecht I, § 249 Erl. 3b.

[10] *Karakatsanes*, a.a.O., S. 32.

[11] *Köhler*, Abstrakte oder konkrete Berechnung des Geldersatzes nach 3 249 Satz 2 BGB?, in: FS für Larenz, S. 349 (367); *Schiemann*, Buchbesprechung, AcP 185 (1985), 78 f.; *Honsell/Harrer*, Entwicklungstendenzen im Schadensersatzrecht, JuS 1985, 161 (163 li. Sp.).

[12] *Köhler*, a.a.O.

[13] *Schiemann*, a.a.O., S. 79.

freiheit gerade nicht als Instrument der Streitvermeidung. Denn hätte die Dispositionsfreiheit tatsächlich die streiterledigende bzw. -vermeidende Wirkung, die ihr von ihren Anhängern zugeschrieben wird, so fragt man sich, weshalb es seit dem Grundsatzurteil zur Dispositionsfreiheit (BGHZ 66, 239) zu der Vielzahl von Folgeprozessen in dieser Frage gekommen ist. Diese scheinen eher ein Indiz dafür zu sein, daß die Dispositionsfreiheit mit ihrer komplizierten Vergleichsrechnung und vielfältigen Ausnahmen in der Praxis nicht streitentlastend wirkt.

Darüber hinaus hat die bisherige Rechtsprechungsanalyse gezeigt, daß der „Grundsatz der Dispositionsfreiheit" in seiner praktischen Anwendung dem Geschädigten, falls dieser in den Genuß des vollen Herstellungsbetrags einschließlich eines 30%igen „Integritätszuschlags" kommen will, den Nachweis eines besonderen Integritätsinteresses auferlegt. Der Nachweis dieses besonderen Integritätsinteresses muß, so der BGH, durch den Nachweis der Reparatur geführt werden. Mit diesem Erfordernis hat sich aber der BGH sämtlicher Argumente begeben, die er zur Begründung des größeren Streitpotentials der Zweckbindungstheorie vorgebracht hatte. Denn führt der vom BGH geforderte Nachweis der Reparatur nicht ebenfalls zu einer, zumindest teilweisen, Auskunftspflicht des Geschädigten? Was geschieht mit einem schon gezahlten 30%igen Integritätszuschlag, wenn die Reparatur nicht nachgewiesen wird? Muß dieser dann zurückgezahlt werden? Auch eine solche Nachweispflicht des Geschädigten beinhaltet streitfördernde Elemente, „unübersehbare Weiterungen" und Streitstoff für neue Prozesse. Zudem können sich die Vertreter der Dispositionsfreiheit[14] in diesem Zusammenhang nicht mehr auf eine schnellere Schadensabwicklung und damit auf eine rasche Streitbeendigung berufen. Denn „das ursprüngliche Anliegen, mit Hilfe des Grundsatzes der Dispositionsfreiheit die Schadensregulierung möglichst rasch abwickeln zu können", wird mit dieser Nachweispflicht des Geschädigten, wie Huber mit Nachdruck formuliert, „gerade ins Gegenteil pervertiert".[15]

Somit kann als Ergebnis festgehalten werden, daß weder das besondere noch das allgemeine Streitentlastungsargument geeignet ist, den „Grundsatz der Dispositionsfreiheit" argumentativ zu unterstützen.

II. Das An-Vertrauensargument

Ähnlich verhält es sich mit dem zweiten Argument, das von den Vertretern der Dispositionsfreiheit angeführt wird. Auch dieses sog. „An-Vertrau-

---

[14] So aber noch *Weber*, § 249 S. 2 BGB: Erstattung der Reparaturkosten oder Ersatz des Schadens an der Sache?, VersR 1992, 527 (533 re. Sp.).

[15] *Huber*, Fragen der Schadensberechnung, S. 73/74.

ensargument" stellt m.E. keine geeignete argumentative Stütze für den „Grundsatz der Dispositionsfreiheit" dar. Aus der zitierten Protokollstelle ergibt sich lediglich, daß dem Geschädigten nicht zugemutet werden kann, die beschädigte Sache bzw. das verletzte Rechtsgut dem Schädiger zum Zwecke der Herstellung anzuvertrauen. Dies erklärt sich beinahe von selbst, „denn man darf kaum erwarten, daß der Geschädigte ausgerechnet dem Schädiger einen schonenden Umgang mit der Sache zutraut".[16] Dieses fehlende Vertrauen des Geschädigten zum Schädiger soll sich jedoch, nach dem Willen des historischen Gesetzgebers, nicht zugunsten des Schädigers auswirken und diesen von seiner Herstellungspflicht befreien. „Deshalb soll der Geschädigte die Reparatur selbst veranlassen können und vom Schädiger den dazu nötigen Geldbetrag erhalten."[17]

Dieser allgemein anerkannte historische Normzweck erklärt aber nur die Schaffung der Ersetzungsbefugnis, nicht aber den „Grundsatz der Dispositionsfreiheit". Er erklärt die Freiheit des Geschädigten, die Herstellung nicht mehr durch den Schädiger durchführen lassen zu müssen, nicht aber die generelle Befreiung des Geschädigten von jeglicher Herstellungsverpflichtung, wie es der „Grundsatz der Dispositionsfreiheit" vorsieht. Das gesetzgeberische Ziel, dem Geschädigten die Auslieferung des Rechtsguts an den Schädiger zu ersparen und ihm trotzdem eine Herstellung zu ermöglichen, wurde also schon dadurch erreicht, daß dem Geschädigten das Recht eingeräumt wurde, auf Kosten des Schädigers die Herstellung selbst durchzuführen bzw. selbst zu veranlassen. Wer darüber hinaus dem Geschädigten in einem weiteren Schritt die Freiheit zugesteht, über den Ersatzbetrag frei disponieren zu können, d.h. ihm die Entscheidung überläßt, ob die Herstellung durchgeführt wird oder nicht, der schießt über das ursprünglich angestrebte Ziel hinaus. Denn dieser zweiten Schritt ist nicht nötig, wenn man, wie der historische Gesetzgeber, dem Geschädigten nur die Auslieferung des verletzten Rechtsguts an den Schädiger zum Zwecke der Herstellung ersparen will.[18] Daß die Emanzipation des Geschädigten vom Schädiger nach dem Willen des histori-

---

[16] *Medicus*, Gründe und Grenzen des Ersatzes „fiktiver Schäden", DAR 1982, 352 (355 li. Sp.).

[17] *Medicus*, a.a.O. S. 355.

[18] So ähnlich auch *Weber*, „Dispositionsfreiheit" des Geschädigten und fiktive Reparaturkosten, VersR 1990, 934 (943 li. Sp.): „Das Motiv, das die Kommission zur Schaffung des S. 2 in § 249 BGB veranlaßt hatte, war also nicht, wie oft gesagt wird, ‚nur' das Bestreben, dem Geschädigten nicht zuzumuten, seine Sache dem Schädiger zur Wiederherstellung in die Hand zu geben (so S. 297). Dazu hätte es genügt, dem Geschädigten in einem S. 2 das Recht zu geben, die in S. 1 dem Schädiger aufgegebene Wiederherstellung selbst in die Hand zu nehmen (…). Vielmehr soll er auch befugt sein, bei Anschaffung einer neuen Sache auf die Herstellung seiner beschädigten Sache zu verzichten, dennoch aber die für die (gedachten, also ‚fiktiven') Herstellung erforderlichen Kosten zu verlangen." *Weber* verknüpft an dieser Stelle das „An-Vertrauensargument" mit dem „Abkoppelungsargument" und kommt deshalb zu einem anderen Endergebnis.

schen Gesetzgebers über die dem Geschädigten eingeräumte Ersetzungsbefugnis hinausgehen und diese zur Dispositionsfreiheit ausgebaut werden soll, läßt sich jedoch der angeführten Protokollstelle nicht entnehmen. Deshalb läuft auch das „An-Vertrauensargument“ leer.

III. Das Abkoppelungsargument contra erweiterter Herstellungsbegriff

Über das dritte und letzte Argument gehen die Meinungen weit auseinander. Während Weber[19], wie die meisten Vertreter der Dispositionsfreiheit, der Auffassung ist, daß dieses „wesentliche, sogar an der Spitze stehende Motiv des Gesetzgebers“ die „Dispositionsfreiheit des Geschädigten durchaus etabliert habe“, kommen Honsell / Harrer[20] genau zu dem gegenteiligen Ergebnis. Sie sind der Meinung, daß es der Zweiten Kommission bei diesem Motiv „lediglich um eine sachgerechte Einschränkung der Naturalrestitution durch den Schädiger, nicht hingegen um abstrakte Schadensberechnung und Dispositionsfreiheit für den Gläubiger ging.“ Der Grund für diese unterschiedliche Einschätzung liegt unter anderem darin, daß sich auch hier der „Grundsatz der Dispositionsfreiheit“ nicht unmittelbar aus der zitierten Protokollstelle ablesen, sondern sich allenfalls durch Auslegung ermitteln läßt. Genaugenommen beinhaltet die zu interpretierende Protokollstelle nur ein Schadensabwicklungsbeispiel („Neue Sache statt alter Sache“), denn die Zweite Kommission stellte als Ergebnis ihrer Beratung lediglich fest (Prot. I 296), daß es „in vielen Fällen dem Interesse des Geschädigten entspreche, die beschädigte Sache, statt ihre Herstellung zu verlangen, durch eine neue zu ersetzen.“

Bevor die unterschiedlichen Auslegungen und Folgerungen aus dieser Protokollstelle genau erörtert und gewürdigt werden, sei vorweg bemerkt, daß sich bei unbefangener Betrachtungsweise aus diesem Abwicklungsbeispiel „Neue Sache statt alter Sache“ keinesfalls eine völlig freie Verwendungsmöglichkeit des Geschädigten hinsichtlich des Ersatzbetrags, wie sie der 6. Senat in seinem Grundsatzurteil BGHZ 66, 239 (241) vertritt, ableiten läßt. Denn die dort beschriebene Neubeschaffung stellt sicherlich keine sachfremde, d.h. eine nicht der Schadensabwicklung dienende Verwendung des Geldbetrags dar. Dies müssen selbst engagierte Vertreter der Dispositionsfreiheit, wie der ehemalige Vorsitzende des 6. Senats, Weber, eingestehen, denn er schreibt: „Davon, daß der Geschädigte das Geld auch ‚sachfremd‘ (so BGHZ 66, 239,

---

[19] *Weber,* § 249 S. 2 BGB: Erstattung der Reparaturkosten oder Ersatz des Schadens an der Sache?, VersR 1992, 527 (534 li. / re. Sp.).

[20] *Honsell / Harrer,* Entwicklungstendenzen im Schadensersatzrecht, JuS 1985, 161 (163 li. Sp.).

[241]) verwenden könne, sagt allerdings Prot. I S. 296 nichts".[21] Auch der Vorsitzende des 5. Senats, Hagen, gibt zu bedenken, daß innerhalb dieser Protokollstelle „von jeder anderweitigen Verwendung nicht die Rede ist".[22] Die Zulässigkeit einer Verwendung des Ersatzbetrags für einen „sachfremden Zweck"[23] ließe sich m.E. nur auf ein Fallbeispiel stützen, das dem Geschädigten die Verwendung des Ersatzbetrags für reine, d.h. für vom Schadensfall völlig unabhängige Konsumzwecke gestatten würde. Damit steht fest, daß der Hinweis auf die Protokolle der Zweiten Kommission in BGHZ 66, 239 auch inhaltlich und nicht nur wegen der unterbliebenen Erläuterung keine Begründung für die dort proklamierte völlig freie Verwendungsmöglichkeit des Geschädigten darstellt. Die Dispositionsfreiheit des Geschädigten läßt sich, zumindest in ihrem vom BGH vertretenen Umfange, nicht aus dieser Protokollstelle ableiten.

Mit diesem Ergebnis stellt sich erneut die Frage, ob der „Grundsatz der Dispositionsfreiheit" überhaupt auf diese Protokollstelle gestützt werden kann. Die Anhänger der Dispositionsfreiheit meinen dies mit Hilfe des durch Auslegung der Protokollstelle gewonnenen *„Abkoppelungsarguments"* bejahen zu können. Dieses „Abkoppelungsargument" steht für die Auffassung, daß der historische Gesetzgeber mit dem in den Protokollen angeführten Abwicklungsbeispiel („Neue Sache statt alter Sache") den Ersatzanspruch nach § 249 S. 2 BGB vom Herstellungszweck abgekoppelt habe. Mit dieser Abkoppelung habe er sich eindeutig gegen die Zweckbindungstheorie und für den „Grundsatz der Dispositionsfreiheit" ausgesprochen. Denn „nur wenn man annimmt, daß die Gesetzesredaktoren die Dispositionsfreiheit des Geschädigten bezüglich des ihm zur Verfügung gestellten Betrags wollten, läßt sich einleuchtend erklären, daß dieser nicht dazu verpflichtet ist, den Geldbetrag zur Beseitigung seines Sachschadens einzusetzen, sondern frei bleiben sollte, ihn als Stockkapital für die Anschaffung einer neuen Sache zu verwenden".[24]

Um dieses Argument umfassend bewerten zu können, muß untersucht werden, ob die Auslegung des Abwicklungsbeispiels tatsächlich den zwingenden Schluß fordert, daß mit ihm der Ersatzanspruch vom Herstellungszweck gelöst wurde. Nur wenn dies der Fall ist, hat das „Abkoppelungsargument" Bestand. Deshalb soll nochmals der genaue Wortlaut dieser Protokollstelle ins Gedächtnis gerufen werden. Er lautet (Prot. I S. 296):

---

[21] *Weber,* § 249 S. 2 BGB: Erstattung der Reparaturkosten oder Ersatz des Schadens an der Sache?, VersR 1992, 527 Fn. 103.

[22] *Hagen*, in: *Lange/Hagen,* Wandlungen des Schadensersatzrechts, S. 75.

[23] BGHZ 66, 239 (241).

[24] *Karakatsanes,* Zur Zweckgebundenheit des Anspruchs aus § 249 S. 2 BGB bei noch nicht durchgeführter Herstellung, AcP 189 (1989), S. 19 (22).

„Denn in vielen Fällen entspreche es seinem Interesse [d.h. dem Interesse des Geschädigten][25], die beschädigte Sache, statt ihre Herstellung zu verlangen, durch eine neue zu ersetzen, (...)."

Dieser Wortlaut läßt m.E. lediglich den Schluß zu, daß der vom Schädiger zu ersetzende Herstellungsbetrag nicht zwingend zur Durchführung einer *Reparatur* verwendet werden soll, sondern, daß bei der Schadensabwicklung entscheidend auf die Interessen des Geschädigten abzustellen ist.[26] Alle weitergehenden Schlüsse haben mehr den Charakter einer Spekulation als den einer Interpretation. Trotzdem herrscht bei den Anhängern der Dispositionsfreiheit folgende Interpretationsvariante vor:

Z.B. Weber legt die obige Protokollstelle dergestalt aus, daß der Geschädigte nach dem Willen des historischen Gesetzgebers die Möglichkeit haben sollte, „das Geld des Schädigers nicht für die Reparatur auszugeben, sondern es ‚als Grundstock' für die Anschaffung eines neuen Fahrzeugs (eines Neuwagens oder eines Gebrauchtwagens) zu verwenden." Das mache eindeutig klar, „daß der Gesetzgeber den Geschädigten nicht nötigen wollte, die beschädigte Sache wiederherzustellen (...)." Hier habe „der historische Gesetzgeber selbst den Zusammenhang zwischen der Herstellung der Sache und dem gesetzlichen Anspruch des Geschädigten auf die zur Herstellung erforderlichen Kosten gelöst". Das Gesetz habe „hier den Anspruch von der faktischen Schadensentwicklung, also von der Reparatur der Sache, abgekoppelt".[27] Auch Medicus ist der Auffassung, daß der historische Gesetzgeber mit diesem Fallbeispiel „den Zusammenhang zwischen der Herstellung und dem Anspruch auf die Herstellungskosten gelöst" habe.[28] Und Steffen spricht bei dieser Gelegenheit gar von einer „Abkoppelung des Schadensersatzes von der realen Durchführung der Reparation".[29]

Kennzeichnend für diese Interpretationsvariante ist, daß sie von der durchaus richtigen Feststellung, der historische Gesetzgeber habe in diesem Abwicklungsbeispiel den Zusammenhang zwischen *Herstellung der Sache*, d.h.. der Reparatur der Sache, und dem Anspruch auf die Herstellungskosten gelöst, fälschlicherweise auf die Abkoppelung des Herstellungsanspruchs nach § 249 S. 2 BGB von dem Herstellungszweck schließt. Dieser Schluß wäre

---

[25] Anmerkung des Verf.

[26] Vgl. *Hamann,* Schadensersatz in Natur oder Geld bei Sachschäden, S. 42, der jedoch aus dieser Feststellung auf die Dispositionsfreiheit schließen will.

[27] *Weber,* § 249 S. 2 BGB: Erstattung der Reparaturkosten oder Ersatz des Schadens an der Sache?, VersR 1992, 527 (534 li. Sp.); *ders.*, „Dispositionsfreiheit" des Geschädigten und fiktive Reparaturkosten, VersR 1990, 934 (938).

[28] *Medicus,* Gründe und Grenzen des Ersatzes „fiktiver Schäden", DAR 1982, 352 (355 li. Sp.).

[29] *Steffen,* Die Rechtsprechung des BGH zur fiktiven Berechnung des Fahrzeugschadens, NZV 1991, 1 (2 re. Sp.); *ders.* Haftung im Wandel, ZVersWiss 1993, 33.

aber nur dann zwingend, wenn die Reparatur der Sache die einzige Form der Naturalrestitution darstellen würde. Nur dann wäre der Ersatzanspruch tatsächlich vom Herstellungszweck abgekoppelt. Nach ständiger Rechtsprechung des BGH[30] ist aber neben der Reparatur auch die Ersatzbeschaffung Naturalrestitution i.S.d. § 249 S. 2 BGB. Der Denkfehler, auf dem das Abkoppelungsargument basiert, liegt somit in der Verkürzung des Herstellungsbegriffs auf die Herstellung der Sache, d.h. auf ihre Reparatur, statt, wie sich aus § 249 BGB ergibt, von der *Herstellung des Zustands* auszugehen, die auch eine Ersatzbeschaffung mit einschließt. Mit der Abkoppelung des Ersatzanspruchs von der Reparatur ist aber noch keine Abkoppelung vom Herstellungszweck erfolgt.

In einem weiteren Schritt ist nun zu prüfen, ob es sich bei dem Abwicklungsbeispiel des „historischen Gesetzgebers", der „Neubeschaffung"[31], um eine Form der Ersatzbeschaffung und damit um Herstellung i.S.d. § 249 BGB handelt. Überraschenderweise findet man gerade bei Weber, einem Vertreter der Dispositionsfreiheit, den Hinweis, daß zwar „die Ersetzung der beschädigten Sache durch eine neue den Geldanspruch von der für eine Reparatur erforderlichen Kosten löst, diese Ersetzung aber letztlich der Wiederherstellung des Zustands (§ 249 S. 1 BGB) im weiten Sinne dient".[32] Eine Ersatzbeschaffung durch „Neubeschaffung" scheint also auch für einen Vertreter der Dispositionsfreiheit durchaus denkbar zu sein. Nach der hier vertretenen und an anderer Stelle[33] teilweise schon ausgeführten Auffassung ist auch die „Neubeschaffung bei gleichzeitigem Überkompensationsausgleich" eine Ersatzbeschaffung und damit Naturalrestitution i.S.d. § 249 BGB. Für diese Einordnung des Abwicklungsbeispiels spricht, daß diese Abwicklungsmethode beim Einbau von neuen Kfz-Ersatzteilen längst praktiziert wird. Auch hier muß sich der Geschädigte nicht mit dem Einbau von Gebrauchtteilen zufrieden geben. Die dabei auftretende Überkompensation kann, hier wie dort, über die Rechtsfigur „Abzug neu für alt" ausgeglichen werden. Denn was für einzelne Teile einer Sache gilt, muß auch für die Gesamtsache selbst gelten. Die Beschränkung der Ersatzbeschaffung auf die Beschaffung eines gleichwertigen, gebrauchten Fahrzeugs, wie sie der BGH vertritt[34], ist m.E. dann weder zwingend noch überzeugend, wenn das Problem des Überkompensationsaus-

[30] BGHZ 115, 364 = VersR 1992, 61; BGHZ 115, 375 = VersR 1992, 64; BGH VersR 1992, 710; BGH NJW 1985, 2413; BGH NJW 1972, 1800; vgl. dazu auch im 4. Kapitel, II.

[31] So die Terminologie bei *Medicus,* Gründe und Grenzen des Ersatzes „fiktiver Schäden", DAR 1982, 352 (355).

[32] *Weber,* § 249 S. 2 BGB: Erstattung der Reparaturkosten oder Ersatz des Schadens an der Sache?, VersR 1992, 527 Fn. 103.

[33] Vgl. im 2. Kapitel, II.6: Dispositionsfreiheit und das Praktikabilitätsargument.

[34] BGHZ 115, 364; 115, 375.

gleichs mit Hilfe einer allgemein anerkannten dogmatischen Rechtsfigur („Abzug neu für alt“) gelöst werden kann. Dieser Meinungsstreit soll aber noch im nächsten Kapitel ausführlich diskutiert werden.[35] Hier genügt es zunächst, daß eine plausible und überzeugende Auslegungsalternative zu der Interpretationsvariante der Vertreter der Dispositionsfreiheit aufgezeigt werden konnte, die die zitierte Protokollstelle in ein anderes Licht rückt.

Das sog. *„Abkoppelungsargument“* ist damit keinesfalls zwingend, wie es von den Anhängern der Dispositionsfreiheit dargestellt wird. Im Gegenteil, folgt man der hier vertretenen Auffassung, so wird durch das Abwicklungsbeispiel des Gesetzgebers der Zusammenhang zwischen Herstellungsanspruch und Herstellungszweck nicht nur nicht gelöst, sondern ausdrücklich gewahrt. Bei konsequenter Fortentwicklung des Gedankens liefert das Abwicklungsbeispiel „Neue Sache statt alter Sache“ sogar einen Hinweis auf die Zweckbindung des Ersatzanspruchs, denn mit der Verwendung des Ersatzbetrags durch den Geschädigten für eine „Neubeschaffung“ wird der ursprüngliche Zustand wieder hergestellt und damit der Herstellungszweck gewahrt.

Der Grund, weshalb die hier vertretene Auffassung im Zusammenhang mit der Auslegung der Protokolle der Zweiten Kommission (Prot. I 296) bislang nicht diskutiert wurde, liegt m.E. darin, daß sich die bisherige Auslegung mit ihrem *„Abkoppelungsargument“* die auf Larenz[36] zurückgehende und in der Diskussion nie in Frage gestellte *„These vom Stockkapital“* zueigen gemacht hat.[37] Diese These, die sich nicht aus den Protokollen ergibt, sondern als „Zusatzüberlegung“ in die Diskussion eingeführt wurde, versperrt aber den Blick auf die obige Sichtweise. Mit ihr wird die „Neubeschaffung“ aus dem Bereich der Schadensabwicklung ausgelagert. M.a.W.: Eine Neubeschaffung kann, folgt man der „These vom Stockkapital“, nie Schadensabwicklung und deshalb auch nie Naturalrestitution sein. Auf derselben Linie liegt auch die Argumentation des 6. Senats in seinem Grundsatzurteil zur Dispositionsfreiheit (BGHZ 66, 239). Dort schreibt er:

> „Kauft aber, wie dies in der Praxis überwiegend der Fall ist (...), der Geschädigte einen Neuwagen, (...), dann liegt dieser wirtschaftliche Entschluß trotz entsprechender Verrechnung mit dem Schädiger wenigstens zu einem erheblichen Teil außerhalb des Bereichs der Schadensabwicklung.“[38]

Mit der Anerkennung der „Neubeschaffung“ als einen Fall der Naturalrestitution i.S.d. § 249 S. 2 BGB könnte aber der im obigen Grundsatzurteil

---

[35] Vgl. im 4. Kapitel, II.3 und III.2.b).

[36] *Larenz,* Schuldrecht AT, 13. Aufl., § 28 I, S. 433.

[37] So bei *Weber,* VersR 1992, 534 Fn. 99; *Köhler,* a.a.O., S. 365/366; *Karakatsanes,* AcP 189 (1989), 22.

[38] BGHZ 66, 239 = VersR 1976, 879 re. Sp.

behandelte Fall der Inzahlunggabe des unreparierten Altwagens bei gleichzeitigem Neuwagenkauf schadensrechtlich überzeugend bewältigt werden, ohne daß dazu die Schaffung eines „Grundsatzes der Dispositionsfreiheit" erforderlich wäre. Die Dispositionsfreiheit wäre dann auch aus Praktikabilitätsgründen, die für diese Entscheidung letztlich ausschlaggebend waren, nicht mehr erforderlich.[39]

Nach dem bisherigen Untersuchungsstand ergibt sich damit folgendes Zwischenergebnis: Je nachdem, ob man der *„These vom Stockkapital"* und damit dem *„Abkoppelungsargument"* oder dem hier vertretenen *erweiterten Herstellungsbegriff* folgt, der auch die *„Neubeschaffung bei gleichzeitigem Überkompensationsausgleich"* als Restitution einstuft, kann aus den Protokollen der Zweiten Kommission (Prot. I 296) der „Grundsatz der Dispositionsfreiheit" oder das „Zweckbindungspostulat" abgeleitet werden.

Welcher der beiden Auffassungen der Vorzug gebührt, kann, wie die bisherigen Untersuchung gezeigt hat, nicht dem bloßen Wortlaut der untersuchten Protokollstelle (Prot. I 296 / 297) entnommen werden. Auch ein Blick auf den damit korrespondierenden Wortlaut der *Denkschrift des Reichsjustizamtes*, die zusammen mit dem Entwurf des Bundesrats („Dritter Entwurf") dem Reichstag vorgelegt wurde[40], schafft keine Klarheit. Dort heißt es unter Bezugnahme auf das Abwicklungsbeispiel der Zweiten Kommission („Neue Sache statt alter Sache"), der Entwurf gestatte dem Verletzten „von vornherein, statt der Herstellung, den Geldbetrag zu verlangen, den er für die Herstellung *aufwenden müßte*".[41] Zwar läßt der in der Denkschrift verwendete Konjunktiv („aufwenden müßte") den insbesondere von Karakatsanes[42] gezogenen Schluß zu, daß der Geschädigte diesen Betrag „nach der Intention der Väter des BGB" nicht für die Herstellung *aufwenden muß*, sondern, „daß er in der Verwendung des Geldbetrags frei sein sollte." Diesen Schluß aber tatsächlich zu ziehen wäre aus zweierlei Gründen verfehlt.

Zum einen erweist sich der Wortlaut der Denkschrift bei genauer Prüfung der äußeren Umstände als wenig verläßlich und die aus ihm geschlossene Folgerung als unsicher, denn es kann nicht mit Sicherheit geklärt werden, ob es sich bei dieser Formulierung um eine sprachliche bzw. grammatikalische Zufälligkeit oder um eine bewußte Entscheidung für den „Grundsatz der Dis-

---

39 Vgl. im 2. Kapitel, II.6: Dispositionsfreiheit und das Praktikabilitätsargument.

40 *Schubert*, Die Entstehung der Vorschriften des BGB über den Besitz und Eigentumsübertragung, S. 52 / 53.

41 Denkschrift zum Entwurf eines Bürgerlichen Gesetzbuchs nebst drei Anlagen, 1896, S. 44 = *Mugdan*, Materialien zum Bürgerlichen Gesetzbuch, Bd. II, S. 1235 (Hervorhebungen vom Verf.).

42 *Karakatsanes*, Zur Zweckgebundenheit des Anspruchs aus § 249 S. 2 BGB bei noch nicht durchgeführter Herstellung, AcP 189 (1989), 19 (24).

positionsfreiheit“ handelt. Bedenkt man, daß die Denkschrift, die dem „Dritten Entwurf“ beigefügt wurde, nach dem Bestreben des Reichsjustizamtes bewußt knapp und allgemein gehalten werden sollte, um dem Reichstag möglichst wenig Ansatzpunkte für eine Kritik am Entwurf zu liefern,[43] dann kann zumindest nicht ausgeschlossen werden, daß man es eher mit einer sprachlichen Zufälligkeit aufgrund einer zu knapp geratenen Fassung, als mit einer bewußten Entscheidung zugunsten des Ersatzes fiktiver Kosten zu tun hat.

Zum anderen ist zu bedenken, und dies ist der weitaus gewichtigere Einwand, daß die Denkschrift selbst nur eine Auslegung und Kommentierung der Protokolle darstellt, die nur die Meinung des Reichsjustizamtes und nicht die Meinung der Mehrheit der Kommissionsmitglieder der Zweiten Kommission wiedergibt.[44] Eine davon abweichende Auslegung des Reichsjustizamtes wäre aber nur dann als verbindlich anzusehen, wenn sie zu einer inhaltlichen Änderung des Entwurf geführt hätte. Dies ist nicht der Fall. Der Entwurf der Zweiten Kommission (§ 243 E II rev.) ist mit dem Entwurf des Bundesrats (§ 243 E III) und der endgültigen Fassung des BGB (§ 249) identisch.[45] Es

---

[43] *Schubert*, in: *Jakobs / Schubert*, Die Beratung des BGB, Bd. I, S. 62 mit Fn. 153.

[44] In diesem Zusammenhang ist interessant, daß schon der *Entwurf der Vorkommission des Reichsjustizamtes* den in der Denkschrift verwendeten Konjunktiv („aufwenden müßte“) gebrauchte. Dort heißt es (E I rev-RJA): „Der Gläubiger ist berechtigt, statt der Herstellung den Betrag der Aufwendungen zu fordern, welche der Ersatzpflichtige aufwenden müßte, um die Herstellung zu bewirken“ (vgl. *Jakobs / Schubert,* Die Beratung des BGB, Bd. II.1, S. 98). – Diese Fassung konnte sich jedoch in der Zweiten Kommission nicht durchsetzen. Vor allem weist die endgültige Fassung der Vorschrift keinen Konjunktiv mehr auf; dort heißt es (§ 249 S. 2 BGB): „Ist wegen Verletzung einer Person oder wegen Beschädigung einer Sache Schadensersatz zu leisten, so kann der Gläubiger statt der Herstellung den dazu erforderlichen Geldbetrag verlangen.“ – Damit drängt sich der Verdacht auf, daß das Reichsjustizamt trotz geänderter Fassung der Vorschrift durch die Zweite Kommission, bei der Abfassung der Denkschrift seine ursprüngliche Anschauung, die eher vom Kompensationsprinzip als vom Restitutionsprinzip geprägt war, beibehalten hat. Diese Vermutung erhärtet sich, wenn man sich die *Rolle und den Einfluß Struckmanns* bei der Abfassung dieser Vorschrift vergegenwärtigt. Struckmann war als Geh. Regierungsrat und Vortragender Rat im Reichsjustizamt schon am Entwurf der Vorkommission des Reichsjustizamts maßgeblich beteiligt. Auch an den Beratungen der Zweiten Kommission nahm er zunächst als Reichskommissar und später als ständiges Mitglied teil (vgl. *Jakobs / Schubert,* Die Beratung des BGB, Bd. I, S. 108). Hier konnte er sich mit seinem Änderungsantrag zu § 219 E I, der mit dem Entwurf der Vorkommission des Reichsjustizamtes (E I rev. RJA) identisch war, nicht vollständig durchsetzen (vgl. *Jakobs / Schubert,* Die Beratung des BGB, Bd. II.1, S. 99). In der Folgezeit arbeitete er an der Denkschrift des Reichsjustizamtes zum BGB mit und vertrat den Entwurf des Bundesrats in den Verhandlungen im Reichstag (vgl. *Jakobs / Schubert,* Die Beratung des BGB, Bd. I, S. 108). Diese personelle Kontinuität bekräftigt den oben geäußerten Verdacht, daß das Reichsjustizamt trotz anders lautender Fassung der Zweiten Kommission bei seiner ursprünglichen, vom Kompensationsprinzip geprägten Anschauung geblieben ist und diese in der Denkschrift als „Auslegungshilfe“ niedergelegt hat. – Zur genauen Entwicklung des § 249 S. 2 BGB vgl. im 4. Kapitel, I: Restitution oder Kompensation?

[45] Vgl. *Jakobs / Schubert,* Die Beratung des BGB, Bd. II.1, S. 102.

bleibt dabei: Mit reinen Wortlautargumenten kommt man dem Problem nicht bei. Die Lösung des Problems ergibt sich weder aus spekulativen Zusatzüberlegungen noch aus grammatikalischen Zufälligkeiten oder durch Auslegung der „Sekundärliteratur". Sie ist vielmehr aus den Leitprinzipien des Gesetzes zu entwickeln.

IV. Zweite Zwischenbilanz: das Scheitern der historisch-dogmatischen Grundlegung der Dispositionsfreiheit

Mit dem Hinweis des BGH auf die Protokolle der Zweiten Kommission (Prot. I 296 / 297) konnte der „Grundsatz der Dispositionsfreiheit" nicht etabliert werden. Auch die aus dem historischen Normzweck abgleiteten verschiedenen Einzelargumente überzeugten nicht. Dies gilt insbesondere für das Streitentlastungsargument und das An-Vertrauensargument. Beide erwiesen sich als nicht geeignet, die Dispositionsfreiheit des Geschädigten als Leitprinzip zu etablieren.

Weiter ergab die Untersuchung, daß sich aus dem Abwicklungsbeispiel der Zweiten Kommission („Neue Sache statt alter Sache") nicht die vom BGH in BGHZ 66, 239 vertretene Zulässigkeit einer „sachfremden Verwendung" des Ersatzbetrags durch den Geschädigten ableiten läßt. Die Behauptung, der Geschädigte sei in der Verwendung des Ersatzbetrags nach § 249 S. 2 BGB völlig frei, kann somit nicht auf die Protokolle gestützt werden.

Die Frage, ob aus dem Abwicklungsbeispiel der Zweiten Kommission („Neue Sache statt alter Sache") das Abkoppelungsargument oder der erweiterte Herstellungsbegriff abgeleitet werden muß, blieb offen. Allerdings konnte mit der Einführung des „erweiterten Herstellungsbegriffs" nachgewiesen werden, daß der Schluß vom Abwicklungsbeispiel auf die Abkoppelung des Ersatzanspruchs nach § 249 S. 2 BGB vom Herstellungszweck keinesfalls zwingend ist. Die Lösung in dieser Frage kann, wie durch die Untersuchung herausgearbeitet wurde, nicht über den Wortlaut der Protokolle bzw. der Denkschrift gewonnen werden, sondern sie muß anhand der Grundentscheidungen des Gesetzgebers, d.h. den Leitprinzipien des Gesetzes, entwickelt werden. Dies bedeutet im konkreten Fall, daß sich die Lösung des Problems an dem historischen, und soweit dieses überholt ist, am gegenwärtigen Verständnis des Restitutionsprinzips orientieren muß. Notwendig ist also eine „historisch-dogmatische Argumentation mit Gegenwartsbezug", die die historischen Wertungen in eine zeitgemäße, der zwischenzeitlichen Rechtsfortbildung angepaßte Form überträgt.[46]

---

[46] Vgl. *Leonhard,* Schadensersatz mit Gewinnanspruch, VersR 1983, 415 (418): „Selbst wenn die Gesetzesmaterialien die Auslegung des § 249 S. 2 in dem Sinne stützen, daß

Um also die Frage zu klären, ob dem Abkoppelungsargument oder dem erweiterten Herstellungsbegriff, der Dispositionsfreiheit oder der Zweckbindungstheorie zu folgen ist, müssen folgende drei Fragenkomplexe beantwortet werden:

(1) Welche Rolle hat der „historische Gesetzgeber" dem Herstellungsprinzip eingeräumt und welche praktische Bedeutung kommt dem Herstellungsprinzip in der aktuellen Schadensrechtsdogmatik zu?[47]

(2) Welcher Herstellungsbegriff liegt dem § 249 BGB zugrunde? Geht es in § 249 BGB um die Herstellung der Sache bzw. der Person oder um die Herstellung des Zustandes?[48]

(3) Welche konkreten Interessen des Geschädigten (Integritäts-, Affektions-, Wertinteresse?) werden durch das Abwicklungsbeispiel der Zweiten Kommission, d.h. bei der „Neubeschaffung", gewahrt bzw. befriedigt?[49]

---

auch fiktiv ermittelter Schaden erstattungspflichtig ist, schließen die Vorstellungen des Gesetzgebers vor 80 Jahren nicht das Recht und die Pflicht der Gerichte aus, das Gesetz in einer der Entwicklung angepaßten Weise auszulegen, soweit die Auslegung mit dem Wortlaut und objektivierbaren Sinn des Gesetzes vereinbar ist. Für den Gesetzgeber des BGB waren die praktische Bedeutung von Kfz-Unfallschäden und die Möglichkeiten ihrer Beseitigung kaum erkennbar."

[47] Vgl. im 4. Kapitel, I: Restitution oder Kompensation?

[48] Vgl. im 4. Kapitel, II: Wandlungen des Herstellungsbegriffs.

[49] Vgl. im 4. Kapitel, III: Herstellungsprinzip und Interesse.

4. Kapitel

Das Herstellungsprinzip und der Ersatz fiktiver Kosten

Ziel dieses Kapitels ist es, die historischen und dogmatischen Grundlagen herauszuarbeiten, die zur Beantwortung der Fragen „Abkoppelungsargument oder erweiterter Herstellungsbegriff?", „Dispositionsfreiheit oder Zweckbindung?" und der Ausgangsfrage „Ersatz fiktiver Kosten?" erforderlich sind. Zu diesem Zwecke orientiert sich die nun folgende Untersuchung an den drei Fragenkomplexen, die am Ende des 3. Kapitels aufgeworfen wurden. Dementsprechend gliedert sich das 4. Kapitel in folgende drei Teile:

(1) Restitution oder Kompensation?
(2) Wandlungen des Herstellungsbegriffs
(3) Herstellungsprinzip und Interesse.

I. Restitution oder Kompensation?

1. Das Restitutionsprinzip als Leitprinzip des Gesetzes

Mit der Frage, ob sich das künftige Schadensrecht des BGB am Restitutions- oder am Kompensationsprinzip zu orientieren habe, beschäftigte sich schon die *Erste Kommission*. Diese Frage wurde bei den Beratungen zum Ersten Entwurf ausführlich, aber auch kontrovers diskutiert. Grundlage dieser Diskussion waren der von v. Kübel ausgearbeitete Teilentwurf des Obligationsrechts(1882)[1] sowie die Änderungsanträge von Windscheid[2] und Planck[3].

---

[1] § 15 TE-OR (Nr. 15): „Der Schadensersatzpflichtige hat dem Beschädigten Alles, was demselben durch die widerrechtliche Handlung oder Unterlassung entzogen worden ist, in Natur zurückzuerstatten, was zerstört oder verschlechtert worden ist, in den vorigen Zustand wieder herzustellen, auch allen weiteren demselben verursachten Schaden zu ersetzen" (vgl. *Jakobs/Schubert,* Die Beratung des BGB, Bd. II.1, S. 83).

[2] Antrag von *Windscheid*: „Der Schadensersatz besteht in der Herstellung desjenigen Zustandes welcher ohne die unerlaubte Handlung oder Unterlassung vorhanden gewesen sein würde, im Falle der Unmöglichkeit dieser Herstellung in der Leistung eines Geldaequivalents" (vgl. *Jakobs/Schubert,* Die Beratung des BGB, Bd. II.1, S. 83).

[3] *Planck*: „Der Schadensersatzpflichtige hat denjenigen Zustand herzustellen, welcher ohne die unerlaubte Handlung oder Unterlassung bestanden hätte, und dem Beschädigten

Nach diesen Anträgen sollte das Restitutionsprinzip „als ein allgemeines in das Gesetzbuch aufgenommen und an die Spitze gestellt werden".[4] Diese Auffassung war nicht unumstritten. So wurde in der Diskussion auch die Frage aufgeworfen, „ob es nicht richtiger sei, von dem Grundsatze auszugehen, daß der Schaden in Geld zu ersetzen sei und von diesem Grundsatze nur gewisse Ausnahmen zuzulassen, insbesondere für die Fälle der Sachentziehung und überhaupt für alle Fälle der noch fortdauernden Verletzung eines subjektiven Rechts".[5] Die Mehrheit der Kommissionsmitglieder entschied sich aber letztlich doch für das im Entwurf und den beiden Anträgen vertretene Restitutionsprinzip und erhob dieses zum Leitprinzip des Schadensrechts. Zum einen, „weil es der Rechtslogik entspreche" und zum anderen, weil „die Wiederherstellungspflicht die Natur der Sache für sich habe".[6] Diese Mehrheitsentscheidung hatte zur Folge, daß der Restitutionsgedanke als Grundsatz und der Kompensationsgedanke als dazu konzipierte Ausnahme in den Ersten Entwurf (§ 219 E I) Eingang fand. Dies führte zur folgender Fassung des § 219 E I:

> „Der Schuldner hat den Schadensersatz dadurch zu leisten, daß er denjenigen Zustand herstellt, welcher vorhanden sein würde, wenn der zum Schadensersatz verpflichtende Umstand nicht eingetreten wäre, und daß er, soweit diese Herstellung nicht möglich oder zur Entschädigung des Gläubigers nicht genügend ist, den Gläubiger in Geld entschädigt."[7]

Damit war aber das Ringen um den richtigen Leitgedanken des künftigen Schadensrechts noch nicht beendet. Auch die *Zweite Kommission* mußte sich mit dieser Frage beschäftigen, da allein sieben von acht Änderungsanträgen zu § 219 E I das Regel-Ausnahme-Verhältnis zwischen Restitution und Kompensation gerade umgekehrt definiert sehen wollten.[8] In den Protokollen (Prot. I 295) heißt es hierzu:

> „Während der Antrag 1 an dem Standpunkte des Entw. [des § 219][9] festhält, daß der Schadensersatz zunächst durch Naturalrestitution und nicht in Geld zu leisten sei, stellen alle anderen Anträge das gegentheilige Prinzip der Geldentschädigung in erste Linie."

---

allen hierdurch nicht ausgeglichenen Vermögensschaden in Geld zu ersetzten. Soweit eine Wiederherstellung des früheren Zustandes nicht möglich, ist der dem Beschädigten dadurch erwachsene Vermögensschaden ebenfalls in Geld zu ersetzten" (vgl. *Jakobs / Schubert,* Die Beratung des BGB, Bd. II.1, S. 84 Fn. 4).

[4] *Jakobs / Schubert,* Die Beratung des BGB, Bd. II.1, S. 86.

[5] *Jakobs / Schubert,* a.a.O. S. 86.

[6] *Jakobs / Schubert,* a.a.O., S. 86 / 87.

[7] *Jakobs / Schubert,* a.a.O., S. 96.

[8] *Jakobs / Schubert,* a.a.O., S. 99 f.

[9] So das abweichende Zitat bei *Mugdan,* Materialien zum Bürgerlichen Gesetzbuch, Bd. II, S. 512.

Im Rahmen der kontrovers verlaufenden Diskussion konnte sich letztlich, wie in der Ersten Kommission, das Restitutionsprinzip gegenüber dem Kompensationsprinzip durchsetzen. Die Zweite Kommission machte sich dabei weitgehend die schon zuvor in den Motiven aufgezählten Argumente zu eigen.[10] Dort heißt es:

> „Auf diesem [Restitutions][11]-Prinzipe beruhen wesentlich auch die entsprechenden Bestimmungen der modernen Gesetzgebung[12]; desgleichen ist für das gemeine Recht anerkannt, daß der Anspruch auf Leistung des Interesses den Anspruch auf Wiederherstellung des früheren Zustandes in sich schließt. Das die Verpflichtung zur Naturalrestitution in erster Linie in sich schließende Prinzip der Wiederherstellungspflicht hat die Natur der Sache für sich und entspricht der Rechtslogik."[13]

Diese Übernahme der Argumente aus den Motiven ist wohl auf den Einfluß Struckmanns zurückzuführen, der als (Mit-)Autor der Motive[14] die Argumente dort niedergelegt und dann als ständiges Kommissionsmitglied der Zweiten Kommission diese in die Beratungen zum Zweiten Entwurf eingebracht haben dürfte.[15] Als weiteres Argument fügte die Zweite Kommission der Begründung noch hinzu, „daß, wenn die Herstellung des früheren Zustandes und die Geldentschädigung nicht auseinander gehalten, sondern unter dem Begriff des Schadensersatzes zusammengefaßt werden, die Technik des Gesetzes sich wesentlich vereinfacht und Wiederholungen vermieden werden können".[16]

Mit dieser Entscheidung der Zweiten Kommission für das Restitutionsprinzip war der Leitgedanke des künftigen Schadensrechts endgültig festgelegt. Zwar verstummte die Kritik an dieser Entscheidung auch nach Inkrafttreten

[10] Protokolle für die zweite Lesung des Entwurfs des Bürgerlichen Gesetzbuches, Bd. I, S. 296.

[11] Anmerkung des Verf.

[12] In Anspielung auf die §§ 124, 125 und 687 des Sächs. BGB (1863) und des Preuß. ALR I.6 § 79. Vgl. die Fassung des § 687 Sächs. BGB: „Geht eine Forderung auf Schadensersatz, so entscheiden darüber die Bestimmungen der §§ 124, 125. Zunächst hat der Verpflichtete dasjenige, was dem Verletzten (...) entzogen, zerstört oder verschlechtert worden ist, in Natur wieder *zu verschaffen* oder wieder *herzustellen*. Soweit dies nicht möglich ist, und überall wo eine weitergehende Forderung stattfindet, ist der Schadensersatz in Gelde zu leisten" (zitiert nach *Degenkolb,* AcP 76, 7).

[13] Motive zu dem Entwurfe eines BGB für das Deutsche Reich, Bd. II, S. 19/20.

[14] Vgl. *Schubert*, in: *Jakobs/Schubert*, Die Beratung des BGB, Bd. I, S. 49: „Die Motive stammen (...) für das Schuldrecht von Ege und Struckmann (ohne daß über die Aufteilung etwas bekannt ist) (...)."

[15] Weitere Nachweise zum Einfluß Struckmanns auf die Entstehung des § 249 BGB im 3. Kapitel, III Fn. 44, und im 4. Kapitel, I.2.

[16] Protokolle für die zweite Lesung des Entwurfs des Bürgerlichen Gesetzbuches, Bd. I, S. 296.

des BGB nicht[17], jedoch änderte dies nichts an der durch § 249 BGB eingeräumten Vorrangstellung des Restitutionsprinzips.[18]

2. Die historische Entwicklung des § 249 S. 2 BGB: vom reinen Geldersatzanspruch zum modifizierten Herstellungsanspruch

Die historische Entwicklung des § 249 S. 2 BGB nahm ihren Anfang schon in den *Beratungen zum Ersten Entwurf*, obwohl dieser keine dem § 249 S. 2 BGB ähnliche Vorschrift enthält. Die Mehrheit der Kommissionsmitglieder sah es jedoch bei der Diskussion um das Restitutionsprinzip als erforderlich an, dem Gläubiger gegenüber dem „renitenten Schuldner" ein Machtmittel an die Hand zu geben, um aufgekommene Bedenken gegen das Restitutionsprinzip zu zerstreuen, denn, „die gegen dasselbe angeregten Bedenken verlören fast jede Bedeutung, wenn nur in dem betreffenden Abschnitte angemessene Vorschriften über die Berechtigung des Gläubigers, dessen Anspruch auf ein facere des Schuldners gerichtet sei, gegen den renitenten Schuldner *das Geldinteresse zu liquidieren*, aufgestellt würden".[19] Mit ihrer Forderung nach der „Liquidation des Geldinteresses" hatte die Erste Kommission hinsichtlich der Ausgestaltung des noch zu schaffenden Anspruchs des Gläubigers eindeutig einen reinen Geldersatzanspruch vor Augen.

Auch die erste ausformulierte Fassung des späteren § 249 S. 2 BGB, die Fassung der *Vorkommission des Reichsjustizamtes*, zielte in diese Richtung. Dort einigte man sich, angeregt durch einen Antrag Jacubezkys[20], auf folgenden Text (§ 219 E I rev-RJA):

> „Der Gläubiger ist berechtigt, statt der Herstellung den Betrag der *Aufwendungen* zu fordern, welche der *Ersatzpflichtige aufwenden* (machen) *müßte,* um die Herstellung zu bewirken."[21]

---

[17] So z.B. schon *Fischer,* Der Schaden nach dem Bürgerlichen Gesetzbuche für das Deutsche Reich, S. 156 f. (157): „Aber immerhin bleiben vom gesetzespolitischen Standpunkte aus noch Bedenken genug gegen die Naturalreparation". Ebenfalls kritisch *Degenkolb,* Der spezifische Inhalt des Schadensersatzes, AcP 76, 1 ff.

[18] Eine umfassende Darstellung der Historie des Naturalrestitutionsprinzips findet sich bei *Wolter,* Das Prinzip der Naturalrestitution in § 249 BGB.

[19] *Jakobs / Schubert,* Die Beratung des BGB, Bd. II.1, S. 87 (Hervorhebung vom Verf.).

[20] Antrag von Jacubezky: „Der Gläubiger ist berechtigt, statt der Herstellung die Zahlung des Geldbetrages zu fordern, welchen der Schuldner aufwenden müßte, um sie zu bewirken" (vgl. *Jakobs / Schubert,* Die Beratung des BGB, Bd. II.1, S. 97).

[21] *Jakobs / Schubert,* Die Beratung des BGB, Bd. II.1, S. 98 (Hervorhebungen vom Verf.).

Diese Fassung weist drei, heute eigentümlich anmutende Besonderheiten auf: zum ersten den schon weiter oben, im Zusammenhang mit der Denkschrift abgehandelten Konjunktiv („aufwenden müßte"); zum zweiten den Aufwendungsbegriff, der üblicherweise mit einem freiwilligen, aber nicht mit einem unfreiwilligen Vermögensverlust (= Schaden) in Verbindung gebracht wird; und zum dritten die Bezugnahme auf den Ersatz*pflichtigen* als die bei der Bestimmung der Höhe des Ersatzbetrages maßgebliche Person. Die Kombination aller drei Aspekte läßt nur den einen Schluß zu, daß es sich bei diesem Anspruch des Geschädigten um einen reinen Kompensationsanspruch handeln muß. Die Orientierung an den fiktiven Aufwendungen des Schädigers stellt klar, daß an eine Herstellung durch den Geschädigten und damit an eine Bindung des Anspruchs an den Herstellungszweck nicht gedacht war.

Diese am Kompensationsgedanken ausgerichtete Fassung wurde von Struckmann als Änderungsantrag Nr.1 zu § 219 E I in die *Beratungen der Zweiten Kommission* zum Zweiten Entwurf eingebracht.[22] Allerdings wurde diesem Änderungsantrag von dritter Seite ein Unterantrag beigefügt, der die Abänderung der Worte „welche der Ersatzpflichtige machen müßte" in „welche erforderlich sind" vorschlug.[23] Der Änderungsantrag nebst Unterantrag wurden dann auch von der Zweiten Kommission angenommen. Dies führte zunächst zu folgender Formulierung (§ 219 III E I VorlZust):

> „Statt der Herstellung ist der Gläubiger den Betrag der Aufwendungen zu fordern berechtigt, welcher erforderlich ist, um die Herstellung zu bewirken."[24]

Mit dieser Fassung verschwanden zwei der obigen Eigenheiten: Der Konjunktiv sowie die Ausrichtung der Höhe des Ersatzanspruchs an der Person des Schädigers. Die nachfolgende Fassung der Redaktions-Kommission ging sogar noch einen Schritt weiter, denn sie verzichtete mit ihrer Formulierung des § 219 III E I auch noch auf die Verwendung des Aufwendungsbegriffs (§ 219 III E I Zust. RedKom):

> „Statt der Herstellung kann der Gläubiger den zur Bewirkung derselben erforderlichen Geldbetrag verlangen."[25]

Damit waren sämtliche Merkmale des Entwurfes der Vorkommission des Reichsjustizamtes beseitigt, die in ihrer Kombination den Anspruch des Geschädigten als reinen Geldersatzanspruch fixierten und so eine Einordnung als Restitutionsanspruch von vornherein ausschlossen. Mit der Formulierung der Redaktionskommission wandelte sich der Charakter des Anspruchs nach

---

[22] Ausführlich zur Rolle und Einfluß Struckmanns auf die Entstehung des § 249 S. 2 BGB im 3. Kapitel, III Fn. 44.

[23] *Jakobs/Schubert,* a.a.O., S. 99.

[24] *Jakobs/Schubert,* a.a.O., S. 101.

[25] *Jakobs/Schubert,* a.a.O., S. 101.

§ 219 E I (Abs. 3) vom reinen Kompensations- zu einem Restitutionsanspruch. Damit konnte sich Jacubezky, auf den der Entwurf der Vorkommission des Reichsjustizamtes zurückging, nicht zufrieden geben. Deshalb präsentierte er der Zweiten Kommission erneut seine Vorstellungen in Form folgenden Änderungsantrags, der wieder alle drei Merkmale der ursprünglichen Fassung des Reichsjustizamtes aufwies:

> „Statt der Herstellung kann der Gläubiger den Geldbetrag verlangen, welchen der Ersatzpflichtige für sie aufwenden müßte."[26]

Dieser Versuch Jacubezkys, die Entwicklung umzukehren, stieß innerhalb der Zweiten Kommission auf heftigen Widerstand und löste eine grundsätzliche Debatte zu § 219 E I aus, in deren Verlauf grundlegende Differenzen in der Anschauung und im Verständnis zu § 219 E I zum Vorschein kamen. Diese Diskussion hat mit ihren Ergebnissen entscheidend zu dem heutigen modernen Schadensrechtsverständnis beigetragen und muß deshalb, des besseren Verständnisses wegen, ausführlicher als es vielleicht auf den ersten Blick erforderlich erscheinen mag, dargestellt werden.

Der zur Debatte stehende § 219 E I lautete in der seinerzeit von der Zweiten Kommission beschlossenen und von Jacubezky angegriffenen Form:

> „(I) Wer zum Schadensersatz verpflichtet ist, hat den Zustand herzustellen, welcher vorhanden sein würde, wenn der zum Ersatz verpflichtende Umstand nicht eingetreten wäre. Soweit die Herstellung nicht möglich oder zur Entschädigung nicht genügend ist, hat der Ersatzpflichtige den Gläubiger in Geld zu entschädigen.
>
> (II) Wird die Herstellung nicht innerhalb einer von dem Gläubiger bestimmten angemessenen Frist bewirkt, so kann der Gläubiger die Entschädigung in Geld verlangen.
>
> (III) Statt der Herstellung kann der Gläubiger den zur Bewirkung derselben erforderlichen Geldbetrag verlangen.
>
> (IV) Ist die Herstellung nur mit unverhältnißmäßigen Aufwendungen möglich, so kann der Ersatzpflichtige die Entschädigung in Geld leisten."[27]

Jacubezky führte zur Begründung seines Antrags aus, daß „die Kom. seinerseits beschlossen habe, im Abs. 1 des § 219 das Prinzip an die Spitze zu stellen, daß beim Schadensersatz der Ersatzpflichtige zur Naturalrestitution verpflichtet sei. In Abs. 2 des § 219 sei nun bestimmt, daß der Gläubiger, wenn die Herstellung nicht innerhalb einer von ihm bestimmten angemessenen Frist bewirkt werde, die Entschädigung in Geld fordern dürfe. Im Abs. 3 sei dem Gläubiger das Recht gegeben, direkt und ohne eine solche Frist statt der Herstellung den zur Bewirkung derselben erforderlichen Geldbetrag zu verlangen. Wolle man an der Grundlage der Naturalrestitution festhalten, so ent-

---

[26] *Jakobs / Schubert,* a.a.O., S. 101 / 102.

[27] *Jakobs / Schubert,* a.a.O., S. 101.

halte der Abs. 3, da der Anspruch auf Geldentschädigung und der Anspruch auf die zur Herstellung erforderliche Summe sich in den meisten Fällen dekken, einen Widerspruch gegenüber dem Abs. 2. (...) Der Antrag versuche eine Lösung auf der zunächst von der Kom. angenommenen Grundlage."[28]

Von anderer Seite wurde auf diese Ausführung erwidert, „daß der § 219 keinen Widerspruch enthalte. Allerdings sei seinerzeit von der Kom. durch Annahme des Abs. 1 in der jetzigen Fassung das Prinzip der Naturalrestitution an die Spitze gestellt und das Recht des Gläubigers darauf basirt. Bei der Berathung der folgenden Sätze des § 219 sei aber eine Erweiterung der Rechte des Gläubigers durch die Annahme des Abs. 3 beschlossen worden. Der Sinn des § 219 sei durch die Annahme der letzteren Bestimmung – vielleicht ohne daß dies deutlich hervorgetreten sei – wesentlich geändert; das Verhältnis liege jetzt so: Der Gläubiger habe nach Abs. 1 Satz 1 das Recht auf Herstellung. Daneben könne er aber *Schadensersatz in Geld* gemäß Abs. 3 fordern. Beide Ansprüche ständen alternativ nebeneinander. Wenn nun der Gläubiger seine Wahl getroffen und einen von beiden Ansprüchen geltend gemacht habe, so würde er damit des anderen Anspruches verlustig gegangen sein. Hier greife die Bestimmung des Abs. 2 ein, indem sie festsetze, daß wenn der Gläubiger vom Schuldner Herstellung gefordert habe und der Schuldner sie nicht binnen einer bestimmten Frist bewirkt habe, der an sich erloschene Anspruch des Gläubigers auf Geldersatz wieder auflebe."[29]

„Die Mehrheit überzeugte sich davon, daß der § 219 in der Form, wie er beschlossen worden sei, dem Gläubiger prinzipiell neben einander den *Anspruch auf Herstellung und auf Zahlung der dazu erforderlichen Geldsumme* gebe. Zu einer sachlichen Aenderung der früheren Beschlüsse liege kein Grund vor und werde es lediglich darauf ankommen, durch eine anderweitige Fassung den Sinn des § 219 klarzustellen. Es wurde schließlich konstatirt, daß bei der Erörterung über das alternative Recht des Geschädigten nur solche Fälle zur Sprache gekommen seien, in welchen es sich um die Beschädigung einer Sache oder einer Person handle, und daß demgemäß nur für diese Fälle ein solches Wahlrecht des Gläubigers als festgestellt anzusehen sei."[30] Des weiteren hielt die Zweite Kommission die in Jacubezkys Antrag „vorgeschlagene Berechnung des Schadens für irrationell und unpraktisch. Irrationell sei sie, weil der Schaden nach dem Vermögen des Geschädigten berechnet werden müsse, und der Maßstab nicht den individuellen Verhältnissen des Schädigenden entnommen werden könne, unpraktisch, weil der Geschädigte vielfach gar nicht wisse, was der Andere aufzuwenden und was er in Folge dessen zu fordern habe und weil der Ersatz, wenn der Ersatzpflichtige im konkreten Falle Sachverständiger sei, häufig viel zu gering bemessen werden würde."[31]

---

[28] *Mugdan,* Materialien zum Bürgerlichen Gesetzbuch, Bd. II, S. 514.

[29] *Mugdan,* a.a.O., S. 514/515.

[30] *Mudgan,* a.a.O., S. 515.

An diesem Diskussionsverlauf wird deutlich, daß man es innerhalb der Entstehungsgeschichte des BGB nicht mit einem einheitlichen „historischen Gesetzgeber" zu tun hat. Bei den Beratungen zum BGB stießen vielmehr immer wieder unterschiedliche Strömungen und Lehrmeinungen aufeinander, wobei die Konflikte nicht immer vollständig ausgetragen, sondern oft mit einer Kompromißformel, die mehrere Auslegungen zuließ, ins BGB übernommen wurden. So auch in diesem Fall. Zwar erteilte die h.M. innerhalb der Zweiten Kommission dem Änderungsantrag Jacubezkys eine eindeutige Absage, jedoch versäumte sie, den Anspruchscharakter des künftigen § 249 S. 2 BGB unmißverständlich zum Ausdruck zu bringen. Damit war der Nährboden für den heutigen Meinungsstreit geschaffen.

Richtig an der Auffassung Jacubezkys war, daß sehr wohl ein Bedürfnis bestand, den Abs. 3 (heute: § 249 S. 2 BGB) vom Abs. 2 (heute: § 250 BGB) abzugrenzen. Ob die Abgrenzung dem historischen Gesetzgeber durch die nachfolgende Fassung gelungen ist, muß angesichts des noch heute bestehenden Meinungsstreits bezweifelt werden.[32] Allerdings erwies sich der aus den Abgrenzungsschwierigkeiten gezogene Schluß, es bestünde ein Widerspruch zum Leitprinzip des Schadensrechts, dem Restitutionprinzip, als falsch. Mit dieser Auffassung war Jacubezky immer noch der Vorstellung verhaftet, daß die Restitution nur durch den Schädiger und nicht auch durch den Geschädigten erfolgen kann. Diese Vorstellung war aber schon zu diesem Zeitpunkt überholt.

Die zweite Meinung hatte zwar diesen Standpunkt schon überwunden, denn sie wies auf die „Erweiterung der Rechte des Gläubigers" und die „Sinnänderung des § 219" hin, jedoch verstand auch sie den Anspruch des Geschädigten aus Abs. 3 (heute: § 249 S. 2 BGB) noch als Kompensationsanspruch. („Schadensersatz in Geld"). Trotzdem muß sie als ausgesprochen fortschrittlich bezeichnet werden. Denn zum einen erklärt sie die Rechtsnatur des Gläubigerrechts nach § 249 S. 2 BGB zutreffend als Ersetzungsbefugnis (facultas alternativa) und zum andern liefert sie ein heute noch beachtliches Argument für die Ratio des § 250 BGB. Mit ihr wurde dem heutigen modernen Schadensrechtsverständnis der Weg bereitet.

Die Meinung der Mehrheit innerhalb der Zweiten Kommission zur Rechtsnatur des Anspruch aus § 249 S. 2 BGB läßt sich aus der obigen Stellungnahme in den Protokollen nicht eindeutig entnehmen. Zwar läßt die von der Mehrheit gewählte Formulierung („Anspruch auf Herstellung und auf Zahlung der dazu erforderlichen Geldsumme") den Schluß zu, daß der Anspruch

---

[31] *Mudgan,* a.a.O., S. 515.

[32] Zum Streitstand s. *Lange,* Schadensersatz, § 5 V, S. 231 ff. Die ältere Rechtsprechung und Literatur sieht in § 250 BGB einen Kompensationsanspruch, während eine im Vordringen befindliche Ansicht (heute wohl die h.M.) den § 250 BGB als Restitutionsanspruch einstuft.

des Geschädigten nicht mehr als reiner Kompensationsanspruch verstanden werden darf, sondern daß es sich dabei um eine Art Herstellungsanspruch handelt. Trotzdem bleibt vieles im Unklaren. So z.B. auch der Grund für die Beschränkung der Ersetzungsbefugnis des Geschädigten auf die Fälle der *Beschädigung* einer Sache oder einer Person. Es scheint so, als wäre diese Beschränkung nur deshalb eingeführt worden, weil „bei der Erörterung über das alternative Recht des Geschädigten nur solche Fälle zur Sprache gekommen"[33] sind und andere Fälle den Kommissionsmitgliedern nicht denkbar erschienen. Insgesamt muß bezweifelt werden, daß es der Zweiten Kommission mit der die Diskussion abschließenden Fassung des § 219 gelungen ist, „den Sinn des § 219 klarzustellen". Denn die als § 213 E II beschlossene Bestimmung, die in den nachfolgenden Fassungen bis hin zum § 249 S. 2 BGB keine Änderung mehr erfahren hat, lautet:

> „Ist wegen Verletzung der Person oder wegen Beschädigung einer Sache Schadensersatz zu leisten, so kann der Gläubiger statt der Herstellung den dazu erforderlichen Geldbetrag verlangen."[34]

Eine genaue dogmatische Einordnung des Anspruchs aus § 249 S. 2 BGB ist auch mit diesem Wortlaut nicht möglich. Trotzdem ist in der Literatur kurz nach 1900 eine Tendenz zur Einordnung als Restitutionsanspruch zu beobachten. Schon die erste Monographie (Fischer, Der Schaden, 1903), die nach dem Inkrafttreten des BGB zum Schadensrecht veröffentlicht wurde, sah in § 249 S. 2 BGB die Normierung einer „modifizierten Naturalreparation zugunsten des Gläubigers".[35] Auch Siber stufte in seiner Kommentierung aus dem Jahre 1914 den Anspruch aus § 249 S. 2 BGB als „modifizierten Herstellungsanspruch" ein.[36] Und Starck sah in einem 1919 veröffentlichen Aufsatz in § 249 S. 2 BGB ebenfalls eine „Modalität des Herstellungsanspruch".[37] Lediglich von Tuhr qualifizierte den Anspruch nach § 249 S. 2 BGB als „ein Drittes, das weder als Geldersatz- noch als Herstellungsanspruch anzusehen ist".[38]

---

[33] *Mugdan,* a.a.O., S. 515.

[34] *Jakobs / Schubert,* Die Beratung des BGB, Bd. II.1, S. 102 (§ 213 E II = § 243 E II rev = § 243 E III = § 249 BGB).

[35] *Fischer,* Der Schaden nach dem Bürgerlichen Gesetzbuch für das Deutsche Reich, S. 202.

[36] Planck-*Siber*, Bd. II: Recht der Schuldverhältnisse, § 249 Anm. 3b, S. 69 / 70. Allerdings differenziert *Siber* wie folgt (S. 69): „Hat der Geschädigte die Herstellung schon vorgenommen, so ist der Anspruch auf Ersatz der Herstellungskosten eine Unterart des Geldersatzanspruchs (s. § 251 Erl. 1). Ist die Herstellung dagegen noch nicht erfolgt, so ist der Anspruch des Satz 2 auf Vorausleistung der Herstellungskosten gerichtet und deshalb von dem Geldersatzanspruch des § 251 Abs.1 auch inhaltlich verschieden."

[37] *Starck,* Welche rechtliche Natur hat der Anspruch auf Geldersatz im § 249 S. 2 BGB?, LZ 1919, 143 (144).

Noch eindeutiger als in der Literatur verlief diese Entwicklung in der Rechtsprechung. Die grundlegende Entscheidung zugunsten der Einordnung des Anspruchs als Restitutionsanspruch traf das Reichsgericht in seinem Urteil vom 7.6.1909 (RGZ 71, 212). Dort heißt es:

„Nach dem Zusammenhange der gesetzlichen Bestimmungen ist dieser Anspruch nicht identisch mit dem Anspruche auf die Geldentschädigung, wovon §§ 250 Satz 2, 251, 253 handeln. Vielmehr ist auch er ein *Anspruch auf Herstellung*, nur nicht in der Form der unmittelbaren Leistung des Schuldners, sondern in der Form einer durch eine Geldzahlung des Schuldners vermittelten Selbstbefriedigung des Gläubigers.“[39]

Diese Formulierung, auf die das Reichsgericht in den nachfolgenden Urteilen ständig zurückgriff[40], wurde vom Bundesgerichtshof in dessen frühen Entscheidungen wörtlich übernommen.[41] Auch in den neueren BGH-Urteilen wird der „Zahlungsanspruch nach § 249 S. 2 BGB als eine besondere Form des Herstellungsanspruchs gem. § 249 Satz 1 BGB“ angesehen.[42] „Der Geldanspruch aus S. 2 des § 249 BGB ist“, so der BGH, „seiner Funktion nach, so wie der Anspruch aus § 249 S. 1 BGB, ein Herstellungsanspruch“[43]; oder wie der BGH jüngst formulierte, „ein als Zahlungsanspruch ausgekleideter besonderer Herstellungsanspruch“.[44]

Diese Auffassung des BGH deckt sich im Grundsatze mit der h.M.[45] in der Literatur. Allerdings ist mit der Einordnung des Anspruchs nach § 249 S. 2 BGB als „modifizierten Herstellungsanspruch“ nicht viel gewonnen, da nun der Streit darüber geführt wird, worin diese Modifikationen des Herstellungsanspruchs konkret bestehen. Der Streit wurde somit lediglich verlagert und wird nun unter einem anderen Vorzeichen geführt. Die aktuelle Streitfrage lautet nicht mehr „Restitution oder Kompensation?“; sie lautet vielmehr:

---

[38] So zumindest die Einschätzung bei *Siber*, in: *Planck/Siber*, Bd. II: Recht der Schuldverhältnisse, § 249 Anm. 3b, S. 69/70 unter Bezugnahme auf *von Tuhr*, Naturalherstellung und Geldersatz, S. 53 Anm. 17.

[39] RGZ 71, 212 (214) (Hervorhebungen vom Verf.).

[40] So z.B. RGZ 126, 401 (403).

[41] BGHZ 5, 105 (109); 30, 29 (30 f.); vgl. auch BGH NJW 1972, 1800 (1801 li. Sp.).

[42] BGHZ 81, 385 (388) = VersR 1982, 72 (73) = NJW 1982, 98; BGHZ 99, 81 (84) = NJW 1987, 645 (646).

[43] BGHZ 92, 85 (87) = VersR 1984, 966 = NJW 1984, 2282 = JZ 1985, 39 m. Anm. *Medicus*.

[44] BGHZ 102, 322 (330) = NJW 1988, 1835 (1836).

[45] *Hamann*, Schadensersatz in Natur oder in Geld bei Sachschäden, S. 40; *Weber*, „Dispositionsfreiheit“ des Geschädigten und fiktive Reparaturkosten, VersR 1990, 934 (936 li. Sp.); *Schmidt-Salzer*, Der Anspruch auf Zahlung eines Nutzungsentgelts wegen entgangener Gebrauchsvorteile, BB 1970, 55 (60); *Jordan*, Die Abwicklung des Kraftfahrzeug-Totalschadens, VersR 1978, 688 (690 li. Sp.) (= „Herstellungsanspruch im Gewande einer Geldforderung“).

Handelt es sich bei § 249 S. 2 BGB um ein „rechtstechnisches Mittel zur Restitution", einen „Hilfsgedanken, um die in S. 1 des § 249 BGB ursprünglich allein vorgesehene Naturalrestitution durch den Schuldner auf praktikable Weise zu erreichen",[46] oder um eine „Sonderart der Geldentschädigung", d.h. um eine „besondere Form der Schadenserfassung und -berechnung aus Anlaß eines normalerweise zu restituierenden Schadens"?[47]

Hinter dieser Fragestellung verbirgt sich auch die eingangs gestellte Grundsatzfrage „Dispositionsfreiheit oder Zweckbindung?". Denn versteht man unter dem „modifizierten Herstellungsanspruch" ein „rechtstechnisches Mittel zur Herstellung", dann ergibt sich daraus zwangsläufig auch die Bindung des Anspruchs an den Herstellungszweck. Ist der Herstellungszweck jedoch nur Anhaltspunkt für die Höhe des Ersatzanspruchs, hinsichtlich dessen der Geschädigte uneingeschränkte Verwendungsfreiheit genießt, so mutiert der „modifizierte Herstellungsanspruch" zur bloßen „Sonderart der Geldentschädigung". Die aktuelle Entwicklung geht, wie die Rechtsprechungsanalyse im 2. Kapitel gezeigte hat, in die Richtung der letzteren Alternative. Der Anspruch aus § 249 S. 2 BGB hat in der gegenwärtigen Rechtsprechung, mit ihrer Proklamation der Dispositionsfreiheit des Geschädigten, „eine über die ihm zukommende Hilfsfunktion hinausgehende Bedeutung gewonnen. Je mehr man ihn von der tatsächlichen Herstellung und sogar von der Herstellungsmöglichkeit löst, um so mehr nimmt er Elemente einer selbständigen Schadensberechnung in sich auf."[48] Damit tendiert aber die Entwicklung wieder in Richtung Kompensationsprinzip. Wie sich dieser Rückschritt mit dem Willen des historischen Gesetzgebers, das Restitutionsprinzip als Leitprinzip des Schadensrechts zu etablieren, verträgt, bleibt allerdings offen.

3. Vom „modifizierten Herstellungsanspruch" zum „zweckgebundenen Herstellungsanspruch"

Die Rückkehr zum Kompensationsprinzip war nur über ein einseitig ausgerichtetes, streng vermögensorientiertes Schadensverständnis möglich, das sich seinerseits auf die Differenzhypothese gründet und in seiner praktischen

---

[46] So Staudinger-*Medicus*, § 249 Rn. 214; *Schiemann,* Die Grenzen des § 249 S. 2 BGB, DAR 1982, 309; *ders.*, Argumente und Prinzipien bei der Fortbildung des Schadensrechts, S. 102; *Lange,* Schadensersatz, S. 225/226.

[47] *Zeuner,* Gedanken zum Schadensproblem, in: GS für Dietz, S. 122; *Weber,* § 249 S. 2 BGB: Erstattung der Reparaturkosten oder Ersatz des Schadens an der Sache?, VersR 1992, 527 (530 u.); *Larenz,* Schuldrecht AT, 13. Aufl., § 28 I, S. 434 (in der 14. Aufl. aber aufgegeben!).

[48] *Lange,* Schadensersatz, S. 226; Hinweise auf diesen Bedeutungswandel von § 249 S. 2 BGB findet man auch bei *Schiemann,* Argumente und Prinzipien bei der Fortbildung des Schadensrechts, S. 102.

Handhabung durch die Überlagerung des Allgemeinen Schadensrechts durch kollektive Ausgleichssysteme begünstigt wird. Erst diese bedenkliche Entwicklung ermöglichte die Lehre von der Dispositionsfreiheit des Geschädigten. Denn auch ihr liegt ein streng vermögensorientierter Schadensbegriff zu Grunde. Vor allem an dem sog. „Vermögensumschichtungsargument", das zur Begründung der Dispositionsfreiheit herangezogen wird, zeigt sich, daß die Dispositionsfreiheit auf dem Kompensationsgedanken aufgebaut und nicht mit dem Restitutionsprinzip vereinbar ist.[49]

Diese Entwicklung und insbesondere der ihr zugrunde liegende streng vermögensorientierte Schadensbegriff sind aus mehreren Gründen abzulehnen. So ist beispielsweise die Differenzhypothese, auf die das streng vermögensorientierte Schadensverständnis aufbaut, selbst mit dem Restitutionsgedanken nicht in allen Bereichen vereinbar, da sie lediglich Vermögenszustände, aber nicht die „realen Sach-Zustände", wie es § 249 S. 1 BGB verlangt, miteinander vergleicht.[50] Sie ist damit ein Instrument zur Ermittlung des Umfangs von Kompensations- aber nicht von Restitutionsansprüchen. Ihr eigentliches Anwendungsfeld ist der § 251 BGB.[51] Insofern stellt ihre Anwendung, zumindest bei einem Rechtsgutsschaden (= realer Verletzungsschaden), einen Widerspruch zum Restitutionsgedanken dar. Ihre Anwendung bleibt auf reine Vermögensschäden (= rechnerischer Verletzungsschaden) beschränkt. Deshalb kann auch mit ihr kein allgemeingültiger vermögensorientierter Schadensbegriff erklärt werden.

Auch die Überlagerung des Schadensrechts durch kollektive Ausgleichssysteme liefert kein dogmatisches Fundament für einen streng vermögensorientierten Schadensbegriff, sondern allenfalls eine plausible Erklärung für diese Fehlentwicklung. Da dort in den meisten Fällen der Ausgleichs- bzw. der Versicherungsanspruch nur auf Geld gerichtet ist (vgl. § 3 PflVG), hat sich auch im Bereich des Allgemeinen Schadensrechts eine rein vermögensorientierte Schadensbetrachtung etablieren können.[52] Die Übernahme der typisch versicherungsrechtlichen, d.h. vermögensorientierten Denkweise in das Allgemeine Schadensrecht spiegelt sich auch in der teilweise von der Rechtsprechung übernommenen Terminologie, wie z.B. „Abrechnung auf Zeitwert-

---

[49] Vgl. dazu im 2. Kapitel, II.4.

[50] Dazu ausführlich im 5. Kapitel, III.3.

[51] *Jordan*, Die Abwicklung des Kraftfahrzeug-Totalschadens, VersR 1978, 688 (694 re. Sp.).

[52] Das Ausmaß der Beeinflussung der schadensrechtlichen Dogmatik durch den vermögensorientierten Schadensbegriff zeigt sich auch am *von Bar*schen Gutachten zur Überarbeitung des Schuldrechts. Dort heißt es, daß dem Schaden in zunehmender Maße die Aufmerksamkeit gelte und nicht so sehr der Bewahrung von Rechtsgütern (*von Bar*, Deliktsrecht, in: Gutachten und Vorschläge zur Überarbeitung des SchuldR, hrsg. v. Bundesminister der Justiz, Bd. II, S. 1681 ff., 1760 ff.).

basis“ oder „Abrechnung auf Reparaturkostenbasis“ wider.[53] Ein solches Vorgehen ignoriert aber die unterschiedlichen Zielsetzungen von Versicherungs- und Schadensrecht sowie die dogmatischen Eigenheiten der jeweiligen Ansprüche.

Der vermögensorientierte Schadensbegriff ist nicht zuletzt auch deshalb abzulehnen, weil mit ihm die Grundentscheidung des historischen Gesetzgebers zugunsten des Restitutionsprinzips unterlaufen wird. Daß dafür auch noch historische Argumente angeführt werden, erscheint unverständlich. Die historisch-dogmatische Argumentation führt vielmehr zum gegenteiligen Ergebnis. Dies läßt sich anhand des folgenden Gedankengangs nachweisen:

Ausgangspunkt der Überlegungen ist die feststehende Tatsache, daß der historische Gesetzgeber, nach langen kontroversen Diskussionen in der Ersten und Zweiten Kommission, das Restitutionsprinzip zum Leitprinzip des Schadensrechts erhoben hat. Er entschied sich damit für eine rechtsgutsbezogene und gegen eine vermögensbezogene Schadensbetrachtung.[54] Denn „schon in der Anordnung der Naturalrestitution liegt (...) der Gedanke eines Vorrangs der Rechte und Rechtsgüter, (...) vor dem reinen Vermögensschutz“.[55] Dies zeigt sich auch an der Konzeption des Deliktsrechts, vor allem des § 823 I BGB, der primär auf den Rechtsgüterschutz abstellt. Erst in zweiter Linie wird über die §§ 823 II und 826 BGB Vermögensschutz gewährt.[56]

---

[53] Dazu kritisch *E. Wolf*, Die Unhaltbarkeit der Rechtsprechung des Bundesgerichtshofes zum Schadensersatz bei Totalschäden an Kraftfahrzeugen, S. 15 ff.; OLG Hamburg, VersR 1964, 1175 (li. Sp.): „Die Begriffe ‚Abrechnung auf Zeitwertbasis‘ und ‚Abrechnung auf Reparaturkostenbasis‘ sind dem geltenden Schadensersatzrechts fremd. Sie stammen aus der Schadensregulierungspraxis bei der Kaskoversicherung (vgl. § 13 AKB) und sind ersichtlich nur dadurch in die haftpflichtrechtliche Terminologie eingedrungen und zum Teil auch von der Rechtsprechung übernommen worden, weil der Schädiger im Haftpflichtprozeß durch seinen Haftpflichtversicherer vertreten wird, der als Kraftfahrtversicherer auch die Geschäfte der Kaskoversicherung betreibt. Diese Begriffe sind aber für die Bestimmung von Inhalt und Umfang der Schadensersatzpflicht nicht ohne weiteres verwendbar, weil es hier nicht um Ausmaß und Höhe der Regulierungspflicht eines Kaskoversicherers auf Grund der Versicherungsbedingungen, sondern um Ausmaß und Höhe des vom Schädiger dem Geschädigten geschuldeten Schadensersatzes auf Grundlage des BGB geht.“

[54] *Lange*, Schadensersatz, S. 211 / 212: „Nach der Vorstellung des Gesetzes schützt der Schadensersatzanspruch in erster Linie nicht das Vermögen, sondern die Integrität der einzelnen Rechtsgüter“; *Schiemann*, Argumente und Prinzipien bei der Fortbildung des Schadensrechts S. 208: „Der Rechtsgutschaden wird kraft des Grundsatzes der Naturalrestitution ohne Rücksicht auf die Beziehung des Schadens zum Vermögen ersetzt.“

[55] *Schiemann*, Argumente und Prinzipien bei der Fortbildung des Schadensrechts, S. 206.

[56] In diese Richtung auch *Diederichsen*, Argumentationsstrukturen in der Rechtsprechung zum Schadensersatzrecht, in: FS Klingmüller, S. 65 (84): „... man würde den differenzierten Rechtsgüterschutz in einen allgemeinen Vermögensschutz auflösen. Und das ist unzulässig.“

Als weitere Tatsache steht fest, daß der historische Gesetzgeber sich hinsichtlich des Regel-Ausnahme-Verhältnisses bezüglich der Schadensabwicklung irrte. Dadurch, daß er das Restitutionsprinzip „an die Spitze gestellt hatte", sollte die Schadensabwicklung über Satz 1 des § 249 BGB mit Hilfe des dort verankerten Restitutionsprinzips den Grundsatz, die Abwicklung über Satz 2 die Ausnahme darstellen. Die Realität bei der Schadensabwicklung sieht jedoch anders aus. In der Praxis wurde das Regel-Ausnahme-Verhältnis innerhalb des § 249 BGB auf den Kopf gestellt, d.h. die Schadensabwicklung läuft in der Praxis so gut wie ausschließlich über den Satz 2 des § 249 BGB ab, die Abwicklung über Satz 1 bleibt, zumindest im Kraftfahrzeugrecht, ein statistischer Ausnahmefall.

Berücksichtigt man nun bei der „historisch-dogmatischen Auslegung" zum einen die Grundsatzentscheidung des Gesetzgebers zugunsten des Restitutionsprinzips und zum anderen dessen Irrtum in bezug auf das Regel-Ausnahme-Verhältnis hinsichtlich der unterschiedlichen Schadensabwicklungsvarianten, so kommt man fast zwangsläufig zu dem Schluß, daß das „Restitutionselement" in § 249 S. 2 BGB ausgebaut werden muß. Denn will man der grundsätzlichen Entscheidung des historischen Gesetzgebers zugunsten des Restitutionsprinzips Geltung verschaffen, so muß der Restitutionsgedanke auch in Satz 2 des § 249 BGB vollständig umgesetzt werden. Genau dies wird aber durch die Zweckbindungstheorie erreicht, die die Bindung des Ersatzanspruchs an den Herstellungszweck vorsieht. Der „modifizierte Herstellungsanspruch" kann somit nur als „zweckgebundener Anspruch" verstanden werden. „Die Entscheidung des BGB für die Naturalrestitution ist also wesentlich nicht Ausdruck des Willens, vom Schädiger die Naturalrestitution erbracht zu sehen (doch ein statistischer Ausnahmefall), sondern Klarstellung, daß die Naturalrestitution stattfinden soll und vom Schädiger zu bezahlen ist."[57] Das Wesentliche der Restitutionspflicht ist nicht die Restitution als Handlung, nicht daß gerade der Verletzer die Restitution bewirkt, wie dies Jacubezky noch annahm[58], sondern die Regelung, daß die Restitution auf Kosten des Verletzers zu erfolgen hat.

Diese Ergebnis läßt sich auch aus dem allgemein anerkannten *Akzessorietätsprinzip* herleiten. Zwar wird in der Praxis immer wieder betont, daß eine Schadensabwicklung über § 249 S. 1 BGB so gut wie nicht mehr vorkommt, „jedoch kommt dem Restitutionsprinzip dann große Bedeutung zu, wenn man das Akzessorietätsprinzip ernst nimmt".[59] Denn nur wenn man dem Restitutionsprinzip innerhalb der praktischen Schadensabwicklung die Geltung ver-

---

[57] *Jahr,* Schadensersatz wegen deliktischer Nutzungsentziehung. Zu Grundlagen des Rechtsgüterschutzes und des Schadensersatzrechts, AcP 183 (1983), S. 725 (775).

[58] Vgl. im 4. Kapitel, I.2.

[59] *Hamann,* Schadensersatz in Natur oder Geld bei Sachschäden, S. 166/167.

schafft, die ihm der historische Gesetzgeber einräumen wollte, kann es heute noch als Leitgedanke des Schadensrechts angesehen werden.[60] Von einem Leitprinzip des Gesetzes kann eben nur dann die Rede sein, wenn dieses auch in der Mehrzahl der durch das Gesetz geregelten Fälle tatsächlich zur Anwendung kommt. Dies zu erreichen ist das eigentliche Ziel der Zweckbindungstheorie.

II. Wandlungen des Herstellungsbegriffs

1. Herstellung des Zustands (= Reparatur und Ersatzbeschaffung) oder Herstellung der Sache (= Reparatur)?

Die Beantwortung der Frage, ob der Herstellungsbegriff des § 249 BGB die Herstellung des Zustands oder nur die Herstellung der beschädigten Sache umfaßt, läuft parallel zu der Beantwortung der Frage, ob auch die Ersatzbeschaffung, neben der Reparatur, eine zweite Form der Naturalrestitution darstellt. Wählt man einen weiten Herstellungsbegriff, der von der *Herstellung des Zustands* ausgeht (vgl. Wortlaut des § 249 S. 1 BGB), so ist auch die Ersatzbeschaffung eine mögliche Herstellungsart. Wählt man dagegen einen engen Herstellungsbegriff, so hat dies zur Folge, daß nur die *Herstellung der Sache*, d.h. die Reparatur als Restitutionsform akzeptiert werden kann. Die Antwort hängt damit entscheidend vom grundsätzlichen Verständnis des Herstellungsbegriffs ab.

a) Der faktische Herstellungsbegriff des historischen Gesetzgebers

Schon in den Materialien zum BGB wurde die Frage nach dem richtigen Verständnis des Herstellungsbegriffs unterschiedlich beantwortet. In dem durch v. Kübel ausgearbeiteten Teilentwurf zum Obligationsrechts war bei der Entziehung von vertretbaren Sachen eine Ersatzbeschaffung vorgesehen. In § 15 II TE-OR heißt es:

> „Insbesondere hat derselbe [der Schädiger][61] entzogenes Geld sammt Zinsen von der Zeit der Entziehung an, andere vertretbare Sachen in Sachen gleicher Gattung, Menge und Güte, nicht vertretbare Sachen sammt dem Zuwachs, den mitentzogenen Zubehörungen und den Früchten, welche er gezogen hat und welche der Beschädigte hätte ziehen können, zurückzuerstatten."[62]

---

[60] Vgl. *Roussos,* Schaden und Folgeschaden, S. 133: „Allein ein dahin gehendes Restitutionsverständnis liegt in der Konsequenz der gesetzgeberischen Präferenz für den Restitutionsgrundsatz, der nicht nur eine in § 249 S. 1 feierlich formulierte Richtlinie, sondern eine praktisch sinnvolle Schadensersatzregel sein soll."

[61] Anmerkung des Verf.

[62] *Jakobs / Schubert,* Die Beratung des BGB, Band II.1, S. 83.

Die Erste Kommission sah jedoch in dieser Bestimmung einen Verstoß gegen das zuvor beschlossen Restitutionsprinzip und lehnte deshalb eine Ersatzbeschaffung ab. In den Protokollen heißt es dazu:

„Die Bestimmung, ‚für vertretbare Sachen seien Sachen gleicher Gattung, Menge und Güter zu gewähren', verstoße gegen das beschlossene Hauptprinzip. Nach diesem Prinzipe müsse bei der Möglichkeit der Naturalrestitution die letztere erfolgen, vorbehaltlich der Leistung eines Geldäquivalents wegen des sonst erlittenen Schadens, bei Unmöglichkeit der Naturalrestitution der Gesammtschaden in Geld ersetzt werden. Hiervon abzugehen, erscheine nicht gerechtfertigt."[63]

Aus dieser Protokollstelle ergibt sich, daß der Herstellungsbegriff der Ersten Kommission ein rein faktischer war und lediglich die „Herstellung durch Reparatur der Sache" umfaßte. In dieselbe Richtung ging auch die Zweiten Kommission. Auch sie mußte sich mit dem Herstellungsbegriff, der Ersatzbeschaffung und deren Vereinbarkeit mit dem Restitutionsprinzip beschäftigen. In den Protokollen heißt es dazu:

„Seitens der Kritik sei der § 219 mißverständlich ausgelegt worden. Von Wiederherstellung des ursprünglichen Zustandes könne nur dann die Rede sein, wenn derselbe Zustand, welcher vor der Beschädigung bestanden, wieder hergestellt werde. Es könne daher der Gläubiger nicht gezwungen werden, als Ersatz für die Beschädigung einer vertretbaren Sache eine andere Sache derselben Art anzunehmen, und von den Umständen des Falles hänge es ab, ob durch Ausbesserung einer beschädigten Sache der frühere Zustand wieder hergestellt werde."[64]

Mit diesem engen, faktischen Herstellungsbegriff der Zweiten Kommission, nach dem derselbe Zustand wieder hergestellt werden muß, wie er vor der Beschädigung bestanden hat, wurde die Ersatzbeschaffung als weitere Restitutionsvariante weitgehend ausgeschlossen. Der faktische Herstellungsbegriff der Zweiten Kommission beschränkte sich somit, wie auch der der Ersten Kommission, im wesentlichen auf die Herstellung durch die Reparatur der Sache.[65]

---

[63] *Jakobs / Schubert,* a.a.O., S. 88.

[64] Protokolle für die zweite Lesung des Entwurfs des Bürgerlichen Gesetzbuchs, Bd. I, S. 296.

[65] Ohne dem weiteren Untersuchungsergebnis vorgreifen zu wollen, sei an dieser Stelle auf folgende Überlegung hingewiesen: Nach der Vorstellung des historischen Gesetzgebers soll der Geschädigte nicht gezwungen werden, eine Ersatzbeschaffung als Herstellung zu akzeptieren. Dies aber sagt nichts darüber aus, wie die Sachlage einzuschätzen ist, wenn man dem Geschädigten eine Wahlmöglichkeit hinsichtlich der Schadensabwicklungsmethode einräumt und dieser dann die Ersatzbeschaffung freiwillig wählt. Der Gedanke an eine Wahlmöglichkeit des Geschädigten lag dem historischen Gesetzgeber freilich noch fern (vgl. dazu *Huber,* Fragen der Schadensberechnung, S. 173; näheres dazu im 4. Kapitel, II.1.c)).

b) Der wirtschaftliche Herstellungsbegriff der Rechtsprechung

An der Entwicklung des Herstellungsbegriffs zeigt sich, wie auch schon bei der Diskussion um die richtige Einordnung des § 249 S. 2 BGB (Kompensations- oder Restitutionsanspruch), daß der historische Gesetzgeber seine beschlossenen Kompromißregelungen nicht in letzter Konsequenz zu Ende gedacht hat. Denn auch der von ihm vertretene enge, faktische Herstellungsbegriff erwies sich alsbald in der Rechtspraxis als nicht praktikabel. Und so erteilte ihm das Reichsgericht auch schon recht früh eine klare Absage. Schon im Urteil vom 19.4.1911 (RGZ 76, 146) prüfte es „was die §§ 249, 250, 251 BGB. unter Herstellung des früheren Zustands einer Sache verstehen. Würden sie hierbei strenge Anforderungen stellen", so fährt das Reichsgericht fort, „so wäre es kaum denk- und ausführbar, daß die beschädigte Sache durch Verbesserungsarbeiten genau in ihre frühere Beschaffenheit zurückversetzt wird. Sie wird nach der sog. Wiederherstellung immer mehr oder minder eine andersartige sein, als vor der Beschädigung. (...) Allein solch strenge Anforderungen der völligen äußerlichen (physischen) Gleichartigkeit der Sache vor der Schadenszufügung und nach der Verbesserung stellt das Gesetz nicht; es spricht dagegen eine billige, allgemeine Erwägung und insbesondere auch der Umstand, daß die genannten Gesetzesstellen *nicht* von *Wieder*herstellung, sondern nur von Herstellung sprechen und damit schon genügend ausdrücken, daß sie eine vollständige und genaue *Zurück*versetzung in den Zustand vor der Beschädigung nicht verlangen. Vielmehr lassen sie sich unzweifelhaft daran genügen, wenn die beschädigte Sache durch die Verbesserungsarbeiten, namentlich hinsichtlich ihrer *wirtschaftlichen* Brauchbarkeit und Nutzbarkeit, im allgemeinen wieder so gestaltet wird, wie sie vor Eintritt der Beschädigung gewesen ist."[66]

Diese ablehnende Haltung gegenüber dem engen Herstellungsbegriff des historischen Gesetzgebers behielt das Reichsgericht auch in seinen nachfolgenden Entscheidungen bei.[67] Allerdings kam es im Laufe der Zeit innerhalb dieser Rechtsprechung zu einer nicht unwesentlichen Akzentverschiebung. Statt der Herstellung der sächlichen Integrität wurde immer mehr die Herstellung der wirtschaftlichen Identität in den Vordergrund gerückt. Denn in den späteren Entscheidungen stellte das Reichsgericht immer häufiger auf die Herstellung der „wirtschaftlichen Lage des Klägers"[68] bzw. des „wirtschaftlichen Zustands"[69] ab. Der Bundesgerichtshof knüpfte in seinen frühen Entscheidungen an diese Rechtsprechung und damit an den wirtschaftlichen Her-

[66] RGZ 76, 146 (147/148).

[67] Vgl. z.B. RGZ 108, 58 (59); 131, 158 (178); 143, 267 (274).

[68] RGZ 91, 104 (106).

[69] RGZ 126, 401 (403).

stellungsbegriff des Reichsgerichts an. So führte der BGH in seinem Urteil vom 8.2.1952 (BGHZ 5, 105) aus:

> „Die Vorschrift [§ 249 BGB][70] gewährt dem Ersatzberechtigten den Anspruch auf *Herstellung des wirtschaftlichen Zustands*, in dem er sich ohne das schädigende Ereignis befunden hätte, mit der Maßgabe, daß er – in diesen Ausnahmefällen – nach seiner Wahl entweder die Herstellung des früheren Zustandes durch den Schädiger selbst oder die dazu erforderlichen Geldmittel von ihm verlangen darf."[71]

Diese Vorstellung vom Herstellungsbegriff, die allein auf die Vermögenslage des Geschädigten vor und nach dem schädigenden Ereignis abstellt, greift m.E. zu kurz.[72] Zwar ist es richtig, daß kein Herstellungsbegriff, vor allem im Rahmen des § 249 S. 2 BGB, letztlich auf eine wirtschaftliche Bewertung verzichten kann, jedoch bleibt die Frage, ob mit dem streng wirtschaftlichen Herstellungsbegriff, der eine Vermögensidentität fordert, die Akzente tatsächlich richtig gesetzt wurden. Jedenfalls wird mit der Beschränkung des Herstellungsanspruchs nach § 249 S. 2 BGB auf die Herstellung des wirtschaftlichen Zustands i.S. einer Herstellung des Vermögens, die schon an anderer Stelle abgelehnte vermögensorientierte Schadensbetrachtung in die Überlegungen zum Herstellungsbegriff eingeführt. Ob diese Akzentsetzung dem Restitutionsprinzip voll entspricht, muß bezweifelt werden. Dies zeigt sich vor allem an der Tatsache, daß der wirtschaftliche Herstellungsbegriff immaterielle Schäden wie den Körperschaden, der unzweifelhaft über § 249 BGB zu restituieren ist, nur unzureichend erfaßt. Denn erst wenn sich der immaterielle Schaden in einem Vermögensschaden niedergeschlagen hat, kann auf einen wirtschaftlichen Zustand zurückgegriffen und ein Vergleich beider Zustände angestellt werden. Ein solcher Herstellungsbegriff führt damit zwangsläufig zu einer vom Gesetz nicht vorgesehenen Uminterpretation von immateriellen in materielle Schäden.[73]

Alles in allem orientiert sich der wirtschaftliche Herstellungsbegriff eher am Kompensations- als am Restitutionsgedanken.[74] Diese problematische

---

[70] Anmerkung des Verf.

[71] BGHZ 5, 105 (109) (Hervorhebungen vom Verf.).

[72] Vgl. auch *Benicke,* Geldersatz wegen Unverhältnismäßigkeit der Restitutionsaufwendungen, JuS 1994, 1004 re. Sp.; *Larenz,* Schuldrecht AT, 14. Aufl., S. 467.

[73] Vgl dazu im 5. Kapitel, II.3.

[74] Vgl. *Roussos,* Schaden und Schadensfolgen, S. 129 f.: „Das Ziel des Kompensationsanspruchs kann danach nur darin bestehen, die Güterlage des Geschädigten wirtschaftlich in den Zustand zu versetzen, der ohne das Schadensverständnis bestehen würde. Das entspricht aber genau dem gängigen Verständnis der Naturalrestitution. Insoweit lassen sich die Restitution nach § 249 und die Kompensation nach § 251 I voneinander nicht unterscheiden. (...) Gleichwohl können zwischen Restitution und Kompensation im Bereich der Durchführungsmodalitäten des Schadensausgleichs einige Unterschiede gemacht werden, die aber letztlich nicht ins Gewicht fallen."

Ausrichtung des Herstellungsbegriffs mit ihrer vermögensorientierten Schadensbetrachtung wird im Urteil vom 24.03.1959 (BGHZ 30, 29) noch deutlicher. Dort heißt es:

„Für beide Alternativen des § 249 BGB gilt gleichermaßen, daß die Herstellung des früheren Zustandes die Versetzung des an seinem Vermögen Beschädigten in die gleiche wirtschaftliche Vermögenslage bedeutet, wie sie ohne den Eintritt des zum Ersatze verpflichtenden Umstandes bestanden haben würde (RGZ 91, 104, 106; 126, 401, 403). Das Gesetz stellt es nicht auf die Herstellung genau des gleichen Zustandes ab, wie er vor dem Eintritt des schädigenden Ereignisses bestanden hat, sondern es kommt darauf an, wie sich der wirtschaftliche Zustand des Geschädigten ohne das schadensstiftende Ereignis darstellen würde (vgl. RGZ 131, 158, 178; 143, 267, 274). Die danach erforderliche Vermögensvergleichung spiegelt den Grundgedanken des Schadensersatzrechts wieder, zu erreichen, daß der Geschädigte durch die Ersatzleistung nicht ärmer und nicht reicher gemacht werde.“[75]

Mit dieser Ausrichtung des Herstellungsbegriffs des BGH am Kompensationsgedanken wurden die Weichen in Richtung „Dispositionsfreiheit des Geschädigten“ und damit in Richtung „Ersatz fiktiver Kosten“ gestellt. So verwundert es nicht, daß der Gedanke der „wirtschaftlichen Herstellung“ auch in der neueren Rechtsprechung des BGH, die zur Dispositionsfreiheit des Geschädigten und zum Ersatz fiktiver Kosten ergangen ist, seine Fortsetzung findet. Im Urteil vom 15.10.1991 (BGHZ 115, 375), das eine Schnittstelle zwischen beiden Problemkreisen markiert, heißt es:

„Nach ständiger Rechtsprechung des erkennenden Senats, von der abzugehen kein Anlaß besteht, bildet bei der Beschädigung eines Kfz neben der Reparatur auch die Beschaffung eines (gleichwertigen) Ersatzfahrzeugs eine Form der Naturalrestitution i.S.v. § 249 BGB (BGHZ 66, 239 [247] = VersR 1976, 874; 92, 85 [87 f.] = VersR 1984, 966f.; Senat vom 20.6.1972 a.a.O.). Denn das Ziel der Restitution beschränkt sich nicht auf eine Wiederherstellung der beschädigten *Sache*; es besteht gem. § 249 S. 1 BGB in umfassenderer Weise darin, einen *Zustand* herzustellen, der, wirtschaftlich gesehen, der ohne das Schadensereignis bestehenden (hypothetischen) Lage entspricht (BGHZ 30, 29 [31]; 40; 345 [347]; Senat vom 6.11.1973 – VI ZR 27/73 –, VersR 1974, 90; insoweit nicht in BGHZ 61, 346 abgedruckt). Dieses Ziel kann bei der Beschädigung eines Kfz in der Regel auch dadurch erreicht werden, daß der Geschädigte ein Ersatzfahrzeug erwirbt.“[76]

Dieses Urteil, das am vorläufigen Ende einer Rechtsprechungsreihe steht, macht unmißverständlich klar, daß nach der heutigen, durch Rechtsfortbildung geschaffenen Schadensdogmatik die Ersatzbeschaffung als eine weitere Form der Naturalrestitution anerkannt werden muß. Ob dazu allerdings die

[75] BGHZ 30, 29 (31).

[76] BGHZ 115, 375 = VersR 1992, 64 (65 li. Sp.); vgl. auch BGHZ 115, 364 = VersR 1992, 61; BGH VersR 1992, 710; BGH NJW 1985, 2413; BGH NJW 1972, 1800; *Steffen*, Die Rechtsprechung des BGH zur fiktiven Berechnung des Fahrzeugschadens, NZV 1991, 1 (3 re. Sp.) m.w.N.

Anerkennung eines streng wirtschaftlichen Herstellungsbegriffs erforderlich ist, muß bezweifelt werden.

Darüber hinaus offenbart das Urteil aber auch Wertungswidersprüche in der Argumentation des BGH und der h.L. zum „Grundsatz der Dispositionsfreiheit". Denn diese legen ihrer historischen Auslegung des Abwicklungsbeispiels („Neue Sache statt alter Sache") der Zweiten Kommission (Prot. I 296/297), welches zur Begründung der Dispositionsfreiheit herangezogen wurde, den Herstellungsbegriff des historischen Gesetzgebers zugrunde, nach dem die Ersatzbeschaffung keine Form der Naturalrestitution darstellt. In der Tat kann bei dieser Ausgangslage das Abwicklungsbeispiel („Neue Sache statt alter Sache") nur im Hinblick auf (1) die Abkoppelung des Ersatzanspruchs vom Herstellungszweck, (2) die Zulässigkeit des Ersatzes fiktiver Kosten und (3) einer dies alles ermöglichenden Dispositionsfreiheit des Geschädigten sinnvoll interpretiert werden. Jedoch haben Rechtsprechung und Lehre, wie bereits oben dargestellt, diesen Ausgangspunkt längst verlassen, denn beide erkennen mittlerweile die Ersatzbeschaffung als zweite Form der Naturalrestitution an, weil sich der historische Herstellungsbegriff in der Praxis als zu eng erwiesen hat. Damit erweist sich aber die obige Argumentation zur Dispositionsfreiheit als inkonsequent. Entweder man argumentiert streng historisch, dann hätte aber die Fortbildung des Herstellungsbegriffs und die damit zusammenhängende Anerkennung der Ersatzbeschaffung als Naturalrestitution nicht stattfinden dürfen. Oder man argumentiert streng dogmatisch, d.h. im Rahmen der heutigen, durch Rechtsfortbildung geschaffenen Schadensdogmatik, dann aber kann aus dem Abwicklungsbeispiel in den Protokollen der Zweiten Kommission kein Argument für die Dispositionsfreiheit abgeleitet werden. Das auf dem historischen Herstellungsbegriff beruhende *„Abkoppelungsargument"* geht dann fehl. Man kann nicht bei der Lösung des einen Problems über den Willen des Gesetzgebers hinausgehen, sich aber in einer anderen verwandten Frage an die Vorstellung des Gesetzgebers festklammern. Der beliebige Wechsel zwischen historischer und dogmatischer Argumentationsebene führt zu einem Wertungswiderspruch.

Wenn man schon das historische Abwicklungsbeispiel im Zusammenhang mit der Frage „Dispositionsfreiheit oder Zweckbindung?" bemühen will, dann kann dies m.E. nur auf der Grundlage der heutigen Schadensdogmatik geschehen. Denn nur so wird die zwischenzeitlich erfolgte und allgemein anerkannte Rechtsfortbildung angemessen berücksichtigt. Dies hat allerdings zur Folge, daß das Abwicklungsbeispiel in der hier vorgeschlagenen Weise, nämlich als Ersatzbeschaffung durch Neubeschaffung, interpretiert werden muß. Damit hat aber das aus dem Abwicklungsbeispiel der Zweiten Kommission gewonnene Argument seinen historischen Charakter endgültig verloren. Es ist zu einem rein dogmatischen Argument des aktuellen Schadensrechts geworden.

c) Die Entwicklung des Herstellungsbegriffs in der Literatur

In der Literatur verlief die Entwicklung des Herstellungsbegriffs im großen und ganzen ähnlich wie in der Rechtsprechung, allerdings ist ein entscheidender Unterschied zu beobachten. Während sich in der Rechtsprechung der wirtschaftliche Herstellungsbegriff sehr schnell durchsetzen konnte, orientierte man sich in der Literatur lange an einem eher gegenständlichen Herstellungsbegriff. So schrieb Jordan noch 1978 unter Bezugnahme auf Esser/Schmidt[77] und Larenz[78]:

> „Die Vorschrift des § 249 BGB entspricht einem Schadensbegriff, der von den im Sinne der strengen Differenztheorie feststellbaren Vermögensauswirkungen absieht und auf die Beeinträchtigung der Rechtsgüter abstellt. Die hier angeordnete Restitution dient dem ‚Integritäts- oder Erhaltungsinteresse' des Geschädigten. Das verletzte Rechtsgut soll gleichsam in den ‚vorigen Stand' versetzt werden. Nicht lediglich *wirtschaftliche*, sondern *tatsächliche* Herstellung ist hier die Devise."[79]

Aus diesem an sich richtigen Ausgangspunkt wurde dann allerdings oftmals fälschlicherweise der Schluß gezogen, daß die Ersatzbeschaffung keine Naturalrestitution darstellen könne. Jordan empfiehlt sogar, „in den Bestimmungen des §§ 249 und 251 BGB das Wort ‚Herstellung' durch das Wort ‚Reparatur' zu ersetzen, um die nötige Klarheit zu gewinnen".[80] Erst im Laufe der Zeit und anfänglich recht zögerlich setzte sich auch in der Literatur der wirtschaftliche Herstellungsbegriff der Rechtsprechung durch. Zwar kritisierte man nach wie vor den kaum nachvollziehbaren „Sprung von der Naturalrestitution zu der Herstellung der Vermögenslage, wie sie ohne das Schadensereignis bestehen würde", jedoch erkannte man andererseits, daß es wenig sachgerecht wäre, wenn man „bei einem engen Verständnis der Naturalherstellung wie dem der Verfasser des BGB stehen" geblieben wäre.[81] In diesem Spannungsfeld zwischen Restitutionsprinzip und sachgerechter Erweiterung des Herstellungsbegriffs entschied sich die h.L. für die Übernahme des wirtschaftlichen Herstellungsbegriffs, wenngleich auch in unterschiedlichen Nuancen und mit den verschiedensten Einschränkungen, auf deren ausführliche Darstellung innerhalb dieser Untersuchung verzichtet werden muß.[82] Die Auffassung, daß die Ersatzbeschaffung, zumindest bei der Beschädigung von vertretbaren Sachen, eine Form der Naturalrestitution darstellt, kann aber heute als herrschende Meinung bezeichnet werden.[83]

---

[77] *Esser/Schmidt,* Schuldrecht AT 2, § 32 I, S. 187: „Nicht lediglich wirtschaftliche, sondern tatsächliche Herstellung ist die Devise."

[78] *Larenz,* Schuldrecht AT, 11. Aufl., S. 375.

[79] *Jordan,* Die Abwicklung des Kraftfahrzeug-Totalschaden, VersR 1978, 688 (689) (Hervorhebungen vom Verf.).

[80] *Jordan,* VersR 1978, 688 (692).

[81] *Keuk,* Vermögensschaden und Interesse, S. 193.

[82] Vgl. die Darstellung bei *Roussos,* Schaden und Folgeschaden, S. 111 Fn. 51 m.w.N.

In der neueren Literatur ist jüngst jedoch die interessante Tendenz zu beobachten, den Herstellungsbegriff, entgegen der h.L., wieder verstärkt unter dem Gesichtspunkt der sächlichen Integrität zu betrachten. Dieser neue Ansatz orientiert sich wieder stärker an einer gegenständlichen bzw. rechtsgutorientierten Anschauung, die dem Restitutionsgedanken eher entspricht als der streng wirtschaftliche Herstellungsbegriff der h.M., ohne jedoch die Rechtsfortbildung zur Ersatzbeschaffung wieder aufzugeben bzw. gänzlich abzulehnen, wie dies die ältere Lehre getan hat. Diese Tendenz soll anhand einiger exemplarisch ausgewählter Autoren, E. Schmidt, Hagen, Schulte und Ch. Huber, kurz dargestellt werden.

Ausgangspunkt des Herstellungsbegriffs ist bei E. Schmidt die „gegenständliche Herstellung (Reparatur)", oder wie er sich ebenfalls ausdrückt, die „Rekonstruktion des Objektschicksals gewissermaßen unter Schadensfreiheitsbedingungen".[84] Neben dieser gegenständlichen Herstellung läßt Schmidt jedoch auch eine „substitutive Restitution (Lieferung einer gleichartigen und -wertigen Sache)" zu. „Die in § 249 geregelte Naturalrestitution ist nämlich", wie er schreibt, „nicht verengend i.S. einer nur am beschädigten Objekt selbst vorzunehmenden Ausbesserung zu verstehen; vielmehr zielt sie umfassender auf eine – die hypothetische Entwicklung freilich stets mitberücksichtigende – *Rückgewinnung der sächlichen Integrität* in der Weise, daß u.U. auch die Gestellung eines äquivalenten Objekts in Betracht kommt".[85] Diese „Rückgewinnung der sächlichen Integrität" kann nach dem Herstellungsverständnis Schmidts allerdings nur durch gegenständliche Herstellung (Reparatur) und substitutive Restitution (Lieferung einer gleichartigen und -wertigen Sache) erzielt werden. Damit unterscheidet sich seine Auffassung von der h.L. lediglich durch die von ihm vorgenommene Akzentverschiebung in Richtung einer rechtsgutsorientierten Schadensbetrachtung. Andere Formen der Restitution, wie z.B. eine teilweise Herstellung durch die Lieferung einer geringwertigeren Sache, mit der eine Annäherung an den schadensfreien Zustand erreicht werden könnte, lehnt E. Schmidt ausdrücklich ab.[86]

---

[83] Vgl. *Fleischmann*, Entwicklungstendenzen im Schadensersatzrecht, 20. VGT 1982, S. 273: „Wiederherstellung im Sinne des § 249 ist aber nicht nur die Instandsetzung, sondern die Wiederherstellung der wirtschaftlichen Gleichwertigkeit, also kein ausschließlich an die Reparatur des unfallgeschädigten Fahrzeuges gekoppelter Begriff"; *Keuk*, Vermögensschaden und Interesse, S. 192 f.; Erman-*Kuckuck*, 9. Aufl., § 249 Rn. 20, 79; Staudinger-*Medicus*, 12. Aufl., § 249 Rn. 203 ff.; Palandt-*Heinrichs*, § 249 Anm. 1a; *Esser/Schmidt*, Schuldrecht AT 2, § 32 I 1 b), S. 189, und § 32 I 2 b), S. 193; *Greger*, Der Streit um den Schaden, NZV 1994, 11 (12 li. Sp.); *Schlechtriem*, Schließt Veräußerung des Unfallfahrzeugs Schadensersatzansprüche auf Reparaturkostenbasis aus?, DAR 1975, 122 (123); *Geigel/Schlegelmilch*, Der Haftpflichtprozeß, 20. Aufl., Rn. 27, S. 61 f.; *Kötz*, Die Abwicklung des Kraftfahrzeug-Totalschadens, in: FS für Hauß, S. 185; a.A. MünchKomm-*Grunsky*, § 251 Rn. 4.

[84] *E. Schmidt*, Das zerstörte Unikat – BGHZ 92, 85, JuS 1986, 517 (518).

[85] *E. Schmidt*, a.a.O., S. 520 (Hervorhebung vom Verf.).

Ähnlich verhält es sich mit dem Herstellungsbegriff Hagens[87]. Zwar bedeutet Herstellung i.S.d. § 249 BGB für ihn die „Annäherung an den Soll-Zustand", da „die exakte Herstellung des hypothetischen Zustandes, der ohne das haftungsbegründende Ereignis bestände, meist nicht möglich ist". Im Ergebnis jedoch entspricht sein Herstellungsbegriff dem der h.M., da die begriffliche Weite seiner Definition durch inhaltliche Beschränkungen im Einzelfall wieder auf das Maß der h.M. zurückgebildet wird. Ein entscheidender Unterschied zur h.M. ist also auch bei ihm nicht auszumachen.

Dieser Unterschied ist aber bei Schulte zu erkennen. Er läßt eine „Naturalrestitution in Form annäherungsweiser Wiederherstellung"[88] genügen.[89] Schulte ist sogar der Auffassung, daß die Gegenmeinung, die eine solche „annäherungsweise Naturalrestitution" ablehnt, sich „in Widerspruch zur absolut herrschenden Meinung setzt".[90] Zur Begründung führt er aus:

> „Von einem solchen engen Begriff der Naturalrestitution geht das BGB nicht aus. Niemand sagt, daß von Naturalrestitution nur dann die Rede sein könne, wenn genau der Zustand geschaffen wird, der auch ohne das schädigende Ereignis bestünde. Beim Ausbeulen der Karosserie eines Pkw wird ein identischer Zustand keineswegs geschaffen. Was durch Reparatur geschaffen wird, ist ein gleichwertiger Zustand. Der Pkw hat sein altes Aussehen wieder, das genügt. Ganz selbstverständlich werden vor allem Arzt- und Krankenhauskosten als Herstellungskosten i.S.d. § 249 S. 2 BGB angesehen. Und dies geschieht, obwohl nach einer Heilbehandlung niemals genau derjenige Zustand besteht, der ohne das schädigende Ereignis bestanden haben würde. Es geht bei der Naturalrestitution also um die Wiederherstellung eines möglichst gleich*artigen* Zustandes, sei es in wirtschaftlicher, sei es in sonstiger Hinsicht. Ein zweites Mißverständnis besteht darin, daß Naturalrestitution dann ausgeschlossen sein solle, wenn ein völlig gleichwertiger Zustand nicht geschaffen werden kann. Auch dies ist nicht haltbar. Das Zivilrecht kennt schon seit langem die teilweise Naturalrestitution. Es zweifelt im Grunde niemand daran, daß die Kosten für die Reparatur einer Sache auch dann ersetzt verlangt werden können, wenn nicht ein völlig gleichwertiger Zustand geschaffen werden kann. Der verbleibende ökonomische (technische oder merkantile) Minderwert ist dann eben in Geld nach § 251 I BGB auszugleichen. Es kommt ja auch niemand auf die Idee, einem Kranken die Kosten für Arzt und Krankenhaus, also die Kosten der Naturalrestitution abzusprechen, weil er nur teilweise wiederhergestellt werden kann. Selbstverständlich hat auch das Unfallopfer, dem ein Körperteil am-

---

[86] *E. Schmidt*, a.a.O., S. 520.

[87] *Hagen*, in: *Lange/Hagen*, Wandlungen des Schadensersatzrechts, S. 62 f.

[88] *Schulte*, Zivilrechtsdogmatische Probleme im Hinblick auf den Ersatz „ökologischer Schäden", JZ 1988, 278 (280).

[89] Der Gedanke, daß auch eine Annäherung an den schadensfreien Zustand Naturalrestitution sein kann, findet sich schon im *Preußischen Allgemeinen Landrecht* von 1794 (ALR I 6 § 79): „Wenn ein Schaden geschehen ist, so muß alles *so viel als möglich* wieder in den Zustand versetzt werden, welcher vor der Anrichtung des Schadens vorhanden war" (Hervorhebung vom Verf.).

[90] *Schulte*, a.a.O.

putiert werden muß, einen Anspruch auf Ersatz von Arzt- und Krankenhauskosten, und die fraglos zu ersetzenden Kosten für eine Prothese schaffen weder der Substanz noch dem Wert nach einen identischen Gegenstand, sondern nur ein Surrogat. Bei Körperschäden haben wir sehr deutlich eine Surrogationslösung, eine Naturalrestitution durch Maßnahmen, die weder nach Art noch nach Wert mit dem ursprünglichen Zustand übereinstimmen."[91]

Die Argumentation Schultes zeigt mit ihren Beispielen eindrucksvoll, wie der Herstellungsbegriff weiterentwickelt werden kann, wenn man nicht nur, wie dies üblicherweise geschieht, die Sachschadens-, sondern auch die Personenschadensproblematik im Auge hat. Die einseitige Ausrichtung der herrschenden Schadensdogmatik am Sachschaden wurde schon in der Einleitung zu dieser Untersuchung bemängelt.[92] Schulte zeigt nun, daß erst die Einbeziehung des Personenschadens in die Überlegungen zur Schadensdogmatik ein ausgewogenes Ergebnis ermöglicht.

Einen ähnlichen Weg wie Schulte geht auch Huber in seiner 1993 erschienen Habilitationsschrift *„Fragen der Schadensberechnung"*. Auch er entwickelt seinen weiten Begriff der Naturalrestitution anhand von Sach- *und* Personenschaden. Deshalb kommt auch er zu der Feststellung, „daß eine 100%ige Naturalrestitution nur in den seltensten Fällen gelingt".[93] Dies treffe vor allem auf den Personen-, aber auch auf den Sachschaden zu. Aus diesem Grunde definiert Huber die Herstellung zunächst als die „größtmögliche Annäherung an den Zustand ohne schädigendes Ereignis"[94] oder, unter Bezugnahme auf einen im österreichischen Recht von der Rechtsprechung entwickelten Begriff, als die „Schaffung einer Ersatzlage".[95]

Dieser weite Herstellungsbegriff wirft aber die Frage auf, „bis zu welchem Grad Abweichungen vom status quo ante noch mit der Herstellung der Naturalrestitution vereinbar sind".[96] Die bei der Beantwortung dieser Frage auftretenden Abgrenzungsschwierigkeiten relativiert Huber durch einen weiteren interessanten Aspekt seines Herstellungsbegriffs, mit dem er weit über das herkömmliche Verständnis hinausgeht. So betont er ausdrücklich, „daß sich der Geschädigte *eine solche Form der Ersatzleistung nicht aufdrängen lassen muß*, da es nicht zu einer 100%igen Naturalrestitution kommt. (...) Vielmehr sei ihm *das Recht einzuräumen*, auf Kosten des Schädigers *die Art der Wiederherstellung zu wählen*, die nach seinen Präferenzen dem schadensfreien Zustand am nächsten kommt."[97] Interessanterweise stellte schon die Zweite

---

[91] *Schulte*, a.a.O.

[92] Vgl. im 1. Kapitel, I a.E.

[93] *Huber*, Fragen der Schadensberechnung, S. 171.

[94] *Huber*, a.a.O., S. 175.

[95] *Huber*, a.a.O., S. 172 mit Rechtsprechungsnachweisen.

[96] *Huber*, a.a.O., S. 171.

[97] *Huber*, a.a.O., S. 173 (Hervorhebungen vom Verf.).

Kommission in der oben erörterten Protokollstelle (Prot. I S. 296) fest, daß dem Geschädigten eine Ersatzbeschaffung nicht aufgedrängt werden könne.[98] Allerdings zog sie damals fälschlicherweise den Schluß, daß deshalb die Ersatzbeschaffung gänzlich abzulehnen sei. Der Gedanke an eine Wahlmöglichkeit des Geschädigten lag dem historischen Gesetzgeber eben noch fern.[99] Aber gerade dieser „Ausgestaltungsspielraum des Geschädigten"[100] macht es möglich, die Abstriche an dem Prinzip des Totalersatzes, die dieser weite Herstellungsbegriff mit sich bringt, hinzunehmen.

In einem weiteren Argumentationsschritt verknüpft Huber beide Aspekte seines Herstellungsverständnisses, „die Schaffung einer Ersatzlage" und „die Wahlmöglichkeit des Geschädigten", zu einer völlig neuen Definition des Herstellungsbegriffs. Danach ist Herstellung letztlich nichts anderes als die *„Betätigung des Integritätsinteresses durch den Geschädigten"*.[101] Diese Anschauung findet man ansatzweise auch schon in der Rechtsprechung des Bundesgerichtshofs zum Ersatz des 30%igen Integritätszuschlags. Denn nach Auffassung des BGH muß der Geschädigte sein besonderes Integritätsinteresse mittels einer Reparatur „betätigen" bzw. nachweisen, wenn er in den Genuß des 30%igen Integritätszuschlags kommen will.[102] Ähnliches gilt für die Rechtsprechung des Bundesgerichtshofs zum Körperschaden. Dort fordert der BGH als Voraussetzung für den Schadensersatzanspruch nach § 249 S. 2 BGB eine Absichtserklärung des Verletzten, in der sich dieser dazu äußern muß, ob er die angegebene Heilungsmaßnahme auch tatsächlich durchführen lassen will.[103] Auch dies kann im weitesten Sinne als „Integritätsinteressen-Betätigung" aufgefaßt werden.

Diese Tendenzen in der Entwicklung des Herstellungsbegriffs innerhalb der Literatur sind nicht unumstritten. So wurde gegen den weiten Herstellungsbegriff, aber auch gegen die Anerkennung der Ersatzbeschaffung als Naturalrestitution, von unterschiedlichen Seiten vorgebracht, daß dadurch der § 251 I BGB ohne Anwendungsbereich wäre.[104] Diesem Einwand ist aber in zweifacher Weise zu begegnen. Zum einen wird der § 251 I BGB auch bei Anwendung des weiten Herstellungsbegriffs nicht überflüssig, weil es trotz des weiten Herstellungsbegriffs Fälle geben wird, in denen die „Schaffung

---

[98] Prot. I, S. 296: „Es könne daher der Gläubiger nicht gezwungen werden, als Ersatz für die Beschädigung einer vertretbaren Sache eine andere Sache derselben Art anzunehmen ..." (vgl. dazu im 4. Kapitel, II.1.a)).

[99] Vgl. im 4. Kapitel, II.1.a) Fn. 65.

[100] *Huber*, a.a.O., S. 175.

[101] *Huber*, a.a.O., S. 169 (Hervorhebungen vom Verf.).

[102] Vgl. im 2. Kapitel, IV.1.b).

[103] BGHZ 97, 14; vgl. dazu im 2. Kapitel, V.

[104] Vgl. *E. Schmidt*, Das zerstörte Unikat – BGHZ 92, 85, JuS 1986, 517 (520).

einer Ersatzlage" nicht möglich ist. Zu denken ist z.B. an den Verlust von Unikaten[105], Kunstgegenständen usw.. Zum zweiten verbleibt, so Huber, dem § 251 I BGB immer noch „die Bedeutung, daß sich der Geschädigte für den nach dem Kompensationsinteresse berechneten Geldersatz entscheiden kann, wenn er an der Naturalrestitution bzw. der Schaffung einer Ersatzlage kein Interesse hat".[106]

Gegen den Anspruch auf Ersatzbeschaffung wurde weiter eingewandt, daß er im Rahmen des § 249 S. 1 BGB „eine nicht eben praxisnahe Vorstellung darstelle"[107], es an „seiner prozessualen Durchsetzbarkeit fehle" und er zu unlösbaren Vollstreckungsproblemen führen würde.[108] Daß eine Abwicklung des Schadens nach Satz 1 des § 249 BGB unpraktisch ist und für den Geschädigten Nachteile mit sich bringen kann, hatte schon der historische Gesetzgeber erkannt. Deshalb führte er die Ersetzungsbefugnis des Geschädigten nach § 249 S. 2 BGB ein. Mit dieser Ersetzungsbefugnis wurde dem Geschädigten ein Instrument an die Hand gegeben, mit dem er praktikable Lösungswege beschreiten und so prozessuale Durchsetzungsschwierigkeiten und Vollstreckungsprobleme umgehen kann, wenn er befürchten muß, daß diese Schwierigkeiten bei einer Abwicklung nach § 249 S. 1 BGB auftreten werden. Der obige Einwand läuft deshalb schon vom Ansatz her ins Leere.

Weiter wurde gegen die Ersatzbeschaffung als zweite Restitutionsform vorgebracht, daß sie zumindest im Bereich des Satz 2 des § 249 BGB ausgeschlossen sein müßte. Denn mit der Beschränkung des Anwendungsbereichs des § 249 S. 2 BGB durch den historischen Gesetzgeber auf die Fälle der Sachbeschädigung werde der Herstellungsbegriff auf die „Herstellung durch Reparatur" begrenzt; eine „Herstellung durch Ersatzbeschaffung" sei ausgeschlossen. Auch dieses Argument greift letztlich nicht. So ist zum ersten auf das in ständiger Rechtsprechung vom BGH verwendete Wortlautargument zu verweisen[109], mit dem der vorgebrachte Einwand leicht entkräftet werden kann. Die Vorschrift des § 249 S. 1 BGB spricht eindeutig von der Herstellung des *Zustands* und nicht von der Herstellung der *Sache*. Der Satz 2 des § 249 BGB ermöglicht dem Gläubiger „statt der Herstellung den dazu erforderlichen Geldbetrag zu verlangen", d.h. bei einer konsequenten systematischen Auslegung kann sich der Herstellungsbegriff des Satz 2 nur auf den des Satz 1 beziehen. Dies wiederum bedeutet, daß auch in Satz 2 die Her-

---

[105] Vgl. BGH JZ 1985, 39 – Modellboot – mit Anm. *Medicus*.

[106] *Huber,* Fragen der Schadensberechnung, S. 174.

[107] *Lange,* Anmerkung zu BGH-Urteil vom 15.10.1991 (BGHZ 115, 364), JZ 1992, 477 (480 re. Sp.).

[108] *Jordan,* Die Abwicklung des Kraffahrzeug-Totalschadens, VersR 1978, 688 (691 f.).

[109] Vgl. BGHZ 115, 364 = VersR 1992, 61 (62 re. Sp.); BGHZ 115, 375 = VersR 1992, 64 (65 li. Sp.): „Herstellung des Zustandes" (vgl. dazu auch im 2. Kapitel, IV.2).

stellung des Zustandes, d.h. Reparatur und Ersatzbeschaffung angesprochen werden. Eine Beschränkung des Herstellungsbegriffs allein auf die Herstellungsart der Reparatur verträgt sich somit nicht mit dem Wortlaut der Vorschrift und widerspricht zudem einer systematisch-teleologischen Auslegung. Zum zweiten ist bei der Auslegung zu beachten, weshalb es zu dieser Beschränkung des Anwendungsbereichs des § 249 S. 2 BGB durch den historischen Gesetzgeber gekommen ist. Die Zweite Kommission stellte bei den Beratungen zu § 249 S. 2 BGB fest, „daß bei der Erörterung über das alternative Recht des Geschädigten nur solche Fälle zur Sprache gekommen seien, in welchen es sich um die *Beschädigung* einer Sache oder einer Person handle, und daß demgemäß nur für diese Fälle ein solches Wahlrecht des Gläubiger als festgestellt anzusehen sei".[110] Der Grund, weshalb „nur solche Fälle zur Sprache gekommen" sind, liegt aber darin, daß der historische Gesetzgeber, aufgrund seines engen Herstellungsbegriffs, nach dem genau derselbe Zustand, wie er vor Eintritt des schädigenden Ereignisses bestanden hat, wieder hergestellt werden muß, der Auffassung war, daß in den Fällen der Sach*zerstörung* und des Sach*verlustes* eine Herstellung generell ausgeschlossen sei und daß deshalb in diesen Fällen von vornherein nur der § 251 BGB Anwendung finden könne.[111] Eine Abwicklung nach § 249 BGB, ganz gleich ob nach Satz 1 oder Satz 2, war für die Zweite Kommission in diesen Fällen nicht denkbar. Die Beschränkung des Anwendungsbereichs des § 249 S. 2 BGB ist also eine direkte Folge des engen historischen Herstellungsbegriffs. Der Einwand, der daraus die Unvereinbarkeit der Ersatzbeschaffung mit dem Gesetz herleiten will, stellt somit eine Rückkehr zu diesem heute längst überholten Herstellungsbegriff dar.

Schließlich wurde an der Einordnung der Ersatzbeschaffung als Naturalrestitution kritisiert, daß es durch sie zu „Störungen des systematischen Verhältnisses zwischen § 249 und § 251 BGB komme".[112] Auch dieses Argument überzeugt nicht. Denn die Anerkennung der Ersatzbeschaffung als Naturalrestitution führt lediglich zur Aufhebung des herkömmlichen Abgrenzungsschemas „Unmöglichkeit der Reparatur = Unmöglichkeit der Herstellung i.S.d. § 251 I BGB", wie es vor allem von Jordan propagiert wurde.[113] Gestört wird somit nicht das systematische Verhältnis zwischen den §§ 249 und 251 BGB, sondern nur das überkommene Abgrenzungsverständnis.

---

[110] *Mugdan,* Materialien zum Bürgerlichen Gesetzbuch, Bd. II, S. 515 (Hervorhebung vom Verf.).

[111] Vgl. *Hamann,* Schadensersatz in Natur oder Geld bei Sachschäden, S. 117 (Hervorhebungen vom Verf.).

[112] So die Formulierung bei *Steffen,* Die Rechtsprechung des BGH zur fiktiven Berechnung des Fahrzeugschadens, NZV 1991, 1 (3 re. Sp.), der allerdings diesen Einwand ebenfalls für nicht überzeugend hält.

[113] *Jordan,* Die Abwicklung des Kraffahrzeug-Totalschadens, VersR 1978, 688 (692 f.).

d) Zwischenergebnis

Heute kann mit Recht behauptet werden, daß die Anerkennung der Ersatzbeschaffung als eine Form der Naturalrestitution (zumindest bei der Beschädigung von vertretbaren Sachen) eine gesicherte und von der h.M. getragenen Rechtsfortbildung im Schadensrechts darstellt. Der enge historische Herstellungsbegriff dürfte damit endgültig überwunden sein. Ob sich die modernen Herstellungskonzepte der Literatur, allen voran Hubers Konzept von der „Betätigung des Integritätsinteresses", als tragfähig erweisen, werden die nächsten Abschnitte dieser Untersuchung zeigen. Ob sie sich auch gegenüber dem wirtschaftlichen Herstellungsbegriff der h.M. durchsetzen können, der allein auf die Herstellung der Vermögenslage abzielt und deshalb eher dem Kompensationsgedanken denn dem Restitutionsgedanken nahe steht, wird sich erst in der Zukunft herausstellen.

2. Der erweiterte Herstellungsbegriff: Ersatzbeschaffung durch Neubeschaffung bei gleichzeitigem Überkompensationsausgleich

Den erweiterten Herstellungsbegriff, der auch die Herstellung durch Ersatzbeschaffung mittels Lieferung einer *neuen* Sache umfaßt, findet man schon in der älteren OLG-Rechtsprechung und auch ansatzweise in der Literatur[114] der 60er Jahre. So konnte das OLG Hamburg in seinem Grundsatzurteil vom 28.11.1963 (VersR 1964, 1175)[115] noch feststellen, daß „in Rechtsprechung und Literatur – unbeschadet aller sonst noch offenen streitigen Fragen – anerkannt sei, daß der Gläubiger im Falle der Beschädigung einer gebrauchten Sache jedenfalls dann Lieferung einer *neuen* Sache verlangen könne, wenn er zur Erstattung des Mehrwertes (Differenz zwischen Neuwert und Zeitwert) an den Schuldner bereit sei und diesem außerdem die beschädigte Sache zur Verfügung stelle".[116] Denn, so fährt das Gericht fort, „ein wirtschaftlich gleicher Zustand läßt sich (...) verhältnismäßig mühelos und im Ergebnis ohne Mehrbelastung des Schuldners auch dadurch erreichen, daß der Schuldner dem Gläubiger ein neues Fahrzeug beschafft und dieser ihm den Mehrwert in Geld erstattet und ihm das Unfallfahrzeug zur Verfügung stellt, was er – wie ausgeführt – auch im Falle der Beschaffung eines gleichwertigen gebrauchten Fahrzeugs tun müßte".[117]

[114] Vgl. *Ruhkopf*, Über den Risiko-Zuschlag, VersR 1965, 1033; Soergel-*Schmidt*, 10. Aufl., §§ 249–253 Anm. 37.

[115] OLG Hamburg, Urteil vom 28.11.1963 – 7 U 101/63 –, VersR 1964, 1175 = MDR 1964, 321 mit zustimmender Anm. *Böhmer*, ebd., 323.

[116] OLG Hamburg, VersR 1964, 1175 re. Sp.

[117] OLG Hamburg, VersR 1964, 1176 li. Sp.

Im Ergebnis sah das Abwicklungsmodell des OLG Hamburg, zumindest beim Kfz-Schaden, drei Schadensabwicklungsarten vor, zwischen denen der Geschädigte grundsätzlich wählen konnte[118]: (1) die Reparatur des Unfallwagens, (2) den Kauf eines Wagens gleichen Typs und gleicher Fahrleistung, und schließlich (3) den Kauf eines neuen Wagens gleichen Typs. Zu den verschiedenen Abwicklungsmodi führt das Gericht im einzelnen aus:

> „Entschließt sich der Gläubiger zur *Reparatur des Unfallfahrzeugs*, ist der gemäß § 249 S. 2 BGB geschuldete Geldbetrag gleich der Höhe der Reparaturkosten. Verbleibt dem Fahrzeug in diesem Fall ein (technischer oder) merkantiler Minderwert, muß der Schuldner den Gläubiger hierfür gemäß § 251 Abs. 1 BGB zusätzlich in Geld entschädigen. Entschließt sich der Gläubiger zur *Beschaffung eines anderen, gleichwertigen KFZ*, entspricht der Geldbetrag i.S.v. § 249 S. 2 BGB den Anschaffungskosten. Erwirbt der Gläubiger ein *neues KFZ* (des gleichen Typs, zumindest der gleichen Preisklasse), vermindert sich der vom Schuldner geschuldete Anschaffungspreis um den Mehrwert, nicht jedoch notwendig um den Wert des beschädigten Fahrzeuges. Dieses kann der Gläubiger vielmehr dem Schuldner zur Verfügung stellen, wenn er selbst kein wirtschaftliches Interesse daran hat. Der Gläubiger kommt dem Schuldner aber in diesem Punkte üblicherweise entgegen, indem er das beschädigte Fahrzeug beim Erwerb des neuen Fahrzeugs in Zahlung gibt und dem Schuldner dadurch die Mühe erspart es selbst zu verwerten. In diesem Falle errechnet sich der zur Herstellung erforderliche (in diesem Fall: erforderlich gewesene) Geldbetrag aus der Differenz zwischen Netto-Kaufpreis (Listenpreis abzgl. des angerechneten Preises für das beschädigte Fahrzeug) und Mehrwert (Differenz zwischen Neuwert und Zeitwert des Unfallfahrzeugs vor der Beschädigung).“[119]

Dieses Schadensabwicklungsmodell wurde vom OLG Schleswig im Urteil vom 11.10.1966 (VersR 1967, 610) aufgegriffen und weiter entwickelt. Dort heißt es:

> „Von diesen drei Ausgleichsmöglichkeiten käme der zweitgenannte der Forderung der Naturalrestitution des § 249 BGB am nächsten, weil man davon ausgehen kann, daß bei einem Serienprodukt wie einem Auto zwischen den einzelnen Fahrzeugen nennenswerte Qualitätsunterschiede nicht bestehen werden. (...) Bei der Reparatur und beim Neukauf erhält der Geschädigte nicht ohne weiteres den wirtschaftlichen Wert, den er vorher hatte. Ein reparierter Wagen wird im Handel als ‚Unfallwagen‘ bezeichnet und deshalb geringer bewertet. Beim Kauf eines neuen Wagens erhält der Geschädigte mehr, als er vorher hatte. In beiden Fällen sind Ausgleiche vorzunehmen, die in der Schadenspraxis als merkantiler Minderwert oder Abschlag unter dem Gesichtspunkt ‚neu für alt‘ bekannt sind und vorgenommen werden.“[120]

Diese Ausführungen des OLG Schleswig zeigen, daß sich auch die dritte Abwicklungsart, die Neubeschaffung, mittels Rückgriff auf die allgemein

---

[118] OLG Hamburg, VersR 1964, 1176 (li. Sp.); VersR 1971, 236 (li. Sp.).

[119] OLG Hamburg, VersR 1964, 1175 (1176 li. Sp.) (Hervorhebungen vom Verf.).

[120] OLG Schleswig VersR 1967, 610 li. Sp.

anerkannte Ausgleichsfigur „Abzug neu für alt", problemlos in die allgemeine Schadensrechtslehre integrieren läßt. Daß der Bundesgerichtshof diesem Abwicklungsmodell nicht folgen würde, zeichnete sich aber schon im Urteil vom 17.5.1966 (NJW 1966, 1454) ab. In diesem Urteil wurde festgestellt, daß bei der Bemessung des Schadensersatzes für ein zerstörtes Kraftfahrzeug in der Regel von dem Preis auszugehen ist, den der Geschädigte aufwenden muß, um ein gleichwertiges gebrauchtes Fahrzeug zu erwerben. Dies gelte grundsätzlich auch dann, wenn der Geschädigte es vorzieht, sich einen neuen Wagen anzuschaffen.[121] Als Begründung führte der BGH an, daß „eine subjektive Abneigung des Klägers gegen den Ankauf und die Benutzung eines gebrauchten Wagens es allein noch nicht rechtfertige, vom Schädiger einen höheren Ersatz zu verlangen. Bei der Bewertung solcher Sachschäden sei eine gewisse Objektivierung, die von individuellen Sonderheiten absieht und sich an die im Verkehr geltenden Wertmaßstäbe hält, unerläßlich."[122] Weiter heißt es in der Begründung, daß es Sache des Klägers sei, ob er diesen Betrag zum Ankauf eines Gebrauchtwagens verwende oder ob er den Unfall zum Anlaß nehme, einen Neuwagen anzuschaffen.[123]

Diese Ausführungen, die stark an die Urteilsbegründungen des Bundesgerichtshofs zum Ersatz fiktiver Kosten erinnern, zeigen, wie eng das Problem des Ersatzes fiktiver Kosten mit dem erweiterten Herstellungsbegriff verknüpft ist. Denn dadurch, daß der BGH in dem obigen Urteil den Anspruch aus § 249 S. 2 BGB auf die fiktiven Kosten der Beschaffung eines gleichwertigen gebrauchten Fahrzeugs beschränkte, lehnte er den erweiterten Herstellungsbegriff ab, ohne dies jedoch explizit ausgesprochen zu haben. Diese Wechselwirkung konnte man auch in den nachfolgenden Entscheidungen des Bundesgerichtshofs beobachten. Die Grundlegung und Festigung der BGH-Rechtsprechung zum Ersatz fiktiver Kosten Anfang der 70er bis Mitte der 80er Jahre führte zu dem völligen Verschwinden des vom OLG Hamburg vertretenen erweiterten Herstellungsbegriffs.[124] Mit der Einführung des fiktiven Kostenersatzes und der Dispositionsfreiheit des Geschädigten wurde die Neubeschaffung aus dem Schadensabwicklungsverhältnis gänzlich ausgelagert. Damit bestand kein Anlaß mehr, sich mit dem Abwicklungsmodell des OLG Hamburg weiter auseinanderzusetzen. Die Probleme und die Widersprüchlichkeiten, die diese Ausgrenzung jedoch mit sich brachte, wurden

[121] Vgl. den Leitsatz in BGH VersR 1966, 1454.

[122] BGH, VersR 1966, 1454 (1455 re. Sp.).

[123] BGH, VersR 1966, 1454 (1455).

[124] Diesem Trend konnte sich selbst das OLG Hamburg nicht wiedersetzen, so daß es im Urteil vom 28.12.1972 (VersR 1973, 970) seinen erweiterten Herstellungsbegriff aufgab und die Herstellung auf die Reparatur und die Ersatzbeschaffung durch eine gleichwertige Sache beschränkte (vgl. dazu OLG Frankfurt, VersR 1973, 672; 1973, 675; sowie die BGH-Rechtsprechung im 2. Kapitel).

schon im Zweiten Kapitel dieser Untersuchung ausführlich dargestellt. So bleibt, nachdem heute diese Widersprüche bekannt sind, an dieser Stelle zu fragen, ob es nicht besser wäre, wieder an den erweiterten Herstellungsbegriff anzuknüpfen. Mit dem erweiterten Herstellungsbegriff kann, wie mehrfach schon aufgezeigt, der Fall der Neubeschaffung eines Kraftfahrzeugs bei gleichzeitiger Inzahlunggabe des beschädigten Altwagens, im Rahmen der herkömmlichen Schadensdogmatik, praktikabel bewältigt werden, ohne jedoch die dogmatischen Folgeprobleme zu erzeugen, die der „Grundsatz der Dispositionsfreiheit" mit sich gebracht hat. Die Einführung der Dispositionsfreiheit durch den BGH in BGHZ 66, 239 war somit auch aus Praktikabilitätsgründen nicht notwendig. Kurz: Der „Grundsatz der Dispositionsfreiheit" wird durch die Anerkennung des erweiterten Herstellungsbegriffs überflüssig.

Es sprechen aber auch noch andere Gründe für das Wiederaufgreifen des erweiterten Herstellungsbegriffs. So ist nach der h.M. in Rechtsprechung und Literatur eine „Abrechnung auf Neuwagenbasis" nicht schlechterdings ausgeschlossen.[125] Nach ständiger Rechtsprechung des BGH[126] ist die Neubeschaffung dann ein Weg der Naturalrestitution, wenn ein neuwertiges Kraftfahrzeug beschädigt wurde. Beachtenswert ist dabei, daß von der h.M. nicht nur fabrikneue Fahrzeuge als neuwertig angesehen werden, sondern als neuwertige gelten i.d.R. auch gebrauchte Fahrzeuge, die eine Fahrleistung von weniger als 1.000 km aufweisen.[127] In einem solchen Fall ist eine Schadensabwicklung mittels Neubeschaffung möglich, allerdings mit der Einschränkung, daß an den Schädiger keine Ausgleichszahlungen zu leisten sind. Dieser Unterschied aber rechtfertigt m.E. keine Ablehnung der Abwicklungsvariante „Neubeschaffung" bei gebrauchten Kfz mit einer höheren Laufleistung als 1.000 km, da mit der allgemein anerkannten Rechtsfigur „Abzug neu für alt" eine dogmatisch gesicherte Grundlage gegeben ist, mit deren Hilfe die sich bei dieser Abwicklungsvariante ergebende Überkompensation ausgeglichen werden kann. Überhaupt kann nicht, wie dies vielfach in Rechtsprechung und Lehre geschieht, so getan werden, als sei die „Herstellung durch Reparatur" die beste Form der Naturalrestitution. Auch bei einer Reparatur sind, wie dies bereits das OLG Schleswig zutreffend festgestellt hat, Ausgleichskorrekturen durch Zuzahlung des merkantilen Minderwerts oder durch „Abzüge neu für alt" vorzunehmen. Deshalb stellt sich die Frage, weshalb diese dogmatischen Ausgleichsfiguren nicht auch bei einer „Herstellung durch Neubeschaffung" zur Anwendung kommen sollen.[128]

---

[125] *Lange,* Schadensersatz, § 6 XIV 5 e) (S. 404 ff.) m.w.N. in Fn. 880 f.; *Steffen,* Der normative Verkehrsunfallschaden, NJW 1995, 2057 (2062).

[126] BGH NJW 1982, 433 m.w.N. = VersR 1982, 163; VersR 1976, 874.

[127] Vgl. Fn. 126.

[128] Bei dem Wiederaufbau eines zerstörten Wohnhauses wendet der BGH (BGHZ 102, 322) neuerdings die Figur „Abzug neu für alt" an. Allerdings stufte der BGH die Errich-

Nach dem bisherigen Untersuchungsstand kann die Herstellung des Zustands i.S.d. § 249 BGB auch durch eine *„Neubeschaffung bei gleichzeitigem Überkompensationsausgleich"* erreicht werden, wobei allerdings festzuhalten ist, daß nach der hier vertretenen Auffassung, im Unterschied zu dem Lösungsmodell des OLG Hamburg, der Überkompensationsausgleich nur in Form einer Geldzahlung und nicht durch Herausgabe des beschädigten Fahrzeugs an den Schädiger geleistet werden kann. Dies ist damit zu begründen, daß der Schädiger, wie auch der Geschädigte, nach den obigen Ausgleichsfiguren („merkantiler Minderwert" und „Abzug neu für alt") eben nur eine Geldzahlung und nicht eine Sachleistung verlangen kann. Anderes kann nur dann gelten, wenn sich die Parteien im Rahmen eines Schadensabwicklungsvergleichs auf eine andere Form des Ausgleichs geeinigt haben. Deshalb schuldet der Schädiger, nach dem hier vertretenen erweiterten Herstellungsbegriff, gem. § 249 S. 1 BGB die Lieferung einer neuen Sache aus derselben Gattung, Zug um Zug gegen die Zahlung eines Überkompensationsausgleichs, in den der Restwert der beschädigten Sache einzurechnen ist. Macht der Geschädigte von seiner Ersetzungsbefugnis nach § 249 S. 2 BGB Gebrauch, dann schuldet der Schädiger die Zahlung des Neupreises abzüglich des Überkompensationsausgleichs, wobei auch hier der Restwert zu berücksichtigen ist.[129]

III. Herstellungsprinzip und Interesse

Das Abwicklungsbeispiel („Neue Sache statt alter Sache") in den Protokollen der Zweiten Kommission (Prot. I 296) wurde vom historischen Gesetzgeber damit begründet, daß es in vielen Fällen dem *Interesse des Geschädigten* eher entspreche, statt die Herstellung der beschädigten Sache (= Reparatur) zu verlangen, diese durch einen neue zu ersetzen. Diese Begründung soll zum Anlaß genommen werden, in dem nun folgenden Abschnitt den Interessenbegriff und sein Verhältnis zum Herstellungsbegriff näher zu untersuchen. Vor allem aber soll der Frage nachgegangen werden, welche konkreten Interessen des Geschädigten bei den jeweiligen Abwicklungsvarianten befriedigt werden.

1. Der Interessenbegriff

Die klassische Konzeption des Interessenbegriffs findet man bei Friedrich Mommsen, der in seiner 1855 erschienenen Monographie „Zur Lehre von dem Interesse" das Interesse als „Differenz zwischen dem Betrage des gegenwärtigen Vermögens einer Person, wie dasselbe nach einem beschädigenden

---

tung des Neubaus nicht als „Neubeschaffung", sondern als „Herstellung des Grundstücks", d.h. als Reparatur ein.

[129] Vgl. dazu Soergel-*Schmidt*, 10. Aufl., §§ 249–253 Anm. 37.

Ereignis sich darstellt, und dem Betrag, auf welchen dieses Vermögen ohne die Dazwischenkunft dieses Ereignisses sich belaufen würde“[130] definiert. Diese Mommsensche Definition des Interesses wurde als Definition des Schadens von der frühen Literatur zum BGB übernommen.[131] Zwar wurde diese Vorgehensweise schon frühzeitig kritisiert[132], trotzdem findet man auch in der heute herrschenden schadensrechtlichen Lehre noch immer dieses Interessenverständnis, das von der Identität von Schaden und Interesse ausgeht. Seit Ende der 60er Jahre ist allerdings eine Gegenströmung innerhalb der Literatur[133] zu beobachten, die den Interessenbegriff vom Schadensbegriff zu Recht trennen will und sich damit der These widersetzt, daß das BGB den gemeinrechtlichen Schadensbegriff übernommen hat. Gegen diese These und für eine Differenzierung zwischen Schaden und Interesse, wie sie beispielsweise auch in § 287 I, 1 ZPO zum Ausdruck kommt[134], lassen sich mehrere Argumente anführen:

So ist zum ersten auf die zutreffende Feststellung Keuks[135] hinzuweisen, daß „die Vermögensdifferenz Mommsens nicht, (...) in die Bestimmung des § 249 S. 1 BGB, die lediglich den Grundsatz der Naturalrestitution statuiert, Eingang (...) gefunden“ hat. „Dies wäre“, so Keuk, „einer Erwähnung nicht wert, wenn nicht allzuhäufig das Gegenteil[136] behauptet würde“.[137]

---

[130] *F. Mommsen*, Zur Lehre des Interesses, S. 4.

[131] So die Einschätzung bei *Keuk*, Vermögensschaden und Interesse, S. 12. Davon abweichende historische Schadenskonzepte bei *Cohnfeldt*, Die Lehre vom Interesse nach Römischen Recht, S. 56 ff.; *Mauczka*, Der Rechtsgrund des Schadensersatzes außerhalb bestehender Schuldverhältnisse mit bes. Berücksichtigung des öster. und deutschen Privatrechts, S. 24; *Möller*, Summen- und Einzelschaden, S. 44.

[132] So z.B. von *Neuner*, Interesse und Vermögensschaden, AcP 133 (1931) 277 (278 f.) unter Bezugnahme auf Walsmann, Oertmann und Cohnfeldt.

[133] *Keuk*, Vermögensschaden und Interesse, S. 52 ff.; *Honsell*, Herkunft und Kritik des Interessenbegriffs im Schadensersatzrecht, JuS 1973, 69 ff.; *Neuwald*, Der zivilrechtliche Schadenbegriff und seine Weiterentwicklung in der Rechtsprechung, S. 8 f.; *Gottwald*, Schadenszurechnung und Schadensschätzung, S. 42 ff.; *Reinecke*, Schaden und Interesseneinbuße, Berlin, S. 56 f., 61 f., 71 f.; *Wilk*, Die Erkenntnis des Schadens und seines Ersatzes, S. 69 ff.; *Fikentscher*, Schuldrecht, 8. Aufl., § 50 I 6, Rn. 459, S. 295, und § 55 I 2, Rn. 525, S. 322.

[134] § 287 I, 1 ZPO: „Ist unter den Parteien streitig, ob ein Schaden entstanden sei und wie hoch sich der *Schaden* oder *ein zu ersetzendes Interesse* belaufe, so entscheidet hierüber das Gericht unter Würdigung aller Umstände nach freier Überzeugung“ (Hervorhebungen vom Verf.).

[135] *Keuk*, Vermögensschaden und Interesse, S. 19; ebenso *Honsell*, Herkunft und Kritik des Interessenbegriffs im Schadensersatzrecht, JuS 1973, 69 (70); ausführlich *Wilk*, Die Erkenntnis des Schadens und seines Ersatzes, S. 76 ff.

[136] *Zeuner*, AcP 157, 441 ff. (442); *Mertens*, Der Begriff des Vermögensschadens im Bürgerlichen Recht, S. 17; w.N. bei *Keuk*, a.a.O.

[137] *Keuk*, Vermögensschaden und Interesse, S. 19.

Zum zweiten wurde von verschiedenen Autoren[138], insbesondere aber von Honsell[139], nachgewiesen, daß „Mommsen das Wort Interesse falsch verstanden hat: Quod interest bedeutet nirgendwo in den Quellen des römischen Rechts eine Differenz. Es heißt als terminus technicus nicht ‚was dazwischen liegt', sondern ‚was daran liegt'. Vor Mommsen", so fährt Honsell fort, „wurde das Wort im Schadensersatzrecht im gleichen Sinn gebraucht, wie wir es heute im allgemeinen Sprachgebrauch oder beim immateriellen Interesse verwenden. Auch im Bereich des Vermögensschadens drückt es eine Beziehung aus zwischen Person und Gut, nicht den Unterschied zwischen Schaden und Nichtschaden. Es bezeichnet nicht den Schaden selbst, sondern den Betrag, den man als Schadensersatz verlangen kann."[140]

Und zum dritten müssen bei der Beantwortung der Frage nach dem richtigen Verständnis des Interessenbegriffs auch die zwischenzeitlich erfolgten Entwicklungen in der juristischen Methodenlehre beachtet werden. Der Mommsensche Interessenbegriff fällt in eine Zeit, in der die wertungsfeindliche Begriffsjurisprudenz Hochkonjunktur hatte. Noch heute übt die Vorstellung, daß der Schadensersatz wertfrei, d.h. durch ein bloße Differenzrechnung ermittelt werden könne, auf manchen Rechtsanwender eine gewisse Faszination aus. Dies dürfte auch der Grund dafür sein, weshalb sich der Mommsensche Interessenbegriff bis in die heutige Zeit, wenngleich auch mit den unterschiedlichsten Modifizierungen, hat halten können. Theorie und Praxis haben aber mittlerweile gezeigt, daß es ein wertungsfreies Schadensrecht nicht geben kann, da die Rechtsanwendung, offen oder versteckt, immer wieder auf Wertungen zurückgreifen mußte, um den entsprechenden Problemkonstellationen gerecht zu werden. Die aus dieser Erkenntnis heraus entwikkelte Wertungsjurisprudenz machte aber das Überdenken dogmatischer Begriffe, wie z.B. auch die Begriffe „Schaden" und „Interesse", notwendig. Eine methodisch weiter entwickelte Anschauung, die offene Wertungen im Recht zuläßt, ja sogar für notwendig erachtet, kann und muß diese historischen Begriffe in einer anderen, wertungsfreundlicheren Weise interpretieren, als dies der Begriffsjurisprudenz möglich war. Sie muß vor allem das „Einfallstor der Wertungen" im Begriffsgebäude nach außen kenntlich machen, um so eine rationale Überprüfung zu ermöglichen. In diesem Sinne argumen-

---

[138] So z.B. auch *Keuk,* Vermögensschaden und Interesse, S. 52 ff. und schon S. 15: „...daß die seit der Glosse übliche Gleichsetzung des Begriffs des Interesses mit dem des Schadens in der Formulierung interesse est damnum emergens et lucrum cessans eine sprachliche und gedankliche Verirrung gewesen ist"; vgl. auch *Reinecke,* Schaden und Interesseneinbuße, S. 45 ff. (48 f.).

[139] *Honsell,* Herkunft und Kritik des Interessenbegriffs im Schadensersatzrecht, JuS 1973, 69/70; a.A. *Medicus,* Id quod interest: § 42 II, S. 300; s. aber auch § 43, insb. S. 302, 307 f., 310.

[140] *Honsell,* a.a.O.; zustimmend *Steffen,* Der normative Verkehrsunfallschaden, NJW 1995, 2057 (2058 li. Sp.).

tiert auch Honsell, der aus der Notwendigkeit von Wertungen auf die Trennung von Schaden und Interesse schließt. Er schreibt: „Als typisches Gebilde der Begriffsjurisprudenz verdeckt der [historische][141] Interessenbegriff Wertungen oder macht sie scheinbar überflüssig und steht nicht selten einer gebotenen Differenzierung im Wege. Heute versucht man Wertungsfragen transparent und einer rationalen Nachprüfung zugänglich zu machen. Dennoch hat sich gerade im Schadensersatzrecht eine erstaunlich hartnäckige Abneigung gegen eine Normativierung erhalten. Das mag damit zusammenhängen, daß man vielfach, wenn auch unbewußt, Schaden und Schadensersatz gleichsetzt. Der Schaden ist ein natürliches, dem Recht vorgegebenes Phänomen. Zu seiner Feststellung bedarf es keiner Wertung. Hingegen kommt man bei der Frage, ob und in welcher Höhe ein Schaden zu ersetzen ist, nur selten ohne Wertung aus.“[142] Interesse bezeichnet daher nicht den Schaden, sondern die rechtlich erfaßte und bewertete Interesseneinbuße[143] bzw. „den Umfang des Ersatzanspruchs“[144], d.h. „den Betrag, der als Schadensersatz verlangt werden kann“[145].

Das historische Interessenverständnis kann, nach dem bisher Gesagten, nicht mehr aufrecht erhalten werden. Der Interessenbegriff ist weder mit dem Schadensbegriff noch mit dem Begriff des Schadensersatzes identisch. „Trennt man aber Schaden und Interesse, so bleibt als Schaden nur die reale (nachteilig gewertete) Verletzung des Rechtsguts übrig. Dementsprechend ist der reale Schaden der Ausgangspunkt für die Ableitung des rechnerischen (Vermögens-)Schadens. (...); das rechtserhebliche Interesse baut darauf auf.“[146] Dem mit der Rechtsgutsverletzung korrespondierenden realen Schadensbegriff steht der wertungsorientierte, mit dem Begriff des Schadensersatzes korrespondierende Interessenbegriff gegenüber. Kurz: „Schaden ist der real erlittene Nachteil, Interesse bezeichnet dagegen den Inhalt des Schadensersatzes.“[147] Diese Interpretation von Schaden und Interesse führt im Rahmen des § 249 BGB zu einer rechtsgutsorientierten Schadensbetrachtung, wie sie in dieser Untersuchung schon mehrfach im Hinblick auf das Restitutionsprinzip vertreten wurde.

---

[141] Anmerkung des Verf.

[142] *Honsell,* Herkunft und Kritik des Interessenbegriffs im Schadensersatzrecht, JuS 1973, 69 (72).

[143] *Reinecke,* Schaden und Interesseneinbuße, S. 72.

[144] *Fikentscher,* Schuldrecht, 8. Aufl., § 50 I 6, Rn. 459, S. 295.

[145] *Honsell,* Herkunft und Kritik des Interessenbegriffs im Schadensersatzrecht, JuS 1973, 69 (70 li. Sp. oben).

[146] *Gottwald,* Schadenszurechnung und Schadensschätzung, S. 44; vgl. auch *Reinecke,* Schaden und Interesseneinbuße, S. 105, 111 ff.

[147] *Gottwald,* Schadenszurechnung und Schadensschätzung, S. 43.

Um den Schadensersatz, d.h. die konkrete Höhe der Schadensersatzsumme, zu ermitteln, bedarf es nach der hier vorgetragenen Anschauung einer Interessenbewertung.[148] Diese setzt neben verbindlichen Bewertungskriterien, die herauszuarbeiten es Aufgabe der schadensrechtlichen Dogmatik ist, auch die genaue Kenntnis der jeweiligen Interessen des Geschädigten (Integritäts-, Affektions- und Kompensations-, Interimsinteresse) bei den unterschiedlichen Schadensabwicklungsvarianten voraus. Folgt man der Auffassung Hubers, so werden im konkreten Fall diese Interessen vom Geschädigten durch eine „Interessenbetätigung" festgelegt.[149] Damit schließt sich der Kreis zwischen Herstellungs-, Schadens- und Interessenbegriff. Die „Betätigung des Integritätsinteresses" durch den Geschädigten und die sich daran anschließende rechtliche Erfassung und wirtschaftliche Bewertung dieses Interesses führt zur exakten Höhe des Schadensersatzanspruchs und damit letztlich zur Herstellung des Zustands gem. § 249 S. 2 BGB.

2. Die Interessen des Geschädigten bei der Abwicklung eines Sachschadens

Nach der herrschenden, von Medicus geprägten Auffassung wird durch die Herstellung i.S.d. § 249 BGB regelmäßig das Integritäts-, aber auch das Wertinteresse, bei der Zahlung eines Geldersatzes nach § 251 BGB lediglich das Wertinteresse des Geschädigten befriedigt.[150] Medicus begründet seine Ansicht damit, daß die Wirkung eines Schadensereignisses in zweifacher, einer rechtsguts- und vermögensorientierten Weise gesehen werden kann. Dazu führt er aus:

> „Primär liegt der Schaden im Verlust der zerstörten Sache. Dieser konkrete Schaden kann ausgeglichen werden nur durch die Wiederherstellung der zerstörten oder die Beschaffung einer gleichwertigen anderen Sache. Eine solche Schadensersatzleistung wird in den §§ 249–251 als ‚Herstellung' bezeichnet. Sie bringt das Vermögen des Geschädigten nicht nur seinem Wert, sondern auch seiner Zusammensetzung nach in den schadensfreien Zustand. Anders gesagt: Die Herstellung wahrt *das Integritätsinteresse* und mit ihm zugleich *auch das Wertinteresse.*
>
> Man kann den Schaden aber auch allein in der negativen Wirkung sehen, die das Schadensereignis auf den Wert des Vermögens des Geschädigten gehabt hat. Bei dieser Betrachtung wird der Geldwert des jetzt noch vorhandenen Vermögens von dem Geldwert des in schadensfreiem Zustand gedachten Vermögens abgezogen.

---

[148] Vgl. *Gottwald,* Schadenszurechnung und Schadensschätzung, S. 122: „Schadensschätzung als Interessenbewertung".

[149] Vgl. dazu im 4. Kapitel, II.1.c).

[150] Für viele *Medicus,* Naturalrestitution und Geldersatz, JuS 1969, 449; *Huber,* Fragen der Schadensberechnung, S. 154/155; *Hamann,* Schadensersatz in Natur oder Geld bei Sachschäden, S. 20; *Zeuner,* Schadensbegriff und Ersatz von Vermögensschäden, AcP 163 (1964), 380 (384).

Diese Differenz zweier Geldbeträge ist stets selbst wieder ein Geldbetrag. Er läßt nicht mehr erkennen, welche konkreten Vermögensgüter der Geschädigte eingebüßt hat. Dem Ausgleich des so errechneten Vermögensschadens dient der Geldersatz nach § 251. Er wahrt *nur das Wertinteresse* des Geschädigten. Dagegen nimmt er auf das Integritätsinteresse keine Rücksicht. Denn die den Vermögensschaden ergebende Differenzrechnung beachtet nicht, ob der Geschädigte mit der Geldentschädigung die zerstörte Sache wiederherstellen oder sich eine Ersatzsache beschaffen kann.“[151]

Neben dieser grundsätzlichen Unterscheidung, Befriedigung von Integritäts- und Wertinteresse bei der Restitution auf der einen, ausschließliche Befriedigung des Wertinteresses bei der Kompensation auf der anderen Seite, differenziert die h.M. auf der Restitutionsseite, insbesondere im Bereich des Kfz-Schadens, nochmals hinsichtlich der beiden Herstellungsvarianten, der Reparatur und der Ersatzbeschaffung. Denn sowohl h.L. als auch BGH sind der Ansicht, „daß die Reparatur des dem Geschädigten vertrauten Fahrzeugs dessen Integritätsinteresse regelmäßig in stärkerem Maß zu befriedigen vermag als eine Ersatzbeschaffung“.[152]

Begründet wird diese Differenzierung damit, daß „die Reparatur regelmäßig das Ziel der Naturalrestitution, das Vermögen des Geschädigten in seiner konkreten Zusammensetzung zu schützen, vollständiger erreiche. Sie erhalte dem Geschädigten seinen ihm vertrauten Wagen, während die Ersatzbeschaffung nur zu einem anderen Wagen verhelfe.“[153] Daraus folgert die h.M. ein Rangverhältnis zwischen der Herstellung durch Reparatur und der Herstellung durch Ersatzbeschaffung, wobei der letzteren lediglich der Nachrang zukommen soll. In der nachfolgenden Untersuchung soll nun anhand des Kfz-Schadens exemplarisch festgestellt werden, welche Interessen des Geschädigten bei den unterschiedlichen Schadensabwicklungsvarianten befriedigt werden und ob das von der h.M. angenommene Rangverhältnis zwischen Reparatur und Ersatzbeschaffung tatsächlich existiert.

a) Die Interessen bei der Herstellung durch Reparatur: Affektions-, Integritäts- und Wertinteresse

Bei der Herstellung des Zustands durch eine Reparatur wird, wie die h.M. im Grundsatz richtig festgestellt hat, sowohl das Integritäts- als auch das Wertinteresse des Geschädigten befriedigt. Die herkömmliche Schadens-

[151] *Medicus,* Naturalrestitution und Geldersatz, JuS 1969, 449/450 (Hervorhebungen vom Verf.).

[152] BGHZ 115, 364 = VersR 1992, 61 (63); ebenso OLG Hamm NZV 1991, 351 (352) = DAR 1991, 333 (334); Weber, DAR 1991, 11 (14 re. Sp.); *Medicus,* JuS 1973, 211 (212); *Giesen,* NJW 1979, 2065 (2066/2067).

[153] *Medicus,* Die teure Autoreparatur, JuS 1973, 211 (212).

rechtsdogmatik weist aber beim Kraftfahrzeugschaden zwei Besonderheiten auf, die bei der Bestimmung der Interessen des Geschädigten eine Rolle spielen. Zum einen wird dem Geschädigten beim Kfz-Schaden ein merkantiler Minderwert ersetzt und zum anderen wird ihm im Rahmen einer durchgeführten Reparatur ein bis zu 30%iger „Integritätszuschlag" gewährt, falls die aufgebrachten Reparaturkosten die Kosten einer Ersatzbeschaffung übersteigen.

An der ersten Besonderheit, dem Ersatz des merkantilen Minderwerts, zeigt sich, daß eine Reparatur nicht immer automatisch das Wertinteresse des Geschädigten in vollem Umfang wahrt. Trotz technisch einwandfreier Reparatur des Kraftfahrzeugs haftet diesem der Makel eines „Unfallfahrzeugs" an, so daß mit dieser Reparatur zwar das Integritäts-, nicht aber das Wertinteresse vollständig befriedigt wird. Zum Ausgleich, d.h. zur vollständigen Befriedigung des Wertinteresses gewährt die h.M. dem Geschädigten einen Anspruch auf Ersatz des merkantilen Minderwerts gem. § 251 I, 1 2. Alt. („Ungenügende Herstellung") BGB.[154]

Die zweite Besonderheit, der von der h.M. gewährte 30%ige „Integritätszuschlag", wirft zunächst die grundsätzliche Frage auf, ob es sich bei diesem „Integritäts"-Zuschlag nicht in Wahrheit um einen „Affektionsinteressen"-Zuschlag handelt. Dieser Verdacht erhärtet sich vor allem dann, wenn man die Begründungen zum „Integritätszuschlags" näher betrachtet. Dort heißt es, „daß die Reparatur dem Geschädigten seinen ihm *vertrauten* Wagen erhält, während die Ersatzbeschaffung nur zu einem anderen Wagen verhelfe".[155] Noch deutlicher formuliert Steffen, wenn er schreibt, daß der Geschädigte den Zuschlag nur dann verlangen kann, „wenn er beweist, *daß er wirklich an seinem Wagen hängt*..."[156] An diesen Begründungen zeigt sich, daß es letztlich die besondere Beziehung des Geschädigten zu seinem Kraftfahrzeugs ist, welche den Erhalt des Kraftfahrzeugs und damit den „Interessen"-Zuschlag rechtfertigt. Die „Vertrautheit" des Geschädigten mit dem Umgang des ihm bekannten Fahrzeugs, d.h. dessen personale Bindung an seinen Pkw, berührt aber weniger das Integritätsinteresse, als das individuelle, für außenstehende Dritte nicht zugängliche Affektionsinteresse des Geschädigten. Interessanterweise spricht der BGH in diesem Zusammenhang auch immer von einem „besonderen Integritätsinteresse"[157], das den „Integritätszuschlag" rechtfertigen soll.

---

[154] Vgl. dazu BGHZ 27, 181 (182); 35, 396; *Benicke,* Geldersatz wegen Unverhältnismäßigkeit der Restitutionsaufwendungen, JuS 1994, 1006 li. Sp. m.w.N. in Fn. 25.

[155] *Medicus,* Die teure Autoreparatur, JuS 1973, 211 (212) (Hervorhebung vom Verf.); vgl. auch BGHZ 115, 364 = VersR 1992, 61 (63).

[156] *Steffen,* Der normative Verkehrsunfallschaden, NJW 1995, 2057 (2060 li. Sp.) (Hervorhebungen vom Verf.).

[157] Z.B. BGHZ 115, 364 = VersR 1992, 61 (63 re. Sp.).

Demnach müßten zwei Arten von Integritätsinteressen existieren: Das „einfache", das einen Zuschlag nicht rechtfertigt und das „besondere", das einen solchen Zuschlag rechtfertigt. Diese terminologische Unterscheidung überzeugt nicht und geht auch in dogmatischer Hinsicht fehl, da das besondere, individuelle Interesse des Geschädigten an dem Erhalt des Kraftfahrzeugs überwiegend auf dessen personale Bindung an das Vermögensgut zurückzuführen ist und deshalb seinen Ursprung im ideellen und nicht im materiellen Bereich hat. Damit ist aber dieses, „ideelle Werte umfassende, [individuelle] Interesse"[158] des Geschädigten eher als Affektions- denn als „besonderes Integritätsinteresse" einzustufen.[159] Treffender erscheint mir deshalb die Formulierung bei Hamann, der das Affektionsinteresse, neben dem materiellen Interesse an der Erhaltung des konkreten Rechtsgüterbestandes, als die *„zweite Komponente des Integritätsinteresses"* beschreibt.[160] Ähnlich argumentiert auch Oetker, der ebenfalls die Auffassung vertritt, daß im Rahmen des § 249 BGB neben dem Integritäts- auch ein Affektionsinteresse des Geschädigten befriedigt werden kann. Hervorzuheben sei aber, so Oetker, daß das Affektionsinteresse des Geschädigten nur in Form des Integritätsinteresses innerhalb von § 249 BGB anerkannt werden könne. Darüber hinaus werde das subjektiv-individuelle Wertgefühl des Geschädigten vom Schadensrecht nicht berücksichtigt.[161]

Folgt man dieser Auffassung und akzeptiert man im Rahmen des § 249 BGB das Affektionsinteresse als „zweite Komponente des Integritätsinteresses", so zeigt sich, daß die Reparatur im Vergleich zur Ersatzbeschaffung das Integritätsinteresse des Geschädigten nicht, wie die h.M. annimmt, „vollständiger befriedigt", sondern, daß sie lediglich zusätzlich zum Integritätsinteresse auch noch eine Affektionsinteressenkomponente wahrt. Der beim Kfz-Schaden übliche „Integritätszuschlag" ist damit in Wahrheit ein „Affektionsinteressenzuschlag".[162]

---

[158] So der BGH für den Grundstücks- bzw. Gebäudeschaden (BGHZ 102, 327): „Vielmehr wird er (der Geschädigte) regelmäßig ein im Rahmen des § 249 BGB *schutzwürdiges, auch ideelle Werte umfassendes Interesse* daran haben, gerade an dem bisherigen Ort auch weiterhin ein seinem zerstörten Haus gleichwertiges Wohngebäude nutzen zu können."

[159] Ebenfalls für eine Einordnung als Affektionsinteresse *Lipp,* „Fiktive" Herstellungskosten und Dispositionsfreiheit des Geschädigten, NJW 1990, 104 (105 und Fn. 20); *Schiemann,* Anmerkung zum BGH-Urteil vom 15.10.1991 (VersR 1992, 64 = NJW 1992, 305), EWiR 1992, 139; *Pielmeier,* Der Ersatz fiktiver Reparaturkosten bei Eigenreparatur im Totalschadensfall, NZV 1989, 222 (223); *Grunsky,* Anmerkung zum BGH-Urteil vom 17.3.1992 (JZ 1992, 805), JZ 1992, 806 (807); *Oetker,* Unverhältnismäßige Herstellungskosten und das Affektionsinteresse im Schadensersatzrecht, NJW 1985, 345 (347 li. Sp.).

[160] *Hamann,* Schadensersatz in Natur oder Geld bei Sachschäden, S. 109.

[161] *Oetker,* Unverhältnismäßige Herstellungskosten und das Affektionsinteresse im Schadensersatzrecht, NJW 1985, 345 (348 li. Sp.).

[162] Vgl. dazu die Literaturangaben in Fn. 154.

Sucht man aber nach Erklärungen dafür, weshalb sich die h.M. bei der Qualifizierung des „Integritätszuschlags" als „Affektionsinteressenzuschlags" so schwer tut, so stößt man im wesentlichen auf zwei Einwände: Zum einen wird immer wieder auf den historischen Gesetzgeber verwiesen, der sich mehrfach gegen eine Berücksichtigung des Affektionsinteresse ausgesprochen hat[163]; zum anderen scheint, auch dies ist ein gängiges Argument, der Rechtsgedanke des § 253 BGB einer Anerkennung des Affektionsinteresses entgegenzustehen. Beide Einwände erweisen sich jedoch als nicht stichhaltig. Denn im Gegensatz zum historischen Gesetzgeber akzeptiert der moderne Gesetzgeber sehr wohl die Berücksichtigung des Affektionsinteresses, wie er zuletzt durch die Schaffung von § 251 II, 2 BGB bewiesen hat. Diese Norm besagt, daß die aus der Heilbehandlung eines verletzten Tieres entstandenen Aufwendungen nicht bereits dann unverhältnismäßig sind, wenn sie dessen Wert erheblich übersteigen. Daraus kann nur der Schluß gezogen werden, daß bei der Güterabwägung in § 251 II BGB auch Interessen berücksichtigt werden müssen, die sich nicht allein auf die Integrität der Rechtsgüter, sondern auch auf ideelle Werte – Affektionen – gründen. Der Ausschluß des Affektionsinteresses durch den historischen Gesetzgeber beruht primär auf der mangelnden Objektivierbarkeit der subjektiven Wertschätzung. Diese Schwierigkeit, die vornehmlich bei der Güter- und Interessenabwägung in § 251 II BGB auftritt, war dem modernen Gesetzgeber bei dessen Gesetzesänderung ebenfalls bekannt, wurde jedoch von ihm wohl für nicht unlösbar gehalten.

Darüber hinaus stellt sich das Problem der mangelnden Objektivierbarkeit der subjektiven Wertschätzung im Rahmen des § 249 BGB von vornherein nicht, da sich das subjektive Interesse über die Kosten der Reparatur objektiv bewerten läßt. Auch der zweite Einwand, mit der Anerkennung des Affektionsinteresses würde die Rechtsfolge des § 253 BGB umgangen, überzeugt nicht. Denn nach allgemeiner Auffassung greift der in § 253 BGB normierte Ausschluß einer Geldentschädigung im Rahmen des § 249 S. 2 BGB, bei dem es um Restitution und nicht um Kompensation geht, nicht.[164] Bei dem Ersatz der erforderlichen Herstellungskosten i.S.v. § 249 S. 2 BGB handelt es sich eben nicht um eine Geldentschädigung i.S.v. § 253 BGB.[165]

---

[163] So z.B. in den Motiven zu dem Entwurfe eines BGB für das Deutsche Reich, Bd. II: Recht der Schuldverhältnisse, S. 22; Protokolle für die zweite Lesung des Entwurfs des Bürgerlichen Gesetzbuchs, Bd. I, S. 298.

[164] MünchKomm-*Grunsky* § 253 Rn. 2; *Lange,* Schadensersatzrecht, S. 423; Staudinger-*Medicus*, 12. Aufl., § 253 Rn. 10. S. auch schon in den Motiven, Bd. II, S. 23: „Zu bemerken ist überdies, daß der Entwurf nur den Anspruch auf Entschädigung abspricht, nicht den Anspruch auf Wiederherstellung des früheren Zustandes (§ 219) ...".

[165] Vgl. *Oetker,* Unverhältnismäßige Herstellungskosten und das Affektionsinteresse im Schadensersatzrecht, NJW 1985, 345 (348).

Es bleibt dabei: Der 30%ige Interessenzuschlag der Rechtsprechung wird für das Affektions- und nicht für das Integritätsinteresse des Geschädigten gewährt. Auch der Versuch, zwischen einem ersatzfähigen Integritätszuschlag und einem nicht ersatzfähigen Affektionsinteresse zu differenzieren, um damit den Begriff des Affektionsinteresses aus dem Bereich des Schadensersatzrechts herauszuhalten, muß letztlich scheitern, da es eine klar definierbare Grenze zwischen Affektions- und Integritätsinteresse nicht geben kann.[166] Die Frage lautet somit nicht mehr, ob das Affektionsinteresse des Geschädigten im Rahmen einer Herstellung nach § 249 S. 2 BGB befriedigt werden kann, sondern bis zu welcher Höhe es berücksichtigt werden darf, ohne daß es zu der vielfach befürchteten „Ausuferung des Schadensersatzes" kommt. Die in diesem Zusammenhang vom BGH „weniger normativ, als aus Gründen der Praktikabilität"[167] akzeptierte 30%-Regel erscheint als Obergrenze angemessen. Das heißt, erst wenn die Reparaturkosten die Kosten einer Ersatzbeschaffung um mehr als 30% überschreiten, sind diese als unverhältnismäßig anzusehen.[168]

Betrachtet man nun die im 2. Kapitel dargestellte Rechtsprechung zum Ersatz fiktiver Kosten im Lichte des hier gefundenen Ergebnisses, so lassen sich folgende Schlußfolgerungen ziehen:

Die Rechtsprechung des Bundesgerichtshofs, die einen Ersatz fiktiver Reparaturkosten unter Hinweis auf die Dispositionsfreiheit des Geschädigten bejaht, abstrahiert unberechtigterweise vom Integritätsinteresse des Geschädigten.[169] Der Ersatz fiktiver Kosten bedeutet zwangsläufig auch die Akzeptanz eines fiktiven Integritätsinteresses beim Geschädigten. Hinsichtlich des 30%igen „Affektionsinteressenzuschlags" geht die Rechtsprechung jedoch einen anderen Weg. Dieser Zuschlag wird erst dann gewährt, wenn der Geschädigte sein Affektionsinteresse in Form einer Reparatur „betätigt" hat. Damit wird, im Gegensatz zum fiktiven Integritätsinteresse, ein fiktives Affektionsinteresse bei der Schadensabwicklung nicht berücksichtigt. Diese unterschiedliche Behandlung von Affektions- und Integritätsinteresse überzeugt

---

[166] Ähnlich wie hier *Huber,* Fragen der Schadensberechnung, S. 94 Fn. 313; *Grunsky,* Anmerkung zu BGH, VersR 1992, 710, JZ 1992, 806 (807).

[167] *Steffen,* Der normative Verkehrsunfallschaden, NJW 1995, 2060 li. Sp.

[168] Streitig ist, ob die 30%-Regel dogmatisch bei § 249 S. 2 BGB („erforderliche Kosten") oder bei § 251 II BGB („unverhältnismäßige Aufwendungen") einzuordnen ist. Da der BGH die Ersatzbeschaffung als zweite Restitutionsart einstuft, findet bei ihm, entgegen der bislang h.M., der Kostenvergleich innerhalb des § 249 S. 2 BGB und nicht im Rahmen der Verhältnismäßigkeitsprüfung nach § 251 II BGB statt (BGHZ 115, 364 = VersR 1992, 62 re. Sp.). Die 130%-Grenze wird damit zur Zäsur zwischen zwei Restitutionsansprüchen (vgl. dazu im 2. Kapitel, 4.2); kritisch *Lange,* JZ 1992, 480; *Roth,* JZ 1994, 1093 f.).

[169] Vgl. *Huber,* Fragen der Schadensberechnung, S. 158; für das österreichische Recht *Apathy,* Aufwendungen zur Schadensbeseitigung, S. 83.

nicht. Weshalb soll ein Geschädigter, der sein beschädigtes Kraftfahrzeug unrepariert weiterbenutzt und damit zum Ausdruck bringt, daß es ihm lediglich auf den Ersatz des Wertinteresses ankommt, durch den ihm zugestandenen Ersatz der Ersatzbeschaffungskosten so behandelt werden, als hätte er ein Interesse an der Integrität seiner Rechtsgüter (= fiktives Integritätsinteresse), wenn ein Geschädigter, der sich mit einer Ersatzbeschaffung behilft, nur sein dadurch betätigtes Integritätsinteresse, nicht aber das (fiktive) Affektionsinteresse ersetzt bekommt? In beiden Fällen ist nicht einzusehen, „warum die Bemessung des Schadensersatzanspruchs nach einem – fiktiven – Zustand erfolgen soll, dessen Herstellung der Geschädigte gerade nicht wünscht".[170]

Auch das von der h.M. angenommene Rangverhältnis zwischen Reparatur und Ersatzbeschaffung erweist sich als nicht haltbar. Neben dem schon oben widerlegten Argument der „besseren Befriedigung des Integritätsinteresses" wird für den Vorrang der Reparatur vorgebracht, daß der Gesetzgeber mit der Begünstigung der Reparatur dem Ziel der Werterhaltung den Vorzug gegenüber dem Konsum einräumen wollte.[171] Diese Argumentation aber verkennt, daß auch die Ersatzbeschaffung, wie die Reparatur, eine Herstellungsart i.S.d. § 249 BGB ist und damit ebenfalls der Werterhaltung und der Restitution dient. Darüber hinaus wird in neuerer Zeit versucht, die Bevorzugung der Reparatur durch ökologische Gesichtspunkte zu erklären.[172] Eine Reparatur verschwende, so diese Literaturmeinung, im Gegensatz zur Ersatzbeschaffung, weniger Rohstoffe. Auch diese Argumentation greift zu kurz. Sie übersieht vor allem, daß in eine Ökobilanz neben dem Rohstoffverbrauch weitere Bilanzfaktoren eingestellt werden müssen. So kann gerade bei einem Kfz-Schaden die „Neubeschaffung" die Abwicklungsvariante mit der besten Ökobilanz darstellen. Dies ist vor allem dann der Fall, wenn der Neuwagen mit einem neuentwickelten sparsameren Mager-Mix-Motor und neuster Abgastechnik (z.B. Katalysator) ausgerüstet ist. Die dadurch erzielten geringeren Verbrauchs- und günstigeren Abgaswerte wirken sich in einer Ökobilanz positiv aus und machen so die Neubeschaffung zu einer umweltfreundlichen Abwicklungslösung. Ein Vorrang der Reparatur gegenüber der Ersatzbeschaffung läßt sich somit auch nicht aus ökologischen Gründen herleiten.

---

[170] *Huber,* Fragen der Schadensbemessung, S. 158; ähnlich auch *Schiemann,* Die Grenzen des § 249 S. 2 BGB, DAR 1982, 309 (311): „Dieses schutzwürdige Interesse des Geschädigten an der Erhaltung seines Güterbestandes ändert sich aber dann, wenn er sich selbst für die Herstellung in einer ganz bestimmten Weise oder auch für die Aufgabe seiner Rechtszuständigkeit an der beschädigten Sache entschieden hat."

[171] *Jordan,* Die Abwicklung des Kraftfahrzeug-Totalschadens, VersR 1978, 688 (693 re. Sp.).

[172] *Steiner / Witt-Döring,* Überlegungen zum wirtschaftlichen Totalschaden, ZVR 1991, 359 (361).

Zwischen Reparatur und Ersatzbeschaffung besteht damit kein durch das Gesetz zwingend festgelegtes Rangverhältnis. Die Reparatur stellt auch nicht die vom Geschädigten generell bevorzugte Abwicklungsvariante dar. Zwar wird bei ihr, wie oben dargestellt, zusätzlich zum Integritäts- auch das Affektionsinteresse befriedigt; diese Tatsache kann jedoch für den Geschädigten zweitrangig sein. Dies zeigt sich am Beispiel eines beschädigten Modellkleids (prêt-à-porter). Bei der Beschädigung eines Modellkleids wird sich die Trägerin kaum mit einer Herstellung durch Reparatur, d.h. mit einem „geflickten Modellkleid", zufrieden geben, da ein solches Modellkleid seinen Repräsentationszweck völlig verfehlen und diesen eher ins Gegenteil verkehren würde.[173] Handelt es sich aber bei diesem Modellkleid um das Hochzeitskleid der Trägerin, so kann die personale Bindung der Trägerin an das Modellkleid für deren Entscheidung zugunsten einer Herstellung durch Reparatur des Kleides ausschlaggebend sein. Die personale Bindung kann, muß aber nicht die Interessenwahl des Geschädigten beeinflussen. Welcher Abwicklungsvariante der Vorzug gebührt, d.h. dem Geschädigten die maximale von ihm gewünschte Interessenbefriedigung zukommen läßt, läßt sich nicht objektiv, „aus dem Gesetz heraus" bestimmen. Das jeweilige Interesse des Geschädigten „hängt stark von den Umständen des Einzelfalls ab".[174] Diese „Variabilität des Affektions- bzw. Integritätsinteresses"[175] macht es nötig, dem Geschädigten grundsätzlich selbst die Wahl darüber zu lassen, welches Interesse er bei der Schadensabwicklung berücksichtigt und befriedigt haben möchte.[176] Auch dies ist ein weiteres Indiz für die Richtigkeit des von Huber vertretenen Herstellungsbegriffs, der von der „Interessenbetätigung des Geschädigten" ausgeht und damit die Wahlmöglichkeit des Geschädigten in den Mittelpunkt seines Schadensabwicklungsmodells stellt.

---

[173] Keinesfalls braucht sich die Geschädigte auf die Anschaffung eines getragenen Modellkleids verweisen lassen; vgl. *Lange,* Schadensersatz, S. 258. Bei der Beschädigung von Kleidungsstücken erkennt auch die h.M. die Neubeschaffung als eine Form der Ersatzbeschaffung an.

[174] *Medicus,* Die teure Autoreparatur – BGH NJW 1972, 1800, JuS 1973, 211 (212).

[175] Vgl. *Hamann*, Schadensersatz in Natur oder Geld bei Sachschäden, S. 81 und 106: „Variabilität des Erhaltungsinteresses" und „Integritätsinteresse des Geschädigten eine variable Größe".

[176] Die Möglichkeit des Geschädigten, den Inhalt des Schadensabwicklungsverhältnisses einseitig bestimmen zu können, wird durch das Gestaltungsrecht des Schädigers gem. § 251 II BGB begrenzt. Näheres dazu im 6. Kapitel, II.

b) Die Interessen bei der Herstellung durch Ersatzbeschaffung: Integritäts- und Wertinteresse

Bei der Herstellung des Zustands durch eine Ersatzbeschaffung wird, wie bei der Reparatur, sowohl das Integritäts- als auch das Wertinteresse des Geschädigten befriedigt.[177] Zwar wird durch die Ersatzbeschaffung „die frühere Beschaffenheit und Funktionsfähigkeit des konkret beschädigten Stücks nicht wiederhergestellt".[178] Jedoch kann, wie Hamann zutreffend feststellt, das Integritätsinteresse des Geschädigten auch dadurch befriedigt werden, daß er „einen Gegenstand erhält, der voll an die Stelle des entzogenen treten und damit dessen gesamte Funktion übernehmen kann. Die ursprüngliche Entscheidung des Ersatzberechtigten, seine Mittel gerade für das beeinträchtigte Rechtsgut einzusetzen, wird durch diese Art des Schadensausgleichs unmittelbar bestätigt. Außerdem wird auch dem Wertinteresse des Geschädigten entsprochen, da durch die Leistung des Ersatzstückes auch der rechnerische Vermögensverlust ausgeglichen wird."[179] Das Verhältnis der Ersatzbeschaffung zur Reparatur ist, mit gewissen Abstrichen, vergleichbar mit dem Verhältnis der Gattungs- zur Stückschuld.[180] Bei der Reparatur wird der ursprüngliche, schadensfreie Zustand durch die Herstellung der konkreten Sache wiederhergestellt, bei der Ersatzbeschaffung wird die Herstellung des Zustands durch die Lieferung einer gleichartigen und gleichwertigen Sache aus der Gattung erreicht. Aus diesem Grunde befriedigt die Reparatur neben dem Integritäts- und dem Wertinteresse auch das Affektionsinteresse. Die Ersatzbeschaffung dagegen wahrt das Affektionsinteresse des Geschädigten nicht, da bei ihr die personale Bindung des Geschädigten an die Sache unberücksichtigt bleibt.

Die Herstellung durch Ersatzbeschaffung erfordert, so die h.M., die Beschaffung einer *gleichwertigen und gleichartigen* Sache. Beim Kfz-Schaden ist diesen Kriterien (Gleichwertigkeit und Gleichartigkeit) dann genüge getan, wenn der Geschädigte für seinen beschädigten Gebrauchtwagen ein vergleichbares gebrauchtes Fahrzeug oder für seinen beschädigten Neuwagen ein neues Fahrzeug erwirbt. Problematischer ist es, wenn der Geschädigte für seinen beschädigten „Gebrauchten" einen Neuwagen erwirbt, denn bei dieser

---

[177] Vgl. *Medicus,* Naturalrestitution und Geldersatz, JuS 1969, 449/450; vgl. auch im 4. Kapitel, III.2.

[178] *Hamann,* Schadensersatz in Natur oder Geld bei Sachschäden, S. 76.

[179] *Hamann,* a.a.O., S. 76 f.; *Kötz,* in: FS für Hauß, S. 185; a.A. *Roth,* JZ 1994, 1093 re. Sp., der jedoch verkennt, daß die „bessere Befriedigung des Integritätsinteresses" bei einer Reparatur auf die Berücksichtigung der Affektionsinteressenkomponente zurückzuführen ist.

[180] Vgl. BGHZ 102, 322; RGZ 93, 281 (284): Trennung nach Speziessache und Gattungssache; *Fischer,* Der Schaden, S. 170: „... vielmehr besteht hier eine richtig verstandene Naturalreparation in der Lieferung eines neuen Gattungsgegenstandes gegen Aushändigung der beschädigten alten Sache".

Abwicklungsvariante wird zwar das Integritäts-, nicht aber das Wertinteresse genau ausgeglichen.[181] Hinsichtlich des Wertinteresses kommt es zu einer Überkompensation. Das Kriterium der *Gleichwertigkeit* wäre sonach in diesem Falle nicht erfüllt. Es wäre jedoch verfehlt, aus dieser Werterhöhung auf die Unmöglichkeit der Restitution zu schließen und die Ersatzbeschaffung für diesen Fall abzulehnen, wie dies die ältere Literatur[182] getan hat. Nach der hier vertretenen Auffassung kann vielmehr bei der Abwicklungsvariante „Neubeschaffung" die Gleichwertigkeit dadurch hergestellt werden, daß ein Überkompensationsausgleich („Abzug neu für alt") in Form einer Ausgleichszahlung vom Geschädigten an den Schädiger stattfindet.[183] Damit wird der rechnerische Vermögensverlust genau ausgeglichen, eine Bereicherung des Geschädigten vermieden und somit auch das Wertinteresse in dem Maße befriedigt, wie es dem Geschädigten nach dem Schadensfall zusteht.

Dieser dogmatischen Konstruktion, insbesondere der mit ihr verbundenen Ausgleichszahlung, könnte man entgegenhalten, daß es durch sie zu einer unzulässigen Kombination von restitutiven und kompensatorischen Komponenten innerhalb ein und derselben Schadensabwicklungsvariante kommt. Eine solche „actio mixta" sei aber, so wird teilweise argumentiert, vom Gesetz nicht vorgesehen.[184] Dieser Einwand überzeugt jedoch nicht, da auch bei einer „Herstellung durch Reparatur" eine beim Einbau von neuen Ersatzteilen entstehende Überkompensation mit die Rechtsfigur „Abzug neu für alt" ausgeglichen wird. Die hierbei auftretende Kombination von restitutiven und kompensatorischen Komponenten ist aber schon längst zum festen und allgemein anerkannten Bestandteil der heutigen Schadensdogmatik geworden. Das Kriterium der Gleichwertigkeit kann somit auch bei einer „Herstellung durch Neubeschaffung" mittels einer Ausgleichszahlung erfüllt werden, ohne daß es bei der Schadensabwicklung zu einer „unzulässigen Vermischung"[185] von Restitutions- und Kompensationselementen kommt.

Neben der Gleichwertigkeit der im Rahmen der Ersatzbeschaffung gelieferten Sache fordert die h.M. auch deren *Gleichartigkeit.* Denn nur bei Liefe-

[181] Vgl. *Hamann,* Schadensersatz in Natur oder Geld bei Sachschäden, S. 90.

[182] Planck-*Siber*, 4. Aufl., § 251 Anm. 2b (S. 93); Staudinger-*Werner*, 10./11. Aufl., § 251 Rn. 12; *Leonhard,* Allgemeines Schuldrecht des BGB, Bd. I, S. 198.

[183] So mittlerweile auch der BGH in BGHZ 102, 322; dort allerdings nur für den Gebäude/Grundstücksschaden. Ebenfalls für eine Ausgleichspflicht Erman-*Sirp*, 8. Aufl., § 249 Rn. 62: „Ist eine höherwertige Sache als Ersatz zu leisten, so kann sich aus § 242 in Verbindung mit dem schadensersatzrechtlichen Bereicherungsverbot eine in Geld zu bemessende Ausgleichspflicht des Geschädigten ergeben (vgl. RGZ 131, 178)."

[184] *Esser/Schmidt,* Schuldrecht AT 2, § 32 I 2, S. 191: „Anderenfalls ergäbe sich eine unzulässige Vermischung mit der im BGB präzise von der Restitution abgehobenen Geldkompensation des § 251"; *Lange,* Schadensersatz, S. 230 („actio mixta").

[185] *Esser/Schmidt,* a.a.O.

rung einer gleichwertigen und gleichartigen Sache dient die Ersatzbeschaffung der Restitution. Nach der herkömmlichen Ansicht[186] soll eine solche Gleichartigkeit nur bei vertretbaren, nicht aber bei unvertretbaren Sachen gegeben sein, so daß eine Ersatzbeschaffung bei unvertretbaren Sachen von vornherein ausgeschlossen wäre. Ein Mindermeinung in der Literatur[187] bejaht die Gleichartigkeit der gelieferten und der beschädigten Sache dann, wenn diese „austauschbar" sind, d.h. wenn der beschädigte Gegenstand „nach der Verkehrsanschauung durch andere Sachen ersetzt werden kann und er auch selbst die als Surrogat in Frage kommende Sache vertreten könnte".[188] Bei der Prüfung des Austauschbarkeitskriteriums habe eine wirtschaftliche Betrachtungsweise im Vordergrund zu stehen.[189] Eine dritte Ansicht[190], der sich auch der BGH angeschlossen hat, stellt darauf ab, ob die gelieferte Sache aus derselben Gattung wie die beschädigte Sache stammt, d.h. ob sie dieselben Gattungsmerkmale wie die beschädigte Sache aufweist oder ob sie im Vergleich dazu ein „aliud" darstellt. Danach wäre die Gleichartigkeit zu verneinen, wenn die gelieferte Sache, gleichgültig ob gebraucht oder fabrikneu, trotz gleicher Sachfunktion gegenüber der zerstörten Sache, bei wertender Gesamtwürdigung der baulich-technischen und wirtschaftlich-funktionalen Faktoren nach der Verkehrsanschauung als „aliud" erscheint.[191]

Der dritten Ansicht gebührt der Vorzug, da sie als einzige Auffassung sowohl die baulich-technischen wie auch die wirtschaftlich-funktionalen Faktoren in angemessener Weise berücksichtigt. Die herkömmliche Ansicht, die auf die Vertretbarkeit der Sache i.S.d. § 91 BGB abstellt, erwies sich in der Vergangenheit mehrfach als zu eng und unpraktikabel. So erschien es lange Zeit zweifelhaft, ob ein gebrauchtes Kraftfahrzeug als vertretbare Sache ein-

---

[186] BGH NJW 1985, 2413 (2414): „Zwar kann nicht nur die Reparatur einer Sache, sondern auch eine Ersatzbeschaffung als Naturalrestitution i.S. von § 249 S. 1 BGB in Frage kommen. Diese Möglichkeit wird nach allgemeiner Auffassung jedoch auf vertretbare Sachen beschränkt, also solche, die im Verkehr nach Zahl, Maß oder Gewicht bestimmt zu werden pflegen." Ebenso *Giesen,* Kraftfahrzeug-Totalschaden und Haftpflichtrecht, NJW 1979, 2065 (2066); Jauernig-*Teichmann*, 7. Aufl., § 251 Anm. 2 b) aa); *Lange,* Schadensersatz, S. 215; Staudinger-*Medicus*, § 249 Rn. 204, § 251 Rn. 14 und 44. Kritisch *Keuk,* Vermögensschaden und Interesse, S. 192.

[187] *H. Westermann,* Der Inhalt des Ersatzanspruchs bei Gebäudezerstörung und Gebäudeschäden, AcP 156 (1957), 137 (139); *Hamann,* Schadensersatz in Natur oder Geld bei Sachschäden, S. 78 ff.

[188] *Hamann,* Schadensersatz in Natur oder Geld bei Sachschäden, S. 80.

[189] Vgl. *Hamann,* a.a.O., S. 79.

[190] BGHZ 102, 322; RGZ 93, 281 (284): Trennung nach Speziessache und Gattungssache; *Fischer,* Der Schaden, S. 170: „... vielmehr besteht hier eine richtig verstandene Naturalreparation in der Lieferung eines neuen Gattungsgegenstandes gegen Aushändigung der beschädigten alten Sache".

[191] So die Definition des BGH in BGHZ 102, 322, Leitsatz a), S. 3.

zustufen ist oder nicht.[192] Auch das Kriterium der zweiten Auffassung, die Austauschbarkeit, ist zu vage und damit wenig aussagekräftig. Darüber hinaus berücksichtigt diese Ansicht lediglich wirtschaftliche Faktoren und vernachlässigt die für die Restitution wichtigen sächlichen Aspekte.

Folgt man der dritten Ansicht, die auf die Gattungszugehörigkeit abstellt, so bedeutet dies für die Abwicklung eines Pkw-Schadens zunächst einmal, daß die Herstellung durch die Ersatzbeschaffung eines gebrauchten oder neuen Pkws, aber nicht durch die Lieferung eines Motorrads oder eines Lkw, erreicht werden kann. Auch das „Umsteigen auf ein neuerworbenes Reitpferd", so das kuriose Beispiel von Dannert, „wäre keine Ersatzbeschaffung, sondern ein aliud".[193] Schwieriger ist dagegen die Beurteilung der Sachlage, wenn sich der Geschädigte für sein beschädigtes Mittelklassefahrzeug ein Fahrzeug aus der Oberklasse anschaffen möchte. Ein solcher Entschluß kann durchaus aufgrund rational nachvollziehbarer und billigenswerter Motive gefaßt werden und muß nicht ausschließlich durch ein reines Prestigedenken gekennzeichnet sein[194], wie das folgende, ebenfalls von Dannert angeführte Fallbeispiel zeigt, bei dem der Geschädigte aufgrund des Unfallerlebnisses zu der Überzeugung gelangt ist, daß er sich statt eines „jüngeren Golf" lieber einen „älteren Mercedes" anschaffen sollte, weil der letztere mehr Sicherheit biete.[195] Dannert empfiehlt in diesem Fall, zur „Vermeidung unfruchtbarer Streitigkeiten", „jeden Erwerb eines anderen Fahrzeugs ohne Rücksicht auf Typ und Wert als Verwirklichung der Ersatzbeschaffung anzusehen".[196] Dem ist aber aus zweierlei Gründen zu widersprechen. Zum einen würde bei dieser Lösung die ursprüngliche Entscheidung des Ersatzberechtigten, seine Mittel gerade für die Anschaffung eines „Golf" einzusetzen, durch die Ersatzbeschaffung eines „Mercedes" nicht bestätigt.[197] Der Anknüpfungspunkt der Ersatzbeschaffung an den Restitutionsgedanken ginge damit verloren. Zum anderen verbietet die Berücksichtigung der „baulich-technischen Faktoren"

---

[192] Für eine Einstufung als vertretbare Sache (heute h.M.) *Steffen,* Die Rechtsprechung des BGH zur fiktiven Berechnung des Fahrzeugschadens, NZV 1991, 1 (3): „... mit der Qualifizierung des Kfz als vertretbare Sache..."; OLG München, DAR 1964, 188: „modell- und typenmäßig bestimmte Kraftfahrzeuge einer bestimmten Produktion". Gegen eine Einstufung als vertretbare Sache *Jordan,* die Abwicklung des Kraftfahrzeug-Totalschadens, VersR 1978, 688 (691): „Wer dies alles bedenkt, kann nicht im Ernst meinen, Gebrauchtwagen seinen vertretbare Sachen, also nach der Verkehrsanschauung frei gegeneinander austauschbar."

[193] *Dannert,* Die Berechnung des Kraftfahrzeugschadens: Reparaturkosten- oder Totalschadensbasis?, VersR 1988, 980 (984 Fn. 44).

[194] So aber *Kötz,* Die Abwicklung des Kraftfahrzeug-Totalschadens, in: FS für Hauß, S. 189.

[195] Vgl. *Dannert,* a.a.O., S. 984.

[196] *Dannert,* a.a.O., S. 984.

[197] Vgl. *Hamann,* Schadensersatz in Natur oder Geld bei Sachschäden, S. 76 f.

die Gleichsetzung eines Mittelklassefahrzeugs mit einem Wagen der Oberklasse. Aus diesen Gründen ist, wie das OLG Hamburg schon in seinem Urteil vom 28.11.1963 (VersR 1964, 1175) feststellte, die Herstellung durch Ersatzbeschaffung auf die Lieferung eines neuen oder gebrauchten „Kraftfahrzeugs des gleichen Typs, zumindest der gleichen Preisklasse“[198] beschränkt. Möchte der Geschädigte nun für die Zukunft den Sicherheitsaspekt beim Autokauf in den Vordergrund stellen, so ist ihm dies durch diese Einschränkung nicht generell verwehrt. Denn nach wie vor kann er die Abwicklungsvariante der Reparatur wählen, den reparierten Mittelklassewagen veräußern, um sich dann anschließend den sichereren Wunschwagen aus der Oberklasse anzuschaffen.

Praktische Schwierigkeiten, ein gleichartiges Fahrzeug zu finden, dürften sich heutzutage nicht mehr ergeben, da beinahe jeder namhafte Automobilhersteller den Service einer „Gebrauchtwagen-Hotline“ anbietet, bei der der gewünschte (Gebraucht-)Wagen, mit allen seinen Gattungsmerkmalen (Ausstattung, Farbe, Motorisierung, Kilometerlaufleistung etc.), mittels EDV in allen angeschlossenen Datenbanken der Niederlassungen und Vertragshändlern im ganzen Bundesgebiet gesucht werden kann. Trotz dieser technischen Möglichkeiten sollten aber keine allzu strengen Anforderungen an die Gleichartigkeit der Fahrzeuge gestellt werden, da es letztlich bei der Restitution nur darum gehen kann, eine dem früheren Zustand vergleichbare Lage zu schaffen.[199]

Das Kriterium der Gleichartigkeit ist somit nur bei Lieferung eines Kraftfahrzeugs gleichen Typs, zumindest der gleichen Preisklasse, erfüllt. Die Lieferung eines anderen Pkws wäre als Lieferung eines „aliud“ einzustufen und kann deshalb, mangels Gleichartigkeit, nicht als Ersatzbeschaffung anerkannt werden. Abschließend sei noch einmal darauf hingewiesen, daß eine Ersatzbeschaffung, gleichgültig, ob eine gebrauchte oder neue Sache geliefert wird, das Integritäts- sowie das Wertinteresse, nicht aber das Affektionsinteresse des Geschädigten wahrt.

c) Das Interesse bei nicht durchgeführter Herstellung: Wertinteresse

Verzichtet der Geschädigte im Rahmen der Schadensabwicklung auf die Herstellung, d.h. auf Reparatur und Ersatzbeschaffung, so bringt er dadurch zum Ausdruck, daß es ihm ausschließlich auf den Ersatz des Kompensations- bzw. des Wertinteresses ankommt. Der Geschädigte, der seinen Pkw unrepariert weiterbenutzt, „betätigt“ dadurch weder ein Integritäts-, noch ein Affektions-, sondern ausschließlich sein Kompensationsinteresse. Der Ersatz des

[198] OLG Hamburg, VersR 1964, 1176.

[199] So der BGH für den Gebäude-/Grundstückschaden, BGHZ 102, 322 (327).

Kompensationsinteresses stellt damit ein „letztes Auffangbecken“ dar, wenn der Geschädigte „sonst kein [anderes] Interesse an dem Kraftfahrzeug dartun kann [oder will], als daß es Gegenstand seines Vermögens war“.[200]

Wichtig ist, daß es sich hierbei nicht um einen Anspruch aus § 251 BGB handelt und daß deshalb auch dessen Voraussetzungen (Unmöglichkeit der Herstellung, ungenügende Herstellung oder Unverhältnismäßigkeit der Aufwendungen) nicht vorliegen müssen. Der obige Anspruch des Geschädigten auf das Wertinteresse gründet sich vielmehr allein auf § 249 S. 2 BGB. Da nach allgemeiner Auffassung bei einer Schadensabwicklung nach § 249 S. 2 BGB grundsätzlich Integritäts- und Wertinteresse befriedigt werden, muß es dem Geschädigten kraft Privatautonomie möglich sein, auf den Teil des nach § 249 S. 2 BGB zu ersetzenden Interesses zu verzichten, der nicht Wertinteresse ist. Der Anspruch des Geschädigten ist somit als ein auf das Wertinteresse verkürzter „Restitutionsanspruch“ zu begreifen. Der Unterschied zu dem Anspruch auf Wertersatz gem. § 251 BGB besteht u.a. darin, daß der Geschädigte, falls die Voraussetzungen des § 251 BGB greifen, durch das Gesetz zwangsweise auf den Ersatz des Wertinteresses beschränkt wird, während er im Rahmen des § 249 BGB sich selbst, d.h. freiwillig, durch seinen Verzicht auf Integritäts- und Affektionsinteresse, auf das Wertinteresse beschränkt.

Gegen eine solche „Verkürzung des [Restitutions]anspruchs“ hat Lange eingewandt, daß „ein im wesentlichen auf die Höhe des Kompensationsanspruchs reduzierter Restitutionsanspruch eine im Gesetz nicht vorgesehene actio mixta darstelle“.[201] Dieser Einwand konnte jedoch von Huber durch einen einfachen Hinweis auf die Ratio des § 249 BGB widerlegt werden. „Da die Naturalrestitution“, so Huber, „grundsätzlich nur im Interesse des Geschädigten angeordnet ist, soll es daher im Regelfall auch bei ihm liegen, ob er auf diese Weise Ersatz verlangt oder sich mit dem Wertersatz zufrieden gibt“.[202] Außerdem muß sich die Gegenmeinung die Frage gefallen lassen, weshalb der Grundsatz der Privatautonomie im Schadensrecht, insbesondere bei der Schadensabwicklung für den Geschädigten nicht gelten soll. Es sind keine Gründe ersichtlich, weshalb der Ersatz des Wertinteresses allein auf die Anwendungsfälle des § 251 I und II BGB beschränkt und damit vom Willen des Geschädigten unabhängig sein soll. Eine derartige Beschränkung ist weder durch das Gesetz zwingend vorgeschrieben noch aufgrund irgendwelcher Schutzzwecküberlegungen geboten. Zumindest werden die Interessen des Schädigers bei einem Verzicht des Geschädigten auf keinen Fall beeinträchtigt, da die Entscheidung des Geschädigten für den Schädiger immer nur eine Ent-, aber nie eine Belastung bedeutet.

---

[200] Vgl. *Huber,* Fragen der Schadensberechnung, S. 159.

[201] *Lange,* Schadensersatz, S. 230.

[202] *Huber,* a.a.O., S. 155.

Der Geschädigte kann somit bei unterlassener Herstellung bzw. soweit er im Vorfeld der Schadensabwicklung beabsichtigt, von einer Wiederherstellung abzusehen, lediglich sein Wertinteresse geltend machen.[203] Dies bedeutet für den konkreten Kfz-Schadensfall, daß der Geschädigte nur die Differenz zwischen dem Verkehrswert des Fahrzeugs vor und nach dem Unfall, d.h. den reinen Wertverlust verlangen kann.[204] Keinesfalls kann er die Kosten einer Ersatzbeschaffung (früher: Wiederbeschaffungswert) verlangen, die sich üblicherweise aus dem Wert des Ersatzfahrzeugs, einem bis zu 20%igem Händlerzuschlag[205], den Anmeldegebühren und sonstigen Zulassungskosten etc. zusammensetzen. Denn dann würde zusätzlich zum Wertinteresse auch das Integritätsinteresse befriedigt werden.

3. Die Interessen des Geschädigten bei der Abwicklung eines Körper- bzw. Gesundheitsschadens

a) Die Interessen bei einer durchgeführten Heilung: Integritäts- und Affektionsinteresse (1. Komponente)

„Der Reparatur einer beschädigten Sache entspricht beim Personenschaden die Wiederherstellung der beeinträchtigten Gesundheit.“[206] Das bedeutet, daß die Heilung eines Körperschadens, wie die Reparatur einer Sache, zunächst einmal das Integritätsinteresse des Verletzten wahrt. Zugleich wird, aufgrund der besonderen Beziehung eines jeden Verletzten zu seinem eigenen Körper, auch das Affektionsinteresse, als zweite, nichtmaterielle Komponente des Integritätsinteresses befriedigt. Jedoch ist, im Gegensatz zum Sachschaden, beim Personenschaden eine Trennung von Integritäts- und Affektionsinteresse innerhalb des § 249 BGB weder notwendig noch sinnvoll, da es beim Personenschaden nur eine Herstellungsvariante, nämlich die Heilung, gibt. Eine Herstellungsart, wie die der Ersatzbeschaffung beim Sachschaden, die nur das Integritätsinteresse, aber nicht das Affektionsinteresse befriedigt, ist beim Körperschaden nicht denkbar.

---

[203] Im Ergebnis ebenso der Berufungsausschuß der Moselkommission, Urteil vom 21.1.1993, NZV 1993, 347. Der Berufungsausschuß der Moselkommission in Trier ist als international besetztes Gericht nach Art. 34 des Vertrags über die Schiffbarmachung der Mosel vom 27.10.1956 i.V.m. Art. 37 der Revidierten Rheinschiffahrtsakte vom 17.10. 1868 i.d.F. vom 20.11.1963 wahlweise neben dem MoselSchiffObGer. zuständig für Berufungen gegen Urteile des MoselSchiffGer. A.A. BGHZ 66, 239 (Ersatz der fiktiven Reparaturkosten).

[204] Vgl. *Honsell/Harrer,* Schaden und Schadensberechnung, JuS 1991, 441 (445 re. Sp.): Differenz des Verkehrswerts.

[205] Dazu allg. *Kötz,* in: FS für Hauß, S. 195.

[206] *Huber,* Fragen der Schadenszurechnung, S. 160.

Als zweite Besonderheit ist zu beachten, daß die Heilung des Körpers, im Gegensatz zur Reparatur einer beschädigten Sache, kein Wertinteresse wahrt, da der Körper des Verletzten keinen wirtschaftlichen Eigenwert aufweist. Aus demselben Grunde versagt bei der Abwicklung eines Körperschadens auch die „Schadensberechnung" mittels der herkömmlichen Differenztheorie. Die Rechtsgüter „Körper" und „Gesundheit" haben eben keine wirtschaftlichen Eigenwerte, die im Rahmen einer Differenzbetrachtung vor und nach dem schädigenden Ereignis gegenübergestellt werden könnten. Damit zeigt sich gerade am Beispiel des Körperschadens besonders deutlich, daß die Begriffe „Schaden" und „Interesse" nicht identisch sein können: Die reale Verletzung der Rechtsgüter „Gesundheit" und „Körper", d.h. der reale Körper- bzw. Gesundheitsschaden, läßt sich nicht unmittelbar in Geld ausdrücken. Das Interesse des Verletzten an der Integrität dieser Rechtsgüter läßt sich dagegen bewerten (= „Bewertungsmodell"). Objektive Anhaltspunkte für die Bewertung dieses Interesses bietet der Herstellungs- bzw. Ressourcenaufwand, d.h. die Kosten der Heilungsmaßnahmen. Dieses rechtlich erfaßte und bewertete Interesse des Geschädigten stellt nach dem hier vertretenen Interessenbewertungsmodell den nach § 249 S. 2 BGB zu zahlenden Schadensersatz dar.

Macht der Geschädigte neben dem Schadensersatzanspruch aus § 249 S. 2 BGB zusätzlich einen Schmerzensgeldanspruch nach den §§ 847, 253 BGB geltend, so werden dadurch zwei weitere ideelle Interessenkomponenten angesprochen. Zum einen das Interesse des Verletzten an einem Ausgleich für den real nicht wiederhergestellten Teil des Körperschaden, d.h. für die teilweise fortdauernde Beeinträchtigung seiner Gesundheit bzw. seines Körpers[207] (= *Ausgleichsfunktion des Schmerzensgelds*).[208] Zum anderen das Interesse des Verletzten an einer Kompensation für den Bereich des Körper- bzw. Gesundheitsschadens, der von vornherein, d.h. aufgrund seiner Beschaffenheit, durch Heilungsmaßnahmen nicht wiederhergestellt werden kann (= *Genugtuungsfunktion des Schmerzensgelds*)[209]. Darunter fallen z.B. entgangene Lebensfreude, Existenzängste, Schmerzempfindungen körperlicher und seelischer Art etc.[210], die der Verletzte im Zeitpunkt des schädigenden Ereignisses, aber auch während der Phase der Wiederherstellung des restituierbaren Schadens erleiden mußte.

Bei beiden Interessen handelt es sich um Komponenten des Affektionsinteresses, welche sich aber von dem Affektionsinteresse, das durch den Schadensersatz nach § 249 S. 2 BGB befriedigt wird, dadurch unterscheiden,

---

[207] Vgl. BGHZ 97, 14 = JZ 1986, 639 (Kein Ersatz fiktiver Operationskosten).

[208] Zur Ausgleichsfunktion BGHZ 7, 233.

[209] Zur Genugtuungfunktion BGHZ 18, 149.

[210] Vgl. die Aufzählung bei *Schäfer*, Soziale Schäden, soziale Kosten und soziale Sicherung, S. 106.

daß dieses den *restituierten*, jene aber den *nicht restituierten* bzw. *nicht restituierbaren Teil* des Körper- bzw. Gesundheitsschaden betreffen. Das Affektionsinteresse des Verletzten zerfällt somit bei einem Körperschaden in drei Komponenten, von denen die erste mit dem Integritätsinteresse identisch ist und deshalb schon über § 249 BGB berücksichtigt wird, während die beiden letzteren im Rahmen des Schmerzensgeldanspruchs nach §§ 847, 253 BGB Berücksichtigung finden. Bei der Bewertung der beiden letzteren Interessenkomponenten ist allerdings zu beachten, daß im Rahmen des Schmerzensgeldanspruchs andere Bewertungskriterien als beim Herstellungsanspruch nach § 249 S. 2 BGB gelten.[211] So werden, im Gegensatz zur Bewertung der Interessen bei § 249 und § 251 BGB, auch Billigkeitskriterien, wie z.B. der Grad des Verschuldens, die Versicherbarkeit des verwirklichten Risikos, die wirtschaftlichen Verhältnisse des Verletzten etc. herangezogen. Die aus diesen Bewertungskriterien von der Rechtspraxis entwickelten „Knochen- und Gliedertaxen" (Schmerzensgeldtabellen) sind, wie auch der 30%ige „Affektionsinteressenzuschlag" beim Kfz-Schaden, lediglich Orientierungshilfen, die von Fall zu Fall den besonderen Umständen angepaßt werden müssen. Beachtlich ist außerdem, daß es in allen diesen Schadensfällen, in denen ein Affektionsinteressenausgleich gewährt wird, zu keinem Totalersatz i.S. einer vollen Berücksichtigung des individuellen Wertgefühls des Geschädigten kommt. Eine vollständige Befriedigung des Affektionsinteresses würde zu einer unkontrollierbaren Ausuferung des Schadensersatzrechts führen.[212]

b) Das Interesse bei nicht durchgeführter Heilung: Affektionsinteresse (2. und 3. Komponente)

Verzichtet der Verletzte im Rahmen der Schadensabwicklung auf die Durchführung von Heilungsmaßnahmen, so bringt er damit zum Ausdruck, daß es ihm lediglich auf die Befriedigung des Affektionsinteresses, genauer: der beiden Affektionsinteressenkomponenten ankommt, welche im Rahmen des Schmerzensgeldanspruchs nach §§ 847, 253 BGB befriedigt werden.[213] Würde man nun trotz des Verzichts auf die Durchführung von Heilungsmaßnahmen dem Verletzten Heilungskosten ersetzen, so würde dies auf die Anerkennung eines fiktiven Integritätsinteresses hinauslaufen. Im Unterschied zum Kfz-Schaden lehnte der Bundesgerichtshof aber in seiner Grundsatzentscheidung zur Zweckbindungstheorie beim Personenschaden (BGHZ 97, 14) die Berücksichtigung eines fiktiven Integritätsinteresses zu Recht ab. Auch bei der Abwicklung eines Körperschadens ist nicht einzusehen, warum die

---

[211] Zu den Bewertungsgrundsätzen s. *Lange,* Schadensersatz, S. 439 ff.

[212] Die Grenze ist das in § 251 II BGB normierte Interesse des Schädigers; ausführlich dazu im 6. Kapitel, II.

[213] Vgl. *Huber,* Fragen der Schadenszurechnung, S. 160; BGHZ 97, 14 = JZ 1986, 639.

Bemessung des Schadensersatzanspruchs nach einem fiktiven, „gar nicht vorhandenen Integritätsinteresse“[214] erfolgen soll, dessen Befriedigung der Verletzte gerade nicht wünscht. Deshalb kann bei einem Verzicht auf die Herstellung der körperlichen Integrität lediglich das vom Verletzten „betätigte“ Affektionsinteresse im Rahmen des § 847, 253 BGB bewertet und ausgeglichen werden.[215] Die nicht durchgeführte Heilung kann allenfalls als Bemessungskriterium bei der Bewertung des Affektionsinteresses eine Rolle spielen und so zu einer maßvollen Erhöhung des Schmerzensgelds führen.[216]

IV. Dritte Zwischenbilanz: die Zusammenfassung der historischen und dogmatischen Grundlagen

1. Restitutionsprinzip als Leitprinzip des Gesetzes

Sowohl der historische Gesetzgeber als auch die einhellige Meinung in Rechtsprechung und Literatur erkennen das Restitutionsprinzip als Leitprinzip des Schadensrechts an. Jedoch darf die Bedeutung des Restitutionsprinzips als Leitprinzip des Schadensrechts nicht auf ein theoretisch-abstraktes Lippenbekenntnis reduziert, sondern sie muß auch im praktischen Rechtsleben sichtbar werden.[217] Konkret bedeutet dies, daß es Ziel einer jeden Gesetzesauslegung und Rechtsfortbildung sein muß, den Restitutionsgedanken im Schadensrecht zu wahren und auszubauen. Dies hat zur Folge, daß bei allen schadenrechtlichen Problemen überprüft werden muß, ob die gefundenen Lösungen mit dem Restitutionsprinzip im Einklang stehen bzw. ob nicht aus diesem eine andere, bessere Lösung entwickelt werden könnte. Denn nur wenn man dem Restitutionsprinzip innerhalb der praktischen Schadensabwicklung die Geltung verschafft, die ihm der historische Gesetzgeber einräumen wollte und die ihm als Leitprinzip zusteht, kann es heute noch als Leitgedanke des Schadensrechts anerkannt werden. Setzt man aber den Resti-

---

[214] *Steffen,* Anmerkung zu BGHZ 63, 295 (Narbenfall), LM § 249 (Fa) BGB Nr. 14 Bl. 2: „Vorschieben eines gar nicht vorhandenen Integritätsinteresses, um den Schaden wirtschaftlich auszunutzen.“

[215] Vgl. BGHZ 97, 14 = JZ 1986, 639 (fiktive Operationskosten).

[216] So der BGH in BGHZ 63, 295 (Narbenfall), allerdings nur für die Fallkonstellation, bei der die Heilungskosten nach § 249 S. 2 BGB wegen Unverhältnismäßigkeit der Aufwendungen versagt werden mußten. Der BGH führt dazu aus: „Hier jedenfalls konnte das Berufungsgericht davon ausgehen, daß auch bei Versagung der Operationskosten dem Interesse des Klägers durch ein *höheres Schmerzensgeld* ausreichend Rechnung getragen sei.“ Ebenso *Hofmann,* 20. VGT 1982, S. 262: „...entsprechend höher bemessenes Schmerzensgeld ...“; ähnlich auch *Zeuner,* Gedanken zum Schadensproblem, in: GS für Dietz, S. 99 (120 o.).

[217] Vgl. *Roussos,* Schaden und Folgeschaden, S. 133: „... nicht nur eine in § 249 S. 1 feierlich formulierte Richtlinie, sondern eine praktisch sinnvolle Schadensersatzregel ...“.

tutionsgedanken bei der dogmatischen Qualifizierung des Anspruchs aus § 249 S. 2 BGB konsequent um, so muß, wie die Untersuchung gezeigt hat, der „modifizierte Herstellungsanspruch“ nach § 249 S. 2 BGB als „zweckgebundener Herstellungsanspruch“ i.S. eines an den Herstellungszweck gebundenen Geldanspruchs verstanden werden. Der vom BGH geschaffene „Grundsatz der Dispositionsfreiheit“, der sich mit seinem „Vermögensumschichtungsargument“ auf eine vermögensorientierte Schadensbetrachtung stützt, bedeutet dagegen eine Rückkehr zum Kompensationsprinzip und ist aus diesem Grunde abzulehnen.

2. Der Herstellungsbegriff: „Betätigung des Integritätsinteresses“

Der faktische Herstellungsbegriff des historischen Gesetzgebers erwies sich in der praktischen Anwendung als wenig sachgerecht und wurde deshalb zu Recht von der Rechtsprechung abgelehnt. Aber auch der wirtschaftliche Herstellungsbegriff der h.M. überzeugt nicht. Zwar ermöglichte dieser aufgrund seiner Flexibilität die Anerkennung der Ersatzbeschaffung als zweite Herstellungsvariante, jedoch orientiert er sich mit der von ihm geforderten „Herstellung des Vermögens“ eindeutig am Kompensations- und nicht am Restitutionsprinzip. Akzeptiert man aber das Restitutionsprinzip als Leitprinzip des Schadensrechts, so ist der wirtschaftliche Herstellungsbegriff nicht haltbar. Zu folgen ist den modernen Herstellungskonzepten der neueren Literatur, allen voran dem Herstellungsbegriff Ch. Hubers (*„Betätigung des Integritätsinteresses“*), da diese mit ihrer sächlichen Ausrichtung und rechtsgutsorientierten Schadensbetrachtung im Einklang mit dem Restitutionsgedanken stehen, ohne jedoch die Ersatzbeschaffung als zweiten Restitutionsweg in Frage zu stellen. Denn die Untersuchung zeigte, daß heute, aufgrund der Rechtsfortbildung des BGH, zwei Formen der Naturalrestitution, die Reparatur und die Ersatzbeschaffung, anerkannt werden müssen. Herstellung i.S.d. § 249 BGB bedeutet sonach die *„Herstellung des Zustands“* (= Reparatur und Ersatzbeschaffung) und nicht nur die „Herstellung der Sache“ (= Reparatur).

Als weiteres Untersuchungsergebnis ist festzuhalten, daß auch die *„Neubeschaffung bei gleichzeitigem Überkompensationsausgleich“* eine Ersatzbeschaffung und damit Restitution i.S.d. § 249 BGB darstellt. Diese Abwicklungsvariante kann zum einen auf die allgemein anerkannte Ausgleichsfigur „Abzug neu für alt“ gestützt werden, zum anderen stellt die im dritten Teil dieses Kapitels durchgeführte Interessenanalyse unter Beweis, daß auch die „Neubeschaffung“ den von der h.M. geforderten Kriterien einer Ersatzbeschaffung – Gleichwertigkeit und Gleichartigkeit – gerecht wird. Die Abwicklungsvariante der „Neubeschaffung“, die schon in den 60er Jahren vom

OLG Hamburg (VersR 1964, 1175) vertreten wurde, wurde durch die Einführung der Dispositionsfreiheit ins dogmatische Abseits gedrängt. Der Grund dafür liegt aber weniger in der dogmatischen Stärke der Konzeption der „Dispositionsfreiheit", zumal die „Neubeschaffung" den Restitutionsgedanken besser verwirklicht als dies die Dispositionsfreiheit vermag, als in dem Irrglauben der Gerichte, die Dispositionsfreiheit des Geschädigten aus Gründen der Praktikabilität schaffen zu müssen. Gerade dieses Praktikabilitätsargument erwies sich aber als nicht zutreffend. Denn der in BGHZ 66, 239 entschiedene Problemfall – Neuwagenkauf bei gleichzeitiger Inzahlunggabe des Altwagens – kann mit der Abwicklungsvariante „Neubeschaffung" nicht nur sachgerecht, sondern auch im Sinne des Restitutionsprinzips gelöst werden. Die Neubeschaffung macht damit den aus Praktikabilitätsgründen geschaffenen „Grundsatz der Dispositionsfreiheit" überflüssig. Die in der Einleitung zum 4. Kapitel formulierte Streitfrage „Abkoppelungsargument oder erweiterter Herstellungsbegriff?" muß deshalb im Rahmen einer historisch-dogmatischen Argumentation zugunsten des erweiterten Herstellungsbegriffs, d.h. zugunsten der „Neubeschaffung" entschieden werden.

3. Herstellungsprinzip und Interesse: Trennung von Schaden und Interesse

Im letzten Teil dieses Kapitels konnte nachgewiesen werden, daß der Schadensbegriff nicht mit dem Interessenbegriff identisch ist. Dem mit der Rechtsgutsverletzung korrespondierenden realen Schadensbegriff steht der wertungsorientierte, mit dem Begriff des Schadensersatzes korrespondierende Interessenbegriff gegenüber. Kurz: Schaden ist der real erlittene Nachteil, Interesse bezeichnet dagegen den Inhalt des Schadensersatzes. Um den Schadensersatz, dh. die konkrete Höhe der Schadensersatzsumme, zu ermitteln, bedarf es aber einer Interessenbewertung (= *Bewertungsmodell*). Eine Interessenbewertung setzt wiederum eine *Interessenbetätigung durch den Geschädigten* voraus, da durch die Variabilität der Interessen bei den jeweiligen Abwicklungsvarianten eine maximale Interessenbefriedigung des Geschädigten objektiv, d.h. allein „aus dem Gesetz heraus" nicht möglich ist. Welcher Abwicklungsvariante der Vorzug gebührt, kann letztlich nur durch den Geschädigten selbst, nicht aber durch ein künstliches, vom Gesetz nicht vorgesehenes Rangverhältnis zwischen den einzelnen Abwicklungsvarianten, entschieden werden. Dem Geschädigten ist diesbezüglich ein Wahlrecht einzuräumen[218], das seinerseits seine Grenze in der in § 251 II BGB normierten Ersetzungsbefugnis des Schädigers findet.[219]

---

[218] Näheres dazu im 5. Kapitel, IV.2.

[219] Näheres dazu im 6. Kapitel, II.

Die Interessenanalyse hat darüber hinaus gezeigt, daß der Ersatz fiktiver Kosten immer auch die Berücksichtigung *fiktiver*, d.h. gar nicht existenter *Interessen an der Schadensabwicklung* bedeutet. Die Berücksichtigung von fiktiven Interessen erscheint in keinem Falle sachgerecht. Dies gilt nicht nur für den 30%igen „Integritätszuschlag" beim Kfz-Schaden, der in Wahrheit einen *„Affektionsinteressenzuschlag"* darstellt, oder für das Integritätsinteresse bei der Abwicklung eines Körperschadens, sondern auch für das Integritätsinteresse beim Sachschaden. In allen genannten Fällen ist nicht einzusehen, weshalb die Bemessung des Schadensersatzanspruchs nach einem fiktiven Zustand erfolgen soll, dessen Herstellung der Geschädigte gerade nicht wünscht.

Die Grundsatzfrage „Dispositionsfreiheit oder Zweckbindungstheorie?" läßt sich nach den in diesem Kapitel erarbeiteten historischen und dogmatischen Grundlagen nur im Sinne der Zweckbindungstheorie beantworten. Der Ersatz fiktiver Kosten ist, soviel steht jedenfalls fest, kein „Ausfluß althergebrachter Grundsätze der Zivilrechtsordnung", sondern eine „moderne Erfindung".[220]

---

[220] A.A. *Dannert,* Die Berechnung des Kraftfahrzeugschadens: Reparaturkosten- oder Totalschadensbasis?, VersR 1988, 980 (981 Fn. 12).

5. Kapitel

Die modifizierte Zweckbindungstheorie – Rechtsfortbildung im Spannungsfeld kollidierender Prinzipien

Wie das Deliktsrecht ist auch das Schadensrecht „Richterrecht reinsten Wassers“.[1] Die Frage „Dispositionsfreiheit oder Zweckbindungstheorie?“ läßt sich deshalb, wie auch die bisherige Untersuchung hinreichend unter Beweis gestellt hat, nicht einfach durch Auslegung des Gesetzes beantworten. Jede Antwort beinhaltet vielmehr eine bestimmte Konzeption des Schadensrechts, welche mit der Wahl des entsprechenden Rechtsprinzips („Dispositionsfreiheit oder Zweckbindungstheorie?“) zu ihrer Ausgangsprämisse fixiert wird. Die Methodenlehre spricht, soweit eine außergesetzliche Norm oder ein Rechtsprinzip, als „erste Prämisse“ in den Denkprozeß eingeführt wird, von Rechtsfortbildung.[2] Primäre Aufgabe dieser Rechtsfortbildung ist es aber „Vorrangbedingungen zu benennen“[3], d.h. die entsprechende Prämissenwahl mittels rational nachvollziehbarer Argumente[4] zu rechtfertigen. Deshalb liegt auch mit der Ausgangsfrage „Dispositionsfreiheit oder Zweckbindungstheorie?“ kein Auslegungs-, sondern ein Begründungsproblem vor.[5]

Das 5. Kapitel hat nun zweierlei zum Ziele: Zum ersten soll in ihm festgestellt werden, welches der beiden sich diametral gegenüberstehenden Rechtsprinzipien („Dispositionsfreiheit oder Zweckbindungstheorie?“) sich als erste Prämisse, d.h. als „starting point oder als Aufhänger für die konkrete richterliche Normbildung“[6] besser bewährt. Zum zweiten soll das gewählte Rechtsprinzip im Rahmen einer dialektischen Prüfung inhaltlich optimiert und falls nötig zu einem neuen Konzept weiterentwickelt werden.[7]

---

[1] *Kötz,* Deliktsrecht, Vorwort S. 2.

[2] Vgl. *Koch / Rüßmann,* Juristische Begründungslehre, S. 124.

[3] *Koch / Rüßmann,* a.a.O., S. 103, s.a. S. 244: „Die Anwendung kollidierender Prinzipien auf einen zu entscheidenden Fall erfordert daher eine Tatbestandsergänzung in Form einer Festlegung der Vorrangbedingungen.“

[4] Vgl. BVerfGE 34, 269 (287) („Rechtsfortbildungsbeschluß“): Juristische Entscheidungen müssen auf „rationaler Argumentation beruhen“.

[5] Grundlegend zur Begründungsproblematik *Koch / Rüßmann,* Juristische Begründungslehre, S. 119 ff.

[6] *Esser,* Grundsatz und Norm in der richterlichen Rechtsfortbildung, S. 150 f.

Um diese Ziele zu erreichen, ist neben der schon in den Kapiteln 3 und 4 vorgenommenen historisch-dogmatischen „Aufarbeitung" der Grundlagendogmatik, eine „inhaltlich-systematische Verträglichkeitsprüfung" durchzuführen (s. Abschnitte 1–6). Innerhalb dieser Prüfung ist festzustellen, ob die jeweiligen Prinzipien mit der anerkannten Schadensdogmatik und der Systematik des Gesetzes im Einklang stehen bzw. welches der beiden Prinzipien besser damit harmoniert. Weiter muß geprüft werden, ob sich nicht aus der „objektiven Wertordung des Grundgesetzes" bzw. aus den juristischen Basisdisziplinen, wie z.B. der Rechtssoziologie, der Rechtspsychologie und der Rechtsökonomie, der Vorrang eines der beiden Rechtsprinzipien ergibt (s. Abschnitte 7–9).

I. Die erforderlichen Kosten i.S.d. § 249 S. 2 BGB

Die klassische, wenn auch unergiebigste Art, sich dem Problem des „Ersatzes fiktiver Kosten" zu nähern, ist die Annäherung über den Begriff der „erforderlichen Kosten" in § 249 S. 2 BGB. Unergiebig ist dieser Lösungsansatz vor allem deshalb, weil sich aus dem Wortlaut dieser Norm keine eindeutigen Ergebnisse ableiten lassen. So läßt sich aus dem Begriff der „erforderlichen Kosten" die Frage, ob die Schadensbestimmung „konkret oder abstrakt" zu erfolgen hat, nicht eindeutig beantworten. Überhaupt ist fraglich, ob mit den Begriffen „konkreter und abstrakter Schadensberechnung" der richtige dogmatische Ausgangspunkt für die Problemlösung gewählt wurde. Weder die für eine „konkrete Schadensbestimmung" erforderliche Gleichsetzung von „erforderlichen" und „tatsächlich aufgewendeten" Kosten[8], wie es die strenge Zweckbindungstheorie vorsieht, noch die für eine „abstrakte Schadensbestimmung" erforderliche Gleichsetzung von „erforderlichen" und „prognostizierten" Kosten, wie es die Dispositionsfreiheit in ihrer Reinform propagiert, ist richtig.

So konnte schon im 2. Kapitel nachgewiesen werden, daß selbst der BGH in der praktischen Anwendung eine „konkret-abstrakte Schadensberechnungsmethode" vertritt, die sich an den Kriterien „objektiver Maßstab", „subjektsbezogene Schadensbetrachtung" und diversen Billigkeitsabwägungen (Zumutbarkeit und Wirtschaftlichkeit) orientiert.[9] Keiner der kritischen Problemfälle wurde allein mit Hilfe „objektiver Kriterien" gelöst. Vielmehr gaben die konkret-individuellen Komponenten des Einzelfalls, d.h. letztlich das konkrete Verhalten des Geschädigten, bei der Fallösung den Ausschlag. Der „Stand-

---

[7] Vgl. *Alexy,* Theorie der Grundrechte, S. 75: „Rechtsprinzipien als Optimierungsgebote" (vgl. dazu im 1. Kapitel, V.3.c)).

[8] Ebenfalls gegen eine Gleichsetzung *Greger,* Der Streit um den Schaden, NZV 1994, 11 (12 li. Sp.).

[9] Vgl. im 2. Kapitel, IV.4.a), VI.2.

punkt eines verständigen, wirtschaftlich denkenden Eigentümers in der Lage des Geschädigten“[10] wurde so zur Leerformel und dient heute lediglich der Abgrenzung zur Zweckbindungstheorie.

Aber auch der vermeintliche Vorteil der strengen Zweckbindungstheorie, die „erforderlichen Kosten“ nach den tatsächlich aufgebrachten Kosten, d.h. nach einem realen, von Prognosen und Wertungen unabhängigen Betrag, bemessen zu können, erweist sich als Irrtum.[11] Dieser Ansatz schöpft seine Überzeugungskraft aus der Vorstellung, daß durch ihn Prognosen und Wertungen überflüssig werden. Jedoch kommt man auch bei Anwendung der Zweckbindungstheorie nicht ohne Wertungen aus. So muß zumindest geprüft werden, ob der tatsächlich aufgebrachte Geldbetrag seiner Höhe nach „erforderlich“ war oder nicht. Eine „konkrete Schadensberechnung“ i.S. einer formalen, rein rechnerischen Gleichsetzung der erforderlichen mit den tatsächlich aufgebrachten Kosten ist somit nicht möglich. „Der einzige und auch zu billigende Vorteil [der Zweckbindungstheorie][12] liegt darin, daß die in den tatsächlich aufgewendeten Kosten sich realisierende Höhe des erforderlichen Wiederherstellungsaufwandes eine präzisere und richtigere Feststellung desselben ist als das mit vielfachen Unwägbarkeiten behaftete Sachverständigengutachten.“[13] Diese Einsicht scheint sich mittlerweile in der Literatur allgemein durchgesetzt zu haben.[14] Auch der BGH stimmt in seinem Urteil vom 20.6.1989 (VersR 1989, 1056)[15] damit überein. Dort stellt er zunächst einmal klar, daß das Schätzgutachten den zu beanspruchenden Schadensersatz für die Reparatur keineswegs bindend festlegt.[16] „Insbesondere“, so fährt der BGH fort, „ist es dem Schädiger unbenommen, durch substantiierte Einwände die Annahmen des Sachverständigen in Einzelpunkten in Zweifel zu ziehen. Vor

---

[10] So die st. Rspr.: BGHZ 54, 82 (84); 61, 346 (349); BGH VersR 1972, 1024 (1025); VersR 1989, 1056 (1057).

[11] *Koch,* Anmerkung zum Beschluß des OLG Köln vom 22.2.1988, NZV 1988, 223: „Der Senat verkennt bei seiner obigen Entscheidung jedoch, daß grundsätzlich auch nach Durchführung einer Reparatur keineswegs eine Reparaturrechnung den tatsächlich erforderlichen Kostenaufwand ausweist.“

[12] Anmerkung des Verf.

[13] *Freundorfer,* Fiktive Schadensberechnung – ein Faß ohne Boden?, VersR 1992, 1332 (1333 li. Sp.).

[14] So auch *Weber,* § 249 S. 2 BGB: Erstattung der Reparaturkosten oder Ersatz des Schadens an der Sache?, VersR 1992, 527 (531 re. Sp.); *Gebhardt,* Die fiktive Abrechnung von Fahrzeugschäden, eine unendliche Geschichte, ZfS 1990, 145 (148); *Steffen,* Die Rechtsprechung des BGH zur fiktiven Berechnung des Fahrzeugschadens, NZV 1991, 1 (3 li. Sp.).

[15] BGH Urteil vom 20.6.1989 – VI ZR 334/88 –, VersR 1989, 1056 = NJW 1989, 3009 = NZV 1989, 465 mit Anm. *Hofmann* = DAR 1989, 340 mit Anm. *Birkmann,* DAR 1990, 3.

[16] BGH VersR 1989, 1057 (li. Sp.).

allem für umfangreichere Schäden wird häufig erst die Reparaturrechnung der Werkstatt zureichende Auskunft über den nach § 249 S. 2 BGB erforderlichen Reparaturkostenaufwand geben. Die so belegten tatsächlichen Aufwendungen sind im allgemeinen ein aussagekräftigeres Indiz für die Erforderlichkeit. Zwar kann der Tatrichter den geschuldeten Ersatzbetrag im Schätzweg nach § 287 ZPO auch in derartigen Fällen ohne Reparaturrechnung feststellen, insbesondere wenn die bekl. Haftpflichtversicherung keine substantiierten Einwände gegen das Schätzgutachten des Sachverständigen vorbringt. Indes erlaubt die Reparaturrechnung eine genauere Bemessung des nach § 249 S. 2 BGB geschuldeten Ersatzbetrags. Andererseits muß sich das Gericht bewußt sein, daß auch die so belegten tatsächlichen Aufwendungen nicht stets mit dem nach § 249 S. 2 BGB zu ersetzenden erforderlichen Aufwand gleichzusetzen sind. So können die tatsächlichen Herstellungskosten aus Gründen überhöht sein, die sich der Schädiger nicht zurechnen lassen muß. Sie können aber auch das Ergebnis überobligationsmäßiger Verzichte des Geschädigten sein, die den Schädiger nicht entlasten."[17]

Mit diesem Urteil zeichnet sich ein gewisser Angleichungsprozeß zwischen beiden Konzepten, dem „Grundsatz der Dispositionsfreiheit" und dem „Postulat der Zweckbindung" ab. Zudem wird an den Ausführungen im Urteil deutlich, daß mit der Frage „Abstrakte oder konkrete Schadensberechnung?", aber auch mit der aus dem Versicherungsrecht übernommenen Frage „Abrechnung auf Gutachten- oder auf Rechnungsbasis?" das Problem des „Ersatzes fiktiver Kosten" nicht mehr zutreffend erfaßt und umschrieben wird. Um den Kern des Problems „Ersatz fiktiver Kosten" zu treffen, müßte die Fragestellung vielmehr lauten: Bis zu welchem Zeitpunkt kann die Bestimmung der Schadenshöhe bzw., nach der hier vertretenen Auffassung, die Bewertung des vom Geschädigten „betätigten" Interesses erfolgen? Dies aber ist eine Frage, die die zeitliche Dimension des Schadensverhältnisses betrifft. Ihrer Beantwortung ist der 6. Abschnitt dieses Kapitels gewidmet. Der Begriff der „erforderlichen Kosten", der an dieser Stelle zu klären war, trägt jedenfalls zur Lösung des Problems nichts bei.

II. Schadensersatz oder Aufwendungserstattung? Die Rolle des Aufwendungsbegriffs in der schadensrechtlichen Dogmatik zu § 249 S. 2 BGB

„Das Schadensersatzrecht befaßt sich (...) – wie bereits der Begriff erkennen läßt – mit dem Ersatz von Schäden, nicht jedoch mit der Erstattung von Aufwendungen. Dieser Grundsatz wird in der Praxis allzuhäufig dadurch ver-

[17] BGH, a.a.O., S. 1057.

wischt, daß die Aufwendungen Anknüpfungspunkt und Bezugsgröße sein können, um den Umfang des mit ihnen dennoch nicht wesensgleichen Schadens auszudrücken."[18] Schaden und Aufwendung sind aber zwei wesensverschiedene und gegensätzliche Rechtsbegriffe. Daß zwischen beiden Begriffen trotzdem eine „gewisse sachbezogene Korrespondenz"[19] besteht, erschwert die dogmatische Einordnung des Anspruchs aus § 249 S. 2 BGB (Schadensersatz oder Aufwendungserstattung?). Deshalb ist die Rolle des Aufwendungsbegriffs in der schadensrechtlichen Dogmatik zu § 249 S. 2 BGB genau zu untersuchen. Stellen die zur Herstellung getätigten Aufwendungen lediglich eine „*Bezugsgröße*"[20] dar, an der sich der Umfang des Schadensersatzanspruchs orientiert, oder ist der Aufwendungsbegriff „*Bezugsgegenstand des Schadens*"[21], nach dem sich nicht nur der Umfang, sondern auch die inhaltliche Ausgestaltung der Ersatzanspruchs bestimmt? Mit der letzteren Auffassung würde der Schadens*ersatz*anspruch aus § 249 S. 2 BGB in einen Aufwendungs*erstattungs*anspruch umgedeutet. Deshalb muß zunächst einmal geprüft werden, ob sich das aus der Anbindung des Ersatzanspruchs an die getätigten Aufwendungen zwangsläufig ergebende Erstattungsverfahren, welches für die Zweckbindungstheorie typisch ist, mit den dogmatischen Grundlagen des Schadensersatzrechts generell verträgt (s.u. 1.).

Falls sich bei dieser Prüfung Zweifel an der dogmatischen Verträglichkeit des Erstattungsverfahrens mit den Grundsätzen des Schadensrechts ergeben, und damit ist, so viel kann schon vorweggenommen werden, zu rechnen, ist in einem weiteren Schritt zu untersuchen, ob diese Zweifel nicht mit der Zeunerschen Bedarfsschadenstheorie oder über eine mit der Zweckbindungstheorie gekoppelten Vorschußthese aus dem Weg geräumt werden können (s.u. 2.).

Schließlich muß bei der Untersuchung der Rolle des Aufwendungsbegriffs in der schadensrechtlichen Dogmatik zu § 249 S. 2 BGB dessen Einfluß auf das Schadensverständnis und die Schadensart (Immaterieller oder materieller Schaden?) beachtet werden. In diesem Zusammenhang ist zu klären, ob der Schaden in der realen „Einbuße an den rechtlich geschützten Gütern"[22] des Geschädigten, d.h. der Beeinträchtigung der Sache bzw. der Person liegt oder ob der Schaden mit den Kosten, d.h. den im Rahmen des Erforderlichen getätigten Aufwendungen identisch ist. Denn im letzteren Falle wäre beim Personenschaden damit möglicherweise ein Wechsel in der Schadensart verbunden, für den ein weiterer Erklärungs- und Begründungsbedarf bestünde (s.u. 3.).

---

[18] *Klimke*, Schadensberechnung nach § 249 S. 2 BGB, VersR 1968, 537 (538 li. Sp.).

[19] *Klimke*, a.a.O.

[20] *Klimke*, a.a.O.; *Schiemann*, Argumente und Prinzipien, S. 97: „Aufwendungen als Schadensmaßstab".

[21] *Roussos*, Schaden und Folgeschaden, S. 126; im Ergebnis verneinend.

[22] *Fikentscher*, Schuldrecht, S. 292 Rn. 452.

1. Der Anspruch aus § 249 S. 2 BGB – ein Erstattungsanspruch?

In der Praxis werden Schadensfälle, vor allem bei Kfz-Unfällen, durch die Haftpflichtversicherer im Erstattungsverfahren abgewickelt.[23] Daraus kann jedoch nicht abgeleitet werden, daß es sich bei dem Anspruch aus § 249 S. 2 BGB um einen Erstattungsanspruch handelt. Denn „auch die Versicherer ersetzen mit ihrer Zahlung nicht den Vermögensaufwand des Geschädigten, sondern ‚erfüllen' damit dessen Zahlungsanspruch aus § 249 S. 2 BGB".[24] Gegen eine Einordnung des Anspruchs als Erstattungsanspruch lassen sich vielmehr mehrere Argumente anführen:

Zum ersten läßt schon der Wortlaut des § 249 S. 2 BGB keinen Schluß auf einen Erstattungsanspruch zu. Vor allem zeigt der direkte Vergleich mit dem Wortlaut der §§ 633 III BGB und 538 II BGB, nach denen der Gläubiger den „Ersatz der erforderlichen Aufwendungen" verlangen kann, daß der Anspruch aus § 249 S. 2 BGB nicht als Erstattungsanspruch ausgestaltet werden sollte. Denn hätte der historische Gesetzgeber einen Aufwendungserstattungsanspruch schaffen wollen, so hätte er sich desselben Wortlauts bedienen können, wie er ihn für die Regelung der Mängelgewährleistungssituationen im Werkvertrags- und Mietrecht gewählt hatte. Aus diesem Grunde sind auch die für die Mängelgewährleistungssituation erarbeiteten aktuellen Grundsätze nicht auf das Schadensrecht übertragbar, denn, wie Grunsky zutreffend feststellt, sind „Mängelbeseitigung und Schadensersatz verschiedene Dinge, die auch bei § 633 Abs. 3 BGB und § 249 S. 2 BGB nicht ‚zwangsvereinheitlicht' werden dürfen. Aus § 633 Abs. 3 BGB läßt sich in der uns interessierenden Frage für die Auslegung von § 249 S. 2 BGB nichts herleiten."[25]

Zum zweiten läßt die Gegenmeinung, die § 249 S. 2 BGB als Aufwendungserstattungsanspruch begreift, bei ihrer Argumentation die Entstehungsgeschichte des § 249 S. 2 BGB, die schon im 4. Kapitel dieser Untersuchung eingehend dargestellt wurde[26], außer acht. Sowohl die Fassung der *Vorkommission des Reichsjustizamtes* (§ 219 E I rev. RJA)[27] als auch der bei den

---

[23] Vgl. *Weber,* § 249 S. 2 BGB: Erstattung der Reparaturkosten oder Ersatz des Schadens an der Sache?, VersR 1992, 527 (531); *Esser/Schmidt,* Schuldrecht AT 2, § 32 I 2, S. 191.

[24] *Weber,* a.a.O., S. 531.

[25] *Grunsky,* Zum Umfang des Ersatzanspruchs bei einer nicht in der Werkstatt durchgeführten Kfz-Reparatur, DAR 1984, 268 (270); a.A. *Köhler,* Abstrakte oder konkrete Berechnung des Geldersatzes nach § 249 Satz 2 BGB?, S. 353; *Hofmann,* DAR 1983, 378; *Huber,* Fragen der Schadensberechnung, S. 204 ff., 246.

[26] Vgl. im 4. Kapitel, I.2.

[27] Fassung der Vorkommission des Reichsjustizamtes (§ 219 E I rev. RJA): „Der Gläubiger ist berechtigt, statt der Herstellung den Betrag der *Aufwendungen* zu fordern, welche der Ersatzpflichtige *aufwenden* (machen) müßte, um die Herstellung zu bewirken"

Beratungen der Zweiten Kommission gestellte Änderungsantrag Jacubezkys[28] sahen ausdrücklich einen Aufwendungsersatzanspruch vor. Beide Fassungen waren von der Vorstellung geprägt, daß das Schadensersatzrecht an werkvertraglichen Regelungen auszurichten sei.[29] Diese Auffassung teilte aber die *Zweite Kommission* nicht. Beide Fassungen konnten sich letztlich nicht durchsetzen. Daran zeigt sich, daß sowohl eine Ausrichtung des Schadensersatzanspruchs am Aufwendungsbegriff und das damit verknüpfte Erstattungsverfahren als auch eine Übertragung der aktuellen Grundsätze aus dem Mängelgewährleistungsrecht dem Willen des historischen Gesetzgebers widersprechen würde.

Zum dritten hat sich die Zweite Kommission an anderer Stelle sogar ausdrücklich gegen den Erstattungscharakter des Anspruchs aus § 249 S. 2 BGB ausgesprochen. Sie hielt bei den Beratungen zu § 843 BGB die Anordnung einer Vorschußpflicht – die nur bei einem Aufwendungserstattungsanspruch Sinn machen würde – für überflüssig, da der Schädiger generell im voraus zu leisten habe. Eine diesbezügliche Stellungnahme der Zweiten Kommission war erforderlich, weil Struckmann, auf den der Entwurf des Reichsjustizamtes maßgeblich zurückzuführen ist[30] und der sich deshalb schon bei den Beratungen zu § 249 S. 2 BGB (= § 219 E I) für einen Aufwendungsersatzanspruch eingesetzt hatte, bei den Beratungen zu § 843 (= § 726 E I) einen Änderungsantrag einbrachte, in dem er, getreu seinem eigenen Konzept, bei der Erstattung von Heilungskosten eine Vorschußpflicht des Schädigers forderte.[31] Diesem Änderungsantrag trat jedoch die Zweite Kommission mit folgenden Ausführungen entgegen:

> „Ebenso sei auch der Ausspruch entbehrlich, daß die Heilungskosten auf Verlangen vorzuschießen seien. Von einem eigentlichen Vorschuß sei nicht die Rede; der Schaden, welcher die Aufwendungen nothwendig mache, sei bereits entstanden

---

(*Jakobs / Schubert*, Die Beratungen des BGB, Band II.1, S. 98 [Hervorhebungen vom Verf.]).

[28] Änderungsantrag Jacubezkys: „Statt der Herstellung kann der Gläubiger den Geldbetrag verlangen, welchen der Ersatzpflichtige *aufwenden* müßte" (*Jakobs / Schubert*, Die Beratungen des BGB, Bd. II.1, S. 101 / 102 [Hervorhebung vom Verf.]).

[29] *Jakobs / Schubert*, Die Beratungen des BGB, Band II.1; S. 98: „... zumal da im § 569 für den Werkvertrag eine analoge Bestimmung getroffen sei"; *Mugdan*, Materialien zum Bürgerlichen Gesetzbuch, Bd. II, S. 515: „Er beruht in analoger Anwendung des § 578 auf dem Gedanken, daß dem Gläubiger, wenn er auf Herstellung des vorigen Zustandes verzichte nur das zukommen soll, was der Schuldner durch einen solchen Verzicht erspare."

[30] Vgl. im 3. Kapitel, III Fn. 44, und im 4. Kapitel, I.1 Fn. 15.

[31] Antrag von Struckmann: „Wer wegen widerrechtlicher Verletzung des Körpers oder der Gesundheit eines Menschen Schadensersatz zu leisten hat, ist verpflichtet, dem Verletzten die Kosten der Heilung zu ersetzen und auf Verlangen *vorzuschießen* (...)" (*Jakobs / Schubert*, Die Beratungen des BGB, Band II.3, S. 1070 f. [Hervorhebung vom Verf.]).

und der Verletzte solle dafür entschädigt werden, daß er die Aufwendungen auf die Heilungskosten machen müsse, nicht dafür, daß er sie gemacht habe. Daß er den Anspruch auf die Heilungskosten nicht erst dann erheben könne, wenn er die Kosten bezahlt habe oder wenigstens schuldig geworden sei, ergebe sich aus der nunmehrigen Fassung des § 219 Abs. 1 (Entw. II § 213 Abs. 1), wo von dem ‚dazu erforderlichen Geldbetrage' die Rede sei; neben dieser Bestimmung könnte die Erwähnung der Vorschußpflicht nur Mißverständnis hervorrufen."[32]

Mit dieser Entgegnung stellt die Zweite Kommission zweierlei klar: Zum ersten, daß das Schadensabwicklungsverfahren kein Erstattungsverfahren darstellt und daß deshalb die Anordnung einer Vorschußregelung überflüssig ist. Der Geschädigte kann von vornherein den Ersatz der Kosten verlangen. Deshalb ist die Variante der Zweckbindungstheorie, die eine Abwicklung des Schadens im reinen Erstattungsverfahren vorsieht, abzulehnen.[33] „Der Schädiger hat dem Geschädigten dessen Aufwendungen nicht erst (ex post, gar gegen Rechnung) zu erstatten, sondern hat sie ihm (ex ante) im voraus zu bezahlen"[34], d.h. „er hat voll zu finanzieren und im voraus zu finanzieren".[35] Dies ist jedoch, im Gegensatz zur Ansicht Köhlers[36], nicht die einzig legitime Schlußfolgerung, die aus dieser Protokollstelle gezogen werden kann. Denn zum zweiten bringt der historische Gesetzgeber in seiner Stellungnahme unmißverständlich zum Ausdruck, daß der Schaden nicht mit den im Rahmen des Erforderlichen getätigten Aufwendungen identisch ist. („...der Schaden, welcher die Aufwendungen nothwendig mache, sei bereits entstanden..."). Auch aus diesem Grunde ist die strikte Anbindung des Ersatzanspruchs an den Aufwendungsbegriff dogmatisch nicht haltbar. Die Aufwendungen sind eben gerade nicht „Bezugsgegenstand des Schadens". Dies verkennen jeden-

---

[32] Prot. II, S. 628, 629 = *Mugdan,* Materialien zum Bürgerlichen Gesetzbuch, Bd. II, S. 1112.

[33] Für eine Abwicklung des Schadens im Erstattungsverfahren *Esser/Schmidt,* Schuldrecht AT 2, § 32 I 2, S. 190 ff.; *Heinze,* Anmerkung zu BGHZ 66, 239, JR 1977, 419; *Bötticher,* Schadensersatz für entgangene Gebrauchsvorteile, VersR 1966, 301 (302 li. Sp.); *Schiemann,* Argumente und Prinzipien bei der Fortbildung des Schadensrechts, S. 274: („Bei Körperschäden ist der Ersatz jedoch nur als Erstattungsanspruch zu gewähren"); aufgegeben in *Schiemann,* Luxusvilla auf schwankendem Grund: Der Nutzungsschaden an Wohneigentum – BGHZ (GS) 98, 212, JuS 1988, 20 (22): „Deshalb scheint es zunehmend zweifelhaft zu werden, ob nach § 249 S. 2 bei stimmiger Interpretation der Vorschrift mehr verlangt werden kann als ein zweckgebundener Vorschuß für die Restitution"); *Leonhard,* Schadensersatz mit Gewinnanspruch?, VersR 1983, 415 (416 re. Sp.).

[34] *Weber,* § 249 S. 2 BGB: Erstattung der Reparaturkosten oder Ersatz des Schadens an der Sache?, VersR 1992, 527 (529 li. Sp.); ebenso RGZ 148, 68 (70); 151, 298, 300, 303 f.; BGH NJW 1958, 627 (Schadensersatz für Stärkungsmittel) = VersR 1958, 176 (177): („... ein mit dem schädigenden Ereignis unmittelbar entstehender Schadensersatzanspruch, *kein bloßer Erstattungsanspruch*, dessen Bestand und Umfang von der Höhe des zur Befriedigung der erhöhten Bedürfnisse ausgegebenen Geldbetrags abhängt").

[35] *Steffen,* NZV 1991, 1 (2).

[36] *Köhler,* a.a.O., S. 365.

falls diejenigen Autoren, die, soweit vom Geschädigten keinerlei Aufwendungen zur Schadensbeseitigung gemacht wurden, von „fiktiven Schäden“[37] oder sogar von „fingierten“ bzw. „theoretischen Schäden“[38] sprechen und dem Geschädigten unter Hinweis auf den angeblich fehlenden Schaden einen Ersatzanspruch verweigern. Wie die Zweite Kommission aber zutreffend festgestellt hat, ist der Schaden, welcher die Aufwendungen notwendig macht, auch in diesem Falle bereits entstanden und keinesfalls fiktiv.

Ebenso verfehlt wäre es m.E., wenn man, wie dies die Mehrzahl der Vertreter der Dispositionsfreiheit[39] tut, aus dieser Protokollstelle auf eine generelle Ablehnung des Zweckbindungsgedankens durch den historischen Gesetzgeber schließen würde. Richtig ist, daß der historische Gesetzgeber die Gewährung des Ersatzanspruchs aus § 249 S. 2 BGB nicht von Aufwendungen des Geschädigten zur Schadensbeseitigung abhängig gemacht hat. Daraus kann jedoch nicht der Schluß gezogen werden, daß der Ersatzanspruch gem. § 249 S. 2 BGB auch vom Herstellungszweck losgelöst sei. Zwar ist es richtig, daß bei der klassischen Zweckbindungstheorie die Zweckbindung dadurch erreicht wird, daß Bestand und Umfang des Ersatzanspruchs von den tatsächlich aufgewendeten Herstellungskosten abhängig gemacht werden. Jedoch wird man sich fragen müssen, ob dies die einzige Art und Weise ist, mit der eine Zweckbindung erreicht werden kann. Dies ist, ohne dem Ergebnis vorgreifen zu wollen, zu verneinen. Wie die weitere Untersuchung zeigen wird[40], kann der Zweckbindungsgedanke auch verwirklicht werden, ohne den Schadensersatzanspruch in einen Aufwendungserstattungsanspruch umzudeuten. Die gegensätzlichen Bestrebungen, die die Lösung in der Konkretisierung eines „schadensrechtlichen Aufwendungsbegriffs“ suchen, der unter Zuhilfenahme des Bereicherungsrechts und der Regeln der Geschäftsführung ohne Auftrag entwickelt werden können soll[41], führen alle zu dem vom historischen Gesetzgeber ausdrücklich abgelehnten Erstattungsverfahren.

---

[37] So z.B. *Esser/Schmidt,* Schuldrecht AT 2, § 32 I2.a), S. 191 u.; *Aul,* Schadensersatz in Geld – § 249 ff. und die Folgen, MDR 1985, 991 f. („Im übrigen ist es einfach nicht rechtens, den Schädiger mehr als den tatsächlichen Schaden ausgleichen zu lassen“); *Medicus,* Gründe und Grenzen des Ersatzes „fiktiver Schäden“, DAR 1982, 352 (354 ff.) [Medicus bedient sich allerdings nicht der oben kritisierten rein begrifflichen Argumentation]. Kritisch zur Terminologie *Fleischmann,* Der Restwert in der Schadensregulierung – kein Ende um den Streit?, ZfS 1989, 1 (2 re. Sp.); s.a. im 1. Kapitel, II.1.

[38] *Aul,* Schadensersatz in Geld – § 249 ff. und die Folgen, MDR 1985, 991 f.; *Seiwerth,* Anmerkung zu *Faber*, Sachverständigengutachten, Reparaturkostenrechnung und Nutzungsentschädigung, DAR 1987, 374 („Regulierung eines nur theoretischen Schadens“) und 373 („Ersatz des konkreten Schadens müsse das oberste Postulat bleiben“).

[39] Für viele *Weber,* § 249 S. 2 BGB: Erstattung der Reparaturkosten oder Ersatz des Schadens an der Sache?, VersR 1992, 527 (529 li. Sp.).

[40] Vgl. im 6. Kapitel, III.

[41] So *Huber,* Fragen der Schadensberechnung, S. 246 und schon S. 210.

2. Vorschußthese oder Bedarfsschadenstheorie als Ausweg?

Um die dogmatischen Schwächen des Erstattungsverfahrens zu umgehen, modifizierte Köhler die „Zweckbindungstheorie" mittels einer von ihm entwickelten Vorschußthese.[42] Doch auch bei diesem Abwicklungsmodell bleiben etliche Fragen offen. Denn mit der Einführung der Köhlerschen Vorschußthese, die die Schadensersatzzahlung an den Geschädigten als zweckgebundenen Vorschuß erklärt, über den nach Abschluß der Herstellung „abzurechnen" sei, kann zwar der Zwang des Geschädigten, bei der Schadensabwicklung in Vorlage treten zu müssen vermieden werden, nicht aber die problematische Einordnung des Anspruchs aus § 249 S. 2 BGB als Erstattungsanspruch. Denn die Vertreter der Vorschußthese schaffen mit ihrer Auslegung des § 249 S. 2 BGB genau die rechtliche Situation, die der historische Gesetzgeber in den Protokollen der Zweiten Kommission abgelehnt hat. Stellte dieser doch ausdrücklich fest, daß beim Schadensabwicklungsverhältnis „von einem eigentlichen Vorschuß nicht die Rede sein könne".[43]

Neben diesem offenen Widerspruch zum erklärten Willen des historischen Gesetzgebers lassen sich aber noch weitere Argumente gegen die Vorschußthese anführen. So zeigt sich spätestens bei der „Abrechnung" über den Vorschuß, daß auch die Anhänger der Vorschußthese sich den vermeintlichen Vorteil einer „konkreten Schadensberechnung" zu eigen machen wollen. Diese Denkweise, die ihre Überzeugungskraft aus der Vorstellung schöpft, in den tatsächlichen Aufwendungen eine reale und damit fixe Größe gefunden zu haben, auf die man bei der Schadens-„Berechnung" zurückgreifen kann, erweist sich, wie schon im ersten Abschnitt dieses Kapitels gezeigt wurde, als nicht haltbar. Auch für die Vorschußthese gilt, daß eine Ab-„Rechnung" i.S. eines bloßen rechnerischen Vergleichs von tatsächlichen Kosten und Vorschußhöhe nicht ausreicht, um die Höhe des dem Geschädigten zustehenden Schadensersatzanspruchs zu bestimmen. Wie beim reinen Erstattungsverfahren sind auch bei der Vorschußthese Wertungen erforderlich, um den korrekten Umfang des Ersatzanspruchs und damit auch einen eventuellen Rückforderungsbetrag bestimmen zu können.

Weitere Argumente gegen die Köhlersche Vorschußthese ergeben sich aus dem mit ihr verbundenen Rückabwicklungsmodell. Dieses Modell gibt in verschiedenerlei Hinsicht Anlaß zur Kritik. Ausgangspunkt des Rückabwicklungsmodells ist die Zweckgebundenheit des Vorschusses, d.h. der als Vorschuß gezahlte Betrag muß vom Geschädigten für die Restitution verwendet

[42] *H. Köhler*, Abstrakte oder konkrete Berechnung des Geldersatzes nach § 249 Satz 2 BGB?, in: FS für Larenz, S. 368: („zweckgebundener Vorschuß").

[43] Prot. II, S. 628, 629 = *Mugdan*, Materialien zum Bürgerlichen Gesetzbuch, Bd. II, S. 1112; vgl. im 5. Kapitel, II.1.

werden. Die causa der Zahlung besteht somit in der Durchführung der Herstellung. Unterbleibt nun die Herstellung, so kann „der Schädiger den gezahlten Betrag nach § 812 I, 2 2. Alt. BGB kondizieren (bzw. in Analogie zu § 667 zurückverlangen)".[44] Da in diesem Falle der Zweck weder vollständig noch teilweise erreicht wurde, müßte folgerichtig der Schädiger eigentlich den gesamten Betrag zurückverlangen können. Der Geschädigte bliebe dann aber ohne Schadensersatzanspruch. Dieses Ergebnis erschien auch Köhler nicht sachgerecht. Deshalb möchte er den § 251 I BGB als „Auffangtatbestand"[45] aktivieren und dem Geschädigten das Recht einräumen, den ihm nach § 251 I BGB geschuldeten Betrag vom Rückerstattungsbetrag abzuziehen.

An diesem Punkte aber überzeugt Köhlers Rückabwicklungsmodell nicht. Denn wie er sich selbst eingestehen muß, gilt es bei der Aktivierung des § 251 I BGB ein „dogmatisches Problem zu bewältigen".[46] Um zur Anwendung des § 251 I BGB zu gelangen, setzt Köhler den Fall der nicht durchgeführten Herstellung mit dem Fall der ungenügenden Herstellung nach § 251 I 2. Var. BGB gleich. Im Hinblick auf den Gesetzeswortlaut ergeben sich aber erhebliche Zweifel, ob sich der Fall der nicht durchgeführten Herstellung, wie Köhler sich ausdrückt, ganz „zwanglos" unter die zweite Variante des § 251 I BGB subsumieren läßt.

Zweifellos richtig an den Ausführungen Köhlers ist, daß die Herstellung in diesem Fall „nicht dem Interesse des Gläubigers entspricht".[47] Ebenfalls richtig ist, daß der Geschädigte selbst am besten beurteilen kann, ob die Herstellung seinen Interessen entgegenkommt oder nicht. Unrichtig ist jedoch, daß der Geschädigte, soweit er die Herstellung unterläßt, damit zu erkennen gibt, „daß sie für ihn ‚nicht genügend' ist".[48] Denn verzichtet der Geschädigte auf die Restitution und somit auf den ihm zustehenden Ersatz des Integritätsinteresses, so bringt er damit zum Ausdruck, daß er sich mit der bloßen Kompensation, d.h. dem betragsmäßig geringeren Wertinteresse zufrieden gibt. Da aber die Restitution die Interessen des Geschädigten umfassender befriedigt (Integritäts- und Wertinteresse) als dies die bloße Kompensation vermag (Ersatz des Wertinteresses), ist es sinnwidrig, im Falle des Verzichts auf die Herstellung durch den Geschädigten zu behaupten, die Restitution sei für ihn „nicht genügend" und deshalb wähle er die Kompensation nach § 251 I 2. Var. BGB. Dies könnte nur dann angenommen werden, wenn der Geschädigte durch seinen Verzicht auf die Restitution ein „Mehr" und nicht, wie es

[44] *Köhler*, a.a.O., S. 368.

[45] *Köhler*, a.a.O., S. 360.

[46] *Köhler*, a.a.O.

[47] *Köhler*, a.a.O., S. 369.

[48] *Köhler*, a.a.O.

tatsächlich der Fall ist, ein „Weniger" erhalten würde. Die Restitution ist in diesem Falle nicht „ungenügend", sie wird vielmehr vom Geschädigten einfach nicht gewünscht. Eine andere Auslegung des § 251 I BGB widerspricht nicht nur dem naheliegenden Wortsinn, sondern auch logischen Grundsätzen. Die Anwendung des § 251 I 2. Var. BGB auf den Fall der unterlassenen Herstellung ist deshalb abzulehnen. Damit bleibt aber bei Köhlers Vorschußthese ungeklärt, weshalb der Geschädigte im Falle eines Verzichts auf die Herstellung vom Schädiger Wertersatz verlangen kann.[49]

Das Rückabwicklungsmodell Köhlers beinhaltet aber, neben der obigen sinnwidrigen Auslegung des § 251 I 2. Var. BGB, noch eine weitere Unstimmigkeit. Um den Rückabwicklungsanspruch des Schädigers abzusichern, bürdet Köhler dem Geschädigten Rechenschaftspflichten in Form von Auskunfts- und Rechnungslegungspflichten auf.[50] Die von ihm zur Begründung vorgetragenen Beispiele aus dem Auftrags- und Werkvertragsrecht sind jedoch nicht auf das Schadensabwicklungsverhältnis übertragbar, da Rechenschaftspflichten immer nur dort ihre Berechtigung haben, wo das Schuldverhältnis freiwillig begründet wurde und deshalb zwischen den Beteiligten ein gewisses Vertrauensverhältnis besteht. Von einer freiwilligen Begründung des Schuldverhältnisses und von einem Vertrauensverhältnis kann jedoch beim Schadensabwicklungsverhältnis nicht die Rede sein. Im Gegenteil, die Ersetzungsbefugnis nach § 249 S. 2 BGB wurde vom historischen Gesetzgeber dem Geschädigten deshalb eingeräumt, weil dieser zum Schädiger aufgrund des vorangegangenen schädigenden Ereignisses gerade kein Vertrauen hat. Die Gewährung der Ersetzungsbefugnis soll, so der Normzweck des § 249 S. 2 BGB, dem Geschädigten ermöglichen, sich vom Schädiger zu emanzipieren, d.h. sich aus der mißlichen Lage zu befreien, die beschädigte Sache oder sich selbst zum Zwecke der Reparatur oder Heilung in die Hände des Schädigers begeben zu müssen (= An-Vertrauensargument)[51]. Dieser Normzweck würde durch die Anerkennung von Rechenschaftspflichten des Geschädigten unterlaufen. Die Ersetzungsbefugnis soll dem Geschädigten Vorteile verschaffen, ihm aber keinesfalls zusätzliche Pflichten auferlegen. Deshalb sind im Rahmen des Schadensabwicklungsverhältnisses jegliche Art von Rechenschaftspflichten des Geschädigten abzulehnen.

Um die dogmatischen Ungereimtheiten der Köhlerschen Vorschußtheorie (= „radikale Vorschußthese mit Abrechnungspflicht"[52]) zu vermeiden, vor allem aber auch aus Praktikabilitätsgründen, verzichtet die „gemäßigte Vorschußthese" ganz auf eine spätere „Abrechnung". Dieser Ansatz erscheint mir

---

[49] Vgl. dazu die hier vertretenen Lösungskonzeption im 4. Kapitel, III.2.c).

[50] *Köhler,* a.a.O., S. 366.

[51] S. dazu im 3. Kapitel, II.

[52] So die Einschätzung bei *Schiemann,* AcP 185 (1985), 78.

aber inkonsequent, impliziert doch der Begriff „Vorschußthese" eine spätere Abrechnung mit einer eventuellen Rückerstattungspflicht. Die „gemäßigte Vorschußthese" bleibt, bildhaft gesprochen, dogmatisch wie praktisch auf halbem Wege stehen. Darüber hinaus vermag sie, soweit sie die Durchführung der Herstellung ganz in das Belieben des Geschädigten stellt und eine Zuwiderhandlung nicht sanktioniert, keine echte Zweckbindung zu erzeugen. Ihr Aussagewert erschöpft sich somit in der bloßen Erklärung des Umstands, weshalb der Geschädigte bei der Schadensabwicklung nicht in Vorlage treten muß. Faktisch bestehen aber keinerlei Unterschiede zur Lehre von der Dispositionsfreiheit. Deshalb bietet auch die „gemäßigte Vorschußthese" keine brauchbaren Anhaltspunkte für eine umfassende Lösung im Rahmen der hier angestrebten Rechtsfortbildung.[53]

Ähnliches gilt für die Zeunersche Bedarfsschadenstheorie.[54] Auch sie kann lediglich erklären, weshalb der Geschädigte „nicht nur eine nachträgliche Erstattung seiner Auslagen, sondern im Grundsatz schon eine diesen vorausgehende Leistung verlangen kann, (...)".[55] Denn nach dieser, an dem Problem der entgangenen Gebrauchsvorteile entwickelten Theorie „entsteht der Schaden nicht erst mit den tatsächlichen Aufwendungen, er liegt vielmehr bereits darin, daß die Aufwendungen überhaupt erforderlich sind"[56], d.h. gleichsam im „geldmäßigem Bedarf".[57] „Bedarf" im Sinne Zeuners ist aber, wie Bötticher zutreffend feststellt, „nichts anderes als die *gedanklich vorverlegte Aufwendung*, an die sich die Vorstellung des materiellen Schaden knüpft".[58] Somit geht es bei der Bedarfsschadenstheorie letztlich ebenfalls um den Ersatz von Aufwendungen, wenngleich auch um den Ersatz von „gedachten Aufwendungen". In diesem Kunstgriff sind Vor- und Nachteile dieser Theorie vereint. Einerseits wird dadurch der Anspruch aus § 249 S. 2 BGB nicht zu einem Erstattungsanspruch. Der Geschädigte kann also von vornherein die Zahlung der Herstellungskosten verlangen. Andererseits ergeben sich große Probleme bei der genauen, betragsmäßigen Festlegung des finanziellen „Bedarfs", d.h. bei der Bestimmung der genauen Schadensersatzhöhe. Sind nämlich, wie beim Sachschaden, mehrere Herstellungsvarianten möglich, so läßt sich der „finanzielle Bedarf", d.h. die Höhe der Herstellungskosten, nicht ausschließlich objektiv bestimmen. Die Höhe der Herstellungskosten hängt

---

[53] Ebenfalls ablehnend, allerdings mit anderer Begründung, *Esser/Schmidt,* Schuldrecht AT 2, § 32 I 2 a), S. 191 f.

[54] *Zeuner,* Schadensbegriff und Ersatz von Vermögensschäden, AcP 163 (1964), 380; *ders.*, Gedanken zum Schadensproblem, in: GS für Dietz, S. 99.

[55] *Zeuner,* AcP 163 (1964), 380 (396).

[56] *Zeuner,* AcP 163 (1964), 395.

[57] *Zeuner,* a.a.O., S. 396.

[58] *Bötticher,* Schadensersatz für entgangene Gebrauchsvorteile, VersR 1966, 301 (303 re. Sp.).

dann ganz entscheidend von der Wahl einer der möglichen Herstellungsvarianten durch den Geschädigten ab, die aber im Zeitpunkt der „Bedarfsentstehung“ noch nicht stattgefunden hat. Darüber hinaus ist die Bedarfsschadenstheorie auf Personenschäden, was oft übersehen wird, nach ihrem Schöpfer, wenn überhaupt, nur eingeschränkt anwendbar. Um „uferlose Konsequenzen“ zu vermeiden, kommt, so Zeuner, „eine Ersatzgewährung unter dem angegebenen Gesichtspunkt überhaupt nur dort in Betracht, wo der durch die Erforderlichkeit von Aufwendungen gekennzeichnete Bedarf des Betroffenen eine in sich abgeschlossene Größe darstellt. Hieran wird es etwa in Fällen, in denen nach einer Körper- oder Gesundheitsverletzung kostspielige Behandlung, Kuren u. dgl. angebracht gewesen wären, aber tatsächlich unterblieben sind, weithin fehlen.“[59] Unter diesem Aspekt betrachtet, stellt auch die Bedarfsschadenstheorie keine überzeugende Alternative zu dem oben abgelehnten Erstattungsverfahren dar.

3. Der Einfluß des Aufwendungsbegriffs auf Schadensverständnis und Schadensart

Bei der Untersuchung der Rolle des Aufwendungsbegriffs in der schadensrechtlichen Dogmatik zu § 249 S. 2 BGB muß auch dessen Einfluß auf das Schadensverständnis und die Schadensart berücksichtigt werden. In diesem Zusammenhang ist vor allem zu klären, worin der Schaden zu sehen ist. Liegt der Schaden in der realen „Einbuße an den rechtlich geschützten Gütern“[60] des Geschädigten (= „Realschaden“[61] oder realer „Verletzungsschaden“[62]) oder ist der Schaden mit den Aufwendungen für die Beseitigung dieses „Realschadens“ identisch? Anders gefragt: Ist bei der Bestimmung des Schadens auch dann auf den „rechnerischen Verletzungsschaden“, d.h. auf einen reinen Vermögensschaden abzustellen, wenn gleichzeitig ein „realer Verletzungsschaden“ (= Realschaden) in Form eines „Substanz“-[63], „Objekts“-[64] oder „Rechtsgutsschaden“[65] auszumachen ist?[66]

[59] *Zeuner,* in: GS für Dietz, S. 119.

[60] *Fikentscher,* Schuldrecht 1992, S. 292 Rn. 452.

[61] So jüngst *Roussos,* Schaden und Folgeschaden, S. 102 ff., 126 („Realschaden“); *Huber,* Fragen der Schadensberechnung, S. 218 („realer Schaden“); *Gottwald,* Schadenszurechnung und Schadensschätzung, S. 43 („Realer Schaden“); *Larenz,* Schuldrecht AT, 14. Aufl., S. 429 („Konkreter [realer] Schaden“); Staudinger-*Medicus*, Vorbem. zu §§ 249–254 Rn. 39 („Konkreter [realer] Schaden“); *Fikentscher,* Schuldrecht, S. 293 Rn. 455.

[62] *Lange,* Schadensersatz, S. 69 f. („Verletzungsschaden“); *Esser/Schmidt*, Schuldrecht AT 2, § 34 I 2, S. 244 („Verletzungsschaden“).

[63] *Esser,* Schuldrecht, 4. Auflage, § 41 I 3; *Roussos,* Schaden und Folgeschaden, S. 101; *Huber,* Fragen der Schadensberechnung, S. 217/218.

[64] *Larenz,* Schuldrecht AT, 14. Aufl., S. 429 mit Fn. 20.

Die Einordnung des Anspruchs aus § 249 S. 2 BGB als Aufwendungsersatzanspruch und die damit verknüpfte Bindung des Anspruchs an den Aufwendungsbegriff verleitet zu dem Schluß, daß der Schaden des Geschädigten mit den im Rahmen des Erforderlichen getätigten Aufwendungen, d.h. mit den Herstellungskosten, identisch ist.[67] Dieser Auffassung, die u.a. auch von Honsell / Harrer[68] vertreten wird, tritt Weber mit folgenden Ausführungen entgegen:

> „Der Schaden des Geschädigten, den der Schädiger zu ersetzen hat, ist nicht, was von Honsell / Harrer verkannt wird, das Geld, das er zur Reparatur aus seinem Vermögen hat aufwenden müssen, sondern der Schaden an der Sache, den der Schädiger nach der jeweiligen Haftungsnorm zu ersetzen hat."[69] „Nicht die Kosten sind der Schaden, den der Schädiger ihm ersetzen muß, sondern der Schaden an seinem Fahrzeug; der aus diesem Schaden ihm erwachsene Schaden an seinem Vermögen ist Folge des Sachschadens – ein Unterschied, der oft übersehen wird. Daher formuliert das Gesetz nicht, der Schädiger sei zum ‚Ersatz in Geld' (so in § 251 BGB) verpflichtet, sondern zur Zahlung des ‚Geldbetrages', mit dem der Geschädigte die Reparatur soll finanzieren können."[70]

Der Ansicht Webers ist zu folgen, zumal das von Weber vorgetragene Wortlautargument durch die oben schon erörterten Protokolle der Zweiten Kommission gestützt wird („... der Schaden, welcher die Aufwendungen nothwendig mache, sei bereits entstanden ...").[71] Aus der zitierten Protokollstelle ergibt sich, daß der Geschädigte den Schaden schon durch die Beschädigung seiner Sache erlitten hat und nicht erst durch die tatsächliche Durchführung der Herstellung auf seine Kosten. Der Schaden entsteht eben nicht erst mit der tatsächlichen Aufwendung von Herstellungskosten.[72] Deshalb ist

---

[65] Vgl. *Gottwald,* Schadenszurechnung und Schadensschätzung, S. 43 f.

[66] Kritisch zur Terminologie *Esser / Schmidt,* Schuldrecht AT 2, § 34 I 2, S. 244 m.w.N.

[67] Dazu kritisch *Klimke,* VersR 1968, 538: „Man muß sich (...) von der Vorstellung frei machen, daß nach durchgeführter Instandsetzung an die Stelle des im Minderwert bestehenden Schadens die zu seiner Beseitigung erforderlich gewordenen Aufwendungen – etwa die Reparaturkosten – treten."

[68] *Honsell / Harrer,* Schaden und Schadensberechnung, JuS 1991, 441 ff.; *dies.*, Entwicklungstendenzen im Schadensersatzrecht, JuS 1985, 161 (164); *Weimar,* Zum Umfang des Schadensersatzanspruches gemäß § 249 S. 2 BGB, MDR 1957, 401 (402 li. Sp.); *Leonhard,* Schadensersatz mit Gewinnanspruch?, VersR 1983, 415 (416 re. Sp.).

[69] *Weber,* § 249 S. 2 BGB: Erstattung der Reparaturkosten oder Ersatz des Schadens an der Sache?, VersR 1992, 527 (529 li. Sp. unten).

[70] *Weber,* Dispositionsfreiheit des Geschädigten und fiktive Reparaturkosten, VersR 1990, 934 (935 li. Sp.).

[71] Prot. II, S. 628, 629 = *Mugdan,* Materialien zum Bürgerlichen Gesetzbuch, Bd. II, S. 1112; vgl. im 5. Kapitel, II.1.

[72] So auch der BGH, BGHZ 61, 346 = VersR 1974, 90 re. Sp.: „Indes ist dieser [= der tatsächlich aufgewendete] Betrag nicht, was oft übersehen wird, der zu ersetzende Schaden."

auch die Qualifizierung des Anspruchs aus § 249 S. 2 BGB als Aufwendungsersatzanspruch problematisch.

Schließlich, und dies ist das entscheidende Argument, zeigt sich die dogmatische Fehlerhaftigkeit einer Anbindung des Ersatzanspruchs nach § 249 S. 2 BGB an den Aufwendungsbegriff, wenn man nicht lediglich, wie Weber, die Auswirkungen beim Sachschaden, sondern auch die Auswirkungen beim Personenschaden betrachtet. Denn erst beim Personenschaden zeigt sich die volle Brisanz dieses Problems. Sieht man nämlich im Anspruch des Geschädigten nach § 249 S. 2 BGB einen Schadensersatzanspruch, so liegt mit einer Verletzung des Körpers bzw. der Gesundheit ein Nichtvermögensschaden vor. Ordnet man dagegen den Anspruch als Aufwendungsersatzanspruch ein, so liegt bei einer Körper- bzw. Gesundheitsverletzung, die nach § 249 S. 2 BGB abgewickelt wird, spätestens mit der Durchführung von Restitutionsmaßnahmen, ein Vermögensschaden vor. Die Antwort auf die Frage „Schadensersatz oder Aufwendungserstattung?“ entscheidet also auch darüber, ob ein Personenschaden als Nichtvermögens- oder als Vermögensschaden einzustufen ist.

Geht man dieser grundsätzlichen und auf den ersten Blick scheinbar einfach zu beantwortenden Frage nach der richtigen Qualifizierung des Personenschadens auf den Grund, so zeigt sich schnell, daß die Literatur eine klare dogmatische Einordnung schuldig bleibt. Typisch für die Behandlung des Problems in der Literatur sind die Ausführungen bei Wussow / Küppersbusch. Dort heißt es:

> „Die durch die Körperverletzung einer Person verursachte Beeinträchtigung der Gesundheit, der körperlichen oder seelischen Integrität *als solche* ist *ein immaterieller Schaden*. In der Regel ist sie oder der Tod eines Menschen *auch die Quelle für einen – materiellen – Vermögensschaden in Gestalt von Aufwendungen*, die erforderlich werden, um die Gesundheit wieder herzustellen (...). Als Personenschaden wird allgemein die durch die Körperverletzung entstandene Einbuße an den erwähnten Lebensgütern, aber auch der resultierende Vermögensschaden bezeichnet.“[73]

Genauso verwirrend ist die Stellungnahme von Karakatsanes.[74] Die Einordnung eines Körper- und Gesundheitsschadens als immaterieller Schaden sei, so Karakatsanes, „zwar an sich richtig“[75], doch „handelt es sich bei den zur Beseitigung des Körper- oder Gesundheitsschadens aufgewendeten Kosten, die der Verletzte gemäß § 249 S. 2 BGB im voraus verlangen darf, um

---

[73] *Wussow / Küppersbusch,* Ersatzansprüche bei Personenschäden, Einleitung Rn. 1 (Hervorhebungen vom Verf.).

[74] *Karakatsanes,* Zur Zweckgebundenheit des Anspruchs aus § 249 S. 2 BGB bei noch nicht durchgeführter Herstellung, AcP 189 (1989), 19 ff.

[75] *Karakatsanes,* a.a.O., S. 34.

einen reinen Vermögensschaden, der lediglich von einem immateriellen Schaden, d.h. dem Personenschaden, herrührt (...)".[76] „Bei Personenschäden handelt es sich also", so faßt Karakatsanes seine Auffassung zusammen, „im Bereich des § 249 S. 2 BGB letztlich um *künftige Vermögensschäden*, die sich vor Durchführung der Herstellung noch nicht im Vermögen des Verletzten niedergeschlagen haben".[77]

Schloën / Steinfeltz[78] verzichten sogar gänzlich auf eine Klärung des dogmatischen Status des Personenschadens. Sie gehen von einem Doppelcharakter des Personenschadens aus, denn nach ihrer Auffassung ist „der Personenschaden immer zugleich ein Vermögensschaden". Eine Begründung für diese These liefern die Autoren nicht.

Unklar ist auch der Status des Personenschadens in der Rechtsprechung des BGH.[79] Auch der BGH scheint, wie sich aus BGHZ 63, 295 (Narbenfall) ergibt, innerhalb des Personenschadens zwischen einem immateriellen und einem materiellen Schaden unterscheiden zu wollen.[80] Zumindest stuft er die Heilungskosten, im konkreten Fall: die Operationskosten, als Vermögens- und nicht als Nichtvermögensschaden ein.[81] Bei dieser Einstufung handelt es sich auch nicht, wie Jochem[82] in seiner Anmerkung zu diesem Urteil irrtümlich annimmt, um einen „bloßen Lapsus" bei der Bestimmung der Schadensart, sondern um eine, wie die oben angeführten Beispiele zeigen, in Rechtsprechung und Literatur gängige, wenngleich auch wenig überzeugende Auffassung.

---

[76] *Karakatsanes,* a.a.O., S. 34 / 35.

[77] *Karakatsanes,* a.a.O., S. 36.

[78] *Schloën / Steinfeltz,* Regulierung von Personenschäden, Hand- und Formularbuch für die Praxis, S. 13.

[79] In BGHZ 97, 14 – Fiktive Operationskosten (= JZ 1986, 639 re. Sp.) stellt der BGH allein auf den immateriellen Charakter des Personenschadens ab, um so das „Umschichtungsargument" und das „Umgehungsargument" zur Anwendung bringen zu können. In BGHZ 63, 275 – Narbenfall (= JR 1975, 327) rückt dagegen der BGH den Personenschaden (Kosten einer kosmetischen Operation) in die Nähe von materiellen Nachteilen, um so den haftungsbegrenzenden Rechtsgedanken des § 251 II BGB fruchtbar machen zu können. – In beiden Fällen hatte jedoch der Geschädigte noch keinerlei Aufwendungen getätigt, so daß in beiden Fällen hinsichtlich der Schadensartbestimmung eine Gleichbehandlung angezeigt gewesen wäre.

[80] So das obiter dictum in BGHZ 63, 295 = JR 1975, 327 re. Sp. (Narbenfall): „§ 251 Abs. 2 BGB ist (...) auf Vermögenseinbußen und nicht auf Schadensfälle zugeschnitten, in denen es wie vorliegend – von dem Herstellungsaufwand (hier: Kosten für eine Operation) abgesehen – um den Ausgleich nur immaterieller Nachteile geht."

[81] BGHZ 63, 295 (Narbenfall); anders in BGHZ 97, 14 = JZ 1986, 638 (639 re. Sp.): „Beseitigung eines Nichtvermögensschadens".

[82] Anm. von *Jochem,* JR 1975, 329 (re. Sp.): „Ein bloßer Lapsus ist es, wenn der BGH hier, wie sich aus dem Einschub ‚von dem Herstellungsaufwand ... abgesehen' ergibt, eine Körperverletzung wegen des Vermögensaufwandes der Operationskosten als materieller Nachteil ansieht" (vgl. erklärende Ausführung in Fn. 51).

Allen diesen Stellungnahmen ist gemeinsam, daß sie sich nicht auf eine bestimmte Schadensart festlegen, sondern sich diese Frage oftmals mit nebulösen Formulierungen offenhalten. Die klare dogmatische Einordnung des Personenschadens als immaterieller Schaden, wie man sie eigentlich hätte erwarten dürfen, bleibt aus. Statt dessen wird dem Personenschaden ein Doppelcharakter bescheinigt, oder er wird mit seiner Beseitigung durch Restitutionsmaßnahmen in einen Vermögensschaden umgedeutet. Der Grund für diesen Vorgehensweise ist auch hier wohl die vermögensorientierte Schadensbetrachtung der h.M. und das mit ihr einhergehende Bestreben, alle Schäden in einen scheinbar einfacher zu handhabenden Vermögensschaden zu überführen, der sich mittels der Differenzhypothese „berechnen" läßt. Unbefriedigend bleibt bei allen Stellungnahmen allerdings die dogmatische Fundierung und Begründung, falls eine solche überhaupt geliefert wird.

Die h.M. behilft sich in diesem Zusammenhang mit einer *„schadensrechtlichen Metamorphose"*[83], d.h. bei ihrem Erklärungsmodell verwandelt sich, sobald Aufwendungen getätigt bzw. erforderlich werden, der „an sich" immaterielle Personenschaden in einen materiellen Schaden. So möchte Huber aus „terminologischen Gründen", die „Grenzziehung zwischen Vermögens- und Immaterialschaden in der Weise vornehmen, daß die tatsächlich getätigten Schadensbeseitigungsmaßnahmen – wegen der dargestellten rationalen Bewertbarkeit und dem beim Geschädigten eintretenden Wertverzehr – als Vermögensaufwendungen qualifiziert werden. Man kann das in der Weise ausdrücken, *daß der reale Schaden*, der im Zeitpunkt seines Eintritts ein – bloß – ideeller ist, *durch Aufwendungen zu seiner Beseitigung zu einem Vermögensschaden wird.*"[84] Auch Stürner ist der Auffassung, daß bei Beeinträchtigung der Gesundheit der Schaden in den Heilungskosten liegt; „man kann sagen", so fährt er fort, „daß die Beeinträchtigung des ideellen Gutes ‚Gesundheit' *sich in Gestalt der Heilungskosten materialisiert*".[85] Eine ähnliche Formulierung findet man bei Hofmann. Bei ihm *„konkretisiert"* sich der Schaden, sobald der Geschädigte tatsächliche Aufwendungen zur Behebung gemacht hat.[86] Bei Bötticher treten die „metamorphen Vorgänge" schon zu einem früheren Zeitpunkt auf: „Schon im Zeitpunkt des Eintritts der Zwangslage *verwandelt sich der* durch die Körperverletzung hervorgerufene *immaterielle Schaden in einen Vermögensschaden* – was nicht ausschließen soll, daß

[83] Vgl. die Terminologie bei *Rauscher* (Abschied vom Schadensersatz für Nutzungsausfall?, NJW 1986, 2011 [2014]), der den Begriff allerdings in einem anderen Zusammenhang verwendet.

[84] *Huber*, Fragen der Schadensberechnungen, S. 153 (Hervorhebungen vom Verf.).

[85] *Stürner*, Der Unfall im Straßenverkehr und der Umfang des Schadensersatzes unter besonderer Berücksichtigung des Nichtvermögensschadens, DAR 1986, 7 (10) (Hervorhebungen vom Verf.).

[86] Anm. zum BGH-Urteil vom 20.6.89 (VersR 1989, 1056) von *E. Hofmann*, NZV 1989, 466 li. Sp.

neben diesem Vermögensschaden (den Arztkosten) noch ein verbleibender immaterieller Schaden in Betracht zu ziehen ist, zu dessen Ausgleich das im vorliegenden Zusammenhang nicht interessierende Schmerzensgeld dient."[87] Das Phänomen der „schadensrechtlichen Metamorphose" findet man aber nicht nur bei Körper- und Gesundheitsschäden, sondern auch bei dem Problem der entgangenen Gebrauchsvorteile. Auch dort werden immaterielle Schäden in Vermögensschäden „*transformiert*"[88] bzw. immaterielle Werte „*umgewertet*"[89] oder ein „*Umschlag in der Schadenqualität*"[90] herbeigeführt.

Die Metapher der „schadensrechtlichen Metamorphose" ist aber weder beim Personenschaden noch bei der Problematik der entgangenen Gebrauchsvorteile haltbar. Hier wie dort sprechen ein Vielzahl von Argumente gegen einen „metamorphosierenden Schaden." Zunächst einmal bestehen grundsätzliche Bedenken gegen eine Apostrophierung des Personenschadens als Vermögensschaden. Vor allem D. Schäfer[91] hat in seiner Habilitationsschrift *„Soziale Schäden, soziale Kosten und soziale Sicherung"* auf diese Bedenken hingewiesen. Er schreibt:

> „Daß auch Personenschäden als Vermögensschaden rubriziert werden, wirkt sich, (...) nicht nur darauf aus, wie hoch der Schaden beziffert wird, sondern auch darauf, welche Schädigungen überhaupt als ausgleichsfähig gewertet werden."[92] (...) „Der Begriff ‚Vermögensschaden' grenzt also nicht (nur) die materiellen von den immateriellen, die in Geld zu bewertenden von den nicht in Geld zu bewertenden Schäden ab; vielmehr eliminiert er alle solche Werte und Leistungen, die nicht in einem markt- und geldwirtschaftlichen Verwertungsprozeß eingebracht oder dafür vorgesehen sind. Darin liegt der prinzipiell diskriminierende Effekt, den die Anwendung des Vermögensbegriffs auf Personenschäden hat."[93] Vereinfacht ausgedrückt, betrifft der Vermögensschaden das, „was einer hat", und der Nichtvermögensschaden die persönliche Integrität, d.h. „das, was einer ist".[94] Mit der Einstufung des Personenschadens als Vermögensschaden wird aber das „Sein" auf das „Haben" reduziert und dadurch die Persönlichkeit in bedenklicher Weise auf ihre wirtschaftlich relevanten Funktionen verkürzt.[95]

---

[87] *Bötticher,* Schadensersatz für entgangene Gebrauchsvorteile, VersR 1966, 301 (303 re. Sp.) (Hervorhebungen vom Verf.).

[88] *Ott/Schäfer,* Begründung und Bemessung des Schadensersatzes wegen entgangener Sachnutzung, ZIP 1986, 613 (616 li. Sp.).

[89] *Hohloch,* Allgemeines Schadensrecht, in: Gutachten und Vorschläge zur Überarbeitung des Schuldrechts), Bd. I, S. 421: „Umwertung dieser an sich immateriellen Werte in Vermögenswerte".

[90] *Ott/Schäfer,* a.a.O., S. 616.

[91] *D. Schäfer*, Soziale Schäden, soziale Kosten und soziale Sicherung, S. 103 ff.

[92] *D. Schäfer*, a.a.O., S. 104.

[93] *D. Schäfer*, a.a.O., S. 105.

[94] *R. Hamann*, Methoden und Problematik der Schadensberechnung, S. 13.

Neben diesen grundsätzlichen und eher theoretischen Bedenken lassen sich auch ganz praktische Einwände gegen eine „schadensrechtliche Metamorphose“ anführen. So bleibt in den meisten Ausführungen ungeklärt, zu welchem Zeitpunkt der Umschlag vom Nichtvermögens- zum Vermögensschaden stattfindet soll, obwohl gerade dieser Frage wesentliche Bedeutung zukommt, da sie über die Anwendbarkeit des § 253 BGB entscheidet. Ist in diesem Zusammenhang der Zeitpunkt maßgebend, zu dem die Aufwendungen tatsächlich erbracht worden sind (= Erstattungstheorie) oder findet der angebliche Wechsel in der Schadensart schon mit der Entstehung des Bedarfs statt (= Bedarfsschadenstheorie)?

Würde man der letzteren Ansicht folgen, so wäre ein Personenschaden generell als Vermögensschaden einzustufen, denn spätestens ab dem Zeitpunkt, in dem Aufwendungen erforderlich werden, d.h. mit der Entstehung des „Bedarfs“, hätte man es nicht mehr mit einem Nichtvermögens-, sondern mit einem Vermögensschaden zu tun. Ein Wechsel der Schadensart zu diesem frühen Zeitpunkt würde also dazu führen, daß der Körperschaden schon im Zeitpunkt seiner Entstehung in einen Vermögensschaden uminterpretiert werden würde. Diese Folge ist aber mit dem geltenden Schadensrecht nicht vereinbar, das eine Unterscheidung von Nichtvermögens- und Vermögensschaden vorsieht. Diese Ansicht ist deshalb abzulehnen.[96]

Aber auch die Gegenmeinung, nach der der Umschlag in der Schadensart erst mit dem tatsächlichen Erbringen der Aufwendungen durch den Geschädigten erfolgen soll, ist wenig überzeugend. Denn die Zahlungen des Geschädigten sind Teil der Schadensabwicklung und nicht der Schadensentstehung und können deshalb m.E. keinen Einfluß mehr auf die Schadensart nehmen.[97] In diesem Zusammenhang ist zu beachten, daß im Rahmen des § 249 BGB in erster Linie die Herstellung der körperlichen Integrität des Verletzten, die auf die Beseitigung eines Nichtvermögensschadens gerichtet ist, geschuldet wird. Auch bei einer Schadensabwicklung durch den Geschädigten (nach

---

[95] Ebenfalls kritisch *Schiemann,* Die Grenze des § 249 S. 2 BGB, DAR 1982, 309 (311 re. Sp.): „Einer ‚Umwandlung‘ der Gesundheit in ein bloßes Vermögensgut nach § 251 Abs. 1 BGB steht vielmehr § 253 BGB entgegen.“

[96] Darüber hinaus ist, was oft übersehen wird, den Anhängern der Bedarfsschadenstheorie ein Rückgriff auf das „Umgehungsargument“, das zur Ablehnung des Ersatzes fiktiver Heilungskosten durch den BGH geführt hat, verwehrt. Denn spätestens ab dem Zeitpunkt, in dem die Aufwendungen erforderlich werden, d.h. mit der Entstehung des „Bedarfs“, liegt nach dieser Ansicht nicht mehr ein Nichtvermögens-, sondern ein Vermögensschaden vor, auf den § 253 BGB keine Anwendung findet und deshalb auch nicht „umgangen“ werden kann.

[97] Vgl. auch OLG Hamburg, VersR 1964, 1175 (1176 re. Sp.): „Die Aufwendungen, die zur Beseitigung dieses Schadens – d.h. zur Herstellung des ursprünglichen Zustandes – erforderlich sind, haben begrifflich nichts mit der Schadenhöhe (in der Person des Geschädigten) zu tun, sondern stellen das Opfer des Schuldners dar, das dieser aufbringen muß, um den hypothetischen Zustand vor dem Schadensereignis herzustellen.“

§ 249 S. 2 BGB) geht es primär um die Herstellung eines immateriellen Rechtsguts, d.h. um die Beseitigung von Verletzungen und Gesundheitsschäden. „Daß die Beseitigung von Verletzungen und Gesundheitsschäden Geld kostet, macht“ aber, wie Steffen[98] zutreffend feststellt, „sie nicht zu vermögenswerten Nachteilen.“ Dies zeigt auch der Vergleich zur Schadensabwicklung durch den Schädiger nach § 249 S. 1 BGB. Auch dort muß der Schädiger für die Herstellung der körperlichen Integrität des Verletzten Geld aufbringen, sei es zum Ausgleich eigener Kosten oder zur Entlohnung der von ihm beauftragen Hilfspersonen. Trotzdem käme niemand auf die Idee, diesen Körperschaden als Vermögensschaden zu bezeichnen. Damit stellt sich aber die Frage, ob es sachgerecht ist, die Schadensart davon abhängig zu machen, ob der Personenschaden nach § 249 Satz 1 BGB, d.h. durch den Schädiger, oder nach Satz 2, durch den Geschädigten, abgewickelt wird. Wäre das Erklärungsmodell „schadensrechtliche Metamorphose“ richtig, so läge im Falle der Abwicklung eines Personenschadens durch den Schädiger nach § 249 S. 1 BGB ein Nichtvermögensschaden, bei der Abwicklung durch den Geschädigten nach § 249 S. 2 BGB jedoch ein Vermögensschaden vor. Schon allein diese unsachgemäße Auswirkung des „Verwandlungsmodells“ läßt größte Zweifel an dessen Richtigkeit aufkommen. Aber auch die Tatsache, daß der Geschädigte im Rahmen des „Verwandlungsmodells“ mit der Ausübung der Ersetzungsbefugnis Einfluß auf die Schadensart nehmen könnte, zeigt, daß ein Wechsel in der Schadensart dogmatisch nicht haltbar ist. Die Schadensart kann nicht zur Disposition des Geschädigten stehen; sie ist, wie der Schaden selbst, eine dem Recht vorgegebene Tatsache.

Das zweite Begründungsmodell, das zur dogmatischen Absicherung einer Umdeutung des Personenschadens in einen Vermögensschaden angeführt wird, greift auf die allgemein anerkannte Unterscheidung zwischen Rechtsguts- und Vermögensfolgeschaden zurück.[99] Die Vertreter dieser Auffassung sehen denn auch in den Heilungskosten einen aus dem ursprünglich immateriellen Körperschaden resultierenden Vermögensfolgeschaden.[100] Doch auch dieses Erklärungsmodell versagt. Denn nach dem herkömmlichen Verständnis ist ein Vermögensfolgeschaden ein von dem Ausgangsschaden gedanklich und dogmatisch zu trennender Schaden, der in seinem weiteren rechtlichen Schicksal von diesem unabhängig ist. Wird ein Vermögensfolgeschaden, das klassische Beispiel hierfür wäre ein Verdienstausfallschaden, behoben, so hat dies keinen Einfluß auf den Ausgangsschaden. Dieser besteht nach wie vor fort. Dies gilt jedoch gerade nicht in Bezug auf das Verhältnis zwischen Körperschaden und Heilungskosten, denn die Zahlung der Heilungskosten dient

---

[98] *Steffen,* Anmerkung zu BGHZ 63, 295 (Narbenfall), LM 1975 § 249 (Fa) BGB Nr. 14 Bl. 1.

[99] Vgl. zu dieser Unterscheidung *Roussos,* Schaden und Folgeschaden, S. 33 ff. m.w.N.

[100] Vgl. *Wussow/Küppersbusch,* a.a.O.; *Karakatsanes,* a.a.O.

dazu, den Körperschaden zu beseitigen. Mit dem gezahlten Geldbetrag soll der ursprüngliche Zustand wiederhergestellt werden. Das rechtliche Schicksal von Körperschaden und Heilungskosten ist über den Restitutionsgedanken miteinander verknüpft. Dieser Effekt steht aber im Widerspruch zu den Eigenschaften eines Vermögensfolgeschadens. Eine Differenzierung zwischen immateriellen Ausgangs- bzw. Rechtsgutsschaden und materiellem Folgeschaden, welche einen Wechsel in der Schadensart erklären würde, ist demnach in Bezug auf eine Körperverletzung und der wegen ihr notwendig gewordenen Heilungskosten nicht möglich.

4. Zwischenergebnis

Als Zwischenergebnis sind im wesentlichen drei Punkte festzuhalten. Zum ersten ist festzustellen, daß beide Erklärungsmodelle, die „schadensrechtliche Metamorphose“ der h.M., aber auch die Differenzierung zwischen Rechtsguts- und Vermögensfolgeschaden, in Bezug auf eine Körperverletzung und die zu ihrer Herstellung erforderlichen Heilungskosten, nicht haltbar sind. Die darauf aufbauende Umdeutung des Personenschadens in einen Vermögensschaden ist dogmatisch nicht fundiert und deshalb abzulehnen. Eine Körperverletzung ist, auch bei einer Schadensabwicklung nach § 249 S. 2 BGB, ein Nichtvermögensschaden.

Zweitens, und dies gilt für Sach- und Personenschaden gleichermaßen, ist der Schaden, auch im Rahmen einer Schadensabwicklung nach § 249 S. 2 BGB, nicht mit den getätigten bzw. erforderlichen Aufwendungen identisch. Der „Bezugsgegenstand des Schadens“ liegt vielmehr im verletzten Rechtsgut selbst und nicht in dem zur Schadensbeseitigung erforderlichen Geldbetrag.[101] Eine andere Sichtweise zieht beim Personenschaden den oben abgelehnten Wechsel in der Schadensart nach sich. Sie widerspricht zudem dem Wortlaut und der Entstehungsgeschichte des § 249 S. 2 BGB.

Liegt aber der Schaden nicht in den aufgewendeten Herstellungskosten, sondern in der „tatsächlichen Einbuße an den rechtlich geschützten Gütern“[102] des Geschädigten (= Realschaden / realer Verletzungsschaden), so darf, drittens, der Anspruch aus § 249 S. 2 BGB nicht an den Aufwendungsbegriff gebunden werden. Anderenfalls würde der Schadens*ersatz*anspruch in einen Aufwendungs*erstattungs*anspruch umgedeutet werden. Das Schadensabwicklungsverfahren ist aber, wie oben dargelegt, kein Erstattungsverfahren; Inhalt und Funktion des § 249 S. 2 BGB lassen sich nicht aus dem Aufwendungsbegriff bestimmen. Dieser ist eben nicht „Bezugsgegenstand des Schadens“. Deshalb sind die klassischen Varianten der Zweckbindungstheorie, die alle-

---

[101] Ebenso *Roussos*, Schaden und Folgeschaden, S. 126.

[102] *Fikentscher*, Schuldrecht, S. 292 Rn. 452.

samt auf einer Anbindung des Ersatzanspruchs an den Aufwendungsbegriff basieren, wie z.B. die Erstattungstheorie oder die Zweckbindungstheorie mit und ohne Vorschußthese, abzulehnen. Dies bedeutet aber nicht, daß damit auch die eigentliche Kernaussage der Zweckbindungstheorie, die Bindung des Anspruchs aus § 249 S. 2 BGB an den Herstellungszweck, abgelehnt wird. Abzulehnen ist lediglich die Art und Weise, mit der die klassische Zweckbindungstheorie die Zweckbindung rechtstechnisch erzeugt. Die Aufgabe der weiteren Untersuchung wird deshalb sein, eine Ausformung der Zweckbindungstheorie zu suchen, mit der der Zweckbindungsgedanke verwirklicht wird, ohne jedoch den Anspruch aus § 249 S. 2 BGB an den Aufwendungsbegriff zu binden.

Hierbei könnte sich das schon im 4. Kapitel[103] dargestellte „Interessenbewertungsmodell“ als Schlüssel zur Lösung erweisen. Danach steht dem mit der Rechtsgutsverletzung korrespondierenden realen Schadensbegriff ein wertungsorientierter, mit dem Begriff des Schadensersatzes korrespondierender Interessenbegriff gegenüber. Der Schaden ist mit dem real erlittenen Nachteil identisch, das Interesse aber bezeichnet den Inhalt des Schadensersatzanspruchs. Die Höhe des Schadensersatzanspruchs richtet sich nach der Bewertung des vom Geschädigten „betätigten“ Interesses. Bei dieser Sichtweise stellt sich beim Personenschaden das Problem der Umdeutung bzw. des Wechsels in der Schadensart von vornherein nicht. Eine Körperverletzung bleibt in jedem Falle ein Nichtvermögensschaden. Außerdem liegt bei diesem Modell der Schaden immer in dem real erlittenen Nachteil und niemals in den Aufwendungen des Geschädigten. Die getätigten bzw. erforderlichen Aufwendungen spielen allenfalls bei der Bewertung der unterschiedlichen Schadensabwicklungsinteressen des Geschädigten (Affektions-, Integritäts-, Wert-, Interimsinteresse) eine gewisse Rolle. Sie sind jedoch nicht mit dem Schaden identisch, sondern stellen lediglich ein Indiz, einen Anhaltspunkt für die Interessenbewertung durch die Beteiligten oder das Gericht gem. § 287 ZPO dar. Dadurch behält der Anspruch aus § 249 S. 2 BGB seinen Charakter als Schadensersatzanspruch. Mit dem „Interessenbewertungsmodell“ können damit alle drei Punkte des Zwischenergebnisses erklärt und auf eine dogmatische Grundlage zurückgeführt werden.

III. Schadensrechtliches Bereicherungsverbot – Ausgleichsprinzip – Differenzhypothese

Bei der Suche nach der „ersten Prämisse“, des „starting point für die konkrete richterliche Rechtsfortbildung“[104] hinsichtlich der Frage des Ersatzes

---

[103] 4. Kapitel, III.1 und 3.

[104] *Esser,* Grundsatz und Norm der richterlichen Fortbildung des Privatrechts, S. 150 f.

fiktiver Kosten, wird man zwangsläufig mit den Grundprinzipien des Schadensrechts, wie dem schadensrechtlichen Bereicherungsverbot, dem Ausgleichsprinzip und der Differenzhypothese konfrontiert. Deshalb stellt sich die Frage, ob nicht aus einem dieser Grundprinzipien der Vorrang des „Grundsatzes der Dispositionsfreiheit" oder des „Zweckbindungspostulats" abgeleitet werden kann.

1. Das schadensrechtliche Bereicherungsverbot – die negative Zielbestimmung des Schadensrechts

Das schadensrechtliche Bereicherungsverbot, welches „eine uralte – bis auf das römische Recht zurückgehende – Tradition"[105] hat, besagt, daß der Geschädigte durch den Schadensfall nicht besser gestellt werden soll, als er ohne das schädigende Ereignis stehen würde. Kurz: Er soll sich am Schadensfall „nicht bereichern"[106], er soll am Schadensfall nicht „verdienen".[107] Aus diesem Grunde ist das Bereicherungsverbot, in der älteren Literatur auch „Gebot zur Gewinnabwehr"[108] genannt, eines der Hauptargumente, welches von den Vertretern der Zweckbindungstheorie gegen die Dispositionsfreiheit vorgebracht wird.[109] Diese argumentieren, daß der Geschädigte, der eine Eigenreparatur bei einem Kfz-Schaden durchführt oder sein Fahrzeug unrepariert weiterbenutzt und trotzdem die vollen Kosten einer Fremdreparatur kassiert, sich am Schadensfall bereichert. Der „Grundsatz der Dispositionsfreiheit" könne deshalb, im Hinblick auf das schadensrechtliche Bereicherungsverbot, nicht aufrechterhalten werden.

Diese Argumentation überzeugt nicht. Sie schöpft ihre Überzeugungskraft ausschließlich aus dem ihr immanenten Appell an das Gerechtigkeitsgefühl. Einer sachlichen Überprüfung hält sie nicht stand. Denn diese ergibt, daß das

[105] *Honsell/Harrer,* Entwicklungstendenzen im Schadensersatzrecht, JuS 1985, 161 (164 Fn. 42): „... vgl. etwa die berühmte Stelle des Pomponius, Dig. 50, 17, 206."

[106] So schon das Reichsgericht im Urteil vom 22.10.1932 (HRR 1933, Nr. 1405): „Der Schadensersatz soll aber nur ausgleichen, nicht bereichern."

[107] BGH VersR 1992, 457 (458): „Da nach allgemein schadensrechtlichen Grundsätzen der Geschädigte zwar vollen Ersatz verlangen kann, an dem Schadensfall aber *nicht ,verdienen' soll*, kann ihn der Schädiger an dem tatsächlich erzielten Erlös festhalten" (Hervorhebungen vom Verf.).

[108] *Heck,* Schuldrecht, § 12, S. 41 und 50: „Tendenz zur Gewinnabwehr".

[109] *Köhler,* Abstrakte oder konkrete Berechnung des Geldersatzes nach § 249 Satz 2 BGB?, S. 354; *Kirchner,* NJW 1971, 1541 (1544): „Jedenfalls scheitert die fiktive Schadensberechnung, wenn mit ihr ein Gewinn erstrebt wird, an dem Bereicherungsverbot"; *ders.,* VersR 1971, 870 (871); *Mook,* Das Bereicherungsverbot im Schadensersatzrecht nach §§ 249–253 BGB, S. 21 ff.; *Leonhard,* Schadensersatz mit Gewinnanspruch?, VersR 1983, 415 (418) re. Sp.; 20. Deutscher Verkehrsgerichtstag 1982 (20. VGT 1982), Empfehlungen des Arbeitskreises V, S. 11 = VersR 1982, 229.

Bereicherungsargument lediglich einen „gerechten Ausgleich" einfordert, selbst aber nicht festlegt, was als Bereicherung und was als ersatzfähiger Schaden anzusehen ist. Diese Festlegung wird vom Argumentierenden schon im Vorfeld durch eine wertende Betrachtung getroffen und dann, versteckt oder offen, in die Diskussion eingeführt. Denn nur wer, wie die Vertreter der Zweckbindungstheorie, im Vorfeld festgelegt hat, daß der Geschädigte verpflichtet ist, die Herstellung durchzuführen, kann sich dann im Falle der unterlassenen Herstellung auf das schadensrechtliche Bereicherungsverbot berufen. Wer dagegen mit den Anhängern der Dispositionsfreiheit der Auffassung ist, daß der Anspruch aus § 249 S. 2 BGB dem Geschädigten nur die Herstellung ermöglichen soll, ihn aber nicht dazu verpflichtet, der wird beim Geschädigten, falls dieser die Herstellung unterläßt, keine Bereicherung feststellen. Damit hat man es aber in beiden Fällen offensichtlich mit einem klassischen Zirkelschluß zu tun. Mit dem schadensrechtlichen Bereicherungsverbot läßt sich, so kann man zugespitzt zusammenfassen, nahezu alles begründen; es kommt nur auf die Wahl der „richtigen" Ausgangsprämisse an.[110]

Diese Feststellung wird durch die Tatsache bekräftigt, daß auch der BGH im Rahmen der Restwertermittlung, d.h. in einem Teilbereich der Herstellungskosten, auf das schadensrechtliches Bereicherungsverbot zurückgreift[111], obwohl er das Bereicherungsargument in Bezug auf die gesamten Herstellungskosten nach § 249 S. 2 BGB in ständiger Rechtsprechung ablehnt.[112] Die Widersprüchlichkeit dieser Rechtsprechung wurde schon im zweiten Kapitel dargelegt und soll an dieser Stelle nicht nochmals vertieft werden.[113] Hier genügt es, wenn mit ihr ein weiteres Mal auf das „Phänomen der doppelten Verwendungsfähigkeit" des Bereicherungsarguments und den damit zusammenhängenden „Argumentationskreisel" hingewiesen werden konnte. Das schadensrechtliche Bereicherungsverbot ist jedenfalls nicht geeignet, den Vorrang eines der beiden Rechtsprinzipien, die Dispositionsfreiheit oder die Zweckbindungstheorie, festzulegen. Bei dem Bereicherungsverbot handelt es sich lediglich um eine negativ formulierte Zielvorgabe des Schadensrechts, aus der allein keine konkreten Schlüsse für die hier anstehende Rechtsfortbildung gezogen werden können.

[110] So auch: *Huber,* Fragen der Schadensberechnung, S. 236 („petitio principii"). Ebenfalls kritisch zum Bereicherungsverbot: *Grunsky,* Der Ersatz fiktiver Kosten bei der Unfallschadensregulierung, NJW 1983, 2465 (2467): („Es ist also nicht richtig, daß es nach geltenden Recht ein allgemeines Bereicherungsverbot gibt"); *Lange,* Schadensersatz, Einl. III 2a), S. 9, wobei Lange, im Gegensatz zu Grunsky, „keinen Anlaß zur völligen Preisgabe des Bereicherungsverbotes" sieht.

[111] BGH VersR 1992, 457 (458).

[112] BGH VersR 1992, 710 (711 li. Sp.) m.w.N.

[113] Kapitel 2, IV. Phase, 3. und 4.b).

2. Das Ausgleichsprinzip – die positive Zielbestimmung des Schadensrechts

Eine ähnliche Einschätzung, wie sie für das schadenrechtlichen Bereicherungsverbots getroffen wurde, gilt auch für das Ausgleichsprinzip. Dies verwundert nicht, wird doch die Ausgleichsfunktion weithin synonym mit dem schadensrechtlichen Bereicherungsverbot gebraucht.[114] Die Ausgleichsfunktion des Schadensersatzes bildet nach der h.M. in Rechtsprechung und Literatur das tragende Prinzip des Schadensrechts.[115] Trotz dieser für das Schadensrecht außergewöhnlichen Übereinstimmung in der Beurteilung dogmatischer Grundsatzfragen, zeigt die fast einhellige Anerkennung des Ausgleichsprinzips kaum praktische Konsequenzen.[116] Hierfür kommen im wesentlichen zwei Erklärungen in Betracht. Zum einen die wenig überzeugende Begründungsmethode der h.M., mit der das Ausgleichsprinzip als „leitender Gedanke" des Schadensrechts etabliert wird. Denn „betrachtet man die umfangreichen Stellungnahmen zum Ausgleichszweck genauer, gelangt man zu einem überraschenden Ergebnis: Diese Begründungen beschäftigen sich ausführlich damit, wie wenig der Sanktions-, Präventions- oder Rechtsverfolgungsgedanke zum Schadensersatzrecht des BGB passen. Schon daraus ergibt sich dann aber auch die Richtigkeit des Ausgleichszwecks: Er bildet die Zielbestimmung, die im Subtraktionsverfahren übrig bleibt, wenn die Diskussion möglicher Alternativen zu einem negativen Ergebnis geführt hat."[117] Die Überzeugungskraft des Ausgleichsprinzips gründet sich somit weniger auf die eigene Stärke, als auf die Schwächen anderer Leitprinzipien. Zum anderen, und auch hier zeigt sich die enge Verwandtschaft zum schadensrechtlichen Bereicherungsverbot, erklären sich die vergleichsweise geringen Auswirkungen auf die praktische Alltagsarbeit mit der „Inhaltsleere des Ausgleichsprin-

---

[114] *Huber,* Schadensberechnung, S. 48; *Schiemann,* Luxusvilla auf schwankendem Grund: Der Nutzungsschaden an Wohneigentum – BGHZ (GS) 98, 212, JuS 1988, 29 (24 re. Sp.); *Honsell,* Herkunft und Kritik des Interessenbegriffs im Schadensersatzrecht, JuS 1973, 69 (75 Fn. 51).

[115] BGHZ 30, 29 (31); 40, 345 (347): „... spiegelt den Grundgedanken des Schadensersatzrechts wieder, zu erreichen, daß der Geschädigte durch die Ersatzleistung nicht ärmer und nicht reicher gemacht werde"; *Huber,* Fragen der Schadensberechnung, S. 48; *Schiemann,* Argumente und Prinzipien bei der Fortbildung des Schadensrechts, S. 185 (m.w.N. in Fn. 129); *Larenz,* Schuldrecht AT, § 27 I, S. 424; *Mertens,* Begriff des Vermögensschadens im Bürgerlichen Recht, S. 95 ff.; *Esser/Schmidt,* Schuldrecht AT 2, § 30 II 3, S. 161 ff.: („Vorrang des Ausgleichsgedankens"); *Honsell/Harrer,* Schaden und Schadensberechnung, JuS 1991, 441 (443 li. Sp.); *Diederichsen,* Argumentationsstrukturen in der Rechtsprechung zum Schadensersatzrecht, in: FS für Klingmüller, 65 (78); *Meder,* Schadensersatz als Enttäuschungsverarbeitung, S. 130; *Mook,* Das Bereicherungsverbot im Schadensersatzrecht nach §§ 249–253 BGB, S. 68; kritisch: MünchKomm-*Grunsky,* Vor § 249 Rn. 6a.

[116] A.A.: MünchKomm-*Grunsky,* Vor § 249 Rn. 3.

[117] *Schiemann,* Argumente und Prinzipien, S. 186.

zips".[118] Der Ausgleichsgedanke allein ist eben nicht überzeugend genug, um schadensrechtliche Entscheidungen wirklich steuern zu können.[119] „Sucht man in den umfangreichen Stellungnahmen zum Ausgleichsprinzip nach einer näheren inhaltlichen Bestimmung, so fällt auf, daß die Frage, worin eigentlich die Wertausfüllung des Schadensersatzrechts durch den Ausgleichsgedanken besteht, nicht beantwortet wird."[120] Das Ausgleichsprinzip wird spätestens bei dem Versuch seiner praktischen Umsetzung als „Leerformel"[121] entlarvt, die jeder Anwender, der sich auf das Ausgleichsprinzip beruft, in seinem Sinne ausfüllt. Es bietet keine objektiven Anhaltspunkte dafür, wo der bloße Schadens-„Ausgleich" endet und wann man es mit einem „Mehr" bzw. einem „Weniger" zu tun hat.[122] Diese entscheidende Feststellung wird, wie auch beim schadensrechtlichen Bereicherungsverbot, durch eine wertende Betrachtung im Vorfeld getroffen, die mal offen, mal versteckt in die Argumentation aufgenommen wird. Auch hier gilt: Mit dem Ausgleichsgedanken läßt sich fast alles begründen; es kommt nur auf die Wahl der „richtigen" Ausgangsprämisse an.[123]

Bei dem Versuch den Vorrang eines der beiden Prinzipien, „Grundsatz der Dispositionsfreiheit" und „Zweckbindungspostulat", mit dem Ausgleichsgedanken erklären zu wollen, gerät man in die „Gefahr eines Zirkelschlusses".[124] Denn beide Rechtsprinzipien legen den Inhalt des Schadensersatzanspruchs nach § 249 S. 2 BGB von vornherein in ihrem Sinne fest. Sie beinhalten damit beide auch eine Aussage darüber, was als „Ausgleich" des Schadens anzusehen ist. Eine Bezugnahme auf den Ausgleichsgedanken bestätigt somit nur die vorgefaßte Auffassung des entsprechenden Konzepts, d.h. das gewünschte Ergebnis wird bei einer solchen Vorgehensweise dem Ausgleichsprinzip im Vorfeld untergeschoben, um es im nachhinein wieder aus diesem abzuleiten.[125]

---

[118] *Schiemann,* a.a.O., S. 185.

[119] Vgl. *Schiemann,* a.a.O., S. 185 f.

[120] *Meder,* a.a.O., S. 130.

[121] *Schiemann,* a.a.O., S. 187; ebenso: *Meder,* Schadensersatz als Enttäuschungsverarbeitung, S. 132; *Diederichsen,* Karlsruher Forum, 1985, S. 17; a.A.: *Roussos,* Schaden und Folgeschaden, S. 15 f.: („das Ausgleichsprinzip als Ausdruck einer Fairneßregel"). Allerdings muß auch *Roussos* eingestehen, „daß das Ausgleichsprinzip lediglich eine Zielangabe, ein allgemeines Schadensverteilungsprinzip darstellt, das noch weiter differenzierungsbedürftig ist".

[122] Vgl. *Honsell,* Herkunft und Kritik des Interessenbegriffs im Schadensrecht, JuS 1973, 69 (75).

[123] Treffend: *Schilcher* (Theorie der sozialen Schadensverteilung, S. 163): „Wer ... das Ausgleichsprinzip propagiert, darf sich nicht wundern, wenn im Namen dieses Prinzips vom merkantilen Minderwert angefangen, bis zur Teneriffa-Reise alles ‚ausgeglichen' wird."

[124] *Schiemann,* a.a.O., S. 186; *Meder,* a.a.O., S. 130: „Man dreht sich im Kreis, wenn als geklärt vorausgesetzt wird, was einer Begründung bedarf."

Das Ausgleichsprinzip kann damit letztlich nur als positiv formulierte, allgemeine Zielvorgabe des Schadensrechts verstanden werden, aus dem im Einzelfall keine konkreten Schlüsse, auch nicht in der hier interessierenden Frage nach der richtigen Rechtsfortbildung, gezogen werden können.[126] „Der schlichte Hinweis auf das Ausgleichsprinzip bzw. das Bereicherungsverbot oder die Gewinnabwehr hilft somit wenig weiter; insbesondere dann nicht, wenn man einseitig auf die Sphäre des Geschädigten bzw. des Ersatzpflichtigen abstellt. Herauszuarbeiten ist vielmehr, welche Nachteile auszugleichen sind und ob das Ausmaß des Ersatzes von der jeweiligen Reaktion des Geschädigten auf das schädigende Ereignis abhängt."[127] Diese Aufgaben können jedoch nicht mit dem Ausgleichsprinzip bewältigt werden.

3. Die Differenzhypothese – ein technisches Vergleichs- und Berechnungsverfahren zur Schadensermittlung?

Neben dem schadensrechtlichem Bereicherungsverbot und dem Ausgleichsprinzip ist die Differenzhypothese das dritte schadensrechtliche Grundprinzip, welches auf eine breite Anerkennung bauen kann.[128] So wie das Bereicherungsverbot die negativ formulierte und das Ausgleichsprinzip die positiv formulierte Zielbestimmung des Schadensrechts darstellt, so ist die Differenzhypothese als „technisches Vergleichs- und Berechnungsverfahren"[129] zu verstehen, mit dem die schadensrechtlichen Zielbestimmungen praktisch umgesetzt werden soll. Grunsky vertritt sogar die These, daß es sich bei dem schadensrechtlichen Bereicherungsverbot allenfalls um eine „rein terminologische Variation der Differenzhypothese"[130] handelt. Er stellt weiter fest: „Bereicherungsverbot und Differenzhypothese sind ein und dasselbe."[131] Berücksichtigt man darüber hinaus, daß das schadensrechtliche Bereicherungsverbot mit dem Ausgleichsprinzip weithin synonym gebraucht wird, so kann Grunskys These folgendermaßen erweitert werden: Bereicherungsverbot, Ausgleichsprinzip und Differenzhypothese sind ein und dasselbe.

---

[125] *Huber*, Fragen der Schadensberechnung, S. 236 mit Fn. 120: „Ambivalenz des Ausgleichsprinzips".

[126] Vgl. *Meder*, a.a.O., S. 133: „... unscharf und wenig ergiebig für eine Funktionsbestimmung des modernen Schadensrechts".

[127] *Huber*, Fragen der Schadensberechnung, S. 48 f.

[128] Wenngleich die „Differenzmethode (...) ebenfalls nicht im Gesetz festgeschrieben ist (...)"; so der BGH, BGHZ (GS) 98, 212 (217).

[129] *Roussos*, Schaden und Folgeschaden, S. 169.

[130] *Grunsky*, Der Ersatz fiktiver Kosten bei der Unfallschadensregulierung, NJW 1983, 2465 (2467 li. Sp.).

[131] *Grunsky*, a.a.O., S. 2467.

Bei der Verifikation dieser These zeigt sich, daß auch die Differenzhypothese die Schwächen der beiden anderen Grundprinzipien aufweist. So präsentierte sich ursprünglich die Differenzhypothese, wie auch das schadensrechtliche Bereicherungsverbot und das Ausgleichsprinzip, als „wertfreies Axiom“[132], als Rechenformel, mit der „ohne Werturteil, quasi mathematisch der jeweilige Schadensumfang exakt ermittelt“[133] werden können soll, um so ein „ideologiefreies Schadensrecht“ zu gewährleisten.[134] Heute wird aber weitgehend anerkannt, daß mit der Differenzhypothese keine Formel zur Verfügung steht, „die das Schadensrecht in ein problemloses und wertfreies Rechenexempel überführt“.[135] Der Schaden läßt sich jedenfalls nicht stets durch Deduktion aus einem Schadensbegriff, wie dem der Differenzhypothese, herleiten.[136] Wie beim Bereicherungsverbot und Ausgleichsprinzip geht der „wertneutralen Rechenoperation“[137] eine Wertung voraus.[138] Und sei es nur, um den in „die Differenzbilanz einzusetzenden Rechnungsposten wertend zu bestimmen“.[139] Außerdem stellt die Differenzhypothese selbst keine Bewertungsmethode dar, mit der die einzelnen Rechnungsposten in Geld bewertet werden könnten, sie setzt vielmehr eine solche voraus.[140] Dies bedeutet wiederum, daß jeder Differenzrechnung bzw. Differenzbetrachtung eine normative Entscheidung vorangeht, die das nachfolgende Ergebnis festlegt oder zumindest beeinflußt. Damit kommt es wieder, wie bei Bereicherungsverbot und Ausgleichsprinzip, auf die Wahl der „richtigen“ Ausgangsprämissen an.

Bei dieser Sachlage fragt man sich allerdings, was nach der „Abkehr von der reinen Differenzhypothese“[141] von dieser noch übrig bleibt. Was vermag die Differenzhypothese wirklich zu leisten? Diese Fragen sind vor allem auch deshalb berechtigt, weil die Differenzhypothese zu Unrecht die Identität von Schaden und Interesse propagiert und zudem den Schadensbegriff überflüssi-

---

[132] *Honsell,* Herkunft und Kritik des Interessenbegriffs im Schadensersatzrecht, JuS 1973, 69 (70 li. Sp.).

[133] *Honsell/Harrer,* Entwicklungstendenzen im Schadensersatzrecht, JuS 1985, 161 Fn. 7.

[134] So tritt auch *Esser/Schmidt* (Schuldrecht AT 2, § 30 II 3, S. 161) für eine „Entideologisierung des Schadensrechts“ ein.

[135] *Meder,* Schadensersatz als Enttäuschungsverarbeitung, S. 22.

[136] Vgl. *Honsell/Harrer,* Schaden und Schadensberechnung, JuS 1991, 441 (442 re. Sp.).

[137] BGHZ (GS) 98, 212 (217).

[138] *Schiemann,* Luxusvilla auf schwankendem Grund, JuS 1988, 20 (21 li. Sp.); *Brinker,* Die Dogmatik zum Vermögensschadensersatz S. 197: „Die Tatsache, daß eine Position in der Vermögensbilanz erscheint, beruht in jedem Fall auf einer bereits vorab getroffenen Entscheidung.“

[139] BGHZ (GS) 98, 212 (217).

[140] *Brinker,* a.a.O., S. 200.

[141] BGHZ 50, 304 (306); *Esser/Schmidt*, Schuldrecht AT 2, § 31 II, S. 171; vgl. auch BGHZ 98, 212 (217).

gerweise auf einen „rechnerischen Verletzungsschaden“, d.h. auf einen reinen Vermögensschaden einengt.[142] Fest steht, daß mit der Differenzhypothese der Vorgang der Naturalrestitution nicht korrekt beschrieben wird. Die inhaltliche Aussage beider Leitprinzipien ist eben nicht identisch. Eine Differenzrechnung macht nur dort Sinn, wo das verletzte Gut selbst einen wirtschaftlichen Wert aufweist. Im Falle einer Körperverletzung erweist sich aber der von der Differenztheorie vorgeschriebene modus procedendi als undurchführbar und überflüssig.[143] Die durch den Grundsatz der Naturalrestitution nach § 249 gebotene „normative“ Betrachtung führt von vornherein dazu, daß im Schadensfall auch ein immaterielles Gut, wie z.B. Körper und Gesundheit, wiederherzustellen ist.[144] „Dies hat jedoch nichts mit dessen Aktivierung als *Vermögensgut* zu tun. Vielmehr gilt § 249 gerade auch für *immaterielle Güter*, die selbst keinen Vermögenswert haben, und somit unabhängig von jeder bilanzmäßigen Betrachtung.“[145]

Aber auch im Sachschadensbereich ist die Differenzhypothese in weiten Teilen überflüssig oder unbrauchbar. Wie Honsell schon 1972 in seinem Habilitationsvortrag[146] festgestellt hat, gibt es „nur einen Fall, in dem eine Differenzbetrachtung notwendig ist: die teilweise Beeinträchtigung eines Gutes oder einer Erwerbsaussicht. Hierher gehört“, so fährt Honsell fort, „zum Beispiel die Sachbeschädigung. Der zum Ausgleich der Sachbeschädigung erforderliche Geldbetrag ergibt sich aus der Differenz zweier Wertgrößen: dem Wert der beschädigten und dem der intakten Sache. Man benötigt die Differenzrechnung, weil nach der Schädigung noch ein Restwert übrig bleibt. Schon dann, wenn nicht der Minderwert, sondern die Reparaturkosten geltend gemacht werden, wie das bei wiederherstellbaren Gütern die Regel ist, brauchen wir die Differenzrechnung nicht mehr.“[147] Diese wird nur dann benötigt, wenn der Geschädigte lediglich das Wertinteresse und nicht das Integritätsinteresse ersetzt haben möchte.

---

[142] So ähnlich: *Gottwald,* Schadenszurechnung und Schadensschätzung, S. 122; BGHZ (GS) 98, 212 (218): Die Differenzrechnung ist „auf den Ausgleich von Vermögensschäden ausgerichtet“.

[143] Vgl. *Honsell,* Herkunft und Kritik des Interessenbegriffs im Schadensersatzrecht, JuS 1973, 69 (71 re. Sp.).

[144] *Schiemann,* Luxusvilla auf schwankendem Grund, JuS 1988, 20 (24 li. Sp.); ebenso: *Mook,* Das Bereicherungsverbot im Schadensersatzrecht nach §§ 249–253 BGB, S. 49 f.

[145] *Schiemann,* a.a.O., S. 24; a.A.: *Steffen,* Abkehr von der konkreten Berechnung des Personenschadens und kein Ende?, VersR 1985, 605: „Die gute alte Differenztheorie von Mommsen aus dem Jahre 1885, (...), diese Schadensbetrachtung, in der die Person des Verletzten, sein konkreter Lebenszuschnitt, seine konkreten Ziele Bezugspunkte sind – betonen denn wir nicht stets, daß sie gerade für den Ausgleich von Personenschäden gilt?“

[146] *Honsell,* Herkunft und Kritik des Interessenbegriffs im Schadensersatzrecht, JuS 1973, 69 (71 re. Sp.).

[147] *Honsell,* a.a.O., S. 71.

Bei dem Problem der entgangenen Sachnutzung versagt die Differenzhypothese sogar gänzlich. Denn die zeitlich begrenzten Nutzungsverluste treten bei einer Differenzrechnung nicht zutage; sie schlagen sich im Saldo nicht nieder.[148] M.a.W.: Der Verlust wird in der (hypothetischen) Vermögensbilanz nicht ausgewiesen. Dieser „blinde Fleck der Differenzmethode"[149] zeigt, daß der Differenzschadensbegriff auch „für die Frage des Geldersatzes bei purem Gebrauchsentgang als Entscheidungsgrund ausgelaugt und überfordert ist".[150]

Wie alle drei Beispiele zeigen, wird die Leistungsfähigkeit der Differenzhypothese weithin überschätzt.[151] Der Differenzschadensbegriff ist in weiten Teilen überflüssig und unbrauchbar, weil er „operational und heuristisch nichts leistet und zudem als Einheitsbegriff einer verfeinerten Problemerfassung und wertenden Differenzierung im Wege steht".[152] Ob er deshalb, wie Honsell[153] fordert, ganz aufzugeben ist, kann dahinstehen. Fest steht jedenfalls, daß auch die Differenzhypothese mit ihren verschiedenen Erscheinungsformen, wie Bereicherungsverbot und Ausgleichsprinzip, das Problem der fiktiven Kosten nicht lösen kann.

IV. Die Ersetzungsbefugnis des Geschädigten nach § 249 S. 2 BGB

Für die Fortbildung des Rechts in der hier anstehenden Frage „Grundsatz der Dispositionsfreiheit oder Zweckbindungstheorie?" könnte auch der Charakter des § 249 S. 2 BGB als Ersetzungsbefugnis des Geschädigten einen geeigneten Anknüpfungspunkt abgeben. Jedenfalls liegt der Gedanke nicht fern, die Dispositionsfreiheit als „Erweiterung"[154] bzw. „Modifikation"[155] der Ersetzungsbefugnis zu begreifen. Um diese These überprüfen zu können,

---

148 Vgl. *Ott/Schäfer,* Begründung und Bemessung des Schadensersatzes wegen entgangener Sachnutzung, ZIP 1986, 613 (621).

149 *Ott/Schäfer,* a.a.O., S. 621.

150 *Flessner,* Geldersatz für Gebrauchsentgang, JZ 1987, 271 (277 li. Sp.).

151 Ebenso: MünchKomm-*Grunsky*, Vor § 249 Rn. 7: „Die Differenzhypothese ist für die Feststellung des Schadens nicht geeignet."

152 *Honsell,* Herkunft und Kritik des Interessenbegriffs im Schadensersatzrecht, JuS 1973, 69 (74 re. Sp.).

153 *Honsell,* a.a.O., S. 74.

154 So ansatzweise: *Weber,* § 249 S. 2 BGB: Erstattung der Reparaturkosten oder Ersatz des Schaden an der Sache?, VersR 1992, 527 (535 re. Sp.): „Erweiterung der Ersetzungsbefugnis".

155 Ähnlicher Ansatz bei: *Steffen,* Die Rechtsprechung des BGH zur fiktiven Berechnung des Fahrzeugschadens, NZV 1991, 1 (2 re. Sp.); *ders.*, Der normative Verkehrsunfallschaden, NJW 1995, 2057 (2059 re. Sp.).

müssen die Rechtsnatur der Gläubigerbefugnis aus § 249 S. 2 BGB und deren Entwicklungs- bzw. Fortbildungsmöglichkeiten untersucht werden.

1. Die Rechtsnatur: Ersetzungsbefugnis – Wahlschuld (§ 262 BGB) – elektive Konkurrenz?

Die dem Gläubiger aus § 249 S. 2 BGB zustehende Befugnis wird von der heute fast allgemeinen Meinung[156] als *Ersetzungsbefugnis* (= facultas alternativa creditoris[157]) qualifiziert, „da das Gesetz den Anspruch gem. § 249 S. 1 BGB als den primären und eigentlich geschuldeten ansieht".[158] Die Herstellungsansprüche nach § 249 S. 1 und S. 2 BGB haben, im Gegensatz zu einer Wahlschuld (§ 262 ff. BGB), „ungleichgeordnete und gestaffelte Leistungsinhalte".[159] Zudem ist der Inhalt des Schadensverhältnisses von Anfang an bestimmt, d.h. von Anfang an auf Naturalrestitution durch den Schädiger gerichtet, und nicht, wie bei einer Wahlschuld, unbestimmt, aber durch die Wahl einer Leistungsalternative bestimmbar, § 262 I BGB. Wer als Geschädigter das Recht aus § 249 S. 2 BGB geltend macht, wählt nicht eine Leistungsalternative des Schuldinhalts, sondern setzt mit Wirkung für die Zukunft an die Stelle des Herstellungsanspruchs nach § 249 S. 1 den Herstellungsanspruch nach § 249 S. 2 BGB. Das von der älteren Literatur[160] angenommene *Wahlschuldverhältnis* (obligatio alternativa) ist deshalb abzulehnen.

Auch die Qualifizierung als *elektive Konkurrenz*, wie sie eine Mindermeinung[161] vertritt, überzeugt nicht. Während die Ersetzungsbefugnis dem Gläubiger das Recht vermittelt, einen bestimmten Schuldinhalt durch einen anderen zu ersetzten, ist für die elektive Konkurrenz eine Konkurrenz mehrerer verschiedenartiger Rechte (Forderungen oder Gestaltungsrechte) charakteristisch, zwischen denen der Gläubiger zu wählen hat.[162] Dies entspricht aber

---

[156] *Lange,* Schadensersatz, § 5 IV 3, S. 226 m.w.N. in Fn. 82; *Gernhuber,* Das Schuldverhältnis, S. 659, § 29 I 2 m.w.N. in Fn. 5. Grundlegend zu der Abgrenzung von Ersetzungsbefugnis und Wahlschuld: *Erler,* Wahlschuld mit Wahlrecht des Gläubigers und Schuld mit Ersetzungsbefugnis des Gläubigers.

[157] Die Ersetzungsbefugnis des Gläubigers wurde erst im Jahre 1878 durch Regelsberger „entdeckt"; vgl. *Regelsberger*, Alternativobligation und alternative Ermächtigung des Gläubigers, JherJb 16 (1878), 159 ff.

[158] *Lange,* Schadensersatz, § 5 IV 3, S. 226 f.

[159] *Heck,* Schuldrecht, S. 33 (35).

[160] *Starck,* Welche rechtliche Natur hat der Anspruch auf Geldersatz im § 249 S. 2 BGB?, LZ 1919, 143; *Heck,* Schuldrecht, S. 35 f.

[161] Staudinger-*Selb*, 12. Aufl., § 262 Rn. 7 (allerdings ohne ausdrückliche Bezeichnung als elektive Konkurrenz); Staudinger-*Werner*, 11. Aufl., § 249 Rn. 31; aufgegeben in: Staudinger-*Medicus*, 12. Aufl., § 249 Rn. 215.

nicht der Sachlage beim Schadensverhältnis nach § 249 BGB. Beide Ansprüche aus § 249 BGB, der Anspruch nach Satz 1 und der Anspruch nach Satz 2, sind Herstellungsansprüche, d.h. gleichartige Rechte, die sich lediglich durch ihre inhaltliche Ausgestaltung unterscheiden. Damit scheidet eine Einordnung als elektive Konkurrenz aus.

Die Gläubigerbefugnis aus § 249 S. 2 BGB wird daher von der h.M. völlig zu Recht als *Ersetzungsbefugnis* qualifiziert. „Die Ersetzungsbefugnis (...) gibt dem Geschädigten ein Gestaltungsrecht, das ihm die Rechtsmacht verleiht, den zunächst gegen den Schuldner nur bestehenden Wiederherstellungsanspruch in einen Zahlungsanspruch umzuwandeln“[163] und einen Wechsel in der Person des Herstellenden herbeizuführen.[164] Dieses *Gestaltungsrecht*[165] macht den Geschädigten zum *„Herrn des Abwicklungsverfahrens“*.[166] Der Geschädigte kann durch eine spätere Änderung des Schadensverhältnisses bzw. Umformung des Schuldinhalts die Leistungspflicht des Schuldners den eigenen konkreten Interessen anpassen und so eine maximale Leistungseffektivität erzielen.[167]

2. Von der Ersetzungsbefugnis zum umfassenden Gestaltungsrecht

Nach der herkömmlichen Auffassung erlischt mit der Ausübung der Ersetzungsbefugnis durch den Gläubiger sowohl der ursprüngliche Herstellungsanspruch nach § 249 S. 1 BGB als auch das Wahlrecht.[168] Gleichzeitig entsteht, so die h.M., „eine neue, definitiv bestimmte Schuld“.[169] Doch gerade hinsichtlich der Richtigkeit dieser letzteren Aussage sind heute Zweifel angebracht, wurde doch mittlerweile der Herstellungsbegriff durch Rechtsfortbildung erweitert. Dieser umfaßt nach h.M. nunmehr neben der Reparatur auch die Ersatzbeschaffung, so daß mit der Ausübung der Ersetzungsbefugnis

[162] Vgl. *Gernhuber*, Das Schuldverhältnis, § 29 IV 1, S. 666, und § 11 I 6, S. 259: „Wer eine elektive Konkurrenz auflöst, entscheidet sich für ein Recht unter mehreren verschiedenartigen (Forderung oder Gestaltungsrechten), die ihm alternativ zu Gebote stehen.“

[163] *Gebhardt*, Die fiktive Abrechnung von Fahrzeugschäden, eine unendliche Geschichte, ZfS 1990, 145 (147 li. Sp.).

[164] Vgl. *Weber*, § 249 S. 2 BGB: Erstattung der Reparaturkosten oder Ersatz des Schadens an der Sache?, VersR 1992, 527 (530 li. Sp.).

[165] So die h.M.: *Erler*, a.a.O., S. 39 m.w.N. (S. 44: „selbständiges Gestaltungsrecht“); *Gernhuber*, Das Schuldverhältnis, § 29 III 1, S. 663 („unselbständiges Gestaltungsrecht“); *Jochem*, Anm. zu BGH v. 3.12.1974 – VI ZR 1/74 (Narbenfall), JR 1975, 229 (330) („schuldänderndes Gestaltungsrecht“); *Gebhardt*, Die fiktive Abrechnung von Fahrzeugschäden, eine unendliche Geschichte, ZfS 1990, 145 (147 li. Sp.).

[166] Vgl. *Reinking*, EWiR 1993, 551: „Herr des Restitutionsgeschehens“.

[167] *Erler*, a.a.O., S. 70 und S. 59.

[168] Für viele: *Gebhardt*, a.a.O., S. 147.

[169] *Gebhardt*, a.a.O., S. 147.

durch den Gläubiger nicht feststeht, ob Herstellung durch Reparatur oder Herstellung durch Ersatzbeschaffung bzw. die jeweiligen Kosten geschuldet werden. Das Schuldverhältnis zwischen Schädiger und Geschädigtem ist nach der Entscheidung für eine Restitution nicht mehr, wie früher, allein auf die Herstellung durch Reparatur ausgerichtet; die Schuld ist sonach auch nicht mehr definitiv bestimmt.

Von der Bestimmtheit des Schadensverhältnisses könnte nur dann ausgegangen werden, wenn man mit dem BGH und wohl auch der h.L. der Auffassung ist, durch objektive Kriterien den Schuldinhalt von vornherein zwingend festlegen zu können. Dies wäre dann der Fall, wenn zwischen den beiden Herstellungsvarianten, Reparatur und Ersatzbeschaffung, ein durch das Gesetz festgelegtes Rangverhältnis bestünde. Diese Behauptung konnte jedoch schon im 4. Kapitel[170] widerlegt werden. Die Reparatur befriedigt im Vergleich zur Ersatzbeschaffung das Integritätsinteresse des Geschädigten nicht „besser“, sondern sie befriedigt zusätzlich dessen Affektionsinteresse. Daraus läßt sich jedoch kein Anwendungsvorrang zugunsten der Reparatur herleiten. Zudem konnte anhand des Modellkleidbeispiels (prêt-à-porter) ebenfalls im 4. Kapitel nachgewiesen werden, daß die Reparatur auch nicht die vom Geschädigten generell bevorzugte Abwicklungsvariante darstellt.[171] Bei der Beschädigung eines Modellkleids wird sich die Trägerin kaum mit der Herstellung durch Reparatur, d.h. mit einem „geflickten Modellkleid“, zufrieden geben, da ein solches Modellkleid seinen Repräsentationszweck völlig verfehlen würde. Handelt es sich aber bei diesem Modellkleid um das Hochzeitskleid der Trägerin, so kann die personale Bindung der Trägerin für deren Entscheidung für eine Herstellung durch Reparatur des Kleides ausschlaggebend sein. Die personale Bindung kann, muß aber nicht die Interessenwahl des Geschädigten beeinflussen. Welcher Abwicklungsvariante der Vorzug gebührt, d.h. dem Geschädigten die maximale Interessenbefriedigung zukommen läßt, kann nicht objektiv „aus dem Gesetz heraus“ bestimmt werden. Denn das jeweilige Interesse des Geschädigten hängt stark von den Umständen des Einzelfalles ab. Diese *„Interessenvariabilität“* läßt sich zwanglos auch an anderen Beispielen demonstrieren. So ist denkbar, daß ein Kfz-Mechaniker, dessen Fahrzeug beschädigt wurde, deshalb eine Eigenreparatur vornimmt, weil er der Qualität einer Fremdreparatur mißtraut. Ebenfalls denkbar ist aber, daß sich derselbe Mechaniker für eine Fremdreparatur entscheidet, weil er sich eventueller Gewährleistungsansprüche gegen eine Reparaturwerkstatt nicht begeben will. Auch ist nicht jede „Neubeschaffung“ auf Prestigegewinn angelegt.[172] Die Motive für die Wahl der Abwicklungsvariante „Neubeschaffung“ können auch in einem durch den Unfall geschärften

---

[170] Dazu ausführlich: 4. Kapitel, III.2.a).

[171] Vgl. 4. Kapitel, III.2.a) a.E.

[172] So aber *Kötz,* in: FS für Hauß, S. 189.

Sicherheitsbewußtsein liegen, welches eben nur mit dem Erwerb eines neuen Fahrzeugs, das über einen doppelten Airbag und Seitenaufprallschutz usw. verfügt, verwirklicht werden kann.[173] Die in den angeführten Beispielen zum Ausdruck kommende Interessenvariabilität läßt es sachgerecht erscheinen, die Wahl der Abwicklungsmethode und damit die Bestimmung des Schuldinhalts ganz dem Geschädigten zu überlassen.[174]

Auch das vom BGH eingeführte *Wirtschaftlichkeitspostulat*[175] kann den Vorrang einer der beiden Herstellungsvarianten nicht begründen. Es gibt keinen generellen Vorrang des „billigeren Weges“; der Geschädigte muß sich nicht immer auf den billigeren Abwicklungsweg verweisen lassen. Auch hierfür liefert das Modellkleidbeispiel den Beweis. Denn bei der Beschädigung von Kleidungstücken gesteht selbst die h.M. dem Geschädigten den Erwerb neuer Kleidung zu und verweist ihn nicht auf die billigere Reparatur oder gar auf den Erwerb getragener Kleidung.[176] Zudem ergeben sich bei konsequenter Verwirklichung des Wirtschaftlichkeitspostulats Widersprüche zu der angeblichen Vorrangstellung der Reparatur, denn in vielen Fällen ist die Ersatzbeschaffung billiger als eine Reparatur. Dies gilt vor allem auch für die Fälle, in denen ein bis zu 30%iger (Affektions-)Interessenzuschlag gewährt wird. Letztlich kommt es auch hier auf die Umstände des Einzelfalles an. Die Wirtschaftlichkeit der Schadensbehebung ist eben dem BGB als allgemeines Prinzip nicht bekannt.[177] Darüber hinaus zeigt sich gerade am 30%igen (Affektions-)Interessenzuschlag, daß auch der BGH die Bestimmung des Schuldinhalts mittels ausschließlich „objektiver Kriterien“ nicht durchhalten kann, sondern daß auch bei ihm die individuelle Reaktion des Geschädigten auf das schädigende Ereignis eine entscheidende Rolle spielt. Nur wenn der Geschädigte sein (Affektions-)Interesse in Form einer durchgeführten Reparatur „betätigt“[178], kommt er in den Genuß des besagten Zuschlags.

Alles in allem kann der Versuch einer streng objektiven Bestimmung des Schuldinhalts als gescheitert betrachtet werden.[179] Deshalb ist zu überlegen, ob dem Geschädigten nicht ein umfassendes Gestaltungsrecht einzuräumen

---

[173] Vgl. 4. Kapitel, III.2.b).

[174] Ähnlich: *Kötz,* in: FS für Hauß, S. 185 ff. (188).

[175] Vgl. z.B. BGH VersR 1992, 61 (62 re. Sp. m.w.N.).

[176] Vgl. *Lange,* Schadensersatz, S. 258.

[177] *Roth,* Das Integritätsinteresse des Geschädigten und das Postulat der Wirtschaftlichkeit der Schadensbehebung, JZ 1994, 1091 (1093 re. Sp. unten).

[178] So die Terminologie bei *Huber,* Fragen der Schadensberechnung, S. 169: „Betätigung des Integritätsinteresses“.

[179] Dies muß auch *Steffen* (NJW 1995, 2060 li. Sp.) eingestehen, wie das jüngst von ihm als normative Grenze zur Dispositionsfreiheit eingeführte „Gebot, den Bezug zum konkreten Schaden zu halten und den Abstand zum abstrakten Schadensersatz zu wahren“, beweist.

ist, mit dem er die Abwicklungsmethode und damit den Schuldinhalt festlegen und somit seinen Interessen anpassen kann.[180] Daß subjektive Komponenten den Inhalt des Schadensverhältnisses bestimmen, dürfte zumindest für den BGH nichts Außergewöhnliches darstellen, macht er doch selbst die Ersatzforderung für entgangene Sachnutzung vom *„Nutzungswillen"* des Geschädigten abhängig.[181] Auch Steindorff verlangt in diesem Zusammenhang den Nachweis eines fortlaufenden „Nutzungswillens", den der Geschädigte nach Eintritt des Schadens „durch Anmieten eines Ersatzfahrzeugs oder aber in anderer Weise" zum Ausdruck gebracht haben müsse.[182] Diese *„‚Renaissance' der subjektiven Komponenten* bei der Bestimmung einer Schadensersatzpflicht"[183] setzt sich in dem im 2. Kapitel[184] besprochenen Grundsatzurteil zur Zweckbindungstheorie (BGHZ 97,14) fort. Nach diesem Urteil kann der Verletzte Behandlungskosten nach § 249 S. 2 BGB nur dann verlangen, „wenn er die *Absicht* hat, die Behandlung auch tatsächlich durchführen zu lassen." (...) Solange der Geschädigte „nicht die feste Absicht zur Durchführung der Operation hat und dies erforderlichenfalls nachweist, steht ihm ein Anspruch auf Zahlung der erforderlichen Operationskosten nicht zu." (...) „In aller Regel wird sich diese Absicht", so der BGH, „ohne weiteres aus der Behandlungsbedürftigkeit der Verletzung und den zu ihrer Behandlung getroffenen Maßnahmen ergeben".[185]

Dieses Urteil ist als Schritt in die richtige Richtung zu begrüßen; dogmatisch bleibt es allerdings auf halbem Wege stehen. Anstatt der fehlenden Herstellungsabsicht der Klägerin rechtsgestaltende Wirkung beizumessen und ihr aus diesem Grunde den Restitutionsanspruch nach § 249 S. 2 BGB zu versagen[186], behilft sich der BGH mit einer „prozessualen Kompromißlösung", die sich in dem für das Schadensrecht ungewöhnlichen Tenor[187] der Ent-

---

[180] Vgl. *Huber,* Fragen der Schadensberechnung, S. 175 ff. „Ausgestaltungsspielraum des Geschädigten"; ebd. S. 184: „Betätigung des Integritätsinteresses"; ebd. S. 48: „Reaktion des Geschädigten auf das schädigende Ereignis".

[181] BGHZ 45, 212 (219).

[182] *Steindorff,* Anm. zum BGH-Urteil vom 30.9.1963 (III ZR 137/62), JZ 1964, 420, JZ 1964, 423 (424 li. Sp.); anders noch *ders.*, AcP 158 (1958), 458.

[183] *Schiemann,* Argumente und Prinzipien, S. 51.

[184] Vgl. 2. Kapitel, V.

[185] BGH JZ 1986, 638 (640) = BGHZ 97, 14.

[186] So im Ergebnis der Berufungsausschuß der Moselkommission, Urteil vom 21.1.1993 – 3 Z-1/93 –, NZV 1993, 347. Der Berufungsausschuß der Moselkommission in Trier ist als international besetztes Gericht nach Art. 34 des Vertrags über die Schiffbarmachung der Mosel vom 27.10.1956 i.V.m. Art. 37 der Revidierten Rheinschiffahrtsakte vom 27.10. 1868 i.d.F. vom 20.11.1963 wahlweise neben dem MoselSchiffObGer. zuständig für Berufungen gegen Urteile des MoselSchiffGer.

[187] Diese Art der Tenorierung ist normalerweise nur dort üblich, wo ein Anspruch zwar besteht, aber (z.B. mangels Abnahme gem. §§ 640, 641 BGB) noch nicht fällig ist. Dies trifft jedoch auf Schadensersatzansprüche, die üblicherweise sofort fällig sind, gerade nicht zu.

scheidung, daß der Zahlungsanspruch „derzeit unbegründet“[188] sei, widerspiegelt. Danach wird zwar ein Anspruch der Klägerin verneint, zugleich wird ihr aber die Entscheidung, ob sie die Heilungsmaßnahme durchführen lassen will, für die Zukunft offengehalten. Die vom BGH geforderte „Herstellungsabsicht“ des Geschädigten präsentiert sich damit eher als „ungeschriebenes Tatbestandsmerkmal“ des § 249 S. 2 BGB denn als „Gestaltungsrecht mit Bindungswirkung“. Dabei bleiben allerdings einige Fragen offen. Warum soll der Geschädigte seine Entscheidung über die Durchführung der Herstellung auch dann noch hinauszögern dürfen, wenn er seinen Herstellungsanspruch schon im Klagewege geltend gemacht hat? Setzt das eine nicht das andere voraus? Unverständlich bleibt auch, weshalb der BGH einem Geschädigten, dessen Klagbegehren abgewiesen wurde, die Entscheidung über die Durchführung der Restitution auch für die Zukunft offen halten, d.h. ihm die erneute Klagemöglichkeit einräumen will. Man fragt sich, ob in diesem Urteil die Interessen des Schädigers ausreichend berücksichtigt wurden.

In Anbetracht des gescheiterten Versuchs einer streng objektiven Bestimmung des Schuldinhalts und der auf Gläubigerseite auftretenden „Interessenvariabilität“ sowie der Tendenz in der Rechtsprechung, den Inhalt des Schadensverhältnisses an subjektiven Komponenten auszurichten[189], liegt der Gedanke nahe, dem Geschädigten im Rahmen des § 249 S. 2 BGB ein Wahlrecht einzuräumen, mit dem er zwischen der Herstellung durch Reparatur und der Herstellung durch Ersatzbeschaffung sowie dem generellen Verzicht auf die Herstellung wählen kann.[190] Dogmatisch würde mit diesem Schritt jedenfalls kein Neuland betreten. Denn das hier vorgeschlagene Wahlrecht findet sein schadensrechtliches Vorbild in dem allgemein anerkannten[191] dreifachen Wahlrecht des Geschädigten bei der Verletzung fremder Immaterialgüterrechte und wettbewerbsrechtlich geschützter Positionen. In diesen Fällen hat der Geschädigte die Wahl zwischen dem Ersatz des konkret nachgewiesenen entgangenen Gewinns, der Zahlung einer angemessenen Lizenzgebühr (Lizenzanalogie) und der Herausgabe des Verletzergewinns. Was aber bei einem rei-

[188] BGH JZ 1986, 638 und 640.

[189] Vgl. dazu auch: 2. Kapitel, IV.4.a) und VI.2: „Subjektbezogene Schadensbetrachtung“.

[190] Ähnlich: *Kötz,* in: FS für Hauß, S. 185 ff. (188).

[191] St. Rspr. des BGH, vgl.: BGH NJW 1993, 1989; NJW 1992, 2753 (Tchibo / Rolex II); NJW 1992, 232; NJW 1981, 2252; NJW 1973, 800; NJW 1972, 102; NJW 1966, 823 (Messmer-Tee II); NJW 1962, 1507 (Dia-Rähmchen II). Die Literatur stimmt dieser Rechtsprechung im Ergebnis ganz überwiegend zu. Differenzen gibt es allerdings bei der dogmatischen Einordnung der Ansprüche, wobei sich ein Teil der Literatur für eine bereicherungsrechtliche Einordnung der Ansprüche ausspricht bzw. die Regeln über die unechte Geschäftsführung ohne Auftrag heranzieht. Näheres dazu: MünchKomm-*Grunsky*, § 252 Rn. 16 f.; *Lange,* Schadensersatz, § 6 XII, S. 357 ff m.w.N.; *Gottwald,* Schadenszurechnung und Schadensschätzung, S. 170 ff.; Staudinger-*Medicus*, 12. Aufl., § 249 Rn. 178 ff.

nen Kompensationsanspruch nach § 252 BGB dogmatisch möglich ist, muß grundsätzlich auch bei einem Restitutionsanspruch nach § 249 S. 2 BGB möglich sein. Daß das Wahlrecht im Rahmen des § 252 BGB keine „gewohnheitsrechtliche Sonderregelung", sondern „eine Erscheinung des allgemeinen Schadensersatzrechts" darstellt, hat schon Steindorff in AcP 158, 453 nachgewiesen: „... nötig ist nur die Zustimmung zu der These, daß sich die Entscheidung über einen Schadensersatzanspruch nicht in der Feststellung eines Interesses erschöpft, sondern stets eine weitere Wertung erfordert; ...". Allerdings müßte sich das hier vorgeschlagene Wahlrecht von dem Wahlrecht des Geschädigten nach § 252 BGB wegen der unterschiedlichen Zielsetzungen beider Wahlrechte in seiner inhaltlichen Ausgestaltung unterscheiden. Während das Wahlrecht aus § 252 BGB vor allem „im Hinblick auf das besondere Schutzbedürfnis des Verletzten, insbesondere im Hinblick auf die Schwierigkeiten einer konkreten Schadensberechnung entwickelt"[192] wurde, hat das hier vorgeschlagene Wahlrecht des Geschädigten im Rahmen des § 249 S. 2 BGB die Aufgabe, den Inhalt des Schadensverhältnisses zu bestimmen, und eine optimale Interessenbefriedigung des Geschädigten, aber auch des Schädigers zu gewährleisten; kurz: einen „gerechten Ausgleich" (= positive Zielbestimmung des Schadensrechts) zwischen beiden Interessenlagen herbeizuführen. Deshalb müßte auch der Geschädigte im Rahmen des § 249 S. 2 BGB schon mit der Ausübung des Wahlrechts an seine Abwicklungsentscheidung gebunden sein und nicht, wie bei § 252 BGB, erst mit Erfüllung oder rechtskräftiger Zuerkennung des gewählten Anspruchs.[193] Das Wahlrecht im Rahmen des § 249 S. 2 BGB müßte sonach als *bindendes Gestaltungsrecht* konzipiert werden. Doch auch dies stellt dogmatisch keine unlösbare Aufgabe dar. Denn zum einen kann das hier vorgeschlagene Wahlrecht des Geschädigten als Weiterentwicklung der Ersetzungsbefugnis des Gläubigers nach § 249 S. 2 BGB aufgefaßt werden. Der Ersetzungsbefugnis ist aber nach h.M., neben der rechtsgestaltenden Wirkung[194], auch Bindungswirkung[195] beizumessen, denn „mit der Ausübung der Ersetzungsbefugnis

---

[192] BGH NJW 1992, 2753 (2756 re. Sp. unten).

[193] BGH NJW 1992, 2753.

[194] Vgl. 5. Kapitel, IV.1. a.E. m.w.N.

[195] H.M.: BGHZ 66, 239 (249) = VersR 1976, 876 li. Sp.: „... daß sich der Geschädigte an seiner Entscheidung für die Abrechnung ‚auf Reparaturkostenbasis' künftig ebenso festhalten lassen muß, wie an seiner Wahl der Geldentschädigung überhaupt"; RG JW 1937, 1145; OLG Celle NJW 1949, 223; OLG Stuttgart VersR 1978, 188,(189); Planck-*Siber*, § 249 Anm. 3b (S. 71); RGRK-*Alff*, § 249 Rn. 12; Palandt-*Heinrichs*, § 249 Anm. 2) a); *Erler*, Wahlschuld mit Wahlrecht des Gläubigers und Schuld mit Ersetzungsbefugnis des Gläubigers, S. 39 ff m.w.N.; *Gebhard*, Die fiktive Abrechnung von Fahrzeugschäden, eine unendliche Geschichte, ZfS 1990, 145 (147 li. Sp.); *Steffen*, Die Rechtsprechung des BGH zur fiktiven Berechnung des Fahrzeugschadens, NZV 1991, 1 (4 re. Sp.); a.A.: *Lange*, Schadensersatz, § 5 IV 3, S. 227 („ius variandi"); Staudinger-*Medicus*, 12. Aufl., § 249 Rn. 216; Soergel-*Mertens*, § 249 Rn. 21; MünchKomm-*Grunsky*, § 249 Rn. 13.

wird das Wahlrecht verbraucht"[196] und „das Regulierungsverhältnis auf die Finanzierung des Bedarfs einer vom Geschädigten veranlaßten Herstellung festgelegt".[197] Zum anderen rechtfertigt auch der schon oben als Zielvorgabe erwähnte „gerechte Interessenausgleich" zwischen Gläubiger und Schuldner eine frühe Bindungswirkung. So hat der Schädiger ein berechtigtes Interesse, frühzeitig zu erfahren, mit welcher Schadensersatzforderung er konfrontiert wird. Und dies nicht zuletzt deshalb, um entscheiden zu können, ob er von seiner eigenen Ersetzungsbefugnis nach § 251 II BGB Gebrauch machen muß. Dazu ist aber die Kenntnis der genauen Schadensabwicklungsvariante erforderlich, die der Gläubiger für den konkreten Schadensfall vorgesehen hat. Nur wenn diese feststeht und sich so die genaue Forderungshöhe bestimmen läßt, kann der Schädiger entscheiden, ob die dafür erforderlichen Aufwendungen unverhältnismäßig i.S.d. § 251 II BGB sind. Ähnliches gilt für die Abwicklung des Personenschadens. Hier interessiert es den Schädiger, ob er aufgrund des Heilungsverzichts durch den Geschädigten mit einer höheren Schmerzensgeldforderung rechnen muß.[198] Nur wenn feststeht, daß der Verzicht auf die Restitution den Geschädigten bindet, kann hinsichtlich der Schmerzensgeldforderung ein vom BGH[199] für zulässig erachteter Schmerzensgeldzuschlag gewährt werden, ohne daß der Schädiger Gefahr läuft, im nachhinein doch noch mit einem Restitutionsanspruch konfrontiert und so doppelt in Anspruch genommen zu werden. Die Wahlmöglichkeit des Geschädigten ist somit als umfassendes Gestaltungsrecht zu verstehen, das den Geschädigten an die vom ihm gewählte Schadensabwicklungsvariante bindet.

Dieser Weiterentwicklung der Ersetzungsbefugnis stehen auch keine praktischen Bedenken entgegen, die sich dadurch ergeben könnten, daß man es bei der Ausübung des Gestaltungsrechts mit einem bloß „inneren Vorgang" zu tun hat. Fest steht, daß der Geschädigte immer, d.h. bei jedem Schadensfall, eine Wahl hinsichtlich der Abwicklungsvarianten trifft. Dieser innere Vorgang schlägt sich in der geforderten Schadensersatzsumme nieder. M.a.W.: Auch wenn der Geschädigte sein Gestaltungsrecht nicht ausdrücklich ausübt, so können aus der vom ihm geforderten Schadensersatzsumme sowie aus seinem sonstigen Verhalten Rückschlüsse auf den konkludent gewählten Abwicklungsweg gezogen werden. Die hier vorgeschlagene Lösung erfordert somit lediglich eine Auslegung des Verhaltens des Geschädigten nach dem „objektiven Empfängerhorizont", § 133, 157 BGB.

---

[196] *Gebhard,* Die fiktive Abrechnung von Fahrzeugschäden, eine unendliche Geschichte, ZfS 1990, 145 (147 li. Sp.).

[197] *Steffen,* Die Rechtsprechung des BGH zur fiktiven Berechnung des Fahrzeugschadens, NZV 1991, 1 (4 re. Sp.).

[198] Der BGH hält für den Fall der Versagung der Heilungskosten eine Erhöhung des Schmerzensgelds für möglich. BGHZ 63, 295 (Narbenfall) = JZ 1975, 327 (329); *Hofmann,* VGT 1982, 262; vgl. dazu auch: 4. Kapitel, III.3.b).

[199] BGH, a.a.O.; *Hofmann,* VGT 1982, 262.

3. Ergebnis: „Dispositionsfreiheit" hinsichtlich des Ob und Wie der Schadensbeseitigung

Nach der hier vertretenen Auffassung hat der Geschädigten im Rahmen der Ersetzungsbefugnis nach § 249 S. 2 BGB ein umfassendes Gestaltungsrecht, das ihm die Möglichkeit gibt, die von ihm gewünschte Schadensabwicklungsvariante zu wählen und so die Abwicklungsmodalitäten verbindlich festzulegen. Die Entscheidungsfreiheit des Geschädigten bezieht sich somit nicht, wie die Anhänger der Dispositionsfreiheit annehmen, auf die Verwendung des Geldbetrags[200] (= Verwendungsfreiheit). Sie ist aber auch nicht auf die Entscheidung des Geschädigten, „ob er den Schaden beseitigen läßt oder nicht"[201] beschränkt. „Dispositionsfreiheit" in dem hier verstandenen Sinne bedeutet die umfassende „Reaktionsfreiheit" des Geschädigten auf das Schadensereignis[202], die Freiheit „über das Ob und Wie der Schadensbeseitigung"[203] bestimmen zu können. Im einzelnen bedeutet dies, daß der Geschädigte beim Sachschaden zwischen den Abwicklungsmodalitäten: „Herstellung durch Reparatur", „Herstellung durch Ersatzbeschaffung" und „Verzicht auf die Herstellung" wählen kann. Wählt er die Reparatur, so „betätigt"[204] er sein Integritäts-, Affektions- und Wertinteresse. Entscheidet er sich für die Ersatzbeschaffung, so wünscht er den Ersatz seines Integritäts- und Wertinteresses. Verzichtet er gänzlich auf jegliche Art von Restitution, so gibt er damit zu erkennen, daß er sich mit dem Wertinteresse, d.h. dem bloßen Wertersatz zufrieden gibt. Ähnliches gilt für den Personenschaden, denn es wäre „ethisch kaum tragbar, dem Geschädigten nur bei Sachschäden, nicht aber bei Personenschäden die Entscheidungsfreiheit über das Ob und Wie der Schadensbeseitigung einzuräumen".[205] Hier hat der Geschädigte die Freiheit, sein Integritäts- und sein Affektionsinteresse (= Heilung) oder auch nur sein Affektionsinteresse (= Beschränkung auf das Schmerzensgeld) zu „betätigen".

---

[200] Für viele: BGHZ 66, 239 (241); *Weber,* „Dispositionsfreiheit" des Geschädigten und fiktive Reparaturkosten, VersR 1990, 934 (938 f.); *Grunsky,* Der Ersatz fiktiver Kosten bei der Unfallschadensregulierung, NJW 1983, 2465 (2468 li. Sp.); *ders.*, in: MünchKomm, § 249 Rn. 17.

[201] *Honsell/Harrer,* Entwicklungstendenzen im Schadensersatzrecht, JuS 1985, 161 (169 re. Sp.). Ähnlich auch: *Schiemann,* Die Grenzen des § 249 S. 2 BGB, DAR 1982, 309; *Roussos,* Schaden und Folgeschaden, S. 120: „Die Entscheidungsfreiheit des Ersatzgläubigers bezieht sich daher nicht auf die Verwendungsfreiheit des Geldes, sondern auf die Beseitigung des Schadens."

[202] *Huber,* Fragen der Schadensberechnung, S. 6, 12, 31, 39, 49, 51, 74, 106 f. („Reaktionen des Geschädigten auf das schädigende Ereignis").

[203] *Roussos,* Schaden und Folgeschaden, S. 126.

[204] So die Terminologie bei *Huber,* Fragen der Schadensberechnung, S. 169: „Betätigung des Integritätsinteresses".

[205] *Roussos,* a.a.O., S. 126.

V. Unmöglichkeit der Herstellung – das Verhältnis von § 249 S. 2 BGB zu § 251 I 1. Var. BGB

1. Verstoß gegen die „Konzeption des Gesetzes“?

Wie schon bei der Darstellung der Rechtsprechungsentwicklung im 2. Kapitel eingehend erörtert wurde, mußte sich der 6. Senat im Urteil vom 2.10. 1981 (BGHZ 81,385) vom 5. Senat vorhalten lassen, mit dem Grundsatzurteil zur Dispositionsfreiheit (BGHZ 66, 239) von der „Konzeption des Gesetzes“ abgewichen zu sein.[206] Anlaß dieses Streits war die Frage, die beide Senate zu entscheiden hatten, ob durch die Veräußerung der beschädigten Sache die Herstellung i.S.d. § 249 BGB dem Geschädigten unmöglich geworden und deshalb der Herstellungsanspruch aus § 249 S. 2 BGB untergegangen ist. Der Unterschied zwischen beiden Fällen bestand nach allgemeiner Einschätzung lediglich darin, daß es sich bei BGHZ 81, 385 um ein beschädigtes Hausgrundstück und bei BGHZ 66, 239 um ein beschädigtes Kraftfahrzeug handelte.

Während der 5. Senat den Geschädigten wegen Unmöglichkeit der Herstellung auf den Wertersatzanspruch nach § 251 I BGB verwies, postulierte der 6. Senat unter Hinweis auf die Dispositionsfreiheit des Geschädigten den Fortbestand des Herstellungsanspruchs aus § 249 S. 2 BGB. Zur Begründung seiner Auffassung führte der 6. Senat neben „Besonderheiten“ des Kraftfahrzeugsschadens („Kfz-Sonderrecht“) und dem daraus abgeleiteten Praktikabilitätsargument auch diverse Gleichbehandlungsargumente an. Der Geschädigte, der durch Veräußerung und Inzahlunggabe des Fahrzeugs über das Fahrzeug verfügt habe, könne, so der BGH in BGHZ 66, 239, „billigerweise nicht anders gestellt werden als der, der nach Erhalt des für die Instandsetzung erforderlichen Betrags die beschädigte Sache doch weiter ge- und verbraucht“[207] (= *erstes Gleichbehandlungsargument*).[208] In beiden Fällen dürfe der Geschädigte die Herstellungskosten verlangen. In dieselbe Richtung weist auch das vom 6. Senat im Urteil vom 5.3.1985 (VersR 1985, 593) nachgeschobene *zweite Gleichbehandlungsargument*[209]: Grundsätzlich stehe es dem Geschädigten „frei, ob er den erhalten Betrag tatsächlich zur Reparatur verwendet, oder ob er das Fahrzeug in beschädigtem Zustand veräußert und das Geld zur Anschaffung eines Ersatzfahrzeugs verwendet oder dieses anderen Zwecken zuführt. Dann aber kann nichts anderes gelten“, so fährt der BGH fort, „wenn der Geschädigte sein beschädigtes Fahrzeug veräußert, ehe er die

---

[206] 2. Kapitel, III.1.

[207] BGHZ 66, 239 = VersR 1976, 875 re. Sp.

[208] 2. Kapitel, II.5.

[209] 2. Kapitel, IV.1.a).

Reparaturkosten erhalten (...) hat. Der Gesichtspunkt, daß durch die Veräußerung eine Reparatur des Kfz unmöglich geworden sei, ist kein ausreichender Sachgrund für eine unterschiedliche schadensrechtliche Beurteilung."[210]

Grunsky fügte diesen beiden Gleichbehandlungsargumenten noch ein drittes hinzu. Er ist der Auffassung, daß es zu dem allgemein als zulässig anerkannten Fall der Veräußerung der Sache nach Durchführung der Reparatur „vernünftigerweise keinen Unterschied machen kann, wenn der Geschädigte von der Reparatur absieht und die Sache im beschädigten Zustand veräußert".[211]

Während sich die beiden ersten, vom 6. Senat vorgebrachten Gleichbehandlungsargumente schon im 2. Kapitel als Zirkelschlüsse erwiesen haben, da auch die jeweiligen Vergleichsfälle vom 6. Senat auf der Grundlage der Dispositionsfreiheit gelöst wurden[212], fehlt beim dritten, von Grunsky vorgestellten Gleichbehandlungsargument der konkrete „Gleichbehandlungsdruck". Bei dem von ihm herangezogenen Vergleichsfall (Veräußerung der Sache nach Durchführung der Reparatur) tritt der Konflikt „Unmöglichkeit durch Veräußerung" gar nicht auf. Die Fälle sind somit nicht vergleichbar. Alle drei Gleichbehandlungsargumente sind demnach nicht geeignet, das vom 5. Senat bemängelte „Abweichen von der Konzeption des Gesetzes" zu erklären. Gleiches gilt auch für die übrigen vom 6. Senat vorgebrachten Argumente, insbesondere für die wenig überzeugende Differenzierung zwischen Kraftfahrzeug- und Grundstücksschaden. (= Praktikabilitätsargument). Der „Grundsatz der Dispositionsfreiheit" war, wie schon das 2. Kapitel zeigte, auch aus praktischen Gesichtspunkten nicht erforderlich.[213]

Auch der Erklärungsversuch der h.L., die die Rechtsprechung des 6. Senats zur Dispositionsfreiheit stützt und demzufolge darin ebenfalls kein Abweichen von der Systematik des Gesetzes sieht, überzeugt nicht. Diese Stimmen in der Literatur begründen den Fortbestand des Herstellungsanspruchs nach § 249 S. 2 BGB trotz Veräußerung der beschädigten Sache u.a. mit einer Ungleichbehandlung von objektiver Unmöglichkeit und subjektivem Unvermögen.[214] Das durch die Veräußerung der beschädigten Sache ausgelöste

---

[210] BGH VersR 1985, 593 (594 li. Sp.).

[211] *Grunsky,* Zur Erstattungsfähigkeit fiktiver Heilungskosten – BGHZ 97, 14, JuS 1987, 441 (442 re. Sp.).

[212] Siehe 2. Kapitel, II.4.; ebenso: *Köhler,* Abstrakte oder konkrete Berechnung des Geldersatzes nach § 249 Satz 2 BGB, in: FS für Larenz, S. 361: „petitio principii: Es ist keineswegs selbstverständlich, daß der Gläubiger den Ersatzbetrag bei nachträglicher Veräußerung (voll) behalten darf."

[213] 2. Kapitel, II.7., und 4. Kapitel, IV.2.

[214] Für eine Ungleichbehandlung von objektiver Unmöglichkeit und subjektivem Unvermögen: *Weitnauer,* Zur Entwicklung im Schadensrecht, in: FS der Juristischen Fakultät

subjektive Unvermögen des Geschädigten werde, so die h.L., von § 251 I 1. Var. BGB nicht erfaßt.

Überzeugender erscheint mir aber die umgekehrte Argumentationsrichtung, wie man sie bei den Vertretern der Zweckbindungstheorie vorfindet. Diese sehen in der Veräußerung und Inzahlunggabe der Sache durch den Geschädigten zwar ebenfalls einen Fall des subjektiven Unvermögens, der aber, entgegen der h.L., dem Fall der objektiven Unmöglichkeit gleichgestellt werden müsse. Insbesondere Köhler stützt sich auf dieses „Gleichbehandlungsargument". Er schreibt:

> „Geht man davon aus, daß der Schädiger grundsätzlich nur den beim Geschädigten eintretenden Schaden ersetzen muß (Subjektbezogenheit des Schadens), kommt man im Grunde nicht umhin, die bloß subjektive Unmöglichkeit der Herstellung (infolge Veräußerung) der objektiven (infolge Untergangs) gleichzustellen. Beide Male ist der Gläubiger außerstande, die Herstellung noch selbst durchzuführen. Es wäre auch ein merkwürdiges Ergebnis, wenn der Gläubiger bei "Inzahlunggabe„ des beschädigten Fahrzeugs den fiktiven Reparaturkostenersatz behielte, ihn aber verlöre, wenn er auf dem Weg zum Händler in einen Unfall mit Totalschaden verwickelt würde."[215]

Trotz aller Überzeugungskraft, die von dieser Argumentation ausgeht, muß man sich fragen, ob bei ihr der Ausgangspunkt richtig gewählt wurde. Zu bedenken ist, daß zwischenzeitlich durch richterliche Rechtsfortbildung der Herstellungsbegriff um die Herstellungsvariante „Ersatzbeschaffung" erweitert wurde. Eine Erweiterung des Herstellungsbegriffs führt aber zwangsläufig zu einer Einschränkung des Unmöglichkeitsbegriffs. Bei der Prüfung, ob die Herstellung i.S.d. § 249 S. 2 BGB unmöglich geworden ist, darf man sich heute nicht mehr mit der Feststellung begnügen, daß die Reparatur der Sache unmöglich geworden ist[216], sondern man muß zusätzlich die Möglichkeit einer Ersatzbeschaffung in Betracht ziehen.[217] Die Herstellung des Zustands i.S.d. § 249 BGB ist erst dann unmöglich, wenn alle Herstellungs-

---

Heidelberg, S. 286 f. („... d.h. wenn sie objektiv unmöglich ist, subjektives Unvermögen genügt nicht"); *Schlechtriem,* Schließt Veräußerung des Unfallfahrzeugs Schadensersatzansprüche auf Reparaturkostenbasis aus?, DAR 1975, 122 (123 li. Sp.) („die Möglichkeit der Naturalrestitution ist bei einer Sachbeschädigung nicht subjektsbezogen, sondern objektsbezogen"); Staudinger-*Medicus*, § 251 Rn. 10; Palandt-*Heinrichs*, 53. Aufl., § 251 2) a) („Unvermögen steht der Unmöglichkeit grundsätzlich gleich; es schließt aber nur den Anspruch aus § 249 S. 1, nicht den aus § 249 S. 2 aus"). Aus der älteren Literatur: *Kress,* Lehrbuch des Allgemeinen Schuldrechts, S. 348; Planck-*Siber*, 4. Aufl., § 251 Anm. 2.

[215] *Köhler,* Abstrakte oder konkrete Berechnung des Geldersatzes nach § 249 Satz 2 BGB, in: FS für Larenz, S. 361.

[216] So aber noch *Jordan,* Die Abwicklung des Kraftfahrzeug-Totalschadens, VersR 1978, 688 (692 re. Sp.).

[217] BGH JZ 1985, 39 (40 re. Sp.) (Modellbootentscheidung) mit Anmerk. *Medicus* = NJW 1984, 2284; BGHZ 115, 375 = BGH VersR 1992, 64 (Leitsatz Nr. 1) und 65 li. Sp.

varianten unmöglich geworden sind. Der Ausgangspunkt jeder Unmöglichkeitsprüfung ist sonach nicht ein objektiver oder subjektiver Unmöglichkeitsbegriff (§ 251 I BGB), sondern der durch Rechtsfortbildung erweiterte Herstellungsbegriff (§ 249 BGB). Folgt man aber dem hier vertretenen erweiterten Herstellungsbegriff, der auch die Neubeschaffung bei gleichzeitigem Überkompensationsausgleich als Ersatzbeschaffung anerkennt[218], so liegt mit der Veräußerung und Inzahlunggabe des Kraftfahrzeugs durch den Geschädigten in BGHZ 66, 239 kein Fall von subjektivem Unvermögen, sondern eine besondere Herstellungsvariante nach § 249 S. 2 BGB vor. Die „Konzeption des Gesetzes" ist damit gewahrt. Allerdings kann der Geschädigte nicht, wie es der BGH vertritt, die Kosten einer fiktiven Reparatur bzw. einer fiktiven Ersatzbeschaffung, sondern lediglich die Kosten der von ihm gewählten Abwicklungsvariante „Neubeschaffung" verlangen.

2. Die Unmöglichkeit der Herstellung und das Gestaltungsrecht des Geschädigten

Das im vierten Abschnitt durch Rechtsfortbildung entwickelte Gestaltungsrecht des Geschädigten hat, wie sich aus der bisherigen Untersuchung ergibt, ganz entscheidenden Einfluß auf die Abgrenzung des § 249 S. 2 BGB zu § 251 I 1. Var. BGB. Aus diesem Grunde muß die hierzu vertretene herkömmliche Abgrenzungsdogmatik überdacht und den veränderten Verhältnissen angepaßt werden.

a) Objektive Unmöglichkeit und subjektives Unvermögen

Die Differenzierung der h.L. zwischen objektiver Unmöglichkeit und subjektivem Unvermögen macht nach der hier vertretenen Auffassung keinen Sinn. Denn mit der Einräumung eines Gestaltungsrechts zugunsten des Geschädigten wird die Fallgruppe des „subjektives Unvermögens" hinfällig. Die Fallkonstellationen, die die h.L. unter dem Stichwort „subjektives Unvermögen" problematisiert, erweisen sich, folgt man der hier vorgeschlagenen Betrachtungsweise, als konkludente Ausübung des dem Geschädigten eingeräumten Gestaltungsrechts; m.a.W. die Veräußerung der beschädigten Sache ist lediglich Ausdruck des individuellen Gestaltungswillens des Geschädigten, dessen genauer Inhalt durch Auslegung nach §§ 133, 157 BGB zu ermitteln ist. Dabei ergeben sich für die obigen „Veräußerungsfälle" folgende Lösungen:

---

[218] Vgl. 4. Kapitel, II.2.

Im ersten Veräußerungsfall (BGHZ 66, 239), der sich durch die Veräußerung und Inzahlunggabe der beschädigten Sache auszeichnet, bringt der Geschädigte durch die von ihm angestrebte Ersatzbeschaffung sein Interesse an der Herstellung des ursprünglichen Zustands zum Ausdruck. Ihm ist deshalb das Integritäts- und das Wertinteresse zu ersetzen. Veräußert dagegen der Geschädigte, wie im zweiten Veräußerungsfall (BGHZ 81, 385), die beschädigte Sache, ohne sich gleichzeitig eine andere zu verschaffen, so zeigt dies, daß er an der Herstellung des ursprünglichen Zustands gerade kein Interesse hat. Sein Verhalten ist vielmehr so auszulegen, daß er sich, ähnlich wie im Falle der Weiterbenutzung einer unreparierten Sache, mit dem reinen Wertinteresse, d.h. dem bloßen Wertersatz zufrieden gibt. Daß der Geschädigte durch die Veräußerung der Sache deren Restwert in Geld realisiert, während ihm der Restwert bei der bloßen Weiterbenutzung in natura erhalten bleibt, macht keinen Unterschied. Beide Male ist dem Geschädigten lediglich der Wertverlust, den die Sache durch das schädigende Ereignis erlitten hat, zu ersetzen.

Zusammenfassend ist nochmals festzuhalten, daß der Verkauf der beschädigten Sache im Rahmen einer Schadensabwicklung als konkludente Ausübung des dem Geschädigten eingeräumten Gestaltungsrechts aufzufassen ist. Welches individuelle Abwicklungsinteresse der Geschädigte damit konkret geltend macht, muß aber jeweils durch Auslegung ermittelt werden.

b) Anfängliche und nachträgliche Unmöglichkeit

Neben der oben abgelehnten Differenzierung zwischen objektiver Unmöglichkeit und subjektivem Unvermögen ist die zeitliche Dimension der Herstellungsmöglichkeit der zweite Bestandteil der herkömmlichen Dogmatik zur Abgrenzung von § 249 S. 2 BGB zu § 251 I 1. Var. BGB. Nach allgemeiner Meinung[219] muß „zumindest ursprünglich“[220], d.h. im direkten Anschluß an das schädigende Ereignis, eine Wiederherstellung möglich sein, um dem Geschädigten einen Herstellungsanspruch nach § 249 S. 2 BGB gewähren zu können. Überträgt man diesen aus dem Restitutionsprinzip gewonnenen Gedanken auf den hier vorgeschlagenen Lösungsansatz, so bedeutet dies, daß im Zeitpunkt der Ausübung des Wahl- bzw. Gestaltungsrechts die gewählte Abwicklungsvariante tatsächlich möglich sein muß. Wählt der Geschädigte eine im Zeitpunkt der Wahl nicht durchführbare Abwicklungsvariante, geht der Gestaltungsakt ins Leere; er ist nichtig. Dies ergibt sich auch aus dem Rechtsgedanken des § 306 BGB, nach dem ein Rechtsverhältnis, hier das

[219] Für alle: Staudinger-*Medicus*, § 249 Rn. 219.

[220] BGHZ 81, 385 = NJW 1982, 98: „Mindestens ursprünglich muß die Wiederherstellung möglich gewesen sein ...“.

Schadensabwicklungsverhältnis, nicht auf einen unmöglichen Inhalt hin gestaltet werden kann.

Weit problematischer als die Behandlung der anfänglichen Unmöglichkeit erweist sich der Umgang mit der sog. „nachträglichen Unmöglichkeit". Hinter diesem Begriff verbirgt sich die Frage (und evt. auch die Antwort), wie lange die Möglichkeit zur Herstellung andauern muß, um dem Geschädigten den Herstellungsanspruch aus § 249 S. 2 BGB gewähren zu können. Nach dem BGH[221] und der überwiegenden Literaturmeinung[222] bezieht sich die Möglichkeit der Naturalrestitution grundsätzlich auf den Zeitpunkt der letzten mündlichen Verhandlung bzw. auf den Zeitpunkt der Erfüllung des Ersatzanspruchs. Dies bedeutet, daß der Geschädigte seinen Herstellungsanspruch nach § 249 S. 2 BGB grundsätzlich immer dann verliert, wenn bis zu den genannten Zeitpunkten die Unmöglichkeit der Herstellung eintritt.[223]

Demgegenüber ist nach dem hier vertretenen Lösungskonzept das Schadensabwicklungsverhältnis mit der Ausübung des Gestaltungsrechts durch den Geschädigten auf die gewählte Abwicklungsvariante und damit auf das individuelle Schadensabwicklungsinteresse fixiert, d.h. eine „nachträgliche" Unmöglichkeit der Herstellung schadet danach nicht.[224] Allerdings ist hierbei zu beachten, daß das Schadensverhältnis damit nur dem „Grunde nach" und nicht der „Höhe nach" festgelegt ist. Denn die Bestimmung des genauen Schadensersatzbetrags erfordert zusätzlich zur Ausübung des Gestaltungsrechts auch noch eine Bewertung des gewählten Schadensabwicklungsinteresses.[225] Hierfür dürfte der von der h.M. angesetzte Zeitpunkt der letzten mündlichen Verhandlung der Tatsacheninstanz maßgeblich sein. Doch soll dieser Frage erst im nächsten Abschnitt näher nachgegangen werden.[226] An dieser Stelle genügt es zunächst einmal festzuhalten, daß eine nachträgliche, d.h. eine der Ausübung des Gestaltungsrechts nachfolgende Unmöglichkeit der Herstellung nicht schadet.

---

[221] St. Rspr.: BGH VersR 1976, 874 (875 li. Sp.) = BGHZ 66, 239.

[222] Staudinger-*Medicus*, § 249 Rn. 220–222; MünchKomm-*Grunsky*, § 251 Rn. 3; *Esser/Schmidt*, Nochmals: Tendenzwende in der Schadensrechtsprechung, NJW 1983, 1409.

[223] Die Ausnahme dazu findet sich in BGHZ 66, 239: „Grundsatz der Dispositionsfreiheit".

[224] So ähnlich schon *von Tuhr*, KritV 47 (1907), 79 (80/81).

[225] Ähnlich die These von *Steindorff*, Abstrakte und konkrete Schadensberechnung, AcP 158 (1958), 453: „(...) daß sich die Entscheidung über einen Schadensersatzanspruch nach Feststellung der anspruchsbegründenden Rechtsverletzung nicht in der Feststellung eines Interesses erschöpft, sondern stets eine weitere Wertung erfordert; insoweit haben wir es bei der Schadensberechnung in Höhe der Lizenzgebühr mit einer Erscheinung des allgemeinen Schadenersatzrechts zu tun".

[226] Vgl. 5. Kapitel, VI.

Zur Begründung der sich zwangsläufig aus dem Charakter des Gestaltungsrechts ergebenden Fixierung des Schadensverhältnisses kann zum einen auf die dadurch erzielte symmetrische Risikoverteilung zwischen Geschädigtem und Schädiger verwiesen werden. So wie das Gestaltungsrecht den Geschädigten an die von ihm gewählte Schadensabwicklungsart bindet, ihm also ein nachträgliches Abweichen nicht mehr erlaubt und damit dem Schutze des Schädigers dient, so schützt es umgekehrt den Geschädigten vor einem rein zufälligen Untergang der Sache. Denn es ist nicht einzusehen, weshalb der Geschädigte das Risiko des zufälligen Untergangs der Sache bis zum Ende der Herstellungsbemühungen tragen soll. Deshalb geht die Gefahr des zufälligen Untergangs der Sache nach der hier vertretenen Auffassung schon mit Ausübung des Gestaltungsrechts vom Geschädigten auf den Schädiger über. Zum anderen verhindert das hier vorgetragene Schadensabwicklungskonzept die mißliche Konsequenz, die die Auffassung der h.M. mit sich bringt, daß der Schädiger durch eine bewußte Leistungsverzögerung Einfluß auf das Schicksal des Herstellungsanspruchs und damit auf die Höhe des Schadensersatzanspruchs nehmen kann. Würde man der h.M. folgen, so hätte es der Schädiger bei einem Sachschaden häufig in der Hand, „durch Nichtleistung der nach § 249 S. 2 BGB fälligen Vorlage auf § 251 I BGB ‚umzuschalten‘ (...)“.[227] Bei dem Ersatz von entgangener Sachnutzung dagegen würde man sogar zu dem unerfreulichen Ergebnis kommen, daß sich der Schädiger „durch unberechtigte Ablehnung des Anspruchs auf Stellung eines Ersatzfahrzeugs oder auf Vorlage der Mietkosten von jeglicher Verpflichtung zum Schadensersatz“ befreien könnte.[228] Ebenso kraß wären die Konsequenzen beim Personenschaden. Auch hier könnte sich der Schädiger durch eine Leistungsverzögerung gänzlich von der Schadensersatzpflicht freihalten.

Gerade beim Personenschaden wurden die beschriebenen Folgen schon vom Reichsgericht als unbillig empfunden und mit Hilfe des *sog. „Verzögerungsarguments“* korrigiert. „Es kann nicht Rechtens sein“, so das Reichsgericht, „daß der Schuldner in der Lage sein soll, sich durch Hinausschieben der Erfüllung eines im Gesetz begründeten Anspruchs von seiner Verpflichtung vollkommen zu befreien.“[229] Dieses Argument hat sich auch der BGH in der schon im zweiten Kapitel besprochenen Stärkungsmittelentscheidung (NJW 1958, 627) zu eigen gemacht und dem Geschädigten trotz unmöglich gewordener Herstellung – der Heilungserfolg war schon von selbst eingetreten – die Kosten des Stärkungsmittels zugesprochen. Zur Begründung führte der BGH aus:

---

[227] *Rauscher,* Abschied vom Schadensersatz für Nutzungsausfall?, NJW 1986, 2011 (2013 li. Sp.).

[228] *Rauscher,* a.a.O., S. 2013; BGH (Vorlagebeschluß) NJW 1986, 2037 (2040) = JZ 1986, 387; BGHZ 45, 212 (216) = NJW 1966, 1260.

[229] RG 151, 304.

„Wie schon das RG, aaO, hervorgehoben hat, steht als entscheidender Gesichtspunkt im Vordergrund, daß der Schädiger nicht dadurch von der Verpflichtung zum Ersatz notwendiger Heilungskosten befreit werden soll, daß er durch Hinausschieben der Erfüllung eines im Gesetz begründeten Anspruchs den Verletzten außerstande gesetzt hat, sich notwendige Heil- und Stärkungsmittel zu kaufen.“[230]

Gegen die Verwendung des Verzögerungsarguments als Instrument zur Korrektur unbilliger Ergebnisse wurden aber schon frühzeitig Einwände vorgebracht.[231] Heute bezweifeln vor allem Medicus[232], der ursprünglich selbst von dem Verzögerungsargument überzeugt war[233], und auch Lange[234] die Tragfähigkeit dieses Arguments. Beide sind der Auffassung, daß das Hinausschieben der Leistung durch den Schuldner für ihn stets die Gefahr einer Vergrößerung seiner Leistungspflicht durch Folgeschäden bedeutet. Zumindest sei die Gefahr einer Erhöhung der Ersatzpflicht durch Nichtleistung und damit verbundene Folgeschäden erheblich größer als die Aussicht auf Entlastung durch hypothetische Ereignisse[235], so daß für den Schädiger in jedem Falle ein konkreter Leistungsanreiz bestünde und deshalb dieses Billigkeitsargument hinsichtlich der Säumnis des Schädigers an Überzeugungskraft verliere.[236]

Diesen Ausführungen ist aber Huber[237] jüngst mit folgender Überlegung entgegen getreten: „Der Gefahr“, so Huber, „daß es zu Folgeschäden in der Vermögenssphäre kommt, für die er“ [d.h. der Ersatzpflichtige][238] „dann aufzukommen hat, steht eine zweifache Chance gegenüber: Entweder der Verletzte stirbt, so daß jedenfalls bei Fehlen von Unterhaltsgläubigern jeglicher weitere Schaden ausscheidet; oder der Verletzte erlangt wegen seiner robusten Konstitution seinen ursprünglichen Gesundheitszustand auch ohne diese Maßnahmen, so daß den Schädiger ebenfalls keine Ersatzpflicht treffen würde.“ In beiden Fällen könnte es sich für den Schädiger lohnen, die Leistung bewußt zu verzögern. „Zu Spekulationen mit der Gesundheit des Verletzten sollte aber die Rechtsordnung keinesfalls einen Anreiz bieten.“[239]

---

[230] BGH NJW 1958, 627 = VersR 1958, 176 (Stärkungsmittelfall).

[231] So schon bei *Wussow,* Unfallhaftpflicht, 6. Aufl., S. 458 f.

[232] *Medicus*, Schadensersatz und Billigkeit, VersR 1981, 593 (599); *ders.*, Gründe und Grenzen des Ersatzes „fiktiver Schäden“, VersR 1982, 352 (356).

[233] *Medicus,* Bürgerliches Recht (bis zur 9. Aufl.), Rn. 824.

[234] *Lange,* Schadensersatzrecht S. 195.

[235] Vgl. *Lange,* a.a.O., S. 195.

[236] *Medicus,* Schadensersatz und Billigkeit, VersR 1981, 593 (599); zustimmend: *Schiemann,* Die Grenzen des § 249 S. 2 BGB, DAR 1982, 311.

[237] *Huber,* Fragen der Schadensberechnung, S. 57.

[238] Anm. des Verf.

[239] *Huber,* a.a.O., S. 57.

Auch das von Medicus[240] vorgetragenen zweite Gegenargument, daß bei Gewährung eines Ersatzanspruchs der Schädiger doppelt zur Kasse gebeten wird, einmal für das angeschaffte Medikament und dann nochmals für die Folgeschäden, ist, so Huber, „zwar dem Grunde nach beachtlich, läßt sich aber leicht ausräumen“[241]: Um eine Doppelliquidation des Geschädigten zu vermeiden, müsse sich dieser bei Eintritt eines Folgeschadens anrechnen lassen, was er als Schadensersatz für die unterlassene Anschaffung des Medikaments begehrt und erhalten hat.[242] Diese Anrechnung könnte nach der hier vertretenen Auffassung im Rahmen der der Ausübung des Gestaltungsrechts nachfolgenden wirtschaftlichen Interessenbewertung erfolgen.

Schließlich, und dies dürfte bei dieser Diskussion eine entscheidende Rolle spielen, wird mit dem hier vorgeschlagenen Lösungskonzept dem Verzögerungsargument der „Makel“ des Billigkeitsarguments[243] genommen. Denn die aus der nach wie vor aktuellen Verzögerungsproblematik heraus entstehenden unbilligen Ergebnisse werden nicht mehr mit Hilfe einer Billigkeitsüberlegung korrigiert, sondern schon im Vorfeld durch eine dogmatische Gesamtlösung verhindert.

Neben den bisher vorgetragenen Überlegungen spricht auch die schon mehrfach erörterte Ratio des § 249 S. 2 BGB für ein umfassendes Gestaltungsrecht des Geschädigten und damit für eine Fixierung des Ersatzanspruchs auf das gewählte Abwicklungsinteresse. Nach dem Willen des historischen Gesetzgebers soll sich der Geschädigte mit der ihm durch § 249 S. 2 BGB eingeräumten Ersetzungsbefugnis vom Schädiger emanzipieren können und nicht mehr von dessen Herstellungsbemühen abhängig sein. Der Geschädigte soll als Herr des Abwicklungsverfahrens das Geschehen nach dem Schadensereignis weitgehend allein bestimmen können. Dieses angestrebte Ziel wird aber von der h.M. mit ihrer Forderung nach dem Andauern der Herstellungsmöglichkeit bis zur letzten mündlichen Verhandlung unterlaufen. Denn durch diese Forderung, wird die „materielle Frage der Unmöglichkeit der Naturalrestitution den prozessualen Zufälligkeiten unterstellt, die der Schädiger manipulieren kann“.[244] Der Geschädigte ist demnach nicht, wie dies der historische Gesetzgeber wollte, vom Schädiger unabhängig, sondern auf dessen Willen zur Kooperation angewiesen bzw. dessen Spekulationen hinsichtlich des weiteren Schadensverlaufs ausgeliefert. Nur ein Schadens-

---

[240] *Medicus,* Schadensersatz und Billigkeit, VersR 1981, 593 (599); *ders.*, Gründe und Grenzen des Ersatzes „fiktiver Schäden“, VersR 1982, 352 (356).

[241] *Huber,* a.a.O., S. 57.

[242] Vgl. *Huber,* a.a.O., S. 57.

[243] Vgl. *Hagen,* Entgangene Gebrauchsvorteile als Vermögensschaden?, JZ 1983, 833 (834 und 836); *Medicus,* Schadensersatz und Billigkeit, VersR 1981, 593.

[244] *Rauscher,* Abschied vom Schadensersatz für Nutzungsausfall?, NJW 1986, 2011 (2014 li. Sp.).

abwicklungskonzept, das den Anspruch aus § 249 S. 2 BGB derart verfestigt, daß er die Möglichkeit zur Herstellung überdauert, sichert dem Geschädigten die ihm vom historischen Gesetzgeber eingeräumte Vorrangstellung. Mit einer solchen Fixierung nimmt man dem Ersatzanspruch auch nicht, wie Bötticher meint, „die Natur eines (…) Herstellungsanspruchs“.[245] Denn, wie Bötticher selbst einräumen muß, handelt es sich bei dem Anspruch aus § 249 S. 2 lediglich um einen *modifizierten* Herstellungsanspruch. Kann aber das gesetzgeberische Ziel, den Geschädigten aus dem Abhängigkeitsverhältnis zum Schädiger zu lösen, nur durch eine Fixierung des Schadensverhältnisses erreicht werden, so müssen die sich daraus ergebenen Folgen als Modifikationen des Herstellungsanspruchs hingenommen werden.

VI. Der fehlgeschlagene Herstellungsversuch

Die unterschiedliche Leistungsfähigkeit der verschiedenen Lösungskonzepte (Lehre von der Dispositionsfreiheit oder Zweckbindungstheorien) zu der Frage nach dem Ersatz fiktiver Kosten zeigt sich insbesondere auch an dem dazu komplementären Problem des fehlgeschlagenen Herstellungsversuchs. Beide Problemfälle, der Ersatz fiktiver Kosten und der Ersatz der Kosten eines fehlgeschlagenen Herstellungsversuches, betreffen prinzipiell dieselbe Konfliktsituation und stellen lediglich zwei Seiten ein und derselben Medaille dar. Der Unterschied zwischen beiden Fallkonstellationen besteht nur darin, daß im ersten Fall („Ersatz fiktiver Kosten“) die tatsächlichen Kosten von den prognostizierten Kosten nach unten und im zweiten Fall („Fehlgeschlagener Herstellungsversuch“) nach oben abweichen. Mithin geht es bei der Problematik des fehlgeschlagenen Herstellungsversuchs nicht um eine eventuelle Rückerstattung des zweckfremd eingesetzten Herstellungsbetrages durch den Geschädigten, sondern um eine eventuelle Nachzahlung des durch Prognosefehler bedingten Differenzbetrags durch den Schädiger. Die für das Problem „Ersatz fiktiver Kosten“ entwickelten Lösungskonzepte müssen sich jedenfalls auch am Problemfall des „fehlgeschlagenen Herstellungsversuchs“ bewähren, um insgesamt überzeugen zu können.

1. „Grundsatz der Dispositionsfreiheit“

Die Anhänger des „Grundsatzes der Dispositionsfreiheit“ geben auf die Frage nach dem Ersatz der Kosten eines fehlgeschlagenen Herstellungsversuchs keine einheitliche Antwort. Selbst einen gemeinsamen dogmatischen Ausgangspunkt sucht man vergebens. Schon hieran zeigt sich, wie schwierig

[245] *Bötticher*, Schadensersatz für entgangene Gebrauchsvorteile, VersR 1966, 301 (307).

es ist, aus dem Konzept „Dispositionsfreiheit" eine widerspruchsfreie und überzeugende Lösung für den angesprochenen Problemfall zu entwickeln.

Lediglich Weber setzt die dem „Grundsatz der Dispositionsfreiheit" immanente These, daß der Anspruch aus § 249 S. 2 BGB von den weiteren Geschehnissen, dem weiteren Schadensverlauf abgekoppelt sei, konsequent um. Bei seiner Lösung hat der Schädiger „keine Ansprüche auf Zurückzahlung, ebensowenig hat der Geschädigte Ansprüche auf Nachzahlungen".[246] Beide Fälle, der „Ersatz fiktiver Kosten" und der „Ersatz der Kosten eines fehlgeschlagenen Herstellungsversuchs", werden nach den Grundsätzen einer „abstrakten Schadensberechnung" behandelt.

In dieselbe Richtung deuten die, wenn auch weitaus vorsichtiger formulierten, Ausführungen Birkmanns. Dieser schreibt: „Der Wahrung der Dispositionsfreiheit i.S.d. § 249 S. 2 BGB entspräche es (...) eher, dem Geschädigten den Ersatzanspruch so zu belassen, wie er ihm zum Zeitpunkt der Ausübung seines Wahlrechts zusteht. Dieser bemißt sich dann in der Höhe in aller Regel nach der zu diesem Zeitpunkt allein möglichen Berechnung auf der Grundlage der Reparaturkosten anhand des Gutachtens eines Kfz-Sachverständigen."[247] Damit müßte der Geschädigte die nachträglich angefallenen Mehrkosten des fehlgeschlagenen Herstellungsversuchs selbst tragen.

Für Birkmanns und Webers Ansichten spricht zum einen die Symmetrieerwägung, daß die „abstrakte Schadensberechnung" nicht zur „Einbahnstraße"[248] zugunsten des Geschädigten werden darf, sondern auch dort Anwendung finden muß, wo sie Vorteile für den Schädiger bringt[249], und zum anderen das Argument der schnelleren und effizienteren Schadensabwicklung. Das letztere Argument, das von den Vertretern der Dispositionsfreiheit wiederholt gegen die Zweckbindungstheorie ins Feld geführt wurde, kann aber nur auf der Grundlage dieser Lösungsvorschläge aufrecht erhalten werden. Denn nicht nur die Rückforderung des Schädigers, sondern auch eine Nachforderung des Geschädigten verzögert die Schadensabwicklung.

Trotzdem überzeugen die beiden vorgetragenen Lösungskonzepte aus zweierlei Gründen nicht. Zum ersten stehen sie im Widerspruch zum „Grund-

---

[246] *Weber,* „Dispositionsfreiheit" des Geschädigten und fiktive Reparaturkosten, VersR 1990, 934 (938 li. Sp.).

[247] *Birkmann,* Abrechnung auf Gutachtenbasis trotz durchgeführter Reparatur des Kraftfahrzeugs, DAR 1990, 3 (5 re. Sp.).

[248] *Klimke,* Fiktive Schadensabrechnung, ZfS 1989, 253 (254 re. Sp.).

[249] Vgl. *Gebhardt,* Die fiktive Abrechnung von Fahrzeugschäden, eine unendliche Geschichte, ZfS 1990, 145 (147); *Steffen,* Die Rechtsprechung des BGH zur fiktiven Berechnung des Fahrzeugschadens, NZV 1991, 1 (4 f.); *Hofmann,* Der Umfang des Ersatzanspruchs nach § 249 Satz 2 BGB im Reparaturfall und der vertraglichen Reparaturkostenentschädigung in der Fahrzeug-Vollversicherung (§ 13 Abs. 5 AKB), DAR 1983, 374 (375 f.).

satz der Totalreparation"[250], nach dem der Geschädigte „volle Naturalrestitution"[251] verlangen kann, und zum zweiten mißachten sie die vom BGH in ständiger Rechtsprechung festgestellte Risikoverteilung im Schadensabwicklungsverhältnis. Danach hat grundsätzlich allein der Schädiger das Prognoserisiko[252], das sich beim Sachschaden im „Werkstattrisiko"[253] und beim Personenschaden im „Arztrisiko"[254] äußert, zu tragen. Dies gilt sowohl für eine Schadensabwicklung nach § 249 S. 1 als auch für eine Schadensabwicklung nach § 249 S. 2 BGB. Denn die Wahl des Abwicklungsweges darf keinen Einfluß auf die Risikostruktur im Schadensabwicklungsverhältnis nehmen. Wird nun aber dem Geschädigten die Nachforderung der durch die Fehlprognose verursachten Mehrkosten versagt, so bürdet man ihm damit unzulässigerweise auch das Prognoserisiko auf.

Deshalb wählt die Mehrzahl der Vertreter der Dispositionsfreiheit zur Lösung des Problems des fehlgeschlagenen Herstellungsversuchs einen anderen dogmatischen Ausgangspunkt. Sie begreifen das Problem vornehmlich als einen Fall des Wechsels von der „abstrakten zur konkreten Schadensberechnung".[255] Zwar ist mit der Ausübung der Ersetzungsbefugnis durch den Geschädigten, so Steffen, „das Regulierungsverhältnis auf die Finanzierung des Bedarfs einer von ihm veranlaßten Herstellung festgelegt. Damit ist noch nicht gesagt, daß es dem Geschädigten, wenn er zunächst auf Gutachtenbasis abrechnet, auch verwehrt ist, später die Reparaturkostenrechnung vorzulegen und ggf. wegen eines erst in der Reparatur entdeckten Schadens nachzufordern, wie er das kann, wenn er sogleich nach Reparaturkostenrechnung konkret abrechnet. Denn hier geht es nicht mehr um die Ausübung der Erset-

---

[250] *Lange,* Schadensersatz, S. 46; *Grunsky,* Grundlagen des Schadensersatzrechts, BFuP 1987, 420 (427).

[251] *Steffen,* Die Rechtsprechung des BGH zur fiktiven Berechnung des Fahrzeugschadens, NZV 1991, 1 (5).

[252] Grundlegend zum Werkstatt- und Ärzterisiko: *Gotthardt,* Zum Herstellungsaufwand des „verständigen Mannes", VersR 1975, 977; *Medicus,* Naturalrestitution und Geldersatz, JuS 1969, 449 (451 li. Sp.). Zum Prognoserisiko bei der Restwertbestimmung: BGH EWiR 1993, 551 mit Anm. *Reinking.*

[253] St. Rspr.: BGH VersR 1992, 61 (63); BGHZ 63, 182 (185 f.) = NJW 1975, 160; BGHZ 61, 346 = NJW 1974, 34; BGH NJW 1972, 1800. Zur „Streubreite" eines Sachverständigengutachtens s. die Anm. von *Hofmann* zu BGH-Urteil vom 20.6.1989, NZV 1989, 466 (betr. eine Studie in „Stiftung Warentest" Heft 1 / 1989, S. 61 ff.).

[254] Schon RGZ 72, 219; st. Rspr. des BGH seit BGH NJW 1951, 797 (798). Zur Relativität des Begriffs der Fehldiagnose: *Gross,* Patientenwohl und Regeln der ärztlichen Kunst, S. 73 ff.

[255] *Gebhardt,* Die fiktive Abrechnung von Fahrzeugschäden, eine unendliche Geschichte, ZfS 1990, 145 (146); *Steffen,* Die Rechtsprechung des BGH zur fiktiven Berechnung des Fahrzeugschadens, NZV 1991, 1 (4 f.); *Seiwerth,* Anm. zu Faber, Sachverständigengutachten, Reparaturkostenrechnung und Nutzungsentschädigung in DAR 1987, 279 ff., DAR 1987, 374 re. Sp.; a.A.: *Birkmann,* Abrechnung auf Gutachtenbasis trotz durchgeführter Reparatur des Kraftfahrzeugs, DAR 1990, 3 (4 re. Sp).

zungsbefugnis, sondern um die dem Geschädigten im Rahmen dieser Befugnis eröffnete Dispositionsfreiheit."[256]

Dieser Argumentation ist entgegenzuhalten, daß schon die Wahl ihres Ausgangspunktes widersprüchlich ist. Nach allgemeiner Auffassung der Anhänger der Dispositionsfreiheit kommt es, zumindest beim Sachschaden, auf die Herstellungsabsicht des Geschädigten, d.h. auf dessen „Willen zur Reparatur", bei der Beurteilung des Schadensersatzanspruchs nach § 249 S. 2 BGB nicht an.[257] Um so verwunderlicher erscheint es, wenn nun innerhalb derselben Theorie ein Absichtswechsel, d.h. die nachträglich gefaßte Herstellungsabsicht des Geschädigten, die sich im Übergang von der abstrakten zur konkreten Schadensberechnung äußert, auf einmal Beachtung finden soll. Zudem wurde bislang der „Ersatz fiktiver Kosten" damit begründet, daß der Anspruch nach § 249 S. 2 BGB von dem weiteren Geschehensablauf abgekoppelt sei.[258] Offen bleibt, warum dies im Falle des fehlgeschlagenen Herstellungsversuchs anders sein soll.

Im Gegensatz zu Steffen verneint Gebhardt deshalb die Möglichkeit des Geschädigten, von der „abstrakten zur konkreten Schadensberechnung" überzugehen. Er ist der Auffassung, daß der Geschädigte die Frage, „ob er abstrakt oder konkret abrechnen will, bei der Ausübung der Ersetzungsbefugnis entscheiden" muß. „Mit der Ausübung der Ersetzungsbefugnis", so Gebhardt, „wird das Wahlrecht verbraucht, so daß der Geschädigte genauso wie der Schädiger an die einmal getroffene Wahl gebunden ist. Dies bedeutet z.B., daß er bei der Wahl fiktiver Reparaturkosten und anschließender Reparatur den Schädiger nicht mehr mit den durch die Werkstätte verschuldeten Mehrkosten belasten kann (...)."[259] Auch dieser Ansicht kann nicht gefolgt werden, da auch sie eine Risikoübernahme vom Geschädigten verlangt.

Schließlich sei noch die Sondermeinung Hofmanns erwähnt. Diese sieht vor, „daß der Geschädigte, wenn er nach Erfüllung seines Anspruchs aus § 249 Satz 2 BGB, basierend auf der vorläufigen Annahme einer billigeren Reparatur, in der Folge die tatsächlich entstandenen höheren Werkstattkosten nachweist, einen ergänzenden Anspruch aus § 251 I BGB hat, weil die Herstellung zu seiner Entschädigung nicht genügend war".[260] Auch hier sind Be-

---

[256] *Steffen,* Die Rechtsprechung des BGH zur fiktiven Berechnung des Fahrzeugschadens, NZV 1991, 1 (4 f.).

[257] Für alle: BGH VersR 1976, 874 (875 li. Sp.) = BGHZ 66, 239.

[258] *Gebhardt* nennt dies die „mutige Idee des VI. Senats", ZfS 1990, 146 li. Sp.; vgl. auch *Steffen,* a.a.O., S. 2: „Abkoppelung des Schadensersatzes von der realen Durchführung der Reparation".

[259] *Gebhardt,* a.a.O., S. 147 re. Sp.

[260] *Hofmann,* Der Umfang des Ersatzanspruchs nach § 249 Satz 2 BGB im Reparaturfall und der vertraglichen Reparaturkostenentschädigung in der Fahrzeug-Vollversicherung (§ 13 Abs. 5 AKB), DAR 1983, 374 (376 re. Sp.).

denken angebracht. So ist z.B. fraglich, ob mit der Zahlung des prognostizierten Betrags, wie Hofmann unterstellt, der Anspruch aus § 249 S. 2 BGB auch tatsächlich erfüllt ist. Zudem geht es bei dem Problem des fehlgeschlagenen Herstellungsversuchs um die genaue Bestimmung des Umfangs eines Restitutionsanspruchs und nicht um dessen Ergänzung durch einen Kompensationsanspruch. Mit der Verlagerung des Problems nach § 251 I 2. Var. BGB wird zwar die Risikoverteilung im Schadensabwicklungsverhältnis gewahrt, allerdings kann auch Hofmann nicht erklären, weshalb einerseits eine Nachforderung des Mehrbetrags durch den Geschädigten möglich, andererseits aber eine Rückzahlung des zweckfremd verwendeten Herstellungsbetrags durch den Geschädigten nicht nötig sein soll (= Symmetrieargument).

Alles in allem zeigt die bisherige Untersuchung, daß auf der Basis des „Grundsatzes der Dispositionsfreiheit“ eine widerspruchsfreie Lösung des Problems des fehlgeschlagenen Herstellungsversuches nicht möglich ist.

2. Die klassische Zweckbindungstheorie

Im Gegensatz zum „Grundsatz der Dispositionsfreiheit“ hat die klassische Zweckbindungstheorie mit der Behandlung der Problematik des fehlgeschlagenen Herstellungsversuchs keinerlei Schwierigkeiten. Auch sie diskutiert das Problem unter der Fragestellung „Abstrakte oder konkrete Schadensberechnung?“ wobei sie allerdings ausschließlich die konkrete Schadensberechnung für zulässig erachtet. Bei ihr werden die zusätzlichen Kosten eines fehlgeschlagenen Herstellungsversuchs, ebenso wie alle anderen Aufwendungen und auch schon eventuell gezahlte Vorschüsse, im Rahmen der „Schlußabrechnung“ berücksichtigt, bei der dann nur noch entschieden werden muß, ob die tatsächlich aufgebrachten Aufwendungen „erforderlich“ i.S.d. § 249 S. 2 BGB waren oder nicht. So bleiben Risikostruktur und Symmetrie des Schadensabwicklungsverhältnisses gewahrt. Deshalb kann mit Recht festgestellt werden, daß die klassische Zweckbindungstheorie das Problem des fehlgeschlagenen Herstellungsversuchs zufriedenstellend zu lösen vermag. Trotzdem ist ihr wegen ihrer Wahl des Aufwendungsbegriffs zum „Bezugsgegenstand des Schadens“ und der daraus folgenden dogmatischen Ungereimtheiten, wie z.B. die Qualifizierung des Anspruchs aus § 249 S. 2 BGB als Erstattungsanspruch nicht zu folgen.[261]

---

[261] Vgl. 5. Kapitel, II.: Schadensersatz oder Aufwendungserstattung?

3. Das Gestaltungsrecht des Geschädigten im Schadensabwicklungsverhältnis

Die bislang vorgetragenen Lösungsvorschläge reduzierten die Problematik des fehlgeschlagenen Herstellungsversuchs auf die Frage nach der richtigen Schadensberechnungsmethode. Aufgrund der bisherigen Untersuchungsergebnisse erscheint es aber zweifelhaft, ob mit der Fragestellung „Abstrakte oder konkrete Schadensberechnung?" das Problem des fehlgeschlagenen Herstellungsversuchs zutreffend umschrieben wird. Dies muß m.E. verneint werden, denn wie auch Birkmann zu Recht feststellt, betrifft das Problem „nicht die Alternative abstrakte / konkrete Schadensberechnung, sondern die Entscheidung, auf welchen Zeitpunkt für die Schadensberechnung abzustellen ist".[262] Die Lösung des Problems ergibt sich somit nicht aus der Überlegenheit einer bestimmten „Schadensberechnungsart", sondern aus dem „Zeithorizont"[263] des Schadensverhältnisses.[264]

In diesem Zusammenhang muß man sich allerdings von der Vorstellung verabschieden, daß mit dem Eintritt des Schadensfalles *Schaden* und *Schadensverhältnis* zwischen Schädiger und Geschädigtem fixiert sind und nicht mehr durch spätere Ereignisse verändert werden können.[265] Im Zeitpunkt des schädigenden Ereignisses steht der Schaden lediglich „in seiner eigentlichen Substanzveränderung"[266] fest, die endgültige Schadenshöhe hingegen ist damit noch nicht festgeschrieben. Diese wird auch nicht durch eine frühe Kostenschätzung des Sachverständigen oder durch eine spätere Reparaturkostenabrechnung fixiert[267], sondern sie ist, so die h.M., nach der Schadenslage zu bemessen, wie sie sich bei der letzten mündlichen Verhandlung in der Tatsa-

---

[262] *Birkmann,* Abrechnung auf Gutachtenbasis trotz durchgeführter Reparatur des Kraftfahrzeugs, DAR 1990, 3 (4 re. Sp.); vgl. dazu auch *Huber,* Fragen der Schadensberechnung, S. 51.

[263] So die Terminologie bei *Huber,* Fragen der Schadensberechnung, S. 51 und 169.

[264] So in Ansätzen nun auch der BGH NJW 1989, 3009 = DAR 1989, 340 = NZV 1989, 465 = VersR 1989, 1056 (1057 li. Sp.): „Keineswegs legt das Schätzungsgutachten den zu beanspruchenden Schadensersatz für die Reparatur des beschädigten Kfz bindend fest."

[265] Vgl. *Schlechtriem,* Schließt Veräußerung des Unfallfahrzeugs Schadensersatzansprüche auf Reparaturkostenbasis aus?, DAR 1975, 122 (123 re. Sp.); OLG Frankfurt, VersR 1973, 672 (673 re. Sp.); VersR 1973, 675 (676 li. Sp.): „Zu Unrecht meinen das LG Aachen (NJW 1971, 621 = VersR 1971, 652 [L]) und Maase (NJW 1970, 2240 [2241]), mit dem Eintritt des Schadensereignisses sei der Schaden fixiert, er werde durch eine nachträgliche Handlungsweise des Geschädigten nicht beeinflußt, weil es auf die tatsächliche Verwendung der Geldersatzsumme nicht ankomme." Anders aber immer noch: *Sabaß,* Berechnung des Fahrzeugschadens im Haftpflichtfall, 28. VGT 1990, 197 („Zeitpunkt des Schadenseintritts").

[266] *Hamann,* Methoden und Problematik der Schadensberechnung, S. 27.

[267] Vgl. BGH NJW 1989, 3009 = DAR 1989, 340 = NZV 1989, 465 = VersR 1989, 156.

cheninstanz darstellt.[268] Neben dieser bis zum Zeitpunkt des Schlusses der letzten mündlichen Verhandlung zu berücksichtigenden objektiven Schadens-*entwicklung*, die sich mit der Rechtsfigur der haftungsausfüllenden Kausalität dogmatisch erfassen läßt, trägt auch die durch den Restitutionsgedanken vorgegebenen Schadens*abwicklung* durch die Beteiligten zur „Dynamisierung des Schadensverhältnisses" bei, denn die „Herstellung des Zustands" i.S.d. § 249 BGB erschöpft sich eben gerade nicht in der bloßen Zahlung einer Schadensersatzsumme. Während sich im ersteren Fall die beschädigte Sache nach Eintritt des schädigenden Ereignisses *ohne unmittelbaren Einfluß der Beteiligten* weiter verschlechtert (= Verschlechterungsfälle), ist im zweiten Fall die Ausweitung des Schadens auf die *Herstellungsbemühungen der Parteien* zurückzuführen (= fehlgeschlagener Herstellungsversuch), mit denen diese den Kausalverlauf unterbrochen haben. Gehen aber diese Herstellungsversuche fehl, so lassen sich die dadurch angefallenen Mehrkosten nur unzureichend über die Rechtsfigur der haftungsausfüllenden Kausalität erfassen. Der Dynamik des Restitutionsvorgangs ist vielmehr dadurch Rechnung zu tragen, daß man das Schadensverhältnis zwischen Schädiger und Geschädigtem in erster Linie als Schadens*abwicklungs*verhältnis[269] begreift, auf dessen Inhalt die Beteiligten kraft privatautonomer Gestaltungsmöglichkeit Einfluß nehmen können. Aus diesem Grunde räumt auch die hier vertretene Auffassung, die auf der These der Trennung von Schaden und Interesse basiert[270], dem Geschädigten ein Gestaltungsrecht ein, mit dem er die gewünschte Abwicklungsvariante bestimmen kann.[271] Mit der Ausübung des Gestaltungsrechts ist er allerdings auf die gewählte Abwicklungsvariante und damit auf das individuelle Schadensabwicklungsinteresse (Affektions-, Integritäts-, Wert-, Interimsinteresse) festgelegt. Das Schadensverhältnis ist damit dem Grunde nach fixiert. In einem weiteren Schritt ist dann das gewählte Interesse entweder einverständlich durch die Parteien oder im Streitfalle durch das Gericht gem. § 287 I ZPO zu bewerten.[272] Diese Interessenbewertung kann bis zum Zeitpunkt der letzten mündlichen Verhandlung der Tatsacheninstanz

---

[268] Für alle: MünchKomm-*Grunsky*, Vor § 249 Rn. 128; vgl. auch BGHZ 66, 239 = VersR 1976, 874 (875): „... daß die Schadenentwicklung an sich bis zum Zeitpunkt des Schlusses der letzten mündlichen Verhandlung zu berücksichtigen ist".

[269] In Ansätzen ebenso: *Birkmann,* Abrechnung auf Gutachtenbasis trotz durchgeführter Reparatur des Kraftfahrzeugs, DAR 1990, 3 (5): „Abwicklungsverhältnis zwischen Geschädigter und Schädiger"; *Gotthardt,* Zum Herstellungsaufwand des „verständigen Mannes", VersR 1975, 977 (979 re. Sp.): „Rechtsverhältnis eigener Art"; *Steffen,* Die Rechtsprechung des BGH zur fiktiven Berechnung des Fahrzeugschadens, NZV 1991, 1 (4): „Regulierungsverhältnis".

[270] Vgl. 4. Kapitel, III. (m.w.N.) und IV.3; zum „Interessenbewertungsmodell" s.a. 5. Kapitel, II.4.

[271] Vgl. 5. Kapitel, IV.

[272] Vgl. dazu *Gottwald,* Schadenszurechung und Schadensschätzung, S. 122: „Schädensschätzung als Interessenbewertung".

vorgenommen und auch korrigiert werden. Erst dann ist das Schadensabwicklungsverhältnis und der Schadensersatzanspruch auch der Höhe nach festgelegt.[273]

Folgt man diesem Lösungskonzept, so ist der Fall des fehlgeschlagenen Herstellungsversuchs folgendermaßen zu behandeln: Verzichtet der Geschädigte bei der Abwicklung des Schadens von Anfang an auf eine Herstellung, d.h. gibt er sich von Anfang an mit dem bloßen Wertersatz zufrieden, so ist sein späterer Entschluß, die Sache doch noch reparieren zu lassen, unbeachtlich. Das Schadensabwicklungsverhältnis ist mit dem Verzicht auf die Herstellung dem Grunde nach auf den Ersatz des Wertinteresses festgelegt. Ein Übergang vom Wertersatz zum Ersatz des Integritätsinteresses ist nicht mehr möglich.

Hat hingegen der Geschädigte von Anfang an die Abwicklungsvariante der Herstellung gewählt und damit zum Ausdruck gebracht, daß er sein Integritätsinteresse (einschließlich des Wertinteresses) ersetzt haben möchte, so sind ihm im Rahmen einer korrigierenden „Nachbewertung" des Integritätsinteresses auch die zusätzlichen Kosten des fehlgeschlagenen Herstellungsversuchs zu ersetzen.[274] Das Schadensabwicklungsverhältnis ist in diesem Falle dem Grunde nach auf das gewählte Integritätsinteresse festgelegt und dieses kann bis zum Schluß der letzten mündlichen Verhandlung in der letzten Tatsacheninstanz bewertet werden. Denn „es wäre geradezu töricht, vor den wirklichen Kosten die Augen zu verschließen und weiterhin einem ‚Phantom' nachzueilen, das durch die Entwicklung längst überholt ist".[275]

VII. Der Ersatz fiktiver Kosten und die objektive Wertordnung des Grundgesetzes

Das Grundgesetz stellt keine wertneutrale Ordnung dar, sondern es hat, wie das Bundesverfassungsgericht schon 1958 im „Lüth-Urteil" (BVerfGE 7, 198) feststellte, „in seinem Grundrechtsabschnitt (...) eine objektive Wertordnung aufgerichtet". Dieses „Wertesystem" müsse „als verfassungsrechtliche Grundentscheidung für alle Bereiche des Rechts gelten; Gesetzgebung, Verwaltung und Rechtsprechung empfangen von ihm Richtlinien und Impulse. So beeinflußt es selbstverständlich auch das bürgerliche Recht; keine bürgerlich-rechtliche Vorschrift darf in Widerspruch zu ihm stehen, jede muß in

---

[273] Eine weitere zeitliche Grenze stellt die jeweilige Verjährungsfrist der verschiedenen Schadensersatzansprüche dar.

[274] Ähnlich: OLG Hamburg VersR 1971, 236 re. Sp.

[275] *Klimke,* Fiktive Schadensberechnung, ZfS 1989, 253 (254 re. Sp.).

seinem Geiste ausgelegt“[276] und wenn, wie im vorliegenden Fall, eine Auslegung nicht zum Ziele führt, in diesem Geiste weiterentwickelt werden. Dies gilt auch für die hier anstehende Rechtsfortbildung in Bezug auf die Frage nach dem Ersatz fiktiver Kosten. Auch die dazu angebotenen unterschiedlichen Lösungskonzepte müssen sich an dieser objektiven Wertordnung messen lassen.

1. Die Dispositionsfreiheit als „Eigentumsfreiheit mit anderen Mitteln“, Art. 14 GG?

Im Bereich des Sachschadens liegt der Gedanke nicht fern, den von der h.M. vertretenen „Grundsatz der Dispositionsfreiheit“ aus Art. 14 GG abzuleiten. Einen solchen Versuch unternimmt zumindest Flessner. Er schreibt:

> „Das Recht des Sacheigentümers zur freien Verwendung der geschuldeten Schadensersatzsumme beruht letztlich auf der privatrechtlichen Freiheit der Vermögensgestaltung, es ist Eigentumsfreiheit mit anderen Mitteln: im Belieben des Eigentümers steht es, wie er mit seinen Sachen und seinem Vermögen generell umgeht, und so ist es auch Sache des geschädigten Eigentümers, wie er mit der Schadensersatzsumme und, vorher schon, mit dem aus der Rechtsverletzung entstandenen Anspruch auf Schadensersatz umgeht.“[277]

Diese Argumentation, mit der Flessner die Dispositionsfreiheit des Geschädigten auf Art. 14 GG zurückführen möchte, greift zu kurz, denn sie verkennt, daß es bei der Frage „Dispositionsfreiheit oder Zweckbindungstheorie?“ nicht allein um die Verwendungsfreiheit hinsichtlich des schon erhaltenen bzw. des noch zu empfangenden Geldbetrages geht, sondern primär um die hierzu vorgelagerte Frage, ob der Anspruch aus § 249 S. 2 BGB überhaupt in dieser Höhe entstanden ist und tatsächlich dem Geschädigten zusteht. Folgt man nämlich der Zweckbindungstheorie, so steht der Anspruch aus § 249 S. 2 BGB dem Geschädigten jedenfalls dann nicht zu, wenn der Ersatzbetrag nicht zur Herstellung verwendet wird. Dann allerdings fällt auch der „Ersatzanspruch“ nicht mehr in den Schutzbereich des Art. 14 GG und damit entpuppt sich die Berufung auf Art. 14 GG zur Begründung der Dispositionsfreiheit als argumentativer Zirkel. Die Argumentation Flessners ist also keinesfalls zwingend. Sie überzeugt aber auch noch aus einem anderen Grunde nicht. Denn sie steht, wie die folgenden Ausführungen zeigen werden, in Widerspruch zu einem elementaren Rechtsinstitut des Privatrechts, dem Grundsatz der Privatautonomie, und damit auch in Widerspruch zur „objektiven Wertordnung des Grundgesetzes“.

---

[276] St. Rspr. des BVerfG seit BVerfGE 7, 198 (205) („Lüth-Urteil“); ebenso die h.L.: *Stern,* Das Staatsrecht der Bundesrepublik Deutschland. Bd. I, S. 96 f. m.w.N. in Fn. 184; *Pieroth/Schlink,* Staatsrecht II: Grundrechte, Rn. 82; *Dürig,* in: *Maunz/Dürig,* Art. 1 Rn. 99 und 131–133; *Stern,* in: *Isensee/Kirchhof,* HStR V, § 109 Rn. 15, 19, 30.

[277] *Flessner,* Geldersatz für Gebrauchsentgang, JZ 1987, 271 (278 re. Sp.).

Das Privatrecht hat die Aufgabe, die Beziehungen zwischen den einzelnen Rechtspersonen auf der Grundlage ihrer Gleichordnung zu regeln. „Es löst diese Aufgabe, indem es Bedingungen schafft, unter denen die Beteiligten in weitgehender *Freiheit und Selbstverantwortung* für ihr Dasein selbst vorzusorgen haben. Diese beiden Ordnungsprinzipien haben die zentralen Rechtsinstitute unseres Privatrechts geprägt“;[278] so auch den Grundsatz der Privatautonomie, bei dem sich die beiden Ordnungsprinzipien – Selbstbestimmung und Selbstverantwortung – miteinander verbinden. Diese erweisen sich auch für das Schadensrecht als sinngebende Mitte,[279] denn „das Schadensrecht bildet einen Teil des Rechtsschutzes, den die Rechtsordnung dem einzelnen im Interesse freier und eigenverantwortlicher Daseinsvorsorge und sonstiger Lebensgestaltung gewährt. (...) Der zur freien Entfaltung seiner Persönlichkeit berufene Mensch steht im Mittelpunkt des Privatrechts und deshalb auch des Schadensrechts.“[280] Schadensrechtsschutz ist heute „nicht mehr als bloßer Güterschutz, sondern als materialer Freiheitsschutz“ durch „Sicherung einer individuellen Freiheitssphäre“ zu verstehen.[281]

Um diese Zielvorgabe auch im Bereich der Schadensabwicklung umzusetzen, ist dem Geschädigten diesbezüglich ein gewisser Entscheidungsspielraum einzuräumen. Weder das Ob noch das Wie darf ihm bei der Schadensabwicklung aufgezwungen werden. Dieser ersten Anforderung werden beide Theorien, die Zweckbindungstheorie und der „Grundsatz der Dispositionsfreiheit“, gerecht. Allerdings verstoßen Art und Umfang der von der Dispositionsfreiheit eingeräumten Entscheidungsfreiheit des Geschädigten gegen das zweite Ordnungsprinzip innerhalb der Privatautonomie, die Selbstverantwortung. Wie oben schon ausgeführt, umfaßt der Autonomiegedanke, neben der Selbstbestimmung, immer auch als deren Kehrseite die Eigenverantwortlichkeit des Individuums, d.h. der Geschädigte muß sich an seiner Entscheidung festhalten lassen und für deren Folgen einstehen. Kurz: Er hat seine Entscheidung „selbst zu verantworten“. Genau an diesem Punkte versagt aber der „Grundsatz der Dispositionsfreiheit“. Bei ihm kann der Geschädigte beispielsweise Reparaturkosten verlangen, obwohl nach seiner Entschließung eine Reparatur der Sache gar nicht stattfinden soll. Er kann die Vorteile einer Eigenreparatur nutzen, ohne jedoch als zwangsläufige Konsequenz seiner Entscheidung die niedrigeren Herstellungskosten als Ersatzbetrag akzeptieren zu müssen. Diese Beispiele zeigen, daß die Dispositionsfreiheit den Gedanken der Selbstverantwortung, der untrennbar mit dem Gedanken der Selbstbestimmung verknüpft ist, vernachlässigt. Die Gerechtigkeit einer solchen Schadensabwicklungsdogmatik orientiert sich voll an „den

---

[278] *Hagen,* Die Drittschadensliquidation im Wandel der Rechtsdogmatik, S. 177.

[279] Vgl.: *Hagen,* a.a.O., S. 178.

[280] *Hagen,* a.a.O.

[281] *Roussos,* Schaden und Folgeschaden, S. 226.

Grundwerten der Konsumgesellschaft: Freiheit in Sicherheit ohne Risiko".[282] „Die ursprüngliche ethische Grundlegung persönlicher Verantwortung" bleibt dabei auf der Strecke. Auch im Schadensrecht muß aber „das Bewußtsein für Eigenverantwortlichkeit" erhalten bleiben.[283] Es geht nicht an, dem Geschädigten die volle Handlungsfreiheit bei der Schadensabwicklung einzuräumen, ohne ihn jedoch an den für ihn nachteilhaften Folgen seiner Entscheidungen festzuhalten. Die Gewährung der Dispositionsfreiheit gleicht in diesem Punkte einer „Rosinentheorie", bei der sich, bildhaft gesprochen, der Geschädigte im Rahmen der Schadensabwicklung die Rosinen aus dem „Abwicklungskuchen" picken darf, ohne die Konsequenzen seines Handelns tragen zu müssen. Die einzige Ausnahme hierzu bilden die Entscheidungen des BGH zum 30%igen (Affektions-)Interessenzuschlag. In diesen Entscheidungen stellt der BGH grundsätzlich fest, daß die Kosten einer Reparatur auch dann noch „erforderlich" i.S.d. § 249 S. 2 BGB sind, soweit sie die Kosten einer Ersatzbeschaffung um bis zu 30% übersteigen. Dieser „(Affektions-)Interessenzuschlag" wird aber vom BGH nur dann gewährt, wenn der Geschädigte die Reparatur auch tatsächlich durchführt bzw. durchführen läßt. Entscheidet sich der Geschädigte gegen die Durchführung einer Reparatur, so muß er die Nachteile seiner Entscheidung tragen. Der „Interessenzuschlag" bleibt ihm dann versagt.

Die Übernahme von Verantwortung für das eigene Handeln wird aber im vollen Umfange nur von den Zweckbindungstheorien, insbesondere in der hier vertretenen Ausformung, gewährleistet. Diese gewährt dem Geschädigten durch das ihm eingeräumte Wahlrecht hinsichtlich der Abwicklungsmethode die von Art. 14 GG geforderte Freiheit zur Selbstbestimmung. Zusätzlich hält sie aber den Geschädigten an seiner Entscheidung fest, indem sie das Wahlrecht als Gestaltungsrecht versteht. Darüber hinaus hat der Geschädigte, wie noch im 6. Kapitel ausführlich dargestellt werden wird, mit Konsequenzen zu rechnen, wenn er seiner ursprünglichen Wahl zuwiderhandelt und beispielsweise statt der gewählten teuren Reparatur nun doch eine billigere Ersatzbeschaffung durchführt.[284]

Zusammenfassend läßt sich feststellen, daß die „objektive Wertordnung des Grundgesetzes" und das Rechtsinstitut der Privatautonomie die Vorrangbedingungen zugunsten der Zweckbindungstheorien festlegen. Eine uneingeschränkte „Verwendungsfreiheit" hinsichtlich des Ersatzbetrags, wie sie die Dispositionsfreiheit vorsieht, läßt sich aus Art. 14 GG nicht herleiten.

---

[282] *Stürner,* Zur Gerechtigkeit richterlicher Schadenszuweisung, VersR 1984, 297 (308 re. Sp.); ähnlich auch: *Diederichsen,* Argumentationsstrukturen in der Rechtsprechung zum Schadensersatzrecht, in: FS Klingmüller, S. 65 (80).

[283] *Stürner,* a.a.O., S. 307.

[284] Dazu ausführlich: 6. Kapitel, III.

2. Das Selbstbestimmungsrecht des Patienten, Art. 2 I, II i.V.m. Art. 1 I GG

Ähnliches gilt für den Bereich des Personenschadens. Zwar kann dort das Ergebnis nicht auf das Rechtsinstitut der Privatautonomie und Art. 14 GG gestützt werden, jedoch spiegeln sich die beiden Ordnungsprinzipien, Selbstbestimmung und Eigenverantwortung, auch im verfassungsrechtlich (Art. 2 und 1 GG) verankerten Prinzip des Selbstbestimmungsrechts des Patienten wider.[285] Dieses Grundrecht aus Art. 2 II 1 GG „gewährt zuvörderst Freiheitsschutz im Bereich der leiblich-seelischen Integrität des Menschen", denn „die Vorschrift ist eine besondere Verbürgung der in Art. 2 I GG gewährleisteten freien Entfaltung der Person. Die Bestimmung über seine leiblich-seelische Integrität gehört zum ureigensten Bereich der Personalität des Menschen."[286] Allerdings, und dies gilt zunächst einmal für das Arzt-Patienten-Verhältnis, wird durch das Selbstbestimmungsrecht und die daraus abgeleitete Aufklärungspflicht, nach der Vorstellung des Bundesverfassungsgerichts, der Patient auch zu einer „aktiven Mitwirkung" an dem Heilungsprozeß aufgerufen sowie ein „Dialog zwischen Arzt und Patient" in Gang gesetzt und damit eine „Stärkung der Eigenverantwortung des Patienten" erreicht, die der Entlastung des behandelnden Arztes dient.[287] Gerade dieses Prinzip der Eigenverantwortung gilt aber nicht nur im Arzt-Patienten-Verhältnis, bezogen auf den Bereich der Haftungsbegründung, sondern ebenfalls im Bereich der Haftungsausfüllung, d.h. im Schadensabwicklungsverhältnis zwischen Schädiger und Geschädigtem. So wie der Patient gegenüber seinem Arzt die Freiheit besitzt, eine Behandlung abzulehnen und für diese Entscheidung dann auch die Verantwortung trägt, so hat der Geschädigte gegenüber dem Schädiger die Freiheit, im Rahmen der Schadensabwicklung auf die Herstellung seiner Gesundheit zu verzichten, wenn er im Gegenzug hierfür die Verantwortung übernimmt.

Die Prinzipien „Selbstbestimmung" und „Eigenverantwortung" finden sich auch in der aktuellen gesellschaftspolitischen Diskussion zur Gesundheitsreform.[288] Dort wird die Forderung nach mehr Selbstbestimmung und Eigenverant-

---

[285] BVerfG Beschluß vom 25.7.1979 – 2 BvR 878/74 –, NJW 1979, 1925 (1930) = BVerfGE 52, 131; ebenso die st. Rspr. des BGH seit BGHZ 29, 46 (49, 54) („Zweites Elektroschockurteil"); jüngst: BGH JZ 1993, 312 (313) mit Anm. *Giesen*; BVerwG NJW 1989, 2960. Ausführlich zur Entwicklung des Selbstbestimmungsrechts: *Giesen / Walter*, Ärztliche Aufklärungspflicht und Selbstbestimmungsrecht des Patienten, Jura 1991, 182 m.w.N.

[286] So die wegweisende Auffassung der drei Dissenter (Hirsch, Niebler und Steinberger) im BVerfG-Beschluß vom 25.7.1979, NJW 1979, 1925 (1931 li. Sp.).

[287] BVerfG NJW 1979, 1925 (1932 li. Sp.); so auch die Konzeption des BGH seit BGHZ 29, 46 (51 ff.). Ausführliche Erläuterung bei *Giesen / Walter*, Ärztliche Aufklärungspflicht und Selbstbestimmungsrecht des Patienten, Jura 1991, 182 (185).

[288] Vgl.: *Rentschler*, Eigenverantwortung – Das Beispiel Selbstmedikation, FAZ Nr. 264 vom 12.11.1994, S. 12.

wortlichkeit des einzelnen in Gesundheitsfragen einerseits mit einem wachsenden Selbstbewußtsein von Patienten und Verbrauchern, andererseits mit einem neuen Pluralismus von Gesundheitskonzepten und Genesungspraktiken, der von seriöser Alternativmedizin bis hin zu dubiosen Heilsversprechen reicht,[289] begründet. Diesem gesellschaftlichen Wandel, der für die zunehmende Individualisierung der kollektiven Gesundheitsversorgung verantwortlich ist, kann sich auch das allgemeine Schadensrecht nicht verschließen. Der Geschädigte muß auch bei einer Schadensabwicklung nach allgemeinem Schadensrecht die Möglichkeit haben, auf das Schadensereignis flexibel reagieren zu können. Deshalb muß es ihm überlassen bleiben, darüber zu befinden, von welchem Arzt und, wenn es in seinem konkreten Fall Alternativen hinsichtlich der Behandlungs- bzw. Operationsmethoden gibt, nach welcher Methode er sich behandeln lassen will.[290] Dabei ist zu beachten, daß mit der Arztwahl oftmals auch schon die Behandlungsmethode feststeht. Dies ist vor allem dann der Fall, wenn der vom Geschädigten konsultierte Arzt als Spezialist eines bestimmten Verfahrens oder als Vertreter einer bestimmten „Schule" bekannt ist und gerade im Hinblick auf diese Eigenschaften vom Geschädigten ausgewählt wurde. In jedem Falle kann der Geschädigte entscheiden, ob er Diagnose- und Therapievorschläge des einen Arztes durch einen anderen Arzt oder in einer andern Klinik mit größeren Spezialkenntnissen oder besserer Personal- und Geräteausstattung ausführen lassen will.[291] Außerdem steht es dem Geschädigten frei, sich einer ambulanten oder einer stationären Behandlung zu unterziehen, falls beide zur Wahl stehen. Auch muß es ihm überlassen bleiben, „ob er eine (vielleicht) langwierige konservative Behandlung einem operativen Eingriff vorzieht".[292] Schließlich obliegt es seiner Entscheidung, ob er sich der anerkannten Schulmedizin zuwendet, sein „Heil" in „alternativen Behandlungsmethoden"[293] sucht oder es eventuell sogar mit einer Eigenbehandlung[294] versucht.

---

[289] Der Spiegel Nr. 45 vom 7.11.1994, S. 196 ff. (Wie sich der Körper selbst kuriert: Heilkraft der Seele).

[290] *Giesen,* Zwischen Patientenwohl und Patientenwille, JZ 1987, 282 (284 li. Sp.); *Francke,* Ärztliche Berufsfreiheit und Patientenrechte, S. 149 ff. (150): „Es kann allein der angemessen aufgeklärte Patient darüber bestimmen, nach welcher Methode er behandelt wird"; *Steffen,* Der normative Verkehrsunfallschaden, NJW 1995, 2057 (2060 re. Sp.); noch einschränkend: BGH NJW 1982, 2121 (2122); BGHZ 102, 17 (22): „Die Wahl der Behandlungsmethode ist, wie der Senat bereits ausgesprochen hat, primär Sache des Arztes (...) Die Wahrung des Selbstbestimmungsrechts des Patienten, dem stets die Entscheidung darüber zusteht, ob und in welchem Umfange er einem ihm angeratenen ärztlichen Heileingriff mit den damit verbundenen Chancen und Risiken für seinen Körper und seine Gesundheit zustimmen will, kann darüber hinaus freilich auch die Unterrichtung über alternativ zur Verfügung stehenden Behandlungsmöglichkeiten erfordern."

[291] *Giesen,* Zwischen Patientenwohl und Patientenwille, JZ 1987, 282 (284); BGH NJW 1984, 1810 (1811), BGHZ 88, 248 (251 f.).

[292] *Giesen,* Zwischen Patientenwohl und Patientenwille, JZ 1987, 282 (284).

[293] Zur Zulässigkeit von alternativer Therapieansätzen: *Francke,* a.a.O., S. 193 f. und Fn. 158 m.w.N.; *Markgraf,* Alternative Heilmethoden, DOK 1990, 667; kritisch: *Gross,* Patien-

Zu einer flexiblen Reaktion auf das schädigende Ereignis gehört im Extremfall auch ein genereller Behandlungsverzicht durch den Geschädigten. Denn „auch ein verständiger Patient kann (...) beachtenswerte persönliche Gründe haben, auf die Behandlung wegen der mit ihr möglicherweise verbundenen schwerwiegenden Folgen zu verzichten und dem Schicksal seinen Lauf zu lassen. (...) Das Selbstbestimmungsrecht des Patienten, das die Aufklärung sichern soll, schützt auch eine Entschließung, die aus medizinischen Gründen unvertretbar erscheint.“[295] Denn in jedem Falle geht das Selbstbestimmungsrecht dem staatlichen Lebensschutz und der ärztlichen Fürsorgepflicht vor.[296]

Allerdings muß der Geschädigte im Gegenzug in allen hier aufgezählten Fällen die Verantwortung für seine jeweilige Entscheidung übernehmen, denn grundsätzlich ist er für seine Gesundheit selbst verantwortlich. Dieser grundsätzlichen Verantwortung kann sich der Geschädigte auch im Schadensabwicklungsverhältnis nicht entledigen. Deshalb muß er sich an seiner Entscheidung hinsichtlich des Schadensabwicklungsmodus festhalten lassen und für deren Folgen einstehen. Dies bedeutet aber nicht, daß der Geschädigte das Risiko für fehlgeschlagene Therapiebemühungen übernehmen müßte[297], sondern lediglich, daß er, wenn er beispielsweise eine ambulante Behandlung einer stationären vorgezogen hat, obwohl auch die höheren Kosten dieser stationären Behandlung „erforderlich“ i.S.d. § 249 S. 2 BGB gewesen wären, sich mit den niedrigeren Kosten der ambulanten Behandlung zufrieden geben muß.[298] Das dem Selbstbestimmungsrecht des Patienten (Art. 2 I, II i.V.m. Art. 1 I GG) immanente Prinzip der Eigenverantwortlichkeit steht dem Ersatz fiktiver Heilungskosten entgegen. Auch im Bereich des Personenschadens legt damit die „objektive Wertordnung des Grundgesetzes“ die Vorrangbedingungen zugunsten der Zweckbindungstheorien fest.

---

tenwohl und Regeln der ärztlichen Kunst, S. 75 f. Zum Ersatz von Heilpraktikerkosten: OLG Braunschweig ZfS 1990, 370; OLG Karlsruhe ZfS 1984, 227.

[294] Eine Eigenbehandlung dürfte bei einem verletzten Arzt ohne weiteres, bei einem verletzten Laien aber nur im beschränkten Maße zulässig sein, wobei sich die Zulässigkeit der Eigenbehandlung nach Art und Umfang der Verletzung richtet. Bagatellverletzungen, wie z.B. Hautabschürfungen, können auch von einem Laien mit einem Heftpflaster „verarztet“ werden.

[295] BGHZ 90, 103 (107 und 111); allgemein zur Zulässigkeit eines Behandlungsverzichts: *Francke,* Ärztliche Berufsfreiheit und Patientenrechte, S. 186 f.

[296] H.M.: *Francke,* a.a.O., S. 187; *Brüggemeier,* Deliktsrecht, Rn. 693.

[297] Vgl. dazu 5. Kapitel, VI.: Der fehlgeschlagene Herstellungsversuch.

[298] Im Ergebnis ebenso: LG Stuttgart NJW 1976, 1797 = VersR 1977, 656.

VIII. Schadensabwicklung als Enttäuschungsverarbeitung

In diesem Abschnitt soll der Versuch einer soziologisch-psychologischen Deutung des Schadensverhältnisses auf der Grundlage des rechtssoziologischen Theorievorschlags N. Luhmanns[299] mit dem Ziel unternommen werden, das bisherige, durch Rechtsfortbildung gewonnene Ergebnis zu überprüfen. Schon Meder[300] hat den Theorievorschlag Luhmanns in seiner Dissertation *„Schadensersatz als Enttäuschungsverarbeitung"* für das Schadensrecht fruchtbar gemacht, indem er ihn als Ausgangspunkt für eine erkenntnistheoretische Grundlegung eines modernen Schadensbegriffs verwendete. Meders Arbeit orientiert sich dabei ganz am Kompensationsgedanken, wenngleich auch der schadensrechtliche Ausgleichsbegriff bei ihm nicht im klassischen Sinne verstanden werden darf.[301] Im Hinblick auf den Ausgangspunkt der Rechtsfortbildung – die bestehende gesetzliche Regelung – ist es aber wohl richtiger, die Luhmann'sche Theorie mit dem schadensrechtlichen Leitprinzip der Restitution zu konfrontieren und dabei insbesondere ihre Auswirkungen auf das Schadensabwicklungsverhältnis zwischen Schädiger und Geschädigtem zu untersuchen. Ausgangspunkt ist hierbei, wie auch bei Meder[302], die zentrale Kategorie des von Luhmann in der „Rechtssoziologie" entwickelten Rechtsbegriffs – der Begriff der Erwartung. Luhmann sieht es als eine der wesentlichen Aufgaben modernen Rechts an, Erwartungsstabilität zu erzeugen. Dies geschieht nach seiner Vorstellung auf zweierlei Weise: erstens durch „Bildung von Erwartungsstrukturen"[303] und zweitens mittels „Abwicklung von Enttäuschungen"[304].

1. Bildung von Erwartungsstrukturen

Die Bildung von Erwartungsstrukturen ist auf verschiedenen Abstraktionsebenen möglich, denn „Verhaltenserwartungen können auf eine konkrete *Person*, auf eine bestimmte *Rolle*, auf bestimmte *Programme* (Zwecke, Normen) oder auf bestimmte *Werte* bezogen werden".[305] „(...) Personen, Rollen, Programme und Werte stellen mithin verschiedene Stufen der Generalisierung dar, auf denen Verhaltenserwartungen durch ein sachliches Identifikationsprinzip verknüpft und in der Außenwelt festgemacht werden können. Man

[299] *Luhmann,* Rechtssoziologie, 2 Bde.

[300] *Meder,* Schadensersatz als Enttäuschungsverarbeitung. Zur erkenntnistheoretischen Grundlegung eines modernen Schadensbegriffs.

[301] Vgl. *Meder,* a.a.O., S. 148 („Symbolischer Ausgleich").

[302] *Meder,* a.a.O., S. 18.

[303] *Luhmann,* Rechtssoziologie, Bd. I, S. 40 ff.

[304] *Luhmann,* a.a.O., S. 53 ff.

[305] *Luhmann,* a.a.O., S. 85.

kann davon ausgehen, daß komplexere Gesellschaften zunehmend abstraktere Erwartungsprämissen benötigen, um mehr Möglichkeiten des Erwartens und Verhaltens strukturell zulassen und legitimieren zu können."[306] Deshalb sind für die Strukturierung von Erwartungen allein die Ebenen der Rollen und Programme geeignet. Denn „dort allein kann die Komplexität der Gesellschaft adäquat in Erwartungsstrukturen wiedergegeben werden. Personen wären dafür zu konkrete, Werte zu abstrakte Identifikationen."[307] Rollen hingegen gewährleisten die nötige Flexibilität, vorausgesetzt man begreift sie, wie Luhmann, als „Erwartungsbündel, die dem Umfang nach dadurch begrenzt sind, daß ein Mensch sie ausführen kann, die aber nicht auf bestimmte Menschen festgelegt sind, sondern durch verschiedene, möglicherweise wechselnde Rollenträger übernommen werden können. Durch die Identität der Rolle werden Erwartungen von Person zu Person übertragbar. Dadurch wird ein gewisser Abstraktionsgewinn erreicht, andererseits aber das Erwartungsrisiko erhöht."[308] „(...) Ein weit höherer, stärker variabler Abstraktionsgrad läßt sich", so Luhmann, „erreichen, wenn man Erwartungszusammenhänge nicht mehr auf die Einheit eines (wenn auch auswechselbaren, persönlich nicht identifizierten) Rollenträgers stützt, sondern nur noch auf eine verbal fixierte Entscheidungsregel, deren Anwendung durch Institutionalisierung garantiert ist".[309] Dann hat man es allerdings nicht mehr mit Rollen, sondern mit Programmen, d.h. mit Normen zu tun. Auf dieser Grundlage wird auch der Luhmannsche Normenbegriff verständlich: „Normen sind demnach kontrafaktisch stabilisierte Verhaltenserwartungen. Ihr Sinn impliziert Unbedingtheit der Geltung insofern, als die Geltung als unabhängig von der faktischen Erfüllung oder Nichterfüllung der Norm erlebt und so auch institutionalisiert wird. Das Symbol des ‚Sollens' drückt in erster Linie die Erwartung solcher kontrafaktischer Geltung aus, ohne diese Erwartungsqualität selbst zur Diskussion zu stellen; darin liegt der Sinn und die Funktion des ‚Sollens'."[310]

2. Abwicklung von Enttäuschungen

„Zur Stabilisierung von Strukturen gehört nicht nur der Entwurf ihres sinnhaften Profils – das Erkennen von Naturgesetzen oder das Aufstellen von Normen –, sondern immer auch Bereitstellung von Mechanismen für die Abwicklung von Enttäuschungen – gleichsam Service und Reparaturdienst für

---

[306] *Luhmann,* a.a.O., S. 89.

[307] *Luhmann,* a.a.O., S. 92 f.

[308] *Luhmann,* a.a.O., S. 86.

[309] *Luhmann,* a.a.O., S. 87 f.

[310] *Luhmann,* a.a.O., S. 43; Abgrenzung zur „vornormativen Erwartungsschicht" ebd. S. 48 f.

die Struktur."[311] Denn mit dem Eintritt des Enttäuschungsfalles ist „unabweisbar evident, daß die Erwartung nur eine Erwartung war".[312] Die Nichterfüllung von Erwartungen „mag negativ oder positiv überraschen – immer stellt sie unabhängig von der Wirkung des Einzelfalles auch die betroffene Erwartung in Frage. Die Situation ist nicht mehr dieselbe wie zuvor. (...) Enttäuschungen führen", so Luhmann, „ins Ungewisse. Diese Seite des Problems läßt sich", so fährt er fort, „mit einem Schaden- oder Nutzenausgleich im Einzelfall nicht lösen. Die Erwartung selbst muß, wenn sie nicht geändert und durch neue Sicherheiten ersetzt werden kann, auf ihrer generalisierten Funktionsebene durch symbolische Prozesse der Darstellung des Erwartens und der Behandlung des enttäuschenden Ereignisses wiederhergestellt werden."[313]

Diesen Gedankengang überträgt Meder auf das Schadensrecht.[314] Er folgert auf der Grundlage der Luhmannschen These, daß in Fällen, in denen es fraglich ist, ob überhaupt eine in Geld taxierbare Einbuße vorliegt, dem Schadensrecht nur eine symbolische Funktion zukommt. „Anstatt eines Ausgleichs im klassischen Sinne kann das Recht dann allenfalls einen symbolischen Ausgleich gewähren, eine soziale Hilfestellung: durch Stabilisierung der Erwartung, den entzogenen Gegenstand jederzeit benutzen zu können oder die verdorbene Freude jederzeit erleben zu können. Funktion der Schadensersatzzahlung ist dann eine Art von Enttäuschungsbehandlung, die durch den Ersatz des symbolischen Mittels Geld darüber hinweghelfen soll, daß sich gewisse Erwartungen nicht immer erfüllen."[315] Dieser Argumentation kann im wesentlichen zugestimmt werden. Problematisch ist aber ihre einseitige Orientierung am Kompensationsgedanken. Ein möglicher Zusammenhang zwischen Erwartungsbegriff, Enttäuschungsverarbeitung und Restitutionprinzip wird von vornherein nicht untersucht, obwohl dies zu interessanten Ergebnissen führt, wie die folgenden Ausführungen zeigen werden.

Mit dem Eintritt des Schadens- und damit auch des Enttäuschungsfalls ist zwar „die Situation", wie Luhmann sich ausdrückt, „nicht mehr dieselbe wie zuvor", jedoch ist es gerade Zweck und Aufgabe des Restitutionsprinzips die ursprüngliche Situation bzw. eine Situation, die der ursprünglichen nahe kommt, wiederherzustellen. Ein Rückgriff auf die Symbolwirkung einer Kompensationszahlung oder allgemeiner, ein Rückgriff auf „symbolische Prozesse", ist dann nicht erforderlich, wenn die Erwartung mittels Herstellung des Zustands realiter hergestellt werden kann. Denn dann wird die enttäusch-

---

[311] *Luhmann,* a.a.O., S. 41 f.

[312] *Luhmann,* a.a.O., S. 53.

[313] *Luhmann,* a.a.O., S. 53.

[314] *Meder,* a.a.O., S. 147 ff.

[315] *Meder,* a.a.O., S. 148 f.

te Erwartung des Geschädigten, von einem Schaden verschont zu bleiben, durch die „neue Sicherheit“[316], daß der ursprünglich Zustand wieder hergestellt werden wird, ersetzt. Fraglich bleibt dann nur, wie das Schadensabwicklungsverhältnis zwischen Geschädigtem und Schädiger ausgestaltet werden muß, um „neue Sicherheiten“ zu erzeugen. Aber auch diesbezüglich finden sich Anhaltspunkte in den Ausführungen Luhmanns. So beleuchtet Luhmann in seinem soziologischen Theorievorschlag auch die psychologische Seite einer „Abwicklung von Enttäuschungen“. Er beschreibt detailliert die psychologische Situation des Enttäuschten, die sich problemlos mit der Situation des Geschädigten nach dem Schadensfall vergleichen läßt. Dazu führt er im einzelnen aus:

> „Die Enttäuschung stimuliert Aktivität, man kann sie nicht einfach passieren lassen. Das Erleben des Enttäuschten gewinnt eine emotionale Färbung, wird sehr oft bis ins organische System vermittelt und löst, besonders bei gestauter Handlungsmöglichkeit, physiologische Prozesse aus. Er regt sich auf. Für das Abfangen der Pression werden also psychische, wenn nicht gar organische Mechanismen mobilisiert. Deren Einsatz kann nun wiederum im sozialen System nicht ignoriert werden. Die Enttäuschungsbehandlung kann nicht allein der individuellen Auf- und Abregung überlassen werden. (...) Deshalb muß das soziale System die Abwicklung von Erwartungsenttäuschungen betreuen und kanalisieren – und dies nicht nur, um richtige Erwartungen (etwa Rechtsnormen) wirksam durchzusetzen, sondern überhaupt die Möglichkeit zu kontrafaktischem, enttäuschungsgefaßtem, normativem Erwarten zu schaffen. Der Erwartende muß vorbereitet und ausgerüstet werden für den Fall, daß er auf einer diskrepanten Realität landet. Er würde anderenfalls nicht den Mut haben können, normativ und durchhaltewillig zu erwarten. Zur Stabilisierung von Strukturen gehört die Kanalisierung und Auskühlung von Enttäuschungen mit dazu.“[317]

Um dieses Ziel zu erreichen, müssen dem Geschädigten „Verhaltensmöglichkeiten gegeben sein, mit denen er die Fortgeltung der unerfüllten Erwartung zum Ausdruck bringen kann“.[318] Konkret bedeutet dies, daß dem Geschädigten auf Grund seiner psychologischen Situation eine aktive Rolle bei der Schadensabwicklung eingeräumt werden muß, um eine wirksame „Kanalisierung und Auskühlung“ seiner Enttäuschung zu gewährleisten. Der Geschädigte darf im Rahmen der Schadensabwicklung nicht ein zweites Mal dem Schädiger oder nunmehr dessen Versicherung ausgeliefert werden. Aus diesem Grunde hat schon der historische Gesetzgeber dem Geschädigten die Ersetzungsbefugnis gem. § 249 S. 2 BGB eingeräumt. Dies reicht jedoch, wie die bisherige Untersuchung gezeigt hat, wegen der inzwischen erfolgten Rechtsfortbildung hinsichtlich des Herstellungsbegriffs für eine wirksame Enttäuschungsabwicklung nicht mehr aus. Auch bei einer Schadensabwick-

---

[316] *Luhmann,* a.a.O., S. 53.

[317] *Luhmann,* a.a.O., S. 54.

[318] *Luhmann,* a.a.O., S. 55.

lung nach § 249 S. 2 BGB darf dem Geschädigten kein durch angeblich „objektive Kriterien" geprägtes Abwicklungsmodell aufgezwungen werden, so daß ihm keinerlei Entscheidungsspielraum verbleibt. Das Schadensabwicklungsverhältnis muß vielmehr so ausgestaltet werden, daß er eine Wahlmöglichkeit zwischen den einzelnen Abwicklungsvarianten hat und somit aktiv den Inhalt des Schadensverhältnisses bestimmen kann. Kurz: Ihm ist ein umfassendes Gestaltungsrecht einzuräumen, mit dem er in Selbstbestimmung, aber auch Selbstverantwortung das weitere Geschehen beeinflussen kann. Nur so wird die Schadensabwicklung selbst zum Instrument der Enttäuschungsverarbeitung.

Besonders eindrucksvoll läßt sich dies am Beispiel des Gesundheitsschadens demonstrieren, denn dort wirkt sich, aufgrund psychosomatischer Zusammenhänge, eine erfolgreiche Enttäuschungsverarbeitung konkret im Heilungserfolg aus. Zwischen Heilungserfolg und aktiver Enttäuschungsverarbeitung besteht eine direkte Wechselwirkung. Hier zeigen sich die engen Beziehungen zwischen biologischen, psychischen und sozialen Vorgängen, die auch das Schadensrecht nicht ignorieren darf.[319]

Die aktive Enttäuschungsverarbeitung beginnt mit der freien Arztwahl durch den Patienten, denn „in einem nicht unerheblichen Teil [der Behandlungsfälle][320] ist (...) bereits das schlichte Vertrauen in die ärztliche Behandlung maßgebliche Ursache von Heilungsprozessen des Patienten".[321] „Der Effekt von Gesundheitsmaßnahmen (health care outcomes: compliance, Patientenzufriedenheit usw.) ist direkt von dem Grad der unterschiedlichen Erklärungsmodelle bei Patienten und deren Ärzten und der Effektivität klinischer Kommunikation abhängig. Ist die Differenz groß, läßt sich ein unbefriedigendes Ergebnis vorhersagen."[322] Das Vertrauen in der Arzt-Patienten-Beziehung ist die Grundvoraussetzung für ein wirksames ärztliches Handeln.[323] Deshalb muß dem Patienten die Auswahl des Arztes überlassen bleiben.

---

[319] Vgl. hierzu die *psychosomatische Komponente* in der Argumentation des BGH zur Ersatzfähigkeit der Kosten naher Angehöriger für Krankenhausbesuche. Diese sind – so die st. Rspr. des BGH – dann ersatzfähig, wenn der Krankenhausbesuch „medizinisch notwendig" (BGH NJW 1991, 2340) ist, d.h. zur „Förderung des Heilungserfolgs" (BGH NJW 1990, 1037; VersR 1989, 188; JZ 1989, 345 mit Anm. *Grunsky*; VersR 1967, 714; 1964, 532; 1961, 272; 1957, 790) beiträgt. Vgl. auch: Entscheidungsrezension von *Grunsky*, Erstattungsfähigkeit von Kosten für Krankenhausbesuche – BGH, NJW 1991, 2340, JuS 1991, 907; *Schleich,* Zur schadensersatzrechtlichen Erstattung von Besuchs- und Nebenkosten bei stationärer Heilbehandlung, DAR 1988, 145.

[320] Anm. des Verf.

[321] *Francke,* Ärztliche Berufsfreiheit und Patientenrechte, S. 29 (m.w.N. in Fn. 152).

[322] *Uexküll / Wesiack,* Wissenschaftstheorie und Psychosomatische Medizin, ein bio-psycho-soziales Modell, in: *Uexküll,* Psychosomatische Medizin, S. 13.

[323] Vgl. *Francke,* a.a.O., S. 29; zu den verschiedenen Arzt-Patientenmodellen ebd., S. 33 ff.

Die Notwendigkeit einer Interaktion zwischen Patient und Arzt zeigt sich auch bei der Suche nach der geeigneten Behandlungsmethode. Eine vom Arzt dem Patienten aufgezwungene Therapie, zu der der Patient kein Vertrauen entwickelt, wird ebenfalls geringere Wirkung zeigen, als eine „gemeinsam" entwickelte Gesundungsstrategie. Denn die „‚Sache' der Medizin ist immer eine gemeinsame Angelegenheit eines Kranken und eines Arztes".[324] Aus diesem Grunde ist dem Patienten auch bei der Wahl der Therapieform ein gewisser Entscheidungsspielraum einzuräumen, der im Schadensabwicklungsverhältnis durch ein Gestaltungsrecht abgesichert werden muß. Hinzu kommt, daß „der Patient, der zum Arzt um Hilfe einkommt, nicht teilbar ist, in ein Kompartement der Krankheitssymptome, die den Arzt allein zu interessieren hätten, und in ein Kompartement der gesamten übrigen Persönlichkeit des Menschen mit ihren psychosomatischen Befindlichkeiten".[325] Dies zeigt sich insbesondere dann, wenn der Heilungserfolg maßgeblich auf einen auch heute noch oft fälschlicherweise belächelten Placeboeffekt zurückzuführen ist.[326] Definiert man aber den Placeboeffekt „als Befindensänderung des Patienten, die dem symbolischen Gehalt des Heilungsvorgangs und / oder der unspezifischen pharmakologischen oder physikalischen Wirkung zuzuordnen ist," so ergibt sich, zur Überraschung mancher, „daß jede aktive Behandlung Placebokomponenten enthält!"[327]

Die aktive Mitwirkung bei der Behandlung ist somit, wie auch die freie Arztwahl und das Mitspracherecht bei der Auswahl der Therapieform, ein entscheidendes Element einer aktiven Enttäuschungsverarbeitung. Deshalb ist das Schadensabwicklungsverhältnis zwischen Schädiger und Geschädigtem so auszugestalten, und dies gilt nicht nur für den Personenschaden, daß dem Geschädigten bei der Schadensabwicklung eine aktive Rolle zu kommt. Nur wenn der Geschädigte den Inhalt des Schadensabwicklungsverhältnis (mit-) gestalten kann, ist er in der Lage, sich aus seiner passiven Opferrolle zu befreien und eine aktive Enttäuschungsverarbeitung einzuleiten.

---

[324] *Uexküll,* a.a.O., S. 5.

[325] Vgl. *Giesen,* Zwischen Patientenwohl und Patientenwille, JZ 1987, 282 (288 re. Sp.). Zu den Widerständen gegen den psychosomatischen Ansatz vgl.: *Uexküll,* Integrierte Psychosomatische Medizin in Praxis und Klinik, S. 7.

[326] Zur Definition und Wirkung des Placebos: vgl. *Paar,* Psychopharmaka in der Psychosomatischen Medizin und in der Allgemeinmedizin, in: *Uexküll,* Psychosomatische Medizin, S. 379 ff.

[327] *Paar,* a.a.O., S. 379 f.

IX. Das Effizienzprinzip – die ökonomische Analyse des Schadensrechts

„Aus der Sicht der wohlfahrtsökonomischen Analyse des Rechts ist es eine wichtige Aufgabe der Rechtsordnung, rechtliche Regelungen und Institutionen zu entwickeln, die dazu beitragen, die Verschwendung von Ressourcen zu verhindern und die gesamtgesellschaftliche Allokationseffizienz zu erhöhen. (...) Diese ist – vereinfacht ausgedrückt – dann erreicht, wenn die volkswirtschaftlich knappen Ressourcen so eingesetzt werden, daß sie den größten erzielbaren gesellschaftlichen Nutzen stiften, also jeweils am Ort ihrer sozial nützlichsten Verwendung zum Einsatz kommen. Soweit Allokationseffizienz nicht erreicht wird, werden gesellschaftliche Ressourcen verschwendet."[328] So gesehen ist die rechtsökonomische Analyse, wie vor ihr schon eine Vielzahl anderer Theorien[329], allein dem Gebot der Nutzenmaximierung verpflichtet. Bei allen diesen theoretischen Ansätzen wird „die Wahl zwischen Entscheidungsalternativen als ein Problem individueller und/oder kollektiver Nutzenmaximierung aufgefaßt".[330] Die Besonderheit der Rechtsökonomie besteht nun aber darin, daß durch sie „das Regelungsziel Effizienz ausdrücklich in den Rang eines von der Rechtspraxis zu beachtenden Grundsatzes erhoben wird".[331] In methodischer Hinsicht bedeutet dies, wie Kübler zu Recht feststellt, „keine Revolution, sondern nur die konsequente Fortentwicklung des methodischen Instrumentariums".[332] Allerdings setzt eine verstärkte rechtspraktische Nutzung der vielfältigen Ansätze ökonomischer Analyse die Akzeptanz einer interdisziplinären Zusammenarbeit von Volks-, Betriebs- und Rechtswissenschaft voraus. Diese dürfte heute aber der h.M. entsprechen.[333] Stark umstritten ist hingegen nach wie vor das Verhältnis zwischen der herkömmlichen juristischen Dogmatik und dem Regelungsziel der ökonomischen Effizienz.[334] Hier dürfte es wohl richtig sein, das Effizienz-

---

[328] *Ott/Schäfer,* Begründung und Bemessung des Schadensersatzes wegen entgangener Sachnutzung, ZIP 1986, 613 (618).

[329] Vgl. Aufzählung bei *Koch/Rüßmann,* Juristische Begründungslehre, S. 347 ff.: „Normative Entscheidungstheorie", „Utilitarismus" und „Sozialwahltheorie".

[330] *Koch/Rüßmann,* a.a.O., S. 347.

[331] *Kübler,* Effizienz als Rechtsprinzip – Überlegungen zum rechtspraktischen Gebrauch ökonomischer Argumente, in: FS für Steindorff, S. 689.

[332] *Kübler,* a.a.O., S. 703.

[333] Vgl. dazu: *Kirchner,* Ökonomische Analyse des Rechts. Interdisziplinäre Zusammenarbeit von Ökonomie und Rechtswissenschaft, in: *Assmann/Kirchner/Schanze,* Ökonomische Analyse des Rechts, S. 62; „Meinungsspiegel", BFuP 1987, 436 ff.

[334] Als überholt kann die Ansicht *Baurs* (JZ 1961, 159) eingestuft werden, der 1961 noch davor warnte, „das Schadensausgleichsrecht in den Sog betriebswirtschaftlicher Vorsorgekalkulation" einzubeziehen. Mit einer gewissen Skepsis begegnet auch *Lange* (JZ 1992, 483) dem rechtsökonomischen Argument. Zwar sei ein „Seitenblick" auf wirtschaftliche Überlegungen nicht verwehrt, „aber in erster Linie", so *Lange*, „bedarf es doch wohl

prinzip als eines unter mehreren Rechtsprinzipien anzuerkennen, deren Anwendung und Rang jeweils im Einzelfall durch den Rechtsanwender festgestellt und begründet werden muß. Bei eventuellen Zielkonflikten gilt, wie auch sonst, das Alexysche Optimierungsgebot.[335] Zumindest kann, und darüber besteht wieder weitgehende Einigkeit, die wirtschaftswissenschaftliche Betrachtung „eine plausiblere Abstützung eines zweifelhaften dogmatischen Ergebnisses liefern, wenn der Nachweis gelingt, daß eine bestimmte Interpretation schon aus Effizienzgesichtspunkten vorzugswürdig erscheint".[336]

Dies gilt auch für das Schadensrecht, wenngleich dort die Anwendung rechtsökonomischer Grundsätze noch nicht so weit verbreitet ist wie im Haftungsrecht.[337] Während die rechtsökonomische Analyse zum Grunde des Schadensersatzanspruchs zum festen Bestandteil juristischer Argumentation gehört[338], lassen sich zur Frage der Schadensbemessung nur wenige Ausführungen finden, die das Regelungsziel ökonomischer Effizienz argumentativ konsequent umsetzten.[339] Die Aufgabe dieses Abschnitts wird deshalb sein, erstens zu überprüfen, inwieweit die rechtsökonomischen Grundsätze des Haftungsrechts auf das Schadensrecht übertragbar sind. Dazu ist das gesamte Schadensabwicklungsverhältnis zwischen Schädiger und Geschädigtem unter dem Gesichtspunkt ökonomischer Effizienz zu betrachten. Und zweitens ist

---

rein dogmatischer Argumente". – Gänzlich abzulehnen sind die Meinungen, die einen Universalanspruch und eine Vorrangstellung der Rechtsökonomie gegenüber der Dogmatik propagieren. Vgl. dazu die Kontroverse Fezer contra Ott/Schäfer (*Fezer*, JZ 1986, 817; 1988, 223; dagegen *Ott/Schäfer*, JZ 1988, 213); vermittelnd: *Eger/Nagel/Weise*, Effizienz und Menschenwürde – Ein Gegensatz?, in: Ott/Schäfer (Hrsg.), Ökonomische Probleme des Zivilrechts.

[335] *Alexy*, Theorie der Grundrechte, S. 75: „Prinzipien sind demnach Optimierungsgebote."

[336] *Huber*, Fragen der Schadensberechnung S. 30.

[337] *Huber*, a.a.O., S. 38: „Während die Anzahl der Publikationen der ökonomischen Analyse des Rechts zum Grund des Schadensersatzanspruchs selbst im deutschsprachigen Schrifttum schon fast unübersehbar geworden ist, lassen sich zur Frage der Schadensbemessung keine diesbezüglichen Äußerungen finden. M.E. kann jedoch auch auf der Ebene der Schadensbemessung eine unterschiedliche Ausgestaltung der Rechtsordnung bzw. diese oder jene Auslegung der Normen dazubeitragen, eine Verschwendung von Ressourcen hintanzuhalten."

[338] Aus der Vielfalt der deutschsprachigen Literatur: *Assmann/Kirchner/Schanze*, Ökonomische Analyse des Rechts; *Schäfer/Ott*, Lehrbuch der ökonomischen Analyse des Zivilrechts; *Kötz*, Ziele des Haftungsrechts, in: FS für Steindorff, S. 643; *ders.*, Karlsruher Forum 1990, S. 14 ff.; *Burow*, Einführung in die ökonomische Analyse des Rechts, JuS 1993, 8; *Steiner*, Schadensverhütung als Alternative zum Schadensersatz.

[339] Vor allem *Huber* (Fragen der Schadensberechnung) hat sich in dieser Hinsicht hervorgetan. Bei ihm finden sich volkswirtschaftliche wie betriebswirtschaftliche Überlegungen. Vgl. auch: *Ott/Schäfer*, Begründung und Bemessung des Schadensersatzes wegen entgangener Sachnutzung, ZIP 1986, 613; *dies.*, Schmerzensgeld bei Körperverletzungen JZ 1990, 563; ablehnend: *Müller*, VersR 1993, 909 („für die richterliche Praxis jedoch kaum geeignet").

zu prüfen, welche Rückschlüsse hieraus für die hier untersuchte Frage nach dem richtigen Schadensabwicklungskonzept gezogen werden können.

1. Das Effizienzprinzip und die Ersetzungsbefugnis nach § 249 S. 2 BGB

Konkretisiert man das Effizienzprinzip speziell für das Schadensrecht, so kommt man zu der von Huber aufgestellten allgemeinen Regel, „daß die Schadensbeseitigung durch den vorgenommen [werden muß], der dies am *kostengünstigsten* besorgen kann“.[340] Wie auch Roussos feststellt, ist Effizienz „allein durch die dezentralisierte Nutzung und Verwaltung der zur Verfügung stehenden Mittel gewährleistet, so daß die Entscheidungsbefugnis grundsätzlich demjenigen vorbehalten [bleiben muß], der die bessere Übersicht und Kontrolle über die Nutzungsmöglichkeiten der ihm zugewiesenen Ressourcen hat“.[341]

Wendet man diese *erste schadensrechtliche Effizienz-Regel* konsequent an, so hat dies zur Folge, daß der Schädiger im Falle eines Kfz-Schadens, soweit er selbst Kfz-Mechaniker oder „konzessionierter Werkstattinhaber“ ist, und deshalb den dem Geschädigten entstandenen Kraftfahrzeugschaden kostengünstiger als dieser bzw. dessen eingeschalteter Werkunternehmer beseitigen kann, die Schadensabwicklung wieder an sich ziehen und eine Abwicklung nach § 249 S. 1 BGB erzwingen können muß. In der Tat vertritt diese Ansicht Huber. „Soweit durch die Ersatzbeschaffung“, so Huber, „eine 100%ige Naturalrestitution bewirkt wird, wie etwa bei Lieferung eines neuen Fahrzeugs, steht dem Schädiger (...) das Recht zu, sich auf diese Weise von der Ersatzpflicht zu befreien“.[342] Das Recht des Schädigers, sich durch Anbieten der Naturalrestitution von der Schadensersatzpflicht zu befreien, gelte auch im Falle einer Reparatur, soweit diese „zu einer 100%igen Naturalrestitution, wie das bei Beseitigung des Schadens durch das ‚spurlose Auswechseln von Ersatzteilen‘ der Fall ist“, führt.[343]

Diese Auffassung verkennt Tragweite und Funktion der Ersetzungsbefugnis des Geschädigten nach § 249 S. 2 BGB. Die Ersetzungsbefugnis soll, wie mehrfach ausgeführt[344], dem Geschädigten die Möglichkeit geben, sich im

[340] *Huber,* a.a.O., S. 164 f.

[341] *Roussos,* Schaden und Folgeschaden, S. 227.

[342] *Huber,* a.a.O., S. 163.

[343] *Huber,* a.a.O., S. 164 f., s.a. ebd. S. 167: „Wie bereits (...) ausgeführt, hat der Schädiger ein Recht, sich durch Anbieten der Naturalrestitution von der Schadensersatzpflicht zu befreien, wenn dadurch der Zustand, wie er ohne das schädigende Ereignis bestünde, zu 100 Prozent wiederhergestellt wird und der Geschädigte dagegen keine schützenswerte Gründe einwenden kann.“

[344] Vgl. z.B.: 3. Kapitel, I. und II.

Rahmen der Schadensabwicklung vom Schädiger zu emanzipieren und eventuelle Streitigkeiten zwischen Schädiger und Geschädigtem hinsichtlich des Gelingens von Restitutionsmaßnahmen verhindern (= *Streitentlastungsargument*). Vor allem aber soll dem Geschädigten nicht zugemutet werden, sich erneut an den Schädiger ausliefern zu müssen (= *An-Vertrauensargument*). Mit der Schaffung der Ersetzungsbefugnis machte der historische Gesetzgeber den Geschädigten zum Herrn des Abwicklungsverfahrens, der die Schadensabwicklung jederzeit und auch gegen den Willen des Schädigers selbst in die Hand nehmen kann. Daran wird deutlich, daß der Vorschrift des § 249 S. 2 BGB nicht das Modell des *„homo oeconomicus"*, d.h. des rational denkenden, egoistischen Nutzenmaximierers, sondern vielmehr das Modell des *„homo sociologicus"*, das die Determination des Einzelnen durch gesellschaftlich definierte Rollen zum Inhalt hat, zugrunde liegt.[345] Die gesellschaftliche Rolle als „Geschädigter" bestimmt sich aber maßgeblich nach der Beurteilung der ihr zugrundeliegenden psychologischen (Konflikt-)situation. Mit dieser „soziologisch-psychologischen Analyse des Rechts"[346] liefert das Modell des *„homo sociologicus"* eine treffendere Beschreibung der (Schadensabwicklungs-)Wirklichkeit. Die Anwendung des Effizienzprinzips hätte jedenfalls die erneute Auslieferung des Geschädigten an den Schädiger und somit die psychologische Überforderung des Geschädigten zur Folge. Damit handelt es sich bei der Vorschrift des § 249 S. 2 BGB zwar um eine nicht vollkommen effiziente Regelung, die allerdings durch höherwertige normative Ziele gerechtfertigt ist. Für diesen Fall sind, wie selbst Anhänger der ökonomischen Analyse des Rechts eingestehen, Effizienzverluste in Kauf zu nehmen.[347] Die Schadensabwicklung kann deshalb dem Geschädigten, entgegen der Ansicht Hubers, durch den Schädiger nachträglich nicht mehr aus der Hand genommen werden, auch wenn sich dadurch die Kosten der Schadensabwicklung günstiger gestalten würden. Die erste schadensrechtliche Effizienz-Regel, wonach die Schadensbeseitigung durch den vorgenommen werden muß, der dies am kostengünstigsten besorgen kann, geht somit fehl.

---

[345] Zu den Modellen *„homo oeconomicus"* und *„homo sociologicus"*: *Frey,* Möglichkeiten und Grenzen des ökonomischen Denkansatzes, in: Schäfer/Wehrt (Hrsg.), Die Ökonomisierung der Sozialwissenschaften, S. 69 (74); *Opp,* Ökonomie und Soziologie – Die gemeinsamen Grundlagen beider Fachdisziplinen, in: Schäfer/Wehrt (Hrsg.), Die Ökonomisierung der Sozialwissenschaften, S. 103 (118).

[346] So die Terminologie bei: *Kirchner,* Ökonomische Analyse des Rechts. Interdisziplinäre Zusammenarbeit von Ökonomie und Rechtswissenschaft, in: *Assmann/Kirchner/Schanze*, Ökonomische Analyse des Rechts, S. 62 (66 f.).

[347] *Ott/Schäfer,* Die ökonomische Analyse des Rechts – Irrweg oder Chance wissenschaftlicher Rechtserkenntnis?, JZ 1988, 213: „Rechtfertigung durch höherwertige Gerechtigkeitsziele" (215 re. unten), „Effizienzverlust zum Schutz höherwertiger Rechtsgüter" (219 re. Sp.), „Effizienzverlust zur Erreichung höherwertiger Gerechtigkeitsziele" (221 re. Sp.); *dies.*, Begründung und Bemessung des Schadensersatzes wegen entgangener Sachnutzung, ZIP 1986, 613: „Effizienzverlust zur Erreichung höherwertiger normativer Ziele" (618 re. Sp.).

2. Das Effizienzprinzip und das Wirtschaftlichkeitspostulat

„Wirkt sich das Effizienzprinzip bei der Haftung dem Grunde nach in der Weise aus, daß der Haftungsmaßstab danach beurteilt wird, wer der "cheapest cost avoider„ ist, muß dieses Prinzip im Rahmen der Schadensberechnung dazu führen, daß die Ausmessung des Schadens einen Anreiz schaffen soll, daß möglichst die Schadensbeseitigungsform gewählt wird, die mit den jeweils geringsten Kosten verbunden ist (...)."[348] Diese von Huber formulierte *zweite schadensrechtliche Effizienz-Regel* ist auch Bestandteil der ständigen Rechtsprechung des BGH, wenngleich sie dort unter dem Stichwort *„Wirtschaftlichkeitspostulat"* firmiert.[349] Danach hat der Geschädigte unter mehreren zum Schadensausgleich führenden Möglichkeiten der Naturalrestitution grundsätzlich diejenige zu wählen, die den geringsten Aufwand erfordert. Gegen die Anwendung des Wirtschaftlichkeitspostulats im Rahmen des § 249 S. 2 BGB und den damit verknüpften „Vorrang des billigeren Abwicklungswegs" wurde schon im 4. Kapitel[350] und im 5. Kapitel[351] ausführlich Stellung bezogen. Dem ist an dieser Stelle folgendes hinzuzufügen. Die Anwendung des Wirtschaftlichkeitspostulats wäre, auch unter dem Blickwinkel der ökonomischen Analyse des Schadensrechts, nur dann richtig, wenn die beiden Abwicklungsvarianten „Reparatur" und „Ersatzbeschaffung" inhaltlich gleichwertig wären, d.h. wenn beide Varianten dieselben Interessen des Geschädigten befriedigen würden. Dies trifft jedoch gerade nicht zu. Während die Ersatzbeschaffung das Integritäts- und das Wertinteresse befriedigt, befriedigt die Reparatur noch zusätzlich, als zweite Komponente des Integritätsinteresses, das Affektionsinteresse des Geschädigten. Denn nur bei einer Reparatur wird der personalen Bindung des Geschädigten an den ihm vertrauten Gegenstand Rechnung getragen.[352] Somit kann auch die zweite schadensrechtliche Effizienz-Regel nicht überzeugen. Dem Geschädigten ist vielmehr ein umfassendes Gestaltungsrecht hinsichtlich der Abwicklungsart einzuräumen, dessen Grenze nicht durch allgemeine Effizienzüberlegungen markiert, sondern durch das Interesse des Schädigers, so wie es in § 251 II BGB Berücksichtigung findet, eingeschränkt wird.[353]

---

[348] *Huber,* a.a.O., S. 107.

[349] St. Rspr. des BGH: BGH VersR 1992, 61 (62 re. Sp.); BGHZ 54, 82 (84 ff.) = VersR 1970, 823 (833); BGHZ 61, 346 (349 ff.) = VersR 1974, 90 (91); BGHZ 63, 182 (186 f.) = VersR 1975, 184 (185); BGHZ 66, 239 (248 f.) = VersR 1976, 874 (876); VersR 1985, 593 (594).

[350] 4. Kapitel, III.2.

[351] 5. Kapitel, IV.2.

[352] Vgl. 4. Kapitel, III.2.a) und b).

[353] Vgl dazu 6. Kapitel, II.

3. Das Effizienzprinzip und die verschiedenen Schadensabwicklungskonzepte

Die rechtsökonomische Analyse versucht ihr Ziel, die Verschwendung von Ressourcen zu verhindern und die gesamtgesellschaftliche Allokationseffizienz zu erhöhen, unter anderem auch dadurch zu erreichen, daß sie die wirtschaftlichen Folgen einer rechtlichen Entscheidung analysiert und bewertet und auf dieser Basis die zugrundeliegenden rechtlichen Regelungen weiterentwickelt. Wendet man diese *Methode der Folgenanalyse und -bewertung* auf die Frage nach dem richtigen Schadenskonzept an, so zeigt sich, daß der „Grundsatz der Dispositionsfreiheit" ein durchweg ineffizientes Abwicklungskonzept darstellt. Hält man nämlich das Prinzip der Dispositionsfreiheit für maßgeblich, „dann [ist] der Schadensersatzanspruch stets unabhängig von der jeweiligen Reaktion des Geschädigten in Höhe der bestmöglichen bzw. durchschnittlichen Restitution bei Inanspruchnahme einer Marktleistung zu bemessen".[354] M.a.W. selbst wenn der Geschädigte einen billigeren Abwicklungsweg favorisiert, beeinflußt dies die Höhe des Schadensersatzanspruchs nicht. Die Kosten der Schadensbeseitigung bewegen sich deshalb bei der uneingeschränkten Anwendung des „Grundsatzes der Dispositionsfreiheit" immer auf höchstem Niveau. Eine Senkung der Abwicklungskosten ist von vornherein, d.h. systemimmanent ausgeschlossen. Deshalb ist der „Grundsatz der Dispositionsfreiheit" als ineffizientes Abwicklungskonzept abzulehnen.

Ganz anders verhält es sich bei den Zweckbindungstheorien, insbesondere bei der in dieser Untersuchung vertretenen Variante. Hier besteht ein direkter Zusammenhang zwischen der Reaktion des Geschädigten auf den Schadensfall und der Höhe des Schadensersatzanspruchs. Verzichtet z.B. ein Geschädigter auf die Reparatur und gibt er sich mit dem Ersatz des Wertinteresses zufrieden, so vermindert sich dadurch auch sein Schadensersatzanspruch gegen den Schädiger.[355] Die Wahl des „billigeren Abwicklungsweges" führt automatisch zu einem niedrigeren Schadensersatzanspruch und erhöht somit die gesamtgesellschaftliche Allokationseffizienz.[356]

---

[354] *Huber,* a.a.O., S. 141.

[355] Der Einwand *Grunskys* (28. VGT 1990, 191), daß dann der Geschädigte kein Interesse mehr habe, die teure Fachwerkstatt zu vermeiden und stattdessen eine preiswerte Reparatur zu wählen, verkennt, daß der Geschädigte sich bei der Wahl des Abwicklungsweges nicht ausschließlich von der Höhe des zu erwartenden Schadensersatzanspruchs leiten läßt. Wie schon an anderer Stelle innerhalb dieser Untersuchung (4. Kapitel, IV.2) nachgewiesen wurde, kann es z.B. für einen Kfz-Mechaniker von größter Wichtigkeit sein, sein eigenes Fahrzeug in privater Eigenarbeit wiederherzustellen und es nicht dem Mechaniker einer Fremdwerkstatt „auszuliefern".

[356] Dieses Abwicklungskonzept dürfte insgesamt zu einer Absenkung der durchschnittlichen Schadensbeseitigungskosten und damit letztlich auch zu einer Senkung der Haftpflichtversicherungsprämien führen.

6. Kapitel

Die Gestaltungsrechte im gesetzlichen Schadensabwicklungsverhältnis

Die bisherige Untersuchung hat gezeigt, daß der „Grundsatz der Dispositionsfreiheit“ als „erste Prämisse“, als „starting point“[1] für die richterliche Rechtsfortbildung des Schadensrechts nicht geeignet ist. Aber auch das klassische Zweckbindungspostulat hat, wie sich vor allem aus dem 2. Abschnitt des 5. Kapitels ergab, dogmatische Schwächen, die einer vorbehaltlosen Anerkennung als Leitprinzip entgegenstehen. Deshalb war es die Aufgabe der weiteren Untersuchung, unter Anwendung des *Alexyschen Optimierungsgebots*[2], die klassische Zweckbindungstheorie inhaltlich zu modifizieren und so deren Schwächen zu beseitigen. Aus diesen Bemühungen ging ein neues Schadensabwicklungsmodell hervor, mit dem ein gewisser Ausgleich zwischen den beiden kollidierenden Rechtsprinzipien herbeigeführt werden konnte. Denn dieses Modell beläßt dem Geschädigten einerseits die Dispositionsfreiheit über das „Ob“ und „Wie“ der Schadensabwicklung, andererseits bindet es ihn aber an den Restitutionszweck. Die Entwicklung dieses Abwicklungsmodells soll hier, im 6. Kapitel, nochmals zusammenhängend dargestellt, aber auch fortgeführt werden.

Ausgangspunkt und Grundlage aller Überlegungen war das *Primat der Restitution.*[3] Es galt, dem Restitutionsprinzip den Charakter einer „in § 249 S. 1 BGB feierlich formulierten Richtlinie“ zu nehmen und es erneut als ein in der Regulierungspraxis relevantes Leitprinzip des Schadensrechts zu etablieren.[4] Die Umsetzung dieser Vorgabe führte zu einem *erweiterten Herstellungsbegriff,*[5] der neben der Reparatur auch die Ersatzbeschaffung als zweite Herstellungsvariante umfaßt. Neu an diesem erweiterten Herstellungsbegriff ist, daß mit ihm auch die *Neubeschaffung* als Ersatzbeschaffung anerkannt

---

[1] *Esser,* Grundsatz und Norm der richterlichen Fortbildung des Privatrechts, S. 150 f.

[2] *Alexy,* Theorie der Grundrechte, S. 75: „Rechtsprinzipien als Optimierungsgebote“; ausführlich dazu 1. Kapitel, V.3.c).

[3] Vgl. 4. Kapitel, I.1 und IV.1.

[4] Vgl. 4. Kapitel, I.3 a.E. und IV.1; s.a. *Roussos,* Schaden und Folgeschaden, S. 133: „... nicht nur eine in § 249 S. 1 feierlich formulierte Richtlinie, sondern eine praktisch sinnvolle Schadensersatzregel ...“.

[5] Vgl. 4. Kapitel, II.2 und IV.2.

wird und dies nicht nur bei der Beschädigung von neuwertigen[6], sondern auch von gebrauchten Sachen. Bei der Neubeschaffung von gebrauchten Sachen muß allerdings gleichzeitig ein an der Rechtsfigur „Abzug Neu für Alt" orientierter *Überkompensationsausgleich*[7] durchgeführt werden, um eine Bereicherung des Geschädigten zu verhindern.

Das hier vertretene Abwicklungsmodell gründet sich darüber hinaus auf die dogmatische *Trennung von Schaden und Interesse*[8] (= Trennungsthese). Nach dieser in der Literatur mit überzeugenden Argumenten vorgetragenen Auffassung[9] steht dem mit der Rechtsgutsverletzung korrespondierenden realen Schadensbegriff der wertungsorientierte, mit dem Begriff des Schadensersatzes korrespondierende Interessenbegriff gegenüber. Kurz: „Schaden ist der real erlittene Nachteil, Interesse bezeichnet dagegen den Inhalt des Schadensersatzes."[10] Besonders treffend beschreibt Fikentscher diesen qualitativen Unterschied von Schaden und Interesse. Er führt dazu aus: „Schaden und Interesse verhalten sich zueinander wie das Unrecht zu seiner Wiedergutmachung. Der *Schaden* ist *Tatbestandsmerkmal* eines Schadensersatzanspruchs, das *Interesse* ist die – abstrakt formulierte – *Rechtsfolge* eines Schadensersatzanspruchs. Das Interesse (im technischen Sinn des Schadensersatzrechts) ist gleichbedeutend mit dem Umfang des Ersatzanspruchs."[11] (...) „Die Feststellung, daß eine Handlung normwidrig und schuldhaft einen Schaden verursacht hat, besagt also noch nichts über Umfang und Art der Wiedergutmachung dieses Schadens. Durch den Schaden wird der Geschädigte getroffen, sein Interesse geht auf Beseitigung der nachteiligen Lage, in die ihn die Schädigung versetzt hat."[12] Der Schaden betrifft, als natürliches, dem Recht vorgegebenes Phänomen, die „Tatbestandsseite", d.h. den Grund des Schadensersatzanspruchs und damit das *„Haftungsverhältnis"* zwischen Schädiger und Geschädigtem. Das Interesse betrifft dagegen die „Rechtsfolgenseite", d.h. „Art und Umfang der Wiedergutmachung des Schadens" und damit das *„Schadensabwicklungsverhältnis"* zwischen Schädiger und Geschädigtem.[13] Den Inhalt des Schadensabwicklungsverhältnisses können die Parteien kraft

---

[6] Wie z.B. bei der Beschädigung von Kraftfahrzeugen, die weniger als 3 Monate alt und weniger als 1.000 km gefahren worden sind, BGH NJW 1993, 781; *Berger,* VersR 1988, 106 (108).

[7] Zum Überkompensationsausgleich vgl. 2. Kapitel, II.7; 3. Kapitel, III; 4. Kapitel, II.2 und III.2.b).

[8] Zur Überwindung des Mommsenschen Interessenbegriffs vgl. 4. Kapitel, III.1 und IV.3.

[9] Vgl. dazu 4. Kapitel, III.1.

[10] *Gottwald,* Schadenszurechnung und Schadensschätzung, S. 43.

[11] *Fikentscher,* Schuldrecht, S. 294 Rn. 459 (Hervorhebungen vom Verf.).

[12] *Fikentscher,* a.a.O., S. 322 Rn. 525.

[13] Zum Schadensabwicklungsverhältnis vgl. auch 5. Kapitel, VI.3.

Privatautonomie vertraglich regeln (= *vertragliches Schadensabwicklungsverhältnis*)[14], ganz gleich, ob der Schadensersatzanspruch aus Delikt oder aus Vertrag herrührt. Die Gestaltungsfreiheit der Parteien wird dabei nur durch die allgemeinen Grenzen der §§ 134, 138 BGB eingeschränkt. Der Vorteil eines solchen Schadensabwicklungsvertrags liegt in der schnellen und effizienten Abwicklung des Schadens.[15]

Liegt eine einvernehmlich getroffene Vereinbarung der Parteien nicht vor, so bestimmen sich Art und Umfang des Ersatzanspruchs nach dem *gesetzlichen Schadensabwicklungsverhältnis* gem. §§ 249 ff BGB. Kennzeichnend für das gesetzliche Schadensabwicklungsverhältnis ist die einseitige Privatautonomie, mit der die Parteien gegen den Willen der jeweils anderen Partei das Abwicklungsverhältnis gestalten können. Der Inhalt des gesetzlichen Schadensabwicklungsverhältnisses bestimmt sich deshalb im wesentlichen nach dem Gestaltungsrecht des Geschädigten (§ 249 S. 2 BGB) und des Schädigers (§ 251 II, 1 BGB).

I. Das Gestaltungsrecht des Geschädigten, § 249 S. 2 BGB

Mit dem Eintritt des schädigenden Ereignisses ist der Schädiger grundsätzlich zur Naturalrestitution nach § 249 S. 1 BGB verpflichtet. Der Geschädigte kann jedoch durch Ausübung seiner Ersetzungsbefugnis nach § 249 S. 2 BGB das Abwicklungsgeschehen an sich ziehen, den Herstellungsanspruch gegen den Schädiger in einen auf Geld gerichteten Herstellungsanspruch umwandeln, und so über „Art und Umfang der Wiedergutmachung des Schadens“ disponieren. Allerdings steht, seit der Anerkennung der Ersatzbeschaffung als zweite Herstellungsvariante durch den BGH,[16] das individuelle Ab-

---

[14] Zur Zulässigkeit eines Schadensabwicklungsvertrages: BGHZ 66, 239 = VersR 1976, 876 li. Sp.: („... wie wenn sich die Parteien sich auf einen Ausgleich alsbald gütlich geeinigt hätten“); BGH VersR 1965, 351 („kontradiktorische Schadenstaxe“); BGH VersR 1990, 984 („Festhalten an einem Abfindungsvergleich“); Soergel-*Mertens*, 12. Aufl., Vor § 249 Rn. 8: („§§ 249–254 sind dispositives Recht, davon abweichende individualvertragliche Vereinbarungen über Inhalt und Umfang des Schadens sind grundsätzlich zulässig“); Staudinger-*Medicus*, Vor § 249 Rn. 11 („Durch Individualvertrag vereinbarte Abweichungen von den § 249–254 sind in den Grenzen von § 138 wenigstens dann zulässig, wenn die Anspruchsnorm selbst zum dispositiven Recht gehört“).

[15] Um das Massenphänomen der Verkehrsunfälle in ausgeglichener, einheitlicher und rationeller Weise zu bewältigen, schlägt *Greger* (NZV 1994, 14) die Einführung von umfassenden Schadensregulierungstabellen („Regelwerk Schadensersatz“) vor, die durch eine mit Interessenverbänden paritätisch besetzte Kommission ausgearbeitet werden sollen. An solchen Regulierungstabellen könnten sich die Parteien bei der Ausgestaltung der Schadensabwicklungsverträge orientieren.

[16] BGHZ 115, 375 = VersR 1992, 64; BGHZ 115, 364 = VersR 1992, 61; BGH NJW 1985, 2413; BGH NJW 1972, 1800; vgl. auch 4. Kapitel, II.1.b) m.w.N.

wicklungsinteresse des Geschädigten nach Ausübung der Ersetzungsbefugnis nicht mehr eindeutig fest. Die Herstellung des Zustands kann nunmehr, neben der Reparatur, auch durch Ersatzbeschaffung erfolgen. Dem Geschädigten stehen somit mehrere Optionen offen. Das hier vertretene Abwicklungsmodell löst dieses Problem, indem es die rechtsgestaltende Wirkung der Ersetzungsbefugnis ausdehnt und die Ersetzungsbefugnis zu einem *umfassenden Gestaltungsrecht* des Geschädigten weiterentwickelt, mit dem dieser die entsprechende Abwicklungsvariante wählen und damit sein individuelles Schadensabwicklungsinteresse festlegen kann.[17] Im einzelnen bedeutet dies, daß der Geschädigte beim *Sachschaden* zwischen den Abwicklungsmodalitäten „Herstellung durch Reparatur", „Herstellung durch Ersatzbeschaffung (einschließlich der Neubeschaffung)" und „Verzicht auf die Herstellung" wählen kann. Wählt er die Reparatur, so betätigt er sein Integritätsinteresse, einschließlich des Affektions- und des Wertinteresses. Entscheidet er sich für die Ersatzbeschaffung, so wünscht er den Ersatz seines Integritäts- und Wertinteresses. Verzichtet er gänzlich auf jegliche Art von Herstellung, so gibt er damit zu erkennen, daß er sich mit dem Wertinteresse, d.h. dem bloßen Wertersatz zufrieden gibt. In diesem Falle ist der Anspruch des Geschädigten als ein – kraft Privatautonomie – auf das Wertinteresse verkürzter „Restitutionsanspruch" zu begreifen.[18] Ähnliches gilt für den *Personenschaden*, denn es wäre „ethisch kaum tragbar, dem Geschädigten nur bei Sachschäden, nicht aber bei Personenschäden die Entscheidungsfreiheit über das Ob und Wie der Schadensbeseitigung einzuräumen".[19] Hier hat der Geschädigte die Möglichkeit, sein Integritäts- und sein Affektionsinteresse (= Heilung) oder auch nur sein Affektionsinteresse (= Beschränkung auf das Schmerzensgeld) als individuelles Abwicklungsinteresse festzulegen.[20]

Mit der Ausübung des Gestaltungsrechts, die auch konkludent erfolgen kann, ist der Geschädigte auf die gewählte Abwicklungsvariante und damit auf das individuelle Schadensabwicklungsinteresse (Affektion-, Integritäts-, Wert-, und Interimsinteresse) fixiert. Das gesetzliche Schadensabwicklungsverhältnis ist damit dem Grunde nach festgelegt. In einem zweiten Schritt ist dann das gewählte Interesse entweder einverständlich durch die Parteien oder im Streitfalle durch das Gericht gem. § 287 I ZPO zu bewerten. Hier dürfte der Hauptanwendungsbereich der ökonomischen Analyse des Schadensrechts liegen, denn diese könnte für den „Abschied von alltagstheoretischen Daumenregeln"[21] bei der Bewertung der vom Geschädigten gewählten (Abwick-

---

[17] Vgl. 5. Kapitel, IV.2.

[18] Vgl. 4. Kapitel, III.2.c).

[19] *Roussos,* Schaden und Folgeschaden, S. 126.

[20] Vgl. 4. Kapitel, III.3.a)–b).

[21] *Adams,* Ist die Ökonomie eine imperialistische Wissenschaft?, Jura 1984, 337 (344).

lungs-)Interessen sorgen.[22] Die Interessenbewertung kann jedenfalls, gleichgültig nach welchen Bewertungsgrundsätzen sie erfolgt, bis zum Zeitpunkt der letzten mündlichen Verhandlung vorgenommen werden. Erst dann ist das Schadensabwicklungsverhältnis auch der Höhe nach fixiert, es sei denn, der Schädiger macht vorher von seinem Gestaltungsrecht nach § 251 II, 1 BGB Gebrauch.

II. Das Gestaltungsrecht des Schädigers, § 251 II BGB

Die Möglichkeit des Geschädigten, den Inhalt des Schadensabwicklungsverhältnisses mittels Ausübung des Gestaltungsrechts gem. § 249 S. 2 BGB einseitig bestimmen zu können, ist begrenzt. Die Grenze des Schadensersatzverlangens des Geschädigten wird aber nicht durch „objektive Kriterien", wie z.B. durch ein allgemeines Wirtschaftlichkeitspostulat oder durch eine, wie auch immer ausgestaltete „Gemeinschaftsbindung des Einzelrechts"[23] gesetzt, „sondern durch die schützenswerten Belange des Schädigers (...)".[24] Weder allgemeine Wirtschaftlichkeitserwägungen noch eine inhaltlich kaum greifbare „Soziabilitätsschranke"[25] sind geeignete Kriterien, mit denen Gestaltungsrecht und Schadensersatzanspruch des Geschädigten begrenzt werden können. Insbesondere wäre es verfehlt, aus der Überlagerung des zivilistischen Schadensrechts durch kollektive Ausgleichssysteme mit ihren Regreßmechanismen zu schließen, daß beispielsweise beim Personenschaden „der zivilistische Schadensausgleich nach den Leistungsstandards der Sozialversicherung [zu] bemessen" ist.[26] Das Abwicklungsinteresse des Geschädigten wird im gesetzlichen Schadensabwicklungsverhältnis, wie auch im vertraglichen, allein durch die Interessen des Schädigers eingeschränkt.[27] Der Unterschied zum vertraglichen Abwicklungsverhältnis besteht darin, daß der Inhalt des gesetzlichen Schadensabwicklungsverhältnisses nicht durch Konsens, d.h. einvernehmlich festgestellt, sondern durch einseitigen Gestaltungsakt der Parteien festgelegt wird. Grundsätzlich dominieren in diesem Interessenwettstreit die Interessen des Geschädigten, denn dieser ist Herr des Schadensabwick-

[22] Vgl. dazu die Expertendiskussion in BFuP 1987, 436 ff. („Betriebswirtschaftliche Grundsätze ordnungsmäßiger Schadensermittlung").

[23] Auch *Roussos* (Schaden und Folgeschaden, S. 229) kritisiert die „Überbewertung der Gemeinschaftsbindung des Einzelrechts".

[24] *Roth,* Das Integritätsinteresse des Geschädigten und das Postulat der Wirtschaftlichkeit der Schadensbehebung, JZ 1994, 1091 (1094 re. Sp.).

[25] *Mertens,* Der Begriff des Vermögensschadens im Bürgerlichen Recht, S. 174.

[26] *Esser/Schmidt,* Schuldrecht AT 2, § 32 I 1 a, S. 188.

[27] Im Ergebnis ebenso *Roth,* Das Integritätsinteresse des Geschädigten und das Postulat der Wirtschaftlichkeit der Schadensbehebung, JZ 1994, 1091 (1093 ff.).

lungsverfahrens. Allerdings handelt der Geschädigte, der dem Schädiger mehr abverlangt, als es dem eigenen schützenswerten Integritätsinteresse entspricht, unverhältnismäßig im Sinne des § 251 II BGB.[28] Deshalb gewährt das Gesetz dem Schädiger gem. § 251 II 1 BGB zur Wahrung seiner Interessen eine Ersetzungsbefugnis[29] (facultas alternativa debitoris), mit der dieser, wenn die Herstellung des Zustands nur mit unverhältnismäßigen Aufwendungen erreicht werden kann, den Geschädigten zwangsweise auf dessen Wertinteresse beschränken kann. Dadurch erhält der Schädiger die Möglichkeit, den Inhalt des Schadensabwicklungsverhältnisses in seinem Sinne und gegen den Willen des Geschädigten gestalten zu können. Das Gestaltungsrecht des Schädigers nach § 251 II, 1 BGB wirkt somit als Korrektiv zum Gestaltungsrecht des Geschädigten nach § 249 S. 2 BGB.

Beim Sachschaden hat die Ausübung des Gestaltungsrechts nach § 251 II 1 BGB, wie oben schon erwähnt, zur Folge, daß der Schadensersatzanspruch des Geschädigten auf das Wertinteresse beschränkt wird. Für den Personenschaden lassen sich hingegen Inhalt und Umfang des Gestaltungsrechts dem Gesetz nicht unmittelbar entnehmen, insbesondere läßt sich die Beschränkung des Herstellungsverlangens des Geschädigten durch die Interessen des Schädigers nicht ohne weiteres aus § 251 II 1 BGB herleiten. Trotzdem kann der Geschädigte, wie der BGH in BGHZ 63, 295 („Narbenfall")[30] zu Recht feststellt, auch beim Personenschaden seine Interessen nicht in jedem Falle uneingeschränkt durchsetzen. Zwar liege es auf der Hand, so der BGH, daß die Regelung des § 251 II 1 BGB „nicht unmittelbar angewendet werden kann, wenn kein vermögenswertes Gut, sondern eine Person ohne weitere Vermögensnachteile (...) betroffen ist und deshalb für die Bewertung von ‚Restitutions'- und ‚Kompensationsinteresse' immaterielle Gesichtspunkte Vorrang haben müssen".[31] Jedoch behält „andererseits (...) § 251 Abs. 2 BGB die Ermittlung einer oberen Haftungsgrenze für Naturalrestitution durch Interessenabwägung nicht [ausschließlich] dem Ausgleich von Vermögens-

---

[28] *Roth,* Das Integritätsinteresse des Geschädigten und das Postulat der Wirtschaftlichkeit der Schadensbehebung, JZ 1994, 1091 (1094 re. Sp.).

[29] So die ganz h.M.: Palandt-*Heinrichs*, 53. Aufl., § 251 Rn. 6; Soergel-*Mertens*, 12. Aufl., § 251 Rn. 7; Erman-*Kuckuck*, 9. Aufl., § 251 Rn. 17; RGRK-*Alff*, 12. Aufl., § 251 Rn. 16 („Gegenstück zu § 249 S. 2"); Staudinger-*Medicus*, 12. Aufl., § 251 Rn. 25; *Benicke,* Geldersatz wegen Unverhältnismäßigkeit der Restitutionsaufwendungen, JuS 1994, 1004; a.A. *Erler*, Wahlschuld mit Wahlrecht des Gläubigers und Schuld mit Ersetzungsbefugnis des Gläubigers, S. 72 („spezielles anspruchsersetzendes Gestaltungsrecht des Schuldners").

[30] Urteil vom 3.12.1974 – VI ZR 1 / 74 –, BGHZ 63, 295 („Narbenfall") = VersR 1975, 342, 642 mit zustimmender Anm. *Seliger* = NJW 1975, 640 = MDR 1975, 390 = JZ 1975, 225 = JR 1975, 327 mit kritischer Anm. *Jochem* = LM § 249 (Fa) BGB Nr. 14 Bl. 1 Anm. *Steffen*.

[31] BGH JR 1975, 328 li. Sp. = BGHZ 63, 295 („Narbenfall").

einbußen vor. Die Vorschrift ist", so fährt der BGH fort, „nur eine Konkretisierung des allgemeinen Grundsatzes von Treu und Glauben, der auch in Schadensfällen gilt, in denen der Ausgleich immaterielle Nachteile im Vordergrund steht. Welcher Herstellungsaufwand ‚unverhältnismäßig' ist, kann auch in solchen Fällen aufgrund einer Güter- und Interessenabwägung nach der ‚Zumutbarkeit für beide Seiten' (vgl. BGH Urt. v. 24.4.1970 – V ZR 97/67 –, LM BGB § 251 Nr. 17) bestimmt werden. Allerdings können in solchen Fällen die gegensätzlichen Interessen wegen ihrer Wesensverschiedenheit nicht ohne weiteres auf einen gemeinsamen (wirtschaftlichen) Nenner zurückgeführt werden."[32] Das schützenswerte Interesse an der körperlichen Integrität kann eben nicht mit dem Maßstab der Wirtschaftlichkeit gemessen werden. Deshalb kann die „Zumutbarkeitsgrenze" auch nicht durch einen Vergleich der erforderlichen Herstellungskosten mit dem Betrag, der dem Verletzten ohne Durchführung von Heilungsmaßnahmen als Schmerzensgeld für die Verletzung zugebilligt werden müßte, ermittelt werden. Eine solche Vergleichsrechnung hätte die „Verkürzung der Persönlichkeit auf ihre wirtschaftlich relevante Funktionen" zur Folge. Die Zumutbarkeitsgrenze ist vielmehr durch eine Interessen- und Güterabwägung zu ermitteln. Diese Interessen- und Güterabwägung „kann in Ausnahmefällen (...) ergeben, daß das Herstellungsverlangen des Verletzten wegen des damit verbundenen unverhältnismäßigen Aufwands gegen Treu und Glauben verstößt. So braucht sich der Verletzte zwar nicht zugunsten des Ersatzpflichtigen einzuschränken; nicht immer muß er sich auf Maßnahmen der Schadensbeseitigung verweisen lassen, die er ergriffen haben würde, wenn er den Schaden selbst zu tragen hätte. Doch darf er den Schadensfall nicht schrankenlos wirtschaftlich ausnutzen. Grenzen werden etwa dort überschritten, wo das Verlangen nach Herstellung ausnahmsweise sich als eigensinniges, an Schikane grenzendes Beharren auf einer Rechtsposition darstellt (RGZ 83, 15, 19; 139, 131, 133) oder zur Verdeckung anderer Beweggründe und Absichten nur vorgegeben wird."[33] Erweist sich aber das Herstellungsverlangen des Geschädigten als rechtsmißbräuchlich, so kann der Schädiger durch Ausübung seines Gestaltungsrechts gem. §§ 251 II 1 analog, 242 BGB den Geschädigten auf das Affektionsinteresse und damit auf den Schmerzensgeldanspruchs gem. § 847 BGB beschränken. Da sich in diesem Falle das Affektionsinteresse auf den nicht restituierbaren, aber auch auf den nicht restituierten Teil des Körper- bzw. Gesundheitsschaden bezieht[34], kann die Versagung der Herstellung zu einer Erhöhung des Schmerzensgeldanspruchs führen.[35] Allerdings muß die

[32] BGH, a.a.O.

[33] BGH JR 1975, 328 re. Sp. = BGHZ 63, 295 („Narbenfall").

[34] Zu den verschiedenen Komponenten des Affektionsinteresses vgl. 4. Kapitel, III.3.

[35] Vgl. BGHZ 63, 295 („Narbenfall") = BGH JR 1975, 329: „Hier jedenfalls konnte das Berufungsgericht davon ausgehen, daß auch bei Versagung der Operationskosten dem In-

Versagung der Herstellung wegen Überschreitung der Zumutbarkeitsgrenze gerade bei Körperverletzungen die Ausnahme bleiben.[36]

III. Ersatz fiktiver Kosten nach Allgemeinem Schadensrecht?

Nach den bisherigen Untersuchungsergebnissen ist die Entstehung des Problems des Ersatzes fiktiver Kosten auf die Inkongruenz der einerseits vom Geschädigten geltend gemachten und der andererseits vom Geschädigten tatsächlich „betätigten“ Interessen zurückzuführen. Die entscheidende Frage lautet sonach, wie diese Inkongruenz der Interessen zu behandeln ist. Hierfür halten alle innerhalb dieser Arbeit vorgestellten Schadensabwicklungsmodelle unterschiedliche Antworten bereit, die an dieser Stelle nochmals am Beispiel des Herstellungsverzichts durch den Geschädigten erläutert werden sollen. Ein Herstellungsverzicht des Geschädigten ist insbesondere auch dann anzunehmen, wenn der Geschädigte die beschädigte Sache über einen längeren Zeitraum hinweg unrepariert weiterbenutzt bzw. diese unrepariert veräußert, ohne gleichzeitig eine andere gleichwertige und gleichartige Sache zu erwerben.

Bei Anwendung des *„Grundsatzes der Dispositionsfreiheit“* erhält der Geschädigte trotz des Herstellungsverzichts die fiktiven Reparaturkosten gem. § 249 S. 2 BGB. Die oben beschriebene Interesseninkongruenz wird bei dieser Lösungsvariante ignoriert. Ersetzt wird das vom Geschädigten geltend gemachte fiktive Integritätsinteresse. Allerdings gewährt die Mehrzahl der Vertreter der Dispositionsfreiheit, insbesondere auch der BGH, den Ersatz fiktiver Reparaturkosten nur insoweit, als diese die Kosten einer Ersatzbeschaffung nicht übersteigen. Übersteigen aber die Reparaturkosten die Kosten einer Ersatzbeschaffung, so kann der Geschädigte den überschießenden Betrag in Form eines (Affektions-)Interessenzuschlags nur dann einfordern, wenn die Reparaturkosten insgesamt weniger als 130% der Ersatzbeschaffungskosten ausmachen und die Reparatur tatsächlich durchgeführt wird. Ein fiktives Affektionsinteresse rechtfertigt, so die Auffassung des BGH, die Gewährung des (Affektions-)Interessenzuschlags nicht. Maßgebend ist in diesem Falle nicht das vom Geschädigten geltend gemachte fiktive Interesse, sondern allein das tatsächlich „betätigte“ Interesse.[37]

---

teresse des Klägers durch ein höheres Schmerzensgeld ausreichend Rechnung getragen sei.“; ebenso: *Hofmann,* 20. VGT 1982, 262: „... entsprechend höher bemessenes Schmerzensgeld ...“.

[36] Vgl. BGH JR 1975, 329 li. Sp.

[37] Vgl. 4. Kapitel, III.2.a).

Aber auch die *klassische Zweckbindungstheorie* kann den Fall des Herstellungsverzichts durch den Geschädigten nicht ohne dogmatische Unstimmigkeiten lösen. Grundsätzlich richtet sich bei dieser Auffassung Bestand und Umfang des Schadensersatzanspruchs nach dem Aufwendungsbetrag, den der Geschädigte für die Herstellung gem. § 249 S. 2 BGB aufbringt. Maßstab und Bezugspunkt für den Schaden sind die getätigten Aufwendungen. Deshalb müßte streng genommen der Geschädigte im Falle eines Herstellungsverzichts leer ausgehen. Trotzdem erhält er, und dies völlig zu Recht, nach der Zweckbindungstheorie das von ihm tatsächlich „betätigte" Wertinteresse. Unbefriedigend bleibt jedoch die dazu gelieferte Begründung, da sich der Herstellungsverzicht durch den Geschädigten kaum unter den „Auffangtatbestand" des § 251 I 2. Var. BGB subsumieren läßt.[38]

Im Gegensatz zur klassischen Zweckbindungstheorie ist bei dem hier vertretenen Schadensabwicklungsmodell Maßstab und Bezugspunkt für den Schadensersatzanspruch nicht der Aufwendungsbegriff, sondern der *Gestaltungsakt des Geschädigten*. Der Geschädigte hat gem. § 249 S. 2 BGB die Möglichkeit, mit der Wahl der Abwicklungsvariante das Schadensabwicklungsverhältnis in seinem Sinne gestalten zu können. Allerdings ist er mit Ausübung des Gestaltungsrechts – ganz gleich, ob diese ausdrücklich oder konkludent erfolgt – auf das gewählte Abwicklungsinteresse fixiert. Welches Abwicklungsinteresse vom Geschädigten im konkreten Fall gewählt wurde, muß jeweils durch Auslegung nach dem objektiven Empfängerhorizont ermittelt werden, §§ 133, 157 BGB. Hierbei spielt sowohl das ausdrückliche Schadensersatzverlangen des Geschädigten als auch die reale Durchführung der Schadensabwicklung eine Rolle. Ergibt die Auslegung gem. §§ 133, 157 BGB, daß der Geschädigte auf die Herstellung der Sache verzichtet hat, so z.B. weil er diese über einen längeren Zeitraum unrepariert weiterbenutzt, so ist das Schadensabwicklungsverhältnis auf den Ersatz des Wertinteresses fixiert. Der Geschädigte ist dann auf den bloßen Wertersatz beschränkt.[39] Ein nachträgliches Schadensersatzverlangen auf Ersatz fiktiver Reparaturkosten geht ins Leere. Die rechtsgestaltende Wirkung der Gläubigerbefugnis nach § 249 S. 2 BGB schließt in diesem Falle den Ersatz fiktiver Kosten schon von vornherein aus.

Allerdings sind auch bei dem hier vertretenen Abwicklungsmodell Fallkonstellationen denkbar, bei denen das Problem des fiktiven Kostenersatzes auftreten kann. Immer dann, wenn der Geschädigte vor der tatsächlichen Durchführung der Schadensabwicklung ausdrücklich eine Abwicklungsvarian-

---

[38] Vgl. dazu 5. Kapitel, II.2. Bei der Aktivierung des § 251 I 2. Var. BGB als „Auffangtatbestand" gilt es, wie selbst *Köhler* eingestehen muß, „ein dogmatisches Problem zu bewältigen".

[39] Vgl. dazu 4. Kapitel, III.2.b).

te wählt, die teurer ist als die im Anschluß daran tatsächlich durchgeführte, kommt es zu der eingangs beschriebenen Divergenz von gewähltem und tatsächlich „betätigtem" Interesse. Fiktive Kosten entstehen, bezogen auf das obige Fallbeispiel, immer dann, wenn der Geschädigte vor der tatsächlichen Schadensabwicklung ausdrücklich die Abwicklungsvariante „Herstellung durch Reparatur" wählt, im Anschluß daran aber eine Reparatur nicht durchführt bzw. die beschädigte Sache unrepariert veräußert, ohne gleichzeitig eine andere gleichwertige und gleichartige Sache zu erwerben (= „nachträglicher Herstellungsverzicht"). Dem gewählten „teuren" Integritätsinteresse steht dann das betätigte „billige" Wertinteresse gegenüber. Diese Inkongruenz der Interessen ist aber nicht nur für die Entstehung des Problems verantwortlich, sie trägt, wie sich im Anschluß zeigen wird, zugleich auch zur Problemlösung bei.

Mit der Ausübung des Gestaltungsrechts durch den Geschädigten ist das Schadensabwicklungsverhältnis, auch im Falle der Interesseninkongruenz, auf den Ersatz des gewählten Interesses fixiert. Das heißt, obwohl der Geschädigte im Anschluß an die Wahl des Integritätsinteresses lediglich das Wertinteresse „betätigt", kann er grundsätzlich den Ersatz des Integritätsinteresses gem. § 249 S. 2 BGB vom Schädiger verlangen. Im Falle eines solchen Schadensersatzverlangens kann ihm allerdings der Schädiger seinerseits einen *Schadensersatzanspruch aus positiver Forderungsverletzung* gem. § 242 BGB (venire contra factum proprium) entgegenhalten, denn die tatsächliche Schadensabwicklung steht zu der früheren Ausübung des Gestaltungsrechts „in unlösbarem Widerspruch".[40] Das frühere Verhalten des Geschädigten ist mit dem späteren Verhalten sachlich unvereinbar;[41] kurz: der Geschädigte verhält sich bei der Schadensabwicklung widersprüchlich. Der Schaden, der dem Schädiger dadurch entsteht, ist, abstrakt formuliert, die Differenz zwischen dem gewählten und dem tatsächlich „betätigten" Interesse. Die Ermittlung der Schadensersatzhöhe setzt auch hier die Bewertung der einzelnen Interessen voraus. Erst die im Anschluß daran gebildete Differenz der ermittelten Beträge ergibt die genaue Höhe des Schadensersatzanspruchs des Schädigers. Der Geschädigte kann dem Schadensersatzverlangen des Schädigers nur dadurch entgehen, daß er im Anschluß an den nachträglichen Herstellungsverzicht lediglich das „betätigte" Interesse geltend macht, denn nur dann entfällt der Differenzschaden beim Schädiger. Anderenfalls kann der Schädiger dem Geschädigten den Schadensersatzanspruch aus p.F.V. entgegenhalten bzw., so-

---

[40] MünchKomm-*Roth*, § 242 Rn. 350; Palandt-*Heinrichs*, 53. Aufl., § 242 Rn. 57 („unlösbarer Selbstwiderspruch"): Die sonst notwendige Begründung eines Vertrauenstatbestands durch das frühere Verhalten ist bei dieser Fallkonstellation entbehrlich, d.h. auch wenn kein schutzwürdiges Vertrauen anderer begründet wurde, ist die Rechtsausübung unzulässig.

[41] MünchKomm-*Roth*, § 242 Rn. 322.

weit er selbst noch nicht geleistet hat, mit diesem aufrechnen.[42] Dieses Rückabwicklungsmodell hat gegenüber der von Köhler vorgeschlagenen Rückabwicklung nach § 812 I, 2 2. Alt. BGB den Vorteil, daß es auch den Fall des Herstellungsverzichts durch den Geschädigten widerspruchsfrei erklären kann.[43]

Als Ergebnis kann festgehalten werden, daß dieses auf Ausgleich bedachte Schadensabwicklungsmodell Elemente des „Grundsatzes der Dispositionsfreiheit" und der klassischen Zweckbindungstheorie enthält. Es beläßt dem Geschädigten die Dispositionsfreiheit über das „Ob" und „Wie" der Schadensabwicklung. Zugleich bindet es ihn aber an den Restitutionszweck. Die Bindungswirkung wird allerdings nicht, wie bei der klassischen Zweckbindungstheorie, dadurch erzeugt, daß der Aufwendungsbegriff zum Bezugsgegenstand des Schadens gemacht wird, sondern sie ergibt sich zum einen aus der rechtsgestaltenden Wirkung der Gläubigerbefugnis nach § 249 S. 2 BGB und zum anderen aus der Möglichkeit des Schädigers, im Falle einer Interessendivergenz Schadensersatz aus p.F.V. verlangen zu können. Der Ersatz fiktiver Kosten nach Allgemeinem Schadensrecht ist somit ausgeschlossen.

---

[42] Von dieser „Korrektur der Interessendivergenz" ist die „Korrektur eines einfachen Prognoseirrtums" zu unterscheiden, der bei der Bewertung eines gewählten und anschließend auch „betätigten" Interesses auftritt. Diese kann jederzeit durch das Gericht gem. § 287 I ZPO bis zum Schluß der mündlichen Verhandlung im Rahmen einer einfachen „Nachbewertung" vorgenommen werden (vgl. dazu 5. Kapitel, VI.3).

[43] Zum *Köhler*schen Rückabwicklungsmodell vgl. 5. Kapitel, III.2.

Literaturverzeichnis

Ackmann, Hans-Peter: Anmerkung zum BGH-Urteil vom 21.1.1992 (VI ZR 142/91) VersR 1992, 457, EWiR 1992, 543

Adams, Michael: Ist die Ökonomie eine imperialistische Wissenschaft? Über Nutz und Frommen der Ökonomischen Analyse des Rechts, Jura 1984, 337

Alexy, Robert: Theorie der Grundrechte, 1985

— Theorie der juristischen Argumentation. Die Theorie des rationalen Diskurses als Theorie der juristischen Begründung, 2. Aufl. 1991

Alternativkommentar: Kommentar zum Bürgerlichen Gesetzbuch (Reihe Alternativkommentare), Bd. II: Allgemeines Schuldrecht, 1980

Altmann, Christian: Schadensabrechnung auf Reparaturkostenbasis bei Inzahlunggeben des beschädigten Pkw, NJW 1976, 744

Assmann, Heinz-Dieter / *Kirchner*, Christian / *Schanze*, Erich: Ökonomische Analyse des Rechts, 1993

Aul, Herbert: Schadensersatz in Geld § 249 ff. BGB und die Folgen, MDR 1985, 991

Bader, Hans: „Neuwagen statt Reparatur – Keine Nutzungsentschädigung?“, DAR 1979, 15

von Bar, Christian: Deliktsrecht, in: Gutachten und Vorschläge zur Überarbeitung des Schuldrechts. Bd. II, hrsg. vom Bundesminister der Justiz, 1981

Baur, Fritz: Die Rechtsprechung des Bundesgerichtshofs in Zivilsachen, JZ 1961, 158

Becker, Helmut / *Böhme*, Kurt E.: Kraftverkehrs-Haftpflicht-Schäden. Ein Handbuch, 17. Aufl. 1989; 19. Aufl. 1994

Behrends, Behrend: Erstattungs- und Ersatzansprüche der Leistungsträger gegen Dritte (§§ 115 bis 119 SGB X), Die Ortskrankenkasse 1983, 409

Bender, Gregor: Personenschaden und Schadensbegriff. Rechtsvergleichende Untersuchung zur neueren Entwicklung des Personenschadens in Italien, 1993

Benicke, Christoph: Geldersatz wegen Unverhältnismäßigkeit der Restitutionsaufwendungen – BGH, NJW 1993, 3321, JuS 1994, 1004

Berger, Folkrat: Berechnung des Fahrzeugschadens im Haftpflichtfall, 28. VGT 1990, 175

Berger, Manfred: Die Berechnung des Sachschadens beim Kfz-Unfall jetzt und in Zukunft, VersR 1988, 106

Birkmann, Andreas: Abrechnung auf Gutachtenbasis trotz durchgeführter Reparatur des Kraftfahrzeugs. Gedanken zum Urteil des BGH vom 20. Juni 1989 – VI ZR 334/88 –, DAR 1990, 3

Bley, Helmar / *Gitter*, Wolfgang / *Heinze*, Meinhard: Sozialversicherung. SGB / RVO-Gesamtkommentar, Bd. II: Verfahrensrecht, Lbl. Stand Dezember 1996

Böhmer, Emil: Anmerkung zum Urteil des OLG Hamburg vom 28.11.1963 (VersR 1964, 1175), MDR 1964, 323

Bötticher, Eduard: Schadensersatz für entgangene Gebrauchsvorteile, VersR 1966, 301

Brinker, Jürgen: Die Dogmatik zum Vermögensschadensersatz. Differenzierungen, Ressourcenverwendungspläne und das Wertproblem, 1982

Brüggermeier, Gert: Deliktsrecht. Ein Hand- und Lehrbuch, 1986

Bungert, Hartwein: Vollstreckbarkeit US-amerikanischer Schadensersatzurteile in exorbitanter Höhe in der Bundesrepublik, ZIP 1992, 1707

Burow, Patrick: Einführung in die ökonomische Analyse des Rechts, JuS 1993, 8

Bydlinski, Franz: Juristische Methodenlehre und Rechtsbegriff, 1982

Canaris, Claus-Wilhelm: Systemdenken und Systembegriff in der Jurisprudenz. Entwickelt am Beispiel des deutschen Privatrechts, 1. Aufl. 1969; 2. Aufl. 1983 (soweit nicht anders angegeben, zit. nach 1. Aufl.)

Cohnfeldt, Richard: Die Lehre vom Interesse nach Römischen Recht, 1865

Dannert, Gerhard: Die Berechnung des Kraftfahrzeugschadens – Reparaturkosten- oder Totalschadensbasis?, VersR 1988, 980

Degenkolb, Heinrich: Der spezifische Inhalt des Schadensersatzes, AcP 76 (1890), 1 ff.

Denkschrift zum Entwurf eines Bürgerlichen Gesetzbuchs nebst drei Anlagen, 1896

Deutsch, Erwin: Haftungsrecht. Erster Band: Allgemeine Lehren, 1976

Diederichsen, Uwe: Argumentationsstrukturen in der Rechtsprechung zum Schadensersatzrecht, in: Festschrift für Klingmüller, 1974, S. 65

— Begrenzungen richterlicher Rechtsfortbildung im Schadensersatzrecht, in: Karlsruher Forum 1985, S. 4 ff.

Eckelmann, Hansgeorg / *Nehls*, Jürgen: Schadensersatz bei Verletzung und Tötung, 1987

Eger, Thomas / *Nagel*, Bernhard / *Weise*, Peter: Effizienz und Menschenwürde – Ein Gegensatz?, in: Claus Ott / Hans-Bernd Schäfer (Hrsg.), Ökonomische Probleme des Zivilrechts, 1991, S. 18 ff.

Emmerich, Volker: Anmerkung zu BGHZ 97, 14, JuS 1986, 648

Erler, Joachim: Wahlschuld mit Wahlrecht des Gläubigers und Schuld mit Ersetzungsbefugnis des Gläubigers, 1964

Erman, Walter: Handkommentar zum Bürgerlichen Gesetzbuch mit Einführungsgesetz, hrsg. von H.P. Westermann, Bd. I, 5. Aufl. 1972; 8. Aufl. 1989; 9. Aufl. 1993 (zit.: Erman-*Bearb.*)

Esser, Josef: Grundsatz und Norm in der richterlichen Fortbildung des Privatrechts, 2. Aufl. 1964

— Möglichkeiten und Grenzen des dogmatischen Denkens im modernen Zivilrecht, AcP 172 (1972), 97 ff.

Esser, Josef / *Schmidt*, Eike: Schuldrecht. Bd I: Allgemeiner Teil, Teilband 2, 7. Aufl. 1993 (zit.: *Esser / Schmidt*, Schuldrecht AT 2)

Faber, Joachim: Sachverständigengutachten, Reparaturkostenrechnung und Nutzungsentschädigung, DAR 1987, 279

Farny, Dieter / *Franz*, Hans-Joachim / *Hohloch*, Gerhard / *Richter*, Horst: Meinungsspiegel: Betriebswirtschaftliche Grundsätze bei der Schadensermittlung?, BFuP 1987, 436 ff.

Fezer, Karl-Heinz: Aspekte einer Rechtskritik an der economic analysis of law und am property rights approach, JZ 1986, 817

— Nochmals: Kritik an der ökonomischen Analyse des Rechts, JZ 1988, 223

Fikentscher, Wolfgang: Schuldrecht, 8. Aufl. 1992

Fischer, Hans Albrecht: Der Schaden nach dem Bürgerlichen Gesetzbuch für das Deutsche Reich, 1903

Fleischmann, Alfred: Der Restwert in der Schadensregulierung – kein Ende um den Streit?, ZfS 1989, 1

— Entwicklungstendenzen im Schadensersatzrecht, 20. VGT 1982, 268

Flessner, Axel: Geldersatz für Gebrauchsentgang, JZ 1987, 271

Franke, Robert: Ärztliche Berufsfreiheit und Patientenrechte. Eine Untersuchung zu den verfassungsrechtlichen Grundlagen des ärztlichen Berufsrechts und des Patientenschutzes, 1994

Freundorfer, Karl Peter: Fiktive Schadensabrechnung – ein Faß ohne Boden? Zugleich Anmerkung zum Urteil des BGH vom 17.3.1992 (VI ZR 226/91), VersR 92, 710, VersR 1992, 1332

Frey, Bruno: Möglichkeiten und Grenzen des ökonomischen Denkansatzes, in: Hans-Bernd Schäfer (Hrsg.), Die Ökonomisierung der Sozialwissenschaften, 1989, S. 69 ff.

Frößler, Werner: Nochmals: Anwendung unrichtiger Methoden bei der Berechnung von Kfz-Schäden, NJW 1971, 457

Gebhardt, Hans-Jürgen: Die fiktive Abrechnung von Fahrzeugschäden, eine unendliche Geschichte, ZfS 1990, 145

— Die Verhältnismäßigkeit von Reparaturkosten – Statt Reparatur nur noch Ersatzbeschaffung? DAR 1991, 373

— Praktikable fiktive Abrechnung von Kraftfahrzeugschäden am Ende? Zur neueren Rechtsprechung des BGH, AnwBl. 1985, 559

Geigel, Reinhart / *Schlegelmilch*, Robert: Der Haftpflichtprozeß, 7. Aufl. 1954; 20. Aufl. 1990

Gernhuber, Joachim: Das Schuldverhältnis (= Handbuch des Schuldrechts, Bd. VIII), 1989

Giesen, Dieter: Anmerkung zum BGH-Urteil vom 7.4.1992 (VI ZR 192/91), JZ 1993, 315

— Zwischen Patientenwohl und Patientenwille, JZ 1987, 282

— Kraftfahrzeug-Totalschaden und Haftpflichtrecht, NJW 1979, 2065

Giesen, Dieter / *Walter*, Katrin: Ärztliche Aufklärungspflicht und Selbstbestimmungsrecht des Patienten, Jura 1991, 182

Gitter, Wolfgang: Anmerkung zu BGHZ 61, 56, JR 1974, 104

— Anmerkung zu BGHZ 63, 182, JR 1975, 284

Gotthardt, P.J.: Zum Herstellungsaufwand des „verständigen Mannes". Bemerkungen zum Urteil des Bundesgerichtshofs vom 29.10.1974 – VI ZR 42/73 –, VersR 1975, 184, VersR 1975, 977

Gottwald, Peter: Schadenszurechnung und Schadensschätzung, 1979

Greger, Reinhard: Der Streit um den Schaden, NZV 1994, 11

Gross, Rudolf: Patientenwohl und Regeln der ärztlichen Kunst, in: Johannes Balzer (Hrsg.), Selbstbestimmung und Selbstverantwortung des Patienten (Sozialpolitik und Recht, Bd. 12), 1996, S. 71

Grunsky, Wolfgang: Der Ersatz fiktiver Kosten bei der Unfallschadensregulierung, NJW 1983, 2465

— Neue höchstrichterliche Rechtsprechung zum Schadensersatzrecht, JZ 1983, 372

— Berechnungen des Fahrzeugschadens im Haftpflichtfall. Rechtliche Probleme der fiktiven Abrechnung von Reparaturkosten und der Restwertermittlung, 28.VGT 1990, 187

— Grundlagen des Schadensersatzrechts, BFuP 1987, 420

— Zum Umfang des Ersatzanspruchs bei einer nicht in der Werkstatt durchgeführten Kfz-Reparatur, DAR 1984, 268

— Anmerkung zum BGH-Urteil vom 17.3.1992 (VI ZR 226/91), VersR 1992, 710, JZ 1992, 806

— Zur Erstattungsfähigkeit fiktiver Heilungskosten – BGHZ 97, 14, JuS 1987, 441

— Grundlagen des Schadensersatzrechts, BFuP 1987, 420

— Erstattungsfähigkeit von Kosten für Krankenbesuche – BGH, NJW 1991, 2340, JuS 1991, 907

— Anmerkung zum BGH-Urteil vom 22.11.1988 (VI ZR 126/88), JZ 1989, 345

Hagen, Horst: Zur Normativität des Schadensbegriffs in der Rechtsprechung des Bundesgerichtshofes, in: Festschrift für Hauß, 1978, S. 83 ff.

— Funktionale und dogmatische Zusammenhänge zwischen Schadens- und Bereicherungsrecht, in: Festschrift für Larenz, 1973, S. 867 ff.

— Entgangene Gebrauchsvorteile als Vermögensschaden?, JZ 1983, 833

— Die Drittschadensliquidation im Wandel der Rechtsdogmatik. Ein Beitrag zur Koordinierung von Rechtsfortbildung, 1971

Hamann, Rudolf: Methoden und Problematik der Schadensberechnung, 1972

Hamann, Ulrich: Schadensersatz in Natur oder Geld bei Sachschäden, Diss. Göttingen 1974

Hartung, Reinhard: Anmerkung zu BGHZ 61, 346, VersR 1974, 147

Hauck, Karl / *Haines*, Hartmut: Sozialgesetzbuch – SGB X/3. Zusammenarbeit der Leistungsträger und ihre Beziehungen zu Dritten, Lbl. Stand Februar 1994

Heck, Philipp: Grundriß des Schuldrechts, 1929

Heinze, M.: Anmerkung zu BGHZ 66, 239, JR 1977, 418

Himmelreich, Klaus: Finanzierung von Unfallschäden im Blickwinkel der neuen BGH-Rechtsprechung, NJW 1974, 1897

Hofmann, Edgar: Entwicklungstendenzen im Schadensersatzrecht, 20. VGT 1982, 249

— Der Umfang des Ersatzanspruchs nach § 249 Satz 2 BGB im Reparaturfall und der vertraglichen Reparaturkostenentschädigung in der Fahrzeug-Vollversicherung (§ 13 Abs. 5 AKB), DAR 1983, 374

— Anmerkung zum BGH-Urteil vom 20.6.1989 (VI ZR 334, 88), NZV 1989, 465

— Haftpflichtrecht für die Praxis, 1989

Hohloch, Gerhard: Anmerkung zu BGHZ 97, 14, JR 1986, 367

— Anmerkung zum BGH-Urteil vom 4.6.1992 (IX ZR 149/91), JuS 1993, 423

— Allgemeines Schadensrecht, in: Bundesminister der Justiz (Hrsg.), Gutachten und Vorschläge zur Überarbeitung des Schuldrechts, Bd I, 1986, S. 375 ff.

Honsell, Heinrich: Herkunft und Kritik des Interessebegriffs im Schadensersatzrecht, JuS 1973, 69

Honsell, Heinrich / *Harrer*, Friedrich: Entwicklungstendenzen im Schadensersatzrecht, JuS 1985, 161

— Schaden und Schadensberechnung, JuS 1991, 441

Huber, Christian: Fragen der Schadensberechnung, 1993

Isensee, Josef / *Kirchhof*, Paul (Hrsg.): Handbuch des Staatsrechts. Bd V: Allgemeine Grundrechtslehren, 1992

Jahn, Kurt: Sozialgesetzbuch für die Praxis, SGB X, Lbl. Stand Dez. 1982

Jahr, Günther: Schadensersatz wegen deliktischer Nutzungsentziehung. Zu Grundlagen des Rechtsgüterschutzes und des Schadensersatzrechts, AcP 183 (1983), 725 ff.

Jakobs, Horst Heinrich / *Schubert*, Werner: Die Beratung des Bürgerlichen Gesetzbuchs in systematischer Zusammenstellung der unveröffentlichten Quellen. Materialien zur Entstehungsgeschichte des BGB – Einführung, Biographien, Materialien –, 1978; Recht der Schuldverhältnisse, Bd. II und III, 1980 (zit.: *Jakobs / Schubert*, Die Beratungen des BGB, Bd. 1, 2.1, 2.2, 2.3)

Jauernig, Othmar / *Schlechtriem*, Peter / *Stürner*, Rolf / *Teichmann*, Arndt / *Vollkommer*, Max: Bürgerliches Gesetzbuch mit Gesetz zur Regelung des Rechts der Allgemeinen Geschäftsbedingungen. 7. Aufl. 1994 (zit.: Jauernig-*Bearb.*)

Jochem, R.: Anmerkung zu BGHZ 63, 295, JR 1975, 329

Jordan, Harald: Die Abwicklung des Kraftfahrzeug-Totalschadens, VersR 1978, 688

Jung, Eckhard: Tendenz im Schadensersatzrecht – Fiktive Nutzungsentschädigung, DAR 1982, 2

Karakatsanes, Johannes: Zur Zweckgebundenheit des Anspruchs aus § 249 S. 2 BGB bei noch nicht durchgeführter Herstellung, AcP 189 (1989), 19 ff.

Kemper, Rainer: BGB-Schuldrecht: Grenzen des Anspruchs auf Naturalrestitution, JA 1992, 247

Keuk, Brigitte: Vermögensschaden und Interesse, 1972

Kirchner, Christian: Ökonomische Analyse des Rechts. Interdisziplinäre Zusammenarbeit von Ökonomie und Rechtswissenschaft, in: *Assmann / Kirchner / Schanze*, Ökonomische Analyse des Rechts, S. 62 ff.

Kirchner, Helmut: Die fiktive Schadensberechnung bei unfallbeschädigten Kraftfahrzeugen, NJW 1971, 1541

— Anmerkung zum Urteil des OLG Hamburg vom 3.2.1970 (7 U 107 / 69), VersR 1971, 870

Klimke, Manfred: Schadensberechnung auf der Basis fiktiver Reparaturkosten nach Veräußerung des beschädigten Fahrzeugs. Zugleich kritische Stellungnahme zum Urteil des BGH vom 23.2.1976 VersR 1976, 874, VersR 1977, 502

— Anmerkung zu BGHZ 54, 82, VersR 1970, 902

— Mißbräuchliche Rechtsausübung beim konstruktiven Totalschaden. Zugleich Anmerkung zum Urteil des Kammergerichts VersR 1974, 576, VersR 1974, 1063

— Fiktive Schadenabrechnung, ZfS 1989, 253

— Schadensberechnung nach § 249 S. 2 BGB, VersR 1968, 537

Knobbe-Keuk, Brigitte: Möglichkeiten und Grenzen abstrakter Schadensberechnung, VersR 1976, 401

Koch, Hans-Peter: Anmerkung zum Beschluß des OLG Köln vom 22.2.1988 (2 W 171 / 87), NZV 1988, 222

Koch, Hans-Joachim / *Rüßmann*, Helmut: Juristische Begründungslehre, 1982

Köhler, Helmut: Abstrakte oder konkrete Berechnung des Geldersatzes nach § 249 Satz 2 BGB?, in: Festschrift für Karl Larenz, 1983, S. 349 ff.

Kötz, Hein: Deliktsrecht. 6. Aufl. 1994

— Die Abwicklung des Kraftfahrzeug-Totalschadens, in: Festschrift für Hauß, 1978, S. 181 ff.

— Ziele des Haftungsrechts, in: Festschrift für Ernst Steindorff, 1990, S. 643

— Schadenszurechnung und Schadensverteilung aus juristischer und ökonomischer Sicht, Karlruher Forum 1990, S. 14 ff.

Krauskopf, Dieter / *Marburger*, Peter: Die Ersatzansprüche nach § 116 SGB X, Bd. I und II, 4. Aufl. 1986

Kreß, Hugo: Lehrbuch des Allgemeinen Schuldrechts, 1929

Krumbholz, Helmut: Zulässigkeit und Grenzen der Abrechnung auf Gutachtenbasis, NZV 1990, 218

Kübler, Friedrich: Effizienz als Rechtsprinzip. Überlegungen zum rechtspraktischen Gebrauch ökonomischer Argumente, in: Festschrift für Ernst Steindorff, 1990, S. 687 ff.

Lange, Hermann: Schadensersatz, 2. Aufl. 1992

— Anmerkung zu BGHZ 115, 364, JZ 1992, 480

— Neuere Rechtsprechung zum Schadensersatzrecht, WM 1990, Sonderbeilage 7

Lange, Hermann / *Hagen*, Horst: Wandlungen des Schadensersatzrechts, 1987

Larenz, Karl: Methodenlehre der Rechtswissenschaft, 6. Aufl. 1991

— Lehrbuch des Schuldrechts. Bd. I: Allgemeiner Teil, 11. Aufl. 1976; 13. Aufl. 1982; 14. Aufl. 1987 (zit.: *Larenz*, Schuldrecht AT)

Leonhard, Franz: Allgemeines Schuldrecht des BGB, Bd. I, 1929

Leonhard, Götz: Schadensersatzanspruch mit Gewinnanspruch? VersR 1983, 415

Lipp, Martin: „Fiktive" Herstellungskosten und Dispositionsfreiheit des Geschädigten, NJW 1990, 104

Loesdau, Fritz / *Ruhl*, Wilhelm: Die Schadensminderungspflicht der Geschädigten und ihre Auswirkungen auf die Schadensersatzansprüche der SVT nach § 1542 RVO, VersR 1975, 293

Luhmann, Niklas: Rechtssoziologie, 2 Bde., 1972

— Rechtssystem und Rechtsdogmatik, 1974

Magnus, Ulrich: Schaden und Ersatz, 1987

Maihofer, Werner: Rechtstheorie als Basisdisziplin der Jurisprudenz, in: Jahrbuch für Rechtssoziologie und Rechtstheorie 2 (1972), S. 51 ff.

Marburger, Peter: Schadenszurechnung und Schadensverteilung, Karlsruher Forum 1990, S. 4 ff.

Markgraf, Helmut: Alternative Heilmethoden unter der Geltung des SGB V im Lichte der neueren (BSG-)Rechtsprechung, DOK 1990, 667

Mauczka, Josef: Der Rechtsgrund des Schadensersatzes außerhalb bestehender Schuldverhältnisse mit bes. Berücksichtigung des öster. und deutschen Privatrechts, 1904

Maunz, Theodor / *Dürig*, Günter (Begr.): Grundgesetz. Kommentar, Lbl. Stand Oktober 1996 (zit.: *Bearb.*, in: *Maunz / Dürig*)

von Maydell, Bernd / *Schellhorn*, Walter: Gemeinschaftskommentar zum Sozialgesetzbuch – Zusammenarbeit der Leistungsträger und ihre Beziehungen zu Dritten, GK-SGB X 3, 1984

Mayer-Maly, Theo: Rechtswissenschaft, 4. Aufl. 1988

Meder, Stephan: Schadensersatz als Enttäuschungsverarbeitung. Zur erkenntnistheoretischen Grundlegung eines modernen Schadensbegriffs, 1989

Medicus, Dieter: Naturalrestitution und Geldersatz, JuS 1969, 449

— Die teure Autoreparatur – BGH, NJW 1972, 1800, JuS 1973, 211

— Schadensersatz und Billigkeit, VersR 1981, 593

— Gründe und Grenzen des Ersatzes „fiktiver Schäden", DAR 1982, 352

— Id quod interest. Studien zum römischen Recht des Schadensersatzes, 1962

Mertens, Hans-Joachim: Der Begriff des Vermögensschadens im Bürgerlichen Recht, 1967

Möller, Hans: Summen- und Einzelschaden. Beiträge zur Erneuerung der Schadenslehre vom Wirtschaftsrecht aus, 1937

Mommsen, Friedrich: Zur Lehre von dem Interesse, 1855

Mook, Peter: Das Bereicherungsverbot im Schadensersatzrecht nach §§ 249–253 BGB, Diss. Hamburg 1983

Motive zu dem Entwurfe eines Bürgerlichen Gesetzbuches für das Deutsche Reich. Bd. II: Recht der Schuldverhältnisse, 1888

Mugdan, Bernhard: Die gesamten Materialien zum Bürgerlichen Gesetzbuch für das Deutsche Reich. Bd. II: Recht der Schuldverhältnisse, 1899 (zit.: Mot./Prot. Mugdan II)

Müller, Gerda: Zum Ausgleich des immateriellen Schadens nach § 847 BGB, VersR 1993, 909

Münchener Kommentar zum Bürgerlichen Gesetzbuch. Hrsg. von Kurt Rebmann und Franz-Josef Säcker, Bd II: Schuldrecht – Allgemeiner Teil, 3. Aufl. 1995 (zit.: MünchKomm-*Bearb.*)

Neuner, Robert: Interesse und Vermögensschaden, AcP 133 (1931), 277 ff.

Neuwald, Jost: Der zivilrechtliche Schadensbegriff und seine Weiterentwicklung in der Rechtsprechung, Diss. München 1968

Oetker, Hartmut: Unverhältnismäßige Herstellungskosten und das Affektionsinteresse im Schadensersatzrecht, NJW 1985, 345

Opp, Karl-Dieter: Ökonomie und Soziologie – Die gemeinsamen Grundlagen beider Fachdisziplinen, in: Hans-Bernd Schäfer (Hrsg.), Die Ökonomisierung der Sozialwissenschaften, 1989, S. 103 ff.

Ott, Claus / *Schäfer*, Hans-Bernd: Begründung und Bemessung des Schadensersatzes wegen entgangener Sachnutzung, ZIP 1986, 613

— Die ökonomische Analyse des Rechts – Irrweg oder Chance wissenschaftlicher Rechtserkenntnis?, JZ 1988, 213

— Lehrbuch der ökonomischen Analyse des Zivilrechts, 1986

— Schmerzensgeld bei Körperverletzungen, JZ 1990, 563

Paar, Gerhard: Psychopharmaka in der Psychosomatischen Medizin und in der Allgemeinmedizin, in: Thure von Uexküll (Hrsg.), Psychosomatische Medizin, 4. Aufl. 1990, S. 379 ff.

Palandt, Otto (Begr.): Bürgerliches Gesetzbuch, 44. Aufl. 1985; 51. Aufl. 1992; 53. Aufl. 1994; 54. Aufl. 1995 (zit.: Palandt-*Bearb.*)

Pickel, Harald: Der Übergang von Schadensersatzansprüchen nach der Ablösung von § 1542 RVO durch § 116 SGB X, MDR 1985, 622

Pielemeier, Klaus: Der Ersatz fiktiver Reparaturkosten bei Eigenreparatur im Totalschadensfall, NZV 1989, 222

Pieroth, Bodo / *Schlink*, Bernhard: Grundrechte – Staatsrecht II, 11. Aufl. 1995

Planck, Gottlieb: Kommentar zum Bürgerlichen Gesetzbuch nebst Einführungsgesetz. Bd II: Recht der Schuldverhältnisse, 4. Aufl. 1914

Protokolle der Kommission für die zweite Lesung des Entwurfs des Bürgerlichen Gesetzbuchs, Bd. I, 1897 (zit.: Prot. I)

Rauscher, Thomas: Abschied vom Schadensersatz für Nutzungsausfall?, NJW 1986, 2011

Reichsgerichtsräte-Kommentar: Das Bürgerliche Gesetzbuch. Kommentar mit besonderer Berücksichtigung der Rechtsprechung des Reichsgerichts und des Bundesgerichtshofes, 12. Aufl. 1976 (zit.: RGRK-*Bearb.*)

Reinecke, Horst: Schaden und Interesseneinbußen, 1968

Reinhard, Rudolf / *Schultz*, Dietrich: Schadensersatzrecht und Sozialversicherung, JuS 1961, 2

Reinking, Kurt: Anmerkung zu BGHZ 115, 364, EWiR 1992, 561

— Anmerkung zu BGH-Urteil vom 6.4.1993 (VI ZR 181/92), EWiR 1993, 551

— Anmerkung zum BGH-Urteil vom 17.3.1992 (VI ZR 226/91), VersR 1992, 710, EWiR 1992, 665

Rinke, Winfried: Kein Ersatz fiktiver Operationskosten?, DAR 1987, 14

Roth, Andreas: Das Integritätsinteresse des Geschädigten und das Postulat der Wirtschaftlichkeit der Schadensbehebung, JZ 1994, 1091

Roussos, Kleanthis: Schaden und Folgeschaden, 1992

Ruhkopf, Rolf: Über den Risiko-Zuschlag, VersR 1965, 1033

Sabaß, Jürgen: Berechnung des Fahrzeugschadens im Haftpflichtfall, 28. VGT 1990, 197 ff.

von Savigny, Friedrich Carl: System des heutigen Römischen Rechts, Bd. I, 1840

Schäfer, Dieter: Soziale Schäden, soziale Kosten und soziale Sicherung, 1972

Schiemann, Gottfried: Argumente und Prinzipien bei der Fortbildung des Schadensrechts, 1981

— Die Grenzen des § 249 S. 2 BGB, DAR 1982, 309

— Entwicklungstendenzen im Schadensersatzrecht, 20. VGT 1982, 233

— Luxusvilla auf schwankendem Grund. Der Nutzungsschaden an Wohneigentum – BGHZ (GS) 98, 212, JuS 1988, 20

— Rezension von: FS für Larenz (1983), AcP 185 (1985), 78 ff.

— Rezension von: Huber, Fragen der Schadensberechnung (1993) und Roussos, Schaden und Folgeschaden (1992), AcP 194 (1994), 414 ff.

— Das Verhältnis zwischen der deliktischen Haftung und den Systemen privater und öffentlicher Vorsorge. in: Günter Weick (Hrsg.), Entwicklung des Deliktsrechts in rechtsvergleichender Sicht, 1987, S. 39 ff.

— Anmerkung zu BGH NJW 1993, 1793, EWiR 1993, 441

— Anmerkung zu BGHZ 115, 375, EWiR 1992, 139

Schilcher, Bernd: Theorie der sozialen Schadensverteilung, 1977

Schlechtriem, Peter: Schließt Veräußerung des Unfallfahrzeugs Schadensersatzansprüche auf Reparaturkostenbasis aus?, DAR 1975, 122

Schlegelmilch, Günter: Ersatz fiktiver Reparaturkosten bei Unwirtschaftlichkeit?, VersR 1987, 1171

Schleich, Hans-Wilhelm: Zur schadensersatzrechtlichen Erstattung von Besuchs- und Nebenkosten bei stationärer Heilbehandlung, DAR 1988, 145

Schloen, Manfred / *Steinfeltz*, Horst: Regulierung von Personenschäden. Hand- und Formularbuch für die Praxis, 1978

Schmaus, Herbert: Gesundheitsökonomie aus Sicht der gesetzlichen Krankenversicherung, DOK 1991, 107

Schmidt, Eike: Das zerstörte Unikat – BGHZ 92, 85, JuS 1986, 517

Schroeder-Printzen, Günther (Hrsg.): SGB X – Sozialgesetzbuch Verwaltungsverfahren, 2. Aufl. 1990

Schubert, Werner: Die Entstehung der Vorschriften des BGB über Besitz und Eigentumsübertragung. Ein Beitrag zur Entstehungsgeschichte des BGB, 1966

Schulte, Hans: Zivilrechtsdogmatische Probleme im Hinblick auf den Ersatz „ökologischer Schäden", JZ 1988, 278

Schwarz, Joachim / *Esser*, Klaus-Peter: Nochmals: Tendenzwende in der Schadensrechtsprechung, NJW 1983, 1409

Seiwerth, Jakob: Anmerkung zu Faber, Sachverständigengutachten, Reparaturkostenrechnung und Nutzungsentschädigung, DAR 1987, 279 ff., DAR 1987, 374

Seliger, Günther: Anmerkung zu BGHZ 63, 182, VersR 1976, 147

— Anmerkung zu BGHZ 63, 295, VersR 1975, 642

Seltmann, Holm G.: Anmerkung zu BGHZ 61, 56, NJW 1973, 1971

Sieg, Karl: Überlagerung der bürgerlich-rechtlichen Haftung durch kollektive Ausgleichssysteme, VersR 1980, 1085

Soergel, Hans Theodor (Begr.): Bürgerliches Gesetzbuch mit Einführungsgesetz und Nebengesetzen, hrsg. von W. Siebert, Bd. II: Schuldrecht I, 10. Aufl. 1967; 12. Aufl. 1990 (zit.: Soergel-*Bearb.*)

Starck: Welche rechtliche Natur hat der Anspruch auf Geldersatz im § 249 S. 2 BGB?, LZ 1919, Sp. 143 f.

von Staudinger, Julius (Begr.): Kommentar zum Bürgerlichen Gesetzbuch. Bd II: Recht der Schuldverhältnisse, 10. / 11. Aufl. 1967; 12. Aufl. 1983 (zit.: Staudinger-*Bearb.*)

Steffen, Erich: Abkehr von der konkreten Berechnung des Personenschadens und kein Ende?, VersR 1985, 605

— Die Rechtsprechung des BGH zur fiktiven Berechnung des Fahrzeugschadens, NZV 1991, 1

— Anmerkung zu BGHZ 63, 295, LM § 249 (Fa) BGB Nr. 14 Bl. 1

— Haftung im Wandel, ZVerWiss. 1993, 13 ff.

— Der normative Verkehrsunfallschaden, NJW 1995, 2057

Steindorff, Ernst: Abstrakte und konkrete Schadensberechnung, AcP 158 (1959/60), 431 ff.

— Anmerkung zum BGB-Urteil vom 30.9.1963 (III ZR 137/62), JZ 1964, 423

Steiner, Gert H.: Schadensverhütung als Alternative zum Schadensersatz, 1983

Steiner / *Witt-Döring*: Überlegungen zum wirtschaftlichen Totalschaden, ZVR 1991, 359

Stern, Klaus: Das Staatsrecht der Bundesrepublik Deutschland, Bd. I, 2. Aufl. 1984

Stürner, Rolf: Der Unfall im Straßenverkehr und der Umfang des Schadensersatzes unter besonderer Berücksichtigung des Nichtvermögensschadens, DAR 1986, 7

— Zur Gerechtigkeit richterlicher Schadenszuweisung, VersR 1984, 297

Theda, Werner: Fragen zum Forderungsübergang nach § 67 VVG, DAR 1984, 210 *von Tuhr*, Andreas: Naturalherstellung und Geldersatz, JhJb 46 (1904), 39 ff.

— Rezension von Fischer, Der Schaden nach dem BGB, KritV 47 (1907), 63 ff.

von Uexküll, Thure: Psychosomatische Medizin, 4. Aufl. 1990

— Integrierte Psychosomatische Medizin in Praxis und Klinik, 3. Aufl. 1994

von Uexküll, Thure / *Wesiack*, Wolfgang: Wissenschaftstheorie und Psychosomatische Medizin, ein bio-psycho-soziales Modell, in: *von Uexküll*, Psychosomatische Medizin, S. 13 ff.

Verheyen, Franz: KH-Kriterienkatalog für manipulierte Verkehrsunfälle (Stand: 31.12.93), ZfS 1994, 313

Weber, Reinhold: „Dispositionsfreiheit" des Geschädigten und fiktive Reparaturkosten, VersR 1990, 934

— § 249 S. 2 BGB: Erstattung der Reparaturkosten oder Ersatz des Schadens an der Sache? VersR 1992, 527

— Wandlungen des Haftpflichtrechts in den Jahren 1975 bis 1985, VersR 1988, 986

— Die Rechtsprechung des BGH zum Verkehrshaftpflichtrecht, DAR 1987, 161

— Die 30%-Grenze bei Kraftfahrzeug-Reparaturkosten (§ 251 Abs. 2 BGB), DAR 1991, 11

Weimar, Wilhelm: Zum Umfang des Schadensersatzanspruches gemäß § 249 S.2 BGB, MDR 1957, 401

Weinberger, Ota: Norm und Institution. Eine Einführung in die Theorie des Rechts, 1988

Weitnauer, Hermann: Zur Entwicklung im Schadensrecht, in: Festschrift der Juristischen Fakultät zur 600-Jahr-Feier der Ruprecht-Karls-Universität Heidelberg, 1986, S. 279ff.

Werres, Rüdiger: Tendenzwende in der Schadensrechtsprechung, NJW 1982, 2483

Westermann, Harry: Der Inhalt des Ersatzanspruchs bei Gebäudezerstörung und Gebäudeschäden, AcP 156 (1957), 137 ff.

Wilk, Burkhard: Die Erkenntnis des Schadens und sein Ersatz, 1983

Wolf, Ernst: Die Unhaltbarkeit der Rechtsprechung des Bundesgerichtshofes zum Schadensersatz bei Totalschäden an Kraftfahrzeugen, 1984

Wolter, Udo: Das Prinzip der Naturalrestitution in § 249 BGB, 1985

Wussow, Werner: Das Unfallhaftpflichtrecht, 6. Aufl. 1957, 13. Aufl. 1985

Wussow, Werner / *Küppersbusch*, Gerhard: Ersatzansprüche bei Personenschäden, 5. Aufl. 1990

Zeuner, Albrecht: Schadensbegriff und Ersatz von Vermögensschäden, AcP 163 (1964), 380 ff.

— Gedanken zum Schadensproblem, in: Gedächtnisschrift für Rolf Dietz, 1973, S. 99 ff.

— Anmerkung zu BGHZ 97, 14, JZ 1986, 640

Sachwortverzeichnis